国家级一流本科专业建设·计算机科学与技术教学用书

# Python 程序语言及其在财经领域的应用

郑大庆◎主编　郝佳凝　高轶凡◎副主编　刘庆华　程家乐◎参编

Python Programming
and Its Applications
in Finance & Economics

## 图书在版编目(CIP)数据

Python 程序语言及其在财经领域的应用 / 郑大庆主编. -- 上海 : 上海财经大学出版社, 2025.8. -- (国家级一流本科专业建设). -- ISBN 978-7-5642-4743-0

Ⅰ. F275-39

中国国家版本馆 CIP 数据核字第 20258P63Y4 号

□ 责任编辑　李嘉毅
□ 封面设计　张克瑶

**Python 程序语言及其在财经领域的应用**

郑大庆　主　编
郝佳凝　高轶凡　副主编
刘庆华　程家乐　参　编

上海财经大学出版社出版发行
(上海市中山北一路 369 号　邮编 200083)
网　址:http://www.sufep.com
电子邮箱:webmaster @ sufep.com
全国新华书店经销
上海华业装潢印刷厂有限公司印刷装订
2025 年 8 月第 1 版　2025 年 8 月第 1 次印刷

787mm×1092mm　1/16　22.5 印张(插页:2)　505 千字
定价:58.00 元

# 前言
## FOREWORD

夜阑心事端来瘦,不觉楼前已春风。从写下教材的大纲,到今晚就此搁笔回想,不觉已经有快两年的时间了。在这两年的时间里,Python作为一种流行的编程语言,发展和应用一日千里,相关的教材和教学资料也百花齐放、琳琅满目,对我们这本书的总体设计和编写产生了巨大的影响。在不断调整的过程中,本书定位如初——为财经、管理领域的程序"小白"学习Python语言提供一本入门教材。本书从零基础起步,最终延展到当前大火的大语言模型,既力图把Python语言最基础的知识点成体系地呈现给读者,也关注Python语言最新的应用,努力建立起Python语言与最"潮"的人工智能技术应用的联系,让初学者可以眺望最高远的山峰,从而鼓起攀登的勇气。

本书具备两个特点:一是围绕Python语言的基础知识、典型应用、深入扩展三个层面,系统介绍Python语言的相关知识和应用,从而把Python语言的基础知识和当前最新的应用——深度学习和人工智能联系起来;二是为了满足财经、管理领域读者的需求,借助大量金融领域的案例,让读者能够直观地理解Python语言在经济、金融和管理领域的应用。与一般的书籍不同,本书跨度较大,既囊括了Python语言的基础知识,也涵盖了Python语言的典型应用,还包括Python在机器学习和人工智能领域的拓展,以期给读者呈现Python语言发展和应用的完整脉络。

本书是面向经济、管理、人文专业的学生开设的Python程序语言学习课程的授课教材,也可以作为对这一领域感兴趣的读者的参考书。

本书所用到的代码都是在Jupyter notebook中运行验证过的,同时分享在github网站上(https://github.com/Zhengdaqing/Python-programming),可扫右侧二维码获取。

本书由郑大庆担任主编,郝佳凝、高轶凡担任副主编,刘庆华、程家乐参与编写。郑大庆负责编写第一章、第六章、第七章、第八章、第十一章和第十五章的初稿;郝佳凝负责编写第二章、第三章、第四章、第五章、第九章和第十四章的初稿;高轶凡负责编写第十章和第十二章的初稿;刘庆华负责编写第十三章的初稿;程家乐参与本书第十一章部分内容的编写,以

及图片的收集和部分章节的校对。郑大庆负责第一章至第八章的校稿;郝佳凝负责第十一章、第十三章和第十五章的校稿;高轶凡负责第九章、第十章、第十二章和第十四章的校稿。最后由郑大庆统稿。感谢所有参与者对本书"诞生"做出的贡献。

在本书编写的过程中,编写团队得到了上海财经大学数字经济学院专项资金支持(项目号:2023110593),也得到了上海财经大学信息管理与工程学院领导和同事的大力支持,在此一并表示衷心感谢。还要特别感谢上海财经大学出版社编辑们的大力支持,他们辛勤的付出使本书能够顺利与读者见面。

不可否认,知识的积累是一个漫长而艰苦的过程,为了能够向读者呈现相对完整的知识体系,本书在编写过程中借鉴了大量国内外经典的教材、论著、论文等,编写团队把这些重要的参考资料集中于书后,以方便读者参考,也表达对这些作者的敬意。当然,本书还存在着许多需要改进和完善的地方,恳请广大读者批评指正,编写组成员会在合适的时机一并修正。

郑大庆<br>
2025 年 4 月 19 日夜 于上海

# 目录
CONTENTS

## 第一篇　Python 基础

### 第一章　计算机基础及 Python 简介
- 4　第一节　计算机基础概述
- 9　第二节　Python 的历史与发展
- 9　第三节　Python 的特点与优势
- 10　第四节　搭建 Python 的开发环境
- 11　第五节　Python 的集成开发环境
- 13　本章小结
- 13　课后习题

### 第二章　Python 基础语法规范
- 15　第一节　缩进与注释
- 16　第二节　标识符及命名规则
- 17　第三节　变量与赋值语句
- 18　第四节　数值
- 23　第五节　字符串
- 32　第六节　布尔型
- 33　第七节　混合运算和类型转换
- 34　第八节　format( ) 函数的格式化方法
- 36　第九节　input( ) 和 print( ) 函数简介
- 37　本章小结
- 37　课后习题

## 第三章　Python 程序流程控制

| 39 | 第一节 | 程序执行的流程 |
| 40 | 第二节 | 选择结构 |
| 47 | 第三节 | 循环结构 |
| 55 | 第四节 | random 库的应用 |
| 58 | 第五节 | 程序流程控制应用实例 |
| 59 | | 本章小结 |
| 60 | | 课后习题 |

## 第四章　Python 列表与元组

| 62 | 第一节 | 列表创建与列表元素访问 |
| 63 | 第二节 | 列表元素的操作 |
| 66 | 第三节 | 操作列表 |
| 72 | 第四节 | 数值列表 |
| 73 | 第五节 | 元组 |
| 76 | 第六节 | 转换函数 |
| 77 | 第七节 | 可变对象和不可变对象 |
| 80 | 第八节 | 列表与元组的应用实例 |
| 81 | | 本章小结 |
| 81 | | 课后习题 |

## 第五章　Python 字典与集合

| 83 | 第一节 | 字典与集合的基本介绍 |
| 85 | 第二节 | 字典创建与常见操作 |
| 94 | 第三节 | 集合创建与常见操作 |
| 100 | 第四节 | 字典与集合的应用实例 |
| 104 | | 本章小结 |
| 104 | | 课后习题 |

## 第六章　Python 函数与模块

| 107 | 第一节 | 函数的基本概念 |
| 109 | 第二节 | 函数的声明与使用 |
| 114 | 第三节 | lambda 函数 |
| 116 | 第四节 | 变量的作用域 |
| 117 | 第五节 | Python 常用的内置函数和模块 |

| 121 | 本章小结 |
| 121 | 课后习题 |

## 第七章　Python 文件与异常

| 123 | 第一节　文件的基础知识 |
| 128 | 第二节　文件操作通用方式 |
| 133 | 第三节　CSV 文件操作 |
| 135 | 第四节　JSON 数据的读取 |
| 137 | 第五节　异常与断言 |
| 141 | 第六节　标准输入、输出和错误流 |
| 142 | 本章小结 |
| 143 | 课后习题 |

## 第八章　面向对象编程

| 145 | 第一节　面向对象编程概述 |
| 151 | 第二节　Python 中的面向对象 |
| 156 | 第三节　类成员的可见性 |
| 159 | 第四节　类的方法 |
| 163 | 第五节　类的继承和多态 |
| 168 | 本章小结 |
| 168 | 课后习题 |

## 第二篇　Python 应用

## 第九章　科学计算基础：numpy

| 172 | 第一节　numpy 库简介 |
| 175 | 第二节　数组对象的常见操作 |
| 182 | 第三节　numpy 库的专业应用 |
| 190 | 第四节　数组的加载与输出 |
| 195 | 第五节　numpy 库的扩展应用：SciPy |
| 199 | 本章小结 |
| 199 | 课后习题 |

## 第十章 数据分析尖兵：pandas 库

| 201 | 第一节 pandas 库简介 |
| 201 | 第二节 Series 对象的应用 |
| 206 | 第三节 DataFrame 对象的应用 |
| 218 | 第四节 pandas 库的应用实例 |
| 221 | 本章小结 |
| 221 | 课后习题 |

## 第十一章 可视化利器：Matplotlib 和 seaborn

| 224 | 第一节 Matplotlib 库绘制可视化图表 |
| 234 | 第二节 seaborn 绘制数据分析图表 |
| 241 | 第三节 金融数据的可视化 |
| 248 | 本章小结 |
| 248 | 课后习题 |

## 第十二章 Python 与中文文本分析

| 250 | 第一节 中文文本分析概述 |
| 253 | 第二节 中文分词及基本处理：jieba 库 |
| 257 | 第三节 中文文本分析可视化：wordcloud 库 |
| 263 | 第四节 中文文本分析应用：微博评论情绪分析 |
| 268 | 本章小结 |
| 268 | 课后习题 |

## 第十三章 Python 在金融领域的应用

| 270 | 第一节 金融量化分析数据的准备 |
| 273 | 第二节 量化交易的利器 |
| 284 | 第三节 金融资产组合优化的量化分析 |
| 288 | 本章小结 |
| 288 | 课后习题 |

# 第三篇  Python 拓展

## 第十四章 Python 与机器学习

| 292 | 第一节 机器学习概述 |

| | | |
|---|---|---|
| 293 | 第二节 | 基于 scikit-learn 的机器学习流程 |
| 294 | 第三节 | 分类算法 |
| 305 | 第四节 | 回归算法 |
| 314 | 第五节 | 聚类算法 |
| 320 | | 本章小结 |
| 320 | | 课后习题 |

## 第十五章　Python 与深度学习

| | | |
|---|---|---|
| 323 | 第一节 | 感知机模型 |
| 324 | 第二节 | 人工神经网络 |
| 326 | 第三节 | 反向传播算法 |
| 327 | 第四节 | 神经网络的优势及局限性 |
| 329 | 第五节 | 常见神经网络类型 |
| 341 | 第六节 | 主流深度学习框架及应用实例 |
| 344 | 第七节 | 大语言模型发展简史：从 Transformer 到 DeepSeek-R1 的进化之路 |
| 351 | | 本章小结 |
| 351 | | 课后习题 |

352　**主要参考文献**

# 第一篇
## Python 基础

第一章　计算机基础及 Python 简介
第二章　Python 基础语法规范
第三章　Python 程序流程控制
第四章　Python 列表与元组
第五章　Python 字典与集合
第六章　Python 函数与模块
第七章　Python 文件与异常
第八章　面向对象编程

# 第一章
# 计算机基础及 Python 简介

 **全章提要**

- 第一节　计算机基础概述
- 第二节　Python 的历史与发展
- 第三节　Python 的特点与优势
- 第四节　搭建 Python 的开发环境
- 第五节　Python 的集成开发环境

本章小结

课后习题

## 第一节　计算机基础概述

计算机是一个复杂系统,可以从多个角度理解计算机,其中最常见的方式是把计算机分为硬件、软件和程序设计语言两个方面。本节我们就从这两个方面对计算机进行详细介绍。

### 一、计算机硬件

计算机硬件(Hardware)是计算机中各种物理装置的总称,这些装置由各种实际的元器件组成,是计算机的物质基础。这些物理装置按照系统要求构成一个有机整体,为计算机软件运行提供物质基础和运行保障。计算机硬件具体分为运算器、控制器、存储器、输入设备和输出设备五大部件,这五大部件的关系如图1—1所示。

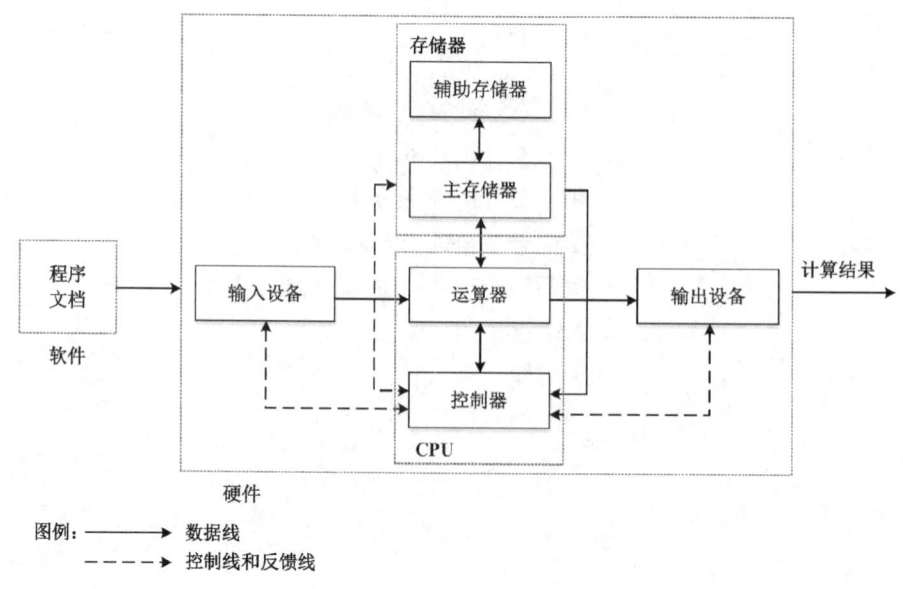

图1—1　计算机硬件系统的五大部件

在计算机硬件系统的五大部件中,输入设备和输出设备最直观。输入设备(Input Devices)允许用户与计算机交互、输入数据和指令,常见的输入设备包括键盘、鼠标、触摸屏、扫描仪、麦克风等;输出设备(Output Devices)用于向用户展示处理结果,常见的输出设备包括显示器、打印机、扬声器等。相对于输入设备和输出设备,计算机的运算器、控制器、存储器更像是"黑盒",大多数人并不清楚它们的工作原理。

运算器(Arithmetic Logic Unit,ALU)是计算机硬件系统最重要的组成部分之一。运算器负责执行所有的算术运算(加、减、乘、除等)和逻辑运算(比较大小、按位运算等),运算器也能暂存少量数据,以便在执行运算时快速访问,从而提高运算效率。

控制器(Control Unit,CU)的主要功能是从存储器中提取指令,先解释这些指令,然后指挥运算器和其他部件根据这些指令进行操作。控制器还负责协调各个部件之间的工作,确保数据能正确地在各个部件之间传递。在现代计算机中,运算器和控制器往往被组合在一起,做成一个硬件设备,也就是我们常说的中央处理器(Central Processing Unit,CPU)。CPU 在计算机中的重要性相当于大脑对于人的重要性。

存储器(Memory)的主要功能是存储指令和数据,并在需要时提供给 CPU。存储器分为主存储器(Main Memory)和辅助存储器。主存储器[如随机存取存储器(RAM)]也称内存,可以直接与 CPU 交互,暂存运行中的程序和数据;辅助存储器(如硬盘、固态硬盘)提供更大的存储空间,用于持久保存数据和程序。

主存储器是一个带有标记位置信息的存储空间,这些标记位置信息被称为存储地址。主存储器存储的数据是一系列包含"0"和"1"的序列。主存储器的每个内存位置都可被视为一块"小黑板",计算机可在上面涂写和擦除。在大多数计算机中,主存储器的最小存储单位是存储 1 位二进制数字"0"或"1",这个最小存储单位被称为 1 比特(Bit)。大多数计算机把 8 比特组成一个更大的单位——字节(Byte)。计算机的主存储器可以被视为一个很长的字节列表,对一个字节进行标识的编号被称为该字节的地址(Address)。一个数据项(如一个数字或者一个字母)可以存储在主存储器中的一个字节中,需要使用这个数据项时,就根据那个字节的地址来查找。

如果计算机需要处理的数据项(如一个很大的数字)太大,以至于单独一个字节存不下,就使用几个相邻的字节来容纳数据项。在这种情况下,用于容纳该数据项的整个内存空间仍然被称为一个内存位置(Memory Location),构成这个内存位置的第一个字节作为这个较大的内存位置的地址使用。所以,可以将计算机的主存储器想象成由大量内存位置构成的一个很长的列表,且每个内存位置的长度是可变的。每个内存位置的长度用字节数来表示,第一个字节的地址将成为那个内存空间的地址,如图 1-2 所示。内存位置的长度不是固定不变的,在计算机上运行一个新程序时,它们就有可能变化。

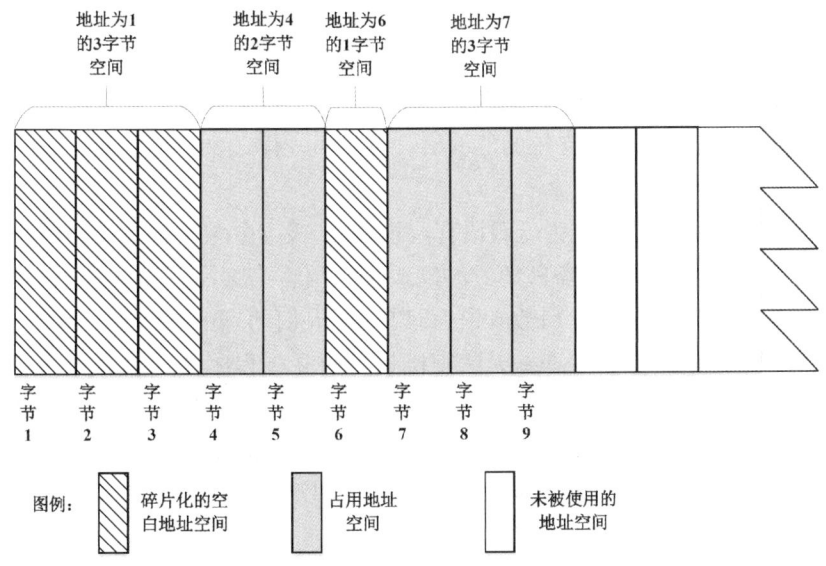

图 1-2　内存(主存储器)地址和空间长度

在多年的发展过程中，计算机经历了多次更新迭代，但是其基本的工作原理仍然符合最初的设计思想——存储程序和程序控制。首先计算机接收各种输入数据并存储在存储器中，然后 CPU 根据预先设定好的指令程序计算或者处理相关数据，最后计算机以指定方式反馈给用户。诚然，计算机硬件系统的组成和工作方式远比图 1—1 所演示的复杂得多，这里只是简单介绍其结构，以方便后期学习时更容易理解程序如何在计算机内部被执行。

## 二、计算机软件和程序设计语言

### (一)程序的概念

计算机程序是指用某种程序设计语言(如 Python、Java 等)编写的一系列有序指令的集合，这些指令能够执行特定的任务或解决特定的问题。一个程序可能是一个简单的独立功能，或者是一个复杂系统中的某个组成部分。程序能够指挥计算机执行一系列动作或做出判断。计算机软件(Software，也称软件)是指计算机系统中的程序和相关的文档，程序是计算任务的处理对象和对处理规则的描述，文档是为了便于理解程序所需的解释资料。

计算机作为一种数字化的电子机器，之所以能够完成数据计算，是因为它能够把各种指令和数据转换成电信号，并由物理元器件完成相应的信号处理。这些能够被计算机执行的特定的指令，在计算机内部被表示成二进制数字形式，被称为机器语言。虽然用机器语言编写的程序执行效率最高，这样的程序由纯粹的"0"和"1"构成，非常符合计算机的"表达"，但是对作为人的程序员而言，不方便阅读和修改，也容易出错。所以，最初的程序员非常"不幸"，他们需要熟记所用计算机的全部指令代码及其含义，并把用 0、1 编写的程序代码打在纸带或卡片上("1"代表打孔，"0"代表不打孔)，再将程序通过纸带机或卡片机输入计算机内部实施运行。

机器语言难于辨别和记忆的弊端很快显现了，为了解决这一问题，汇编语言诞生了。汇编语言为每一条难于记忆的机器指令设定了一个助记符，这样就方便记忆和理解，从而提高了工作效率。但是采用汇编语言设计程序，仍然要求程序员对计算机的各种底层硬件设备有足够的了解，学习成本依然很高。同时，汇编语言是一种面向特定计算机的低级语言，不同生产商、不同型号的计算机所支持的汇编语言可能不一样，这也给学习者和使用者带来很大挑战。

机器语言和汇编语言都被称为低级语言，目前除了极少数跟硬件打交道的程序员以外，绝大多数程序员使用容易理解、容易学习的高级程序语言来编写程序。这里的"高级"是指更加贴近人类所使用的自然语言和数学语言，以方便人们的理解和认知。高级程序语言容易学习、容易修改和移植，但是计算机无法直接执行用高级程序语言编写的程序，而必须由特定的程序将"高级语言"编写的程序翻译为计算机能够理解的"机器语言"，这段程序才可以由计算机执行，这个"翻译"过程通常被称为"编译"或者"解释"。

我们分别用机器语言、汇编语言和高级程序语言编写一个"Z=X+Y"的程序代码，读者可以直观地比较一下三种语言的差异。

机器语言实现如下：

1. 10110000 00000010 00000001 00000000：这条指令将变量 X 的值加载到寄存器 A 中。10110000 是指令的操作码，00000010 是寄存器 A 的地址，00000001 00000000 是变量 X 的内存地址。
2. 10110000 00000011 00000010 00000000：这条指令将变量 Y 的值加载到寄存器 B 中。10110000 是指令的操作码，00000011 是寄存器 B 的地址，00000010 00000000 是变量 Y 的内存地址。
3. 10000000 00000000 00000001 00000010：这条指令将寄存器 A 和寄存器 B 中的值相加，并将结果保存到寄存器 C。10000000 是指令的操作码，00000000 是寄存器 C 的地址，00000001 00000010 是寄存器 A 和寄存器 B 的地址。
4. 10000000 00000001 00000011 00000000：这条指令将寄存器 C 的值保存到变量 Z。10000000 是指令的操作码，00000001 是寄存器 C 的地址，00000011 00000000 是变量 Z 的内存地址。

汇编语言实现如下：

```
section .data
    X dd 10      ; 变量 X，初始值为 10
    Y dd 5       ; 变量 Y，初始值为 5
    Z dd 0       ; 变量 Z，初始值为 0
section .text
    global _start
_start:
    mov eax, [X];将变量 X 的值加载到寄存器 EAX
    mov ebx, [Y];将变量 Y 的值加载到寄存器 EBX
    add eax, ebx;将寄存器 EAX 和寄存器 EBX 的值相加，结果保存到寄存器 EAX
    mov [Z], eax;将寄存器 EAX 的值保存到变量 Z
    mov eax, 1;将系统调用号 1（表示程序退出）加载到寄存器 EAX 中。
    int 0x80;触发系统调用，执行程序退出。
```

高级语言 Python 实现如下：

```
X = 10
Y = 5
Z = X + Y
```

相信通过以上的比较，读者应该能了解到高级语言的简单和便捷！

### （二）编写程序的方法和步骤

编写程序是一个既充满挑战又富于创造的过程，通常包含以下几个基本步骤：

第一，分析问题。这是编写程序以解决问题的第一步，是整个程序开发过程中至关重要的一步。分析问题包括收集信息，识别需求，明确范围，划分子问题，确定限制条件，通过集体讨论来验证对问题的理解并获得反馈。

第二，定义问题。这是形成最终解决方案的关键，包括精确描述问题、确定输入和输出、界定成功标准、规划功能需求、确定非功能需求,并将问题的定义和需求文档化,以供后续参考。

第三,设计解决方案。这是将对问题的理解转化为一个可行的计划,规划实现要求的功能,设计软件架构和算法。

第四,编程实现。这是将设计转换为代码,使用编程语言编写程序。

第五,测试。验证代码是否正确实现了设计,并且满足了定义的需求。

第六,调试和优化。这是对发现的问题进行修复,以提高代码的性能和效率。

第七,部署。将程序放到生产环境中运行,并向用户发布。

第八,维护和更新。这是根据用户反馈和新的需求对程序进行持续的改进和更新。

计算机程序由各种指令组成,如果一个程序具备了解决某个问题的功能,实际上所体现的就是程序设计者对该问题的分析和解决思路。假设我们想知道"从上海到北京双程飞机票的总价",编写相应程序的方法和步骤如下:

(1)分析问题:我们需要计算两个数值的和。

(2)定义问题:输入两个数字,输出这两个数字的和,处理是将两个数字相加。

(3)设计解决方案:设计一个简单的函数,接受两个参数,返回它们的和。

(4)编程实现如下:

```python
# 定义两个数相加的函数
def add_numbers(num1, num2):
    return num1 + num2

# 用户输入
number1 = float(input("Enter the first number: "))
number2 = float(input("Enter the second number: "))

# 调用函数并显示结果
result = add_numbers(number1, number2)
print("The sum is:", result)
```

(5)测试:对程序进行测试以确保它可以正确计算各种数值(整数、浮点数、负数)的和。

(6)调试和优化:如果在测试过程中发现错误,就调整代码直至程序无误;检查代码是否可以优化或者重构以提高效率和可读性。

(7)部署:发布程序。

(8)维护和更新:写下代码的注释和文档,以便他人理解如何使用和维护该程序。

上述程序段用 6 行 Python 代码解决了计算"从上海到北京双程飞机票的总价"的问题,基本上对应了前面的分析过程。如果需要解决的问题很复杂,那么相关的分析过程和解决方案通常也会很复杂,与其对应的实现代码也不会简单。

由此可见,程序代码只是程序设计者对于某个问题的解决方案的计算机实现。问题分析和解决方案必须在编写代码之前确定,这也是真正重要的、有价值的环节,读者应在后面的学习过程中牢记这一点。熟练掌握一门编程语言的语法及编程技巧固然重要,但是对于问题的分析和解决方案的设计也同样重要,特别是如何把一些实际问题转换为计算机所能解决的问题,这种转换能力也就是如今经常提到的"计算思维"。

(三)学习编程的意义

学习编程具有多方面的意义和价值,不仅对个人职业发展有益,而且对理解现代世界和参与其中非常重要。微软公司创始人之一比尔·盖茨(Bill Gates)说过,学习编程是学习如何进行逻辑思考,如何解决问题的一种方式。苹果公司创始人之一史蒂夫·乔布斯(Steve Jobs)认为,编程不仅是一项技术技能,更是一种教会人们如何思考的方式。他在多个场合提到了编程的重要性,其中包括他的著名观点:不同专业的学生都应该学习如何编写程序。

学习编程实际上是一种思维训练——学习如何严谨科学地分析问题、寻找解决思路、设计解决方案。这种思维训练对人一生的工作和生活都会带来极大的益处。

## 第二节 Python 的历史与发展

Python 语言的历史可以追溯到 20 世纪 80 年代末 90 年代初。它的创始人是荷兰计算机科学家吉多·范罗萨姆(Guido van Rossum),其秉承简单、易用的设计理念,使 Python 具备强大功能的同时易于被学习,如今 Python 已经在科技行业中被广泛使用,尤其是在人工智能与数据科学领域。TIOBE 数据显示,Python 自 2018 年以来就保持着稳定的增速,并在 2022 年达到顶峰,截至 2024 年,Python 已经开始长期"霸榜"(如图 1-3 所示)。

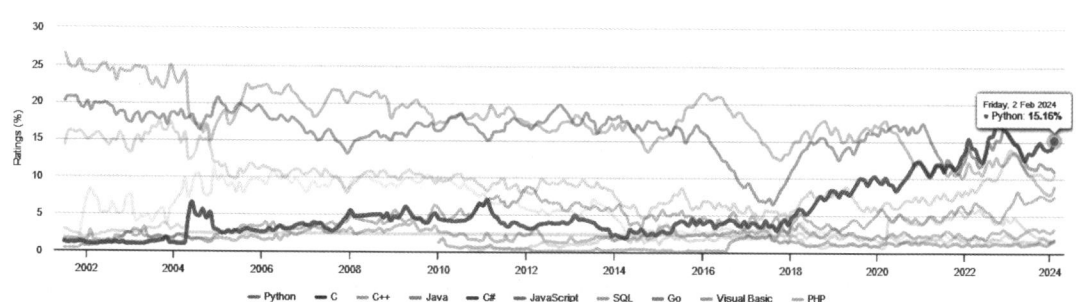

资料来源:www.tiobe.com

图 1-3 Python 的 TIOBE 编程语言指数

## 第三节 Python 的特点与优势

Python 语言受到众多开发者的青睐,原因在于它的诸多优势:

第一,学习简单。Python 具有简单易懂的语法,学习资源丰富。

第二,开发高效。用更少的代码、更短的时间完成工作,提高开发效率。

第三,资源丰富。标准库功能强大,第三方库众多,方便开发者使用。

第四,移植性良好。脚本语言无须编译,可跨平台运行。

第五,扩展性强大。可轻松调用其他语言编写的代码,被称为"胶水语言"。

然而,Python 也存在一些缺点,如执行效率不如静态语言高。尽管如此,Python 基于其优雅、简单的设计理念和强大的生态系统,不断发展壮大;用户们通过提高性能、开发新库等方式弥补不足,进一步加强其优势。这种持续的改进和发展使得 Python 在人工智能时代被视为首选语言。

如今,Python 语言被广泛应用于软件开发、科学计算、网络爬虫、数据分析、机器学习和人工智能等领域。

软件开发:支持函数式编程和面向对象编程,适用于常规软件开发和网络编程。

科学计算:免费且功能丰富,适合科学计算和绘图,与 Matlab 相比更具通用性。

网络爬虫:在数据采集领域占主导地位,Scrapy 框架被广泛应用。

数据分析:是主流编程语言之一,支持海量数据处理和可视化展现。

机器学习与人工智能:作为首选语言,拥有丰富的类库,推动人工智能技术发展。

除此之外,Python 还在云计算、游戏开发等领域表现出色。

## 第四节 搭建 Python 的开发环境

使用 Python 的第一步就是搭建 Python 的开发环境,通常有两种搭建开发环境的方法:一是单独安装 Python 和必要的库;二是使用预先集成 Python 的发行版软件,这些软件一般附带一些必要的库文件,方便使用,比较典型的就是 Anaconda。

Anaconda 是 Python 和一系列不同库文件的打包编译,它包含了 Python 在数据分析方面广泛使用的核心库。它由 Anaconda(以前被称为 Continuum Analytics)开发,是当前使用 Python 的首选工具。Anaconda 发行版使用 BSD(Berkerley Software Distribution)开源协议,给予使用者很大的自由空间,它允许将 Python 用于商业以及再分发。这种发行版的一个主要优点是不需要进行复杂的设置,而且适用于各种操作系统和平台,特别是 Windows 系统。因此,只需要下载并安装一次就可以开始我们的 Python 学习之旅。Anaconda 发行版被广泛应用于各个行业的数据分析,它还附带了其他的实用工具,如 Jupyter notebook、IPython 控制台和优秀的包管理工具 conda。基于 Anaconda 搭建 Python 开发环境的完整步骤如下:

### 一、初步搭建 Python 的开发环境

基于 Anaconda 发行版搭建 Python 开发环境的第一步是从"https://www.anaconda.com/download/"下载所需的安装包,该安装包提供了 Anaconda 发行版。随着 Python 的版本越来越成熟,使用基于 Anaconda 的 Python 开发环境已经越来越流行。在 Anaconda 网站上,针对不同操作系统平台(Windows、Mac 或 Linux),可选择对应的版本。

安装下载的文件非常简单,双击文件并完成整个安装过程。要检查安装是否成功,可以打开 Anaconda 中的 Jupyter notebook,并输入如下命令:

```
!python --version
```

如果安装成功,就会显示安装成功的 Python 版本,这也意味着 Python 的开发环境初步搭建成功。

### 二、安装库

如果 Python 的开发环境是基于 Anaconda 发行版,一般的库文件就都已经安装好了,不太需要其他来源的附加软件包。如果需要安装一些不常见的软件包,则可以在 anaconda prompt 命令行环境下安装。例如,需要安装 seaborn 库,命令如下:

```
conda install seaborn
```

### 三、卸载库

卸载库使用 remove 子命令。假设需要卸载 seaborn 库,命令如下:

```
conda remove seaborn
```

### 四、查看库列表和库信息

如果想查看已经安装的库文件,就可以使用 list 子命令。查看 seaborn 库的命令如下:

```
conda list seaborn
```

## 第五节 Python 的集成开发环境

工欲善其事,必先利其器。随着 Python 语言的逐步发展和完善,多种集成开发环境(Integrated Development Environment,IDE)诞生了。选择一款适合自己的 IDE 是学习 Python 语言道路上非常重要的事项,这就好比孙悟空大闹东海龙宫,就是为了"借到"一款趁手的兵器,最终获得的"如意金箍棒"助力孙悟空在西天取经的路上降妖魔除。当然,随着 Python 语言被应用得越来越广泛,各种 IDE 之间的差别越来越小,应该根据个人的需求选择合适的 IDE。以下简单介绍几款有代表性的 IDE。

## 一、Python IDLE

IDLE 是 Python 自带的入门级编写工具，其包含交互式和文件式两种方式。在交互式中可以编写一行或者多行语句并且立刻看到结果。在文件式中可以像其他文本工具类 IDE 一样编写。

IDLE 适用于 Python 入门，其功能简单直接，适合 300 行代码以内的程序。

## 二、Sublime Text

Sublime Text 是专门为程序员开发的第三方专用编程工具。几乎所有专业的程序员都使用类似于 Sublime Text 类型的编程工具，而不是用集成开发工具。因为专业程序员编写的代码质量较高，对于调试的需求较低。他们对于编写代码过程的体验要求较高。

Sublime Text 支持代码高亮、自动补齐、多种颜色搭配等多种编程风格。Sublime Text 包含收费版本和免费版本，两者的功能基本相同。在不注册的情况下，使用的就是免费版本。

## 三、PyCharm

PyCharm 是唯一一款专门面向 Python 的全功能集成开发环境。PyCharm 的产品和 Sublime 一样，分为社区（免费）版和收费版。我们编写的绝大多数程序，使用社区（免费）版就可以完成。PyCharm 是所有集成类工具中相对简单且集成度较高、使用人数最多的 IDE，适合编写较大、较复杂的程序。其代码自动补全功能在同类产品中几乎是最优秀的。

PyCharm 的缺点是规模大、启动速度慢，尤其在安装了很多模块后，启动更慢、占用内存更大。付费的专业版很贵，其功能强大、复杂，对新手来说不是很友好。

## 四、Vscode

Vscode 并不是一个专业编辑 Python 的开发工具，几乎任何代码都可以在 Vscode 里编写，Vscode 都会提供对应的插件支持。

推荐 Vscode 的原因是其广阔的插件市场能够将 Python 语言与其他语言融合，方便大型综合类项目的开发。

## 五、Anaconda 和 Jupyter notebook

Anaconda 中的 Jupyter notebook 几乎是绝大多数 Python 语言学习者绕不开的一个开发工具，其交互式的代码处理方式可被应用于全过程计算，如开发、文档编写、运行代码和结果展示。Jupyter notebook 以网页的形式打开，编程时具有语法高亮、缩进、tab 补全等功能，可以 HTML、PNG、SVG 等富媒体的格式展示结果。

但 Jupyter 并不适合初学者使用，因为它需要编程人员具有一定的代码编写能力。Anaconda 有社区版和商业版两种类型，普通用户可以免费使用社区版。

本书基于教学演示的需要，采用 Jupyter notebook 作为开发工具。本书提供的所有程序都经过了 Jupyter notebook 的运行和检验。

 **本章小结**

本章简单介绍了与编程有关的计算机基础概念，Python 语言的基本信息、发展历程、特点和优势，以及 Python 的开发环境搭建。为了规避比较烦琐的 Python 设置，我们推荐入门者直接使用 Anaconda 来搭建 Python 的开发环境。基于教学演示的需求，本书采用 Jupyter notebook 作为开发工具，所有程序都经过 Jupyter notebook 的运行和检验，也大力推荐初学者使用 Jupyter notebook。

 **课后习题**

1. 计算机硬件系统的五大部件是什么？它们各自有什么功能？
2. 如何理解计算机的内存地址和空间长度？
3. Python 语言有哪些特点和优势？
4. Python 语言适合哪些典型的应用场景？
5. 请猜测以下程序代码的输出结果，在 Jupyter notebook 中编写并运行以验证你的猜测。

```
def compound_interest(principle, rate, time):
    amount = principle * (1+ rate) ** time
    return round(amount, 2)
#input parameters
principle = float(input("请输入本金："))
rate = float(input("请输入年利率（采用小数形式）："))
time = int(input("请输入投资年限："))

final_amount = compound_interest(principle, rate, time)
print(final_amount)
```

# 第二章
# Python 基础语法规范

## 全章提要

- 第一节 缩进与注释
- 第二节 标识符及命名规则
- 第三节 变量与赋值语句
- 第四节 数值
- 第五节 字符串
- 第六节 布尔型
- 第七节 混合运算和类型转换
- 第八节 format()函数的格式化方法
- 第九节 input()和 print()函数简介

本章小结
课后习题

## 第一节　缩进与注释

缩进和注释是 Python 语言最基础的语法规范，也是最容易被忽视的地方。

### 一、缩进

Python 语言采用严格的"缩进"来表明程序的格式和程序的结构框架，缩进可以被看作 Python 语言最鲜明的特征。缩进是指每一行代码开始前的空白区域，用于表示代码之间的包含和层次关系。不需要缩进的代码顶行编写。不正确的缩进会导致错误，使程序无法正常运行。在 Python 代码中，缩进可以用 Tab 键实现，或者使用多个空格（一般是 4 个空格）实现，但是两者不混用。强烈建议使用 4 个空格作为缩进。由于大多数开发工具支持自动缩进，不用多次敲击键盘，因此使用 4 个空格作为缩进的方式很方便。

缩进是 Python 语言的"基因"，可以把它视为 Python 语言的语法规则，而不仅仅是可有可无的编码规范。使用严格的缩进对于标识代码块、条件语句和循环结构非常关键，同时有助于提高代码的可读性，减少错误，并促使程序员编写易于理解和维护的代码。

### 二、注释

注释是程序的组成部分，是程序中某一行或若干行的解释说明文本，是辅助的说明文字。注释为那些想阅读程序的读者准备，目的是提升程序的可读性。Python 语言有两种注释方式：一是单行注释以井字符"♯"开头，表明本行的内容不需要执行；二是多行注释的内容以三个单引号"'''"作为开头和结尾。

Python 程序中的代码会按顺序执行，而注释语句会被解释器过滤掉，不会被执行，也不会影响正常的代码。

注释主要有三方面的用途：

第一，在源文件的开头通过注释标明作者、日期、用途、版权声明等信息。

第二，在程序关键代码处添加注释来解释关键代码的作用，增加程序的可读性。为了不影响程序阅读的连贯性，程序内的注释一般采用单行注释，标记在关键代码的同一行，也可以单独采用一行，标记在关键代码的前一行。

第三，辅助程序调试。在调试程序时，可以通过单行或者多行注释临时"删除"一行或连续多行与当前调试无关的代码，以辅助程序员找到程序中可能有问题的代码的位置。

作为一名初学者，编写程序的时候可能不愿意花费时间去撰写注释，因为大多数人觉得撰写执行实际操作的代码工作效率高很多。其实，花一些额外的时间撰写注释非常必要。因为在需要修改或者调试程序的时候，注释肯定能节省读者的时间。如果没有良好的注释，庞大而复杂的程序就很难被人理解。从这个角度看，撰写良好的注释不是降低工作效率，而是提高工作效率。

Python 程序语言及其在财经领域的应用

## 第二节　标识符及命名规则

标识符是在程序中用来标识变量、函数、类和其他对象的名称。在 Python 中,标识符必须遵循命名规则,以确保代码的一致性和可读性。当前主流语言(如 Java、Python)的命名规则基本一致,本章所阐述的变量命名规则与其他主流编程语言是类似的。

Python 的标识符命名规则如下:

第一,标识符可以包含大小写字母、数字和下划线"_",但不能以数字开头。例如,"variable_1"是一个有效的标识符,而"1_variable"是一个无效的标识符。

第二,Python 的标识符是大小写敏感的,即"variable_1"和"Variable_1"是不同的标识符。

第三,标识符不能是 Python 的关键字,如"if""else""for"等。这些关键字已经在 Python 中具有特定的含义,因而不能用作标识符名称。

Python 语言关键字的详细信息如下:

```
['False', 'None', 'True', 'and', 'as', 'assert', 'async', 'await',
'break', 'class', 'continue', 'def', 'del', 'elif', 'else', 'except',
'finally', 'for', 'from', 'global', 'if', 'import', 'in', 'is', 'lambda',
'nonlocal', 'not', 'or', 'pass', 'raise', 'return', 'try', 'while',
'with', 'yield']
```

第四,标识符应该具有描述性,能够清楚地反映其所代表的内容或功能。一个有意义的标识符能够提高代码的可读性和可维护性。

第五,变量和函数名取名通常使用小写字母,多个单词之间用下划线分隔,如"first_variable""calculate_sum"。这种命名约定被称为下划线命名法(Snake Case)。

第六,Python 类名通常使用大写字母开头的单词命名,且单词之间没有分隔符,如"MyClass""SampleClassName"。这种命名方式被称为驼峰命名法(Camel Case)。

关于标识符命名已经形成了规则,常见的命名规则有下划线命名法、驼峰命名法、脊柱命名法(Spinal Case)等,本书遵循下划线命名法的规范。采用规范的标识符命名规则可以使代码更易于阅读和维护,并使其他开发人员更容易理解程序逻辑。以下示例展示了符合 Python 命名规则的标识符。

```
#合法的变量标识符
variable_1 = 5
name = 'Mike'
total_sum = 0

# 合法的函数名
def calculate_sum(num1, num2):
    return num1 + num2
```

```
# 合法的类名
class SampleClass:
    pass
```

## 第三节　变量与赋值语句

变量代表存储在计算机存储器中的某个数值的名字,它是一个命名的存储位置,可以代表特定类型的数据,并在程序执行的过程中被读取、修改和使用。每个变量都有一个特定的数据类型,数据类型决定了可以存储的数据种类和范围。变量是程序语言中最基本和最重要的概念之一,正确理解和使用变量对于编写高效、可靠的程序至关重要。

假设希望编写代码来记录股票的价格,不管是记录苹果公司的股价还是记录谷歌公司的股价,其逻辑都是一样的。因此可以设置变量如 company 和 price 作为这些信息的代名词或占位符。

在 Python 中,符号"＝"代表"赋值"操作符。变量在"＝"的左边,用来赋值的对象在"＝"的右边,由此,赋值操作表示将赋值操作符"＝"右边的对象赋给左边的变量。对象是位于计算机内存中的一个内存数据块,通过变量赋值引用这个数据块。

变量的赋值也可以理解为使用一个变量来标识某个对象。当变量被某个对象(如一个数字或者字符串)赋值时,我们说这个变量是该对象的引用。当一个变量被对象赋值后,该变量可以在程序的其他地方作为对象的代名词或占位符使用。赋值操作是变量和对象绑定的核心机制。Python 有以下三种常见的变量赋值方式。

### 一、常规赋值

常规赋值(Single Assignment)的语法形式如下:

变量＝表达式

表达式可以很简单,也可以很复杂。如果是很复杂的表达式,Python 语言就会先求出表达式的值,然后以对象的形式返回表达式的结果,并用变量来引用结果对象。下面是一个计算圆面积的示例:

```
# 变量赋值
import math

radius = 100
area = math.pi * radius **2
print('圆的面积是: ', area)
```

程序输出结果如下:

```
圆的面积是： 31415.926535897932
```

在访问 Python 变量之前,必须先绑定对象,也就是先赋值,再使用,否则程序会报错。

## 二、链式赋值

链式赋值(Chained Assignment)用于同时赋予多个变量相同的值。链式赋值的语法形式如下:

变量1＝变量2＝…＝变量n＝表达式

链式表达式等价于表达式的值同时赋值给多个变量。

## 三、解包赋值

Python 语言支持将序列数据类型解包为对应个数的变量。解包赋值(Unpacking Assignment)的语法形式如下:

变量1,变量2,…,变量n ＝ 表达式1,表达式2,…,表达式n

采用解包赋值,变量的个数必须与序列的元素个数一致,否则程序会报错。

利用解包赋值语句可以简单、直接地实现两个变量的值的交换。

```
# 用解包赋值实现两个变量的值交换
a = 1
b = 2
print(a, b)
a, b = b, a
print(a, b)
```

程序执行的结果如下:

```
1 2
2 1
```

解包赋值可以将迭代对象的元素依次绑定到变量,非常适合分解可迭代对象的情形,如元组、列表、字符串等迭代对象元素的分解,这些数据类型将会在后续章节详细介绍。

## 第四节 数值

Python 将数据分为四种类型,分别是整型、浮点型、布尔型和字符串型,并提供了 int 类、float 类、bool 类和 str 类这四个内置类与之相对应。其中,整型和浮点型也被称为数值数据类型。Python 非常擅长处理数值数据。

**一、数值数据类型**

Python 的两种基本的数值类型是整型(Integer)和浮点型(Float)。

整型表示整数的数据类型,可以表示正整数、负整数和零。Python 语言不像 C 语言和 C++语言那样分了很多种类型的整型,区分不同的精度限制,Python 的整型位数可以为任意长度,Python 会分配该数字所需的内存来完全存储它而不丢失精度,因此可以认为 Python 语言的整型位数只受限于计算机的内存。整数属于内置类 int,int()则可以将其他对象转化为整数。

浮点型表示实数的数据类型,也就是说,浮点型可以表示有小数点的数字。Python 语言中的浮点类的精度受到数字位数的限制,限制与系统有关。浮点型属于内置类 float,float()函数可以将其他类型转化为浮点型。

以下是整型与浮点型的程序演示:

```
type(-2)  # Int

int("-5")  # 将字符串类型转化为整数类型,结果是-5

int(2.5)  # 将浮点数类型转化为整数类型,结果是 2

large_int = 12345678987654321  # 一个很大的整数可以被创建

type(-0.333)  # float

float("3.1415926")  # 将字符串类型转化为浮点数类型,3.1415926

float(-5)  # 将整数类型转化为浮点数类型,-5.0
```

浮点型既可以表示很大的数,也可以表示很小的数。精度是浮点型最重要的特征,也是最容易困扰编程人员的细节。以下程序演示了精度问题导致的浮点数计算出现的意外情况,这种意外情况不止 Python 语言如此,所有和 Python 语言遵从同样二进制浮点数算术标准的编程语言,如 C 语言,都会出现类似的问题。

```
print(0.1+0.2)  # 0.30000000000000004
print(0.1+0.2 ==0.3)  # False
```

当浮点数非常大或者非常小时,Python 会自动将其转化为科学记数法,如 $1.38 \times 10^{-4}$ 对应的 Python 表达式是 1.38e−04。当然,也可以采用科学记数法为浮点型变量赋值。以下是浮点型变量赋值的示例:

```
# 非常大的数
large_number = 12345678901234567890.0
print(large_number)    # 输出: 1.2345678901234568e+19

# 非常小的数
small_number = 0.00000000000000000123456789
print(small_number)    # 输出: 1.23456789e-19
```

在 Python 中,虽然整数无大小限制,但浮点数的精度受限于它能存储多少位数。Python 语言使用 8 字节、64 位表示一个浮点数,其中符号占 1 位,指数占 11 位,尾数占 52 位。虽然用 52 位表示尾数在一般情况下是足够的,但也存在特殊情况有精度偏差。如果需要更高的计算精度,就可以研究 Python 提供的 decimal 模块。

## 二、Python 内置数值操作

在 Python 语言中,数据的类型决定了数据可以实现的操作。Python 语言内置的数值运算操作符和函数支持对数值进行一般数学运算。内置的数值运算操作符和函数是指不需要引用标准库或者第三方函数库,而由 Python 语言解释器直接提供的数值运算符和函数。

### (一)内置数值运算操作符

Python 语言内置的数值运算操作符及其功能如表 2—1 所示。

表 2—1　　　　　　　　　　Python 内置的数值运算操作符

| 操作符 | 功能 | 示例 | 说　明 |
| --- | --- | --- | --- |
| + | 加法 | 3.5+5=8.5 | 数值相加运算 |
| - | 减法 | 16-5.8=10.2 | 数值减法运算 |
| * | 乘法 | 4*6.0=24.0 | 数值乘法运算 |
| / | 实数除法 | 20/8=2.5 | 数值除法运算 |
| // | 地板除法 | -14//4= -4 | 返回商的整数部分,向下取整 |
| % | 取模 | 10%3=1 | 返回余数,余数符号和除数一致 |
| ** | 幂运算 | 3**3=27 | 计算幂次方,操作数可以为实数,4.0**0.5=2.0 |

需要补充的一点是,在 Python 的乘法运算中,乘号"*"不可省略,这与书写数学表达式有所不同。

【例 2—1】 假设现有 100 元,利率为 3%,计算 10 年后的资金终值。假设 10 年后能够得到 100 元,年利率为 3%,计算资金的现值。

程序示例如下:

```
# ch2-1 计算资金的价值
#已知资金现值，利率，计算资金的终值
pv = 100
interest_rate = 0.03
time_year = 10
fv = pv * (1 + interest_rate) ** time_year
print("资金的终值为: ", round(fv,2)) # 取2位小数

#已知资金终值，利率，计算资金的现值
fv = 100
interest_rate = 0.03
time_year = 10
pv = fv /(1 + interest_rate) ** time_year
print("资金的现值为: ", round(pv, 2)) # 取2位小数
```

程序运行结果如下：

```
资金的终值为: 134.39
资金的现值为: 74.41
```

Python 提供了一些方便使用数学运算符更新变量的方式，这种方式是把数学运算符和赋值符号结合起来。假如我们需要将 price 的值增加1，可以使用 x=x+1，也可以利用一个特殊的赋值符"+="来简写这个更新操作，表示为"x += 1"。"+="是一种增强赋值语句。总的来说，一个增强赋值语句会对一个函数进行某种数学运算，并用运算的结果更新该函数。

每个数值运算符都有相对应的增强赋值语句，假设 x 和 n 为数字，表2—2总结了对应不同函数的增强赋值语句。

表2—2　　　　　　　　　赋值语句与对应的增强赋值语句

| 原赋值语句 | 增强赋值语句 | 原赋值语句 | 增强赋值语句 |
|---|---|---|---|
| x = x + n | x += n | x = x / n | x /= n |
| x = x − n | x −= n | x = x // n | x //= n |
| x = x * * | x *= n | x = x ** n | x **= n |

### （二）内置数值运算函数

Python 语言内置的数值运算函数如表2—3所示。

表2—3　　　　　　　　Python 内置的数值运算函数及其功能

| 函　数 | 功　能 |
|---|---|
| abs(x) | 求 x 的绝对值 |
| divmod(x, y) | 同时返回除法商的整数部分和余数，输出(x//y, x%y) |

续表

| 函 数 | 功 能 |
| --- | --- |
| pow(x, y[,z]) | 计算幂次方，x 是底数，y 是指数，如果提供了第三个参数 z，则输出带有取模运算的幂次方，即(x**y)%z。[]表示可选参数，当 z 省略时，等价于 x**y |
| round(x[, ndigits]) | 对 x 进行四舍五入操作，保留 ndigits 位小数。当 ndigits 省略时，返回 x 四舍五入后的整数值 |
| max($x_1$, $x_2$, ⋯, $x_n$) | 返回 $x_1$, $x_2$, ⋯, $x_n$ 中的最大值 |
| min($x_1$, $x_2$, ⋯, $x_n$) | 返回 $x_1$, $x_2$, ⋯, $x_n$ 中的最小值 |

### 三、Python 的 math 库

math 是 Python 语言标准库中用于数学计算的核心模块。math 提供了 5 个数学常数和多个函数，包括数学常数、数值函数、幂函数、三角函数、反三角函数、双曲函数、特殊函数、角度与弧度转换等。

math 库中的常数和函数不能直接使用，需要用关键字 import 引用后才可以使用。例如，圆周率 pi 作为 math 库中的一个常数，必须导入 math 包才能使用。

#### （一）math 库的导入

导入 math 库有两种方式，分别如下：

方式一：import math

```
import math
print(math.pi) # 3.141592653589793
```

方式二：from math import <函数名>

```
from math import pi
print(pi) # 3.141592653589793
```

采用方式一导入圆周率 pi 时，需要在常数 pi 前加上库名，即"math."；采用方式二用关键词 import 直接导入 math 库中的常数 pi，在使用 pi 时，前面不需要加上库名。

方式二还有一种写法是"from math import *"。如果采用这样的方式引入 math 库，则 math 库中的所有常数和函数都可以直接使用，前面不需要加上"math."。

#### （二）math 库中的常数与函数

math 库提供了多种函数，其中有一些并不常用，表 2—4 介绍了 math 库提供的 5 个常数和 9 个常见函数。

表 2—4　　　　　　　　　　　math 库中的常数与常见函数

| 序号 | 名称 | 类型 | 功能描述 |
|---|---|---|---|
| 1 | math.pi | 常数 | 圆周率,值为 3.141592653589793 |
| 2 | math.e | 常数 | 自然对数,值为 2.718281828459045 |
| 3 | math.tau | 常数 | 圆周率的 2 倍,值为 6.283185307179586 |
| 4 | math.inf | 常数 | 正无穷大,负无穷大为－inf |
| 5 | math.nan | 常数 | 非浮点数标记,Not a Number |
| 6 | math.fabs(x) | 函数 | 返回 x 的绝对值 |
| 7 | math.fmod(x, y) | 函数 | 返回 x 除 y 的余数 |
| 8 | math.fsum(iterable) | 函数 | 精确计算浮点数序列的和,避免精度丢失 |
| 9 | math.gcd(x, y) | 函数 | 返回 x 和 y 的最大公约数,x 和 y 为整数 |
| 10 | math.trunc(x) | 函数 | 返回 x 的整数部分 |
| 11 | math.modf(x) | 函数 | 返回 x 的小数和整数部分 |
| 12 | math.ceil(x) | 函数 | 向上取整,返回不小于 x 的最小整数 |
| 13 | math.floor(x) | 函数 | 向下取整,返回不大于 x 的最大整数 |
| 14 | math.factorial(x) | 函数 | 返回 x 的阶乘,x 为非负整数 |

下面以 math.fsum()函数为例,阐述 math 库中函数的使用。

```
import math

data = [1.1e-16] * 1000000 #100 万个极小的浮点数
print(sum(data))
print(math.fsum(data))
```

程序执行的结果如下:

```
1.0999999999904856e-10
1.1e-10
```

从以上程序执行的结果看,普通的求和函数 sum()丢失了小数,因此最终的求和结果并不是一个准确的值,而使用 math.fsum()得到了准确的值。

## 第五节　字符串

Python 语言除了擅长处理数值型数据外,对文本信息进行处理的功能也很强大,其中最典型的就是对字符串类型数据的处理。

## 一、字符串类型数据

文本在 Python 中用字符串(String)类型表示。字符串是字符的序列表示,可以由一对单引号('')、双引号("")或者三引号("""""")构成,其中单引号和双引号都可以用作表示单行字符串。使用单引号表示字符串时,双引号可以作为字符串的一部分;同样地,使用双引号表示字符串时,单引号可以作为字符串的一部分。三引号可以表示单行或者多行字符串,使用三引号表示字符串时,单引号和双引号都可以作为字符串的一部分。

【例 2—2】 字符串类型的应用示例。

```
#ch2-2
name = "Teacher"
greeting = "hello, " + name # "+"号在这里实现字符串拼接
print(greeting) # hello, Teacher
```

## 二、字符串的索引与切片

字符串是一个字符序列。如何访问字符串中的一个或多个字符呢? 在 Python 语言中可以通过索引和切片的操作来完成。Python 语言中的字符串包括两种索引方式:正向递增符号和反向递减符号。如图 2—1 所示,字符串"Hello world"由 11 个字符组成,正向递增符号从左向右编号,最左侧字符"H"的索引号为 0。反向递减符号从右向左编号,最右侧字符"d"的索引号为 −1。有了索引值,就可以非常方便地访问字符串中的每一个字符。

图 2—1　Python 字符串的两种符号体系

【例 2—3】 字符串的索引访问。

```
#ch2-3
greeting = "Hello world"
print(greeting[0])    # 输出:H
print(greeting[-11])  # 输出:H
print(greeting[-1])   # 输出:d
print(greeting[10])   # 输出:d
```

Python 语言也提供字符串区间访问,具体语法格式为[头下标:尾下标],这种访问方式被称为"切片"。若有字符串 s,s[头下标:尾下标]表示在字符串 s 中取索引值从头下标到尾下标(不包含尾下标)的子字符串。在切片方式中,若头下标缺省,则表示从字符串的开始取子串;若尾下标缺省,则表示取到字符串的最后一个字符;若头下标和尾下标均缺省,则表示取整个字符串。

字符串切片还可以设置取子字符串的顺序,只需要再增加一个参数即可,将[头下标:尾下标]变成[头下标:尾下标:步长]。步长值大于 0,表示从左向右取字符;步长值小于 0,表示从右向左取字符。步长的绝对值减 1,表示每次取字符的间隔。

**【例 2-4】** 字符串的切片访问。

```
#ch2-4
greeting = "Hello world!"
print(greeting[0:12:1]) # Hello world!
print(greeting[12:0:-1]) # !dlrow olle
print(greeting[4::-1]) # olleH
print(greeting[::-1]) # !dlrow olleH
print(greeting[::-3]) # !r l
```

采用 greeting[::-1]的方式,可以非常方便地得到一个字符串的逆序串。

**【例 2-5】** 把星期一到星期天用字符串表示,输入一个 1~7 的数字,输出对应的日期。

**【分析】** 可以利用字符串的切片操作来巧妙地解决这个问题。基本思想是将所有的日期名称缩写存储在 1 个长字符串中。

```
months ="MonTueWedThuFriSatSun"
```

这样可以通过切出适当的子字符串来查找特定的日期。关键是应该在哪里切片呢?每天的名称缩写都由 3 个字母组成,如果知道一个给定日期在字符串中开始的位置,就可以很容易地提取日期名称缩写。

month = months[pos:pos+3]

这将获得从 pos 指示位置开始的长度为 3 的子字符串。最终程序代码如下:

```
#ch2-5
m = int(input("输入一个 1~7 的整数:"))
date_xingqi="MonTueWedThuFriSatSun"
pos = (m-1)*3
print(date_xingqi[pos: pos+3])
```

### 三、Python 基本的字符串操作符

Python 提供了简单而强大的功能来处理字符串,其最主要的 5 个基本的操作符如表 2—5 所示。

表 2—5　　　　　　　　　　　字符串的基本操作符

| 操作符 | 描　述 |
| --- | --- |
| x + y | 连接两个字符串 x 和 y |
| x * n | 复制 x 字符串 n 次 |
| x in s | 如果 x 是 s 的子串,就返回 True,否则返回 False |
| str[i] | 返回字符串 str 的第 i 个字符,相当于采用索引访问字符串 |
| str[i: j] | 字符串切片,返回索引第 i 到第 j 的子串,不包含 j 位置的字符 |

Python 语言提供的字符串基本操作符的使用演示如下:

```
s1 = "Hello world"
s2 = "你好,世界!"
result = s1 + '! '+ s2
print(result) #输出 Hello world! 你好,世界!
repeated = s1 * 3
print(repeated) #输出 Hello worldHello worldHello world
print(s1 not in repeated) #输出 False
print(s1[0]) # 输出 H
print(result[0:18]) #输出 Hello world! 你好,世界
```

由于 Python 字符串以 Unicode 编码存储,因此,字符串中的英文字符和中文字符都算作一个字符。

### 四、Python 内置的字符串处理函数

Python 提供了许多内置函数,其中有 6 个函数与字符串处理相关,如表 2—6 所示。

表 2—6　　　　　　　Python 内置的字符串处理函数及含义

| 函　数 | 含　义 |
| --- | --- |
| len(x) | 返回字符串 x 的长度,也可以返回其他组合数据类型元素个数 |
| str(x) | 将任意类型 x 转换为对应的字符串类型 |
| chr(x) | 返回 Unicode 编码为 x 的字符 |
| ord(x) | 返回字符 x 的 Unicode 编码值 |
| hex(x) | 将整数 x 转换为十六进制数,并返回其小写字符串形式 |
| oct(x) | 将整数 x 转换为八进制数,并返回其小写字符串形式 |

【例 2—6】　字符串处理函数示例。

```
#ch2-6
s = "I am a teacher in University"
print(len(s))  # 输出 28
print(str(3+5))  # 输出字符串 8
print(hex(62))  # 输出 0x3e
print(oct(62))  # 输出 0o76
```

众所周知,所有字符在计算机内部都是以二进制符号(0 和 1)序列存储。不同的字符经过统一的编码方案转化成二进制符号序列存储在计算机中,需要使用的时候再读取二进制符号序列并解码成相应字符。这就解决了不同的字符与计算机只能存储二进制符号序列的矛盾。在计算机发展的早期,不同的设计者和制造商使用不同的编码,可以想象当时在不同的系统中传递字符数据有多麻烦。为了解决这个问题,1961 年,美国国家标准协会(AN-SI)开始着手制定一套字符编码标准,旨在统一不同计算机系统和设备之间的字符表示。1967 年,美国国家标准协会正式发布了美国信息交换标准码(American Standard Code for Information Interchange,ASCII)。该编码用数字 0~127 表示计算机键盘上的常见字符以及一些控制符(如回车、换行符等),每个字符都被分配了一个唯一的数字编码。例如,26 个大写字母 A~Z 用 65~90 表示,26 个小写字母 a~z 用 97~122 表示。ASCⅡ 编码主要解决了英语字符的存储和表示问题,但是没有覆盖其他语言包含的字符。因此,大多数现代计算机系统正向一个更广泛的编码标准 Unicode 转移。Python 使用了 Unicode 编码标准。

函数 chr()和函数 ord()用于在单字符和 Unicode 编码值之间互相转换,使用示例如下:

【例 2—7】 函数 chr()和 ord()示例。

```
#ch2-7
print(ord('A'),ord('B'),ord('C'),ord('Z'))  #A,B,C 的 Unicode 编码分别为 65,66,67 和 90
print(ord('a'),ord('b'),ord('c'),ord('z'))  #a,b,c 的 Unicode 编码分别为 97,98,99 和 122
print(ord('0'),ord('1'),ord('2'),ord('9'))  #数字 0,1,2 的 Unicode 编码分别为 48,49,50 和 57
print(ord('/'),ord('+'),ord(' '))  #字符/,+,空格 的 Unicode 编码分别为 47,43 和 32
print(chr(97),chr(98),chr(99))  #Unicode 编码为 97,98 和 99 的字符分别是 a,b 和 c
```

从程序的运行结果可以得到如下结论:

(1)大写字母、小写字母和数字字符的 Unicode 编码都是按顺序排列的,26 个大写字母 A~Z 用 65~90 表示,26 个小写字母 a~z 用 97~122 表示,数字字符从 0 到 9 用 48~57 表示,因此可以根据数字顺序的间隔推断字母和数字的间隔。

(2)小写字母的 Unicode 编码整体大于大写字母的 Unicode 编码,大写字母的 Unicode 编码整体大于数字字符的 Unicode 编码。

基于以上规律,可以实现凯撒密码应用程序。

【例 2—8】 凯撒密码是古罗马凯撒大帝用来对军事情报进行加密的算法,它采用了替换方法将信息中的每一个英文字符循环替换为字母表序列中该字符后面的第三个字符。请设计程序以实现对输入的一个英文字符加密。

【分析】 按照凯撒密码的设计思路,其对应关系如下所示:
原文:A B C D E F G H I J K L M N O P Q R S T U V W X Y Z
密文:D E F G H I J K L M N O P Q R S T U V W X Y Z A B C

把英文字符转化为对应的 Unicode 编码,进行相应的变化。如果出现 X、Y、Z 字符,就需要通过取余数的方式实现转换。

程序实现如下:

```
#ch2-8 凯撒密码
plaintext = input('请输入明文: ')
ciphertext = chr(ord('A')+(ord(plaintext)-ord('A')+ 3) % 26)
print('对应的密文为: ', ciphertext)
```

## 五、Python 内置的字符串处理方法

Python 语言给字符串对象提供了大量的内置方法用于字符串的检测、查找、替换和排版等操作。使用时需要注意的是,因为字符串对象是不可变的,所以字符串对象提供的涉及字符串"修改"的方法都是返回修改之后的新字符串,并不对原字符串做任何修改。鉴于字符串是 Python 非常重要的一种基本数据类型,本节将比较详细地介绍 Python 提供的内置字符串处理方法。Python 提供的内置字符串处理方法可以分为六大类,分别是存在性检查、属性验证、替换与删除、大小写转换、填充与对齐、分割与字符串连接。

### (一)存在性检查

存在性检查类包括 7 种具体方法,分别是 find()、rfind()、index()、rindex()、count()、startswith()和 endswith()。各种类方法的具体含义如表 2—7 所示。

表 2—7　　　　Python 字符串存在性检查类别的方法及含义

| 序号 | 方法 | 含义 |
| --- | --- | --- |
| 1 | find() | 查找一个字符串在另一个字符串指定范围中首次出现的位置,默认是整个字符串,如果不存在则返回−1 |
| 2 | rfind() | 查找一个字符串在另一个字符串指定范围中最后一次出现的位置,默认是整个字符串,如果不存在则返回−1 |
| 3 | index() | 查找一个字符串在另一个字符串指定范围中首次出现的位置,默认是整个字符串,如果不存在则抛出异常 |
| 4 | rindex() | 查找一个字符串在另一个字符串指定范围中最后一次出现的位置,默认是整个字符串,如果不存在则抛出异常 |
| 5 | count() | 查找一个字符串在另一个字符串中出现的次数,如果不存在则返回 0 |
| 6 | startswith() | 检查字符串是否以指定子串开头 |
| 7 | endswith() | 检查字符串是否以指定子串结尾 |

【例 2—9】 Python 存在性检查函数使用示例。

```
#ch2-9
s = "I am a professor of information systems of SUFE"
print(s.find('of'))  #结果为9
print(s.rfind('of'))  #结果为40
print(s.index('of'))  #结果为9
print(s.rindex('of'))  #结果为40
print(s.count('of'))  #结果为3
print(s.startswith("I an"))  # 检测字符串是否以'I an'开始,输出结果 False
print(s.endswith("SUFE"))  # 检测字符串是否以'SUFE'结束,输出结果 True
```

### (二)属性验证

属性验证类包括 8 种具体方法,分别是 isalnum()、isalpha()、isdigit()、isdecimal()、isupper()、islower()、isspace()和 istitle(),各种方法的具体含义如表 2—8 所示。

表 2—8    Python 字符串属性验证类别的方法及含义

| 序号 | 方法 | 含义 |
|---|---|---|
| 1 | isalnum() | 是否为数字或字母组成 |
| 2 | isalpha() | 是否全为字母组成 |
| 3 | isdigit() | 是否全为数字(Unicode 数字可能返回 False) |
| 4 | isdecimal() | 是否全为十进制数字(更严格,排除 Unicode 数字) |
| 5 | isupper() | 是否全为大写字母 |
| 6 | islower() | 是否全为小写字母 |
| 7 | isspace() | 是否全为空白字符(空格、制表符、换行等) |
| 8 | istitle() | 是否符合标题格式(每个单词首字母大写) |

【例 2—10】 Python 属性验证函数使用示例。

```
#ch2-10
s = 'years'
print(s.islower())  # 判断字符串是否为全小写,返回 True
s = 'YEARS'
print(s.isupper())  # 判断字符串是否为全大写,返回 True
s = '20241122'
print(s.isdigit())  # 判断字符串是否为全数字,返回 True
s = 'He is 10 years old'
s1= s.replace(" ","")  # s1 为"Heis10yearsold"
print(s.isalnum(),s1.isalnum())  # 判断字符串是否为数字或字母组成,返回 False 和 True
print(s.isalpha(), s1.isalpha())  # 判断字符串是否为全字母组成,返回 False 和 False
```

### (三)替换与删除

替换与删除类包括 4 种具体方法,分别是 strip()、rstrip()、lstrip()和 replace()。各种

方法的具体含义如表2-9所示。

表2-9　　　　　　　　Python字符串替换与删除类别的方法及含义

| 序号 | 方法 | 含义 |
| --- | --- | --- |
| 1 | strip() | 删除字符串两端的连续空白字符和指定字符,默认删除空格字符 |
| 2 | rstrip() | 删除字符串右端的连续空白字符和指定字符,默认删除空格字符 |
| 3 | lstrip() | 删除字符串左端的连续空白字符和指定字符,默认删除空格字符 |
| 4 | replace() | 可以替换字符串中指定字符或子字符串,每次只能替换一个字符或子字符串;不修改原字符串,而是返回一个新字符串 |

【例2-11】 Python的字符串替换与删除方法示例。

```
#ch2-11
s = "====Hollo world!===="
print(s.strip('=')) # Hollo world!
print(s.rstrip('=')) # ====Hollo world!
print(s.lstrip('=')) # Hollo world!====
s = "I am a professor of SUFE"
s1= s.replace('professor','student')
print(s1) # 输出'I am a student of SUFE'
```

(四)大小写转换

大小写转换有5种具体方法,包括lower()、upper()、capitalize()、title()和swapcase(),字符串转换方法将会生成新的字符串,不会对原有字符串做任何修改。各种大小写转换方法的具体含义如表2-10所示。

表2-10　　　　　　　　Python大小写字符串转换方法及含义

| 序号 | 方法 | 含义 |
| --- | --- | --- |
| 1 | lower() | 将字符串转化为小写字符串 |
| 2 | upper() | 将字符串转化为大写字符串 |
| 3 | capitalize() | 将字符串首字母转换为大写 |
| 4 | title() | 将字符串中每个单词的首字母转换为大写 |
| 5 | swapcase() | 将字符串中的字符大小写互换 |

【例2-12】 Python大小写字符串转换方法应用示例。

```
#ch2-12
s = "I am a professor of SUFE"
print(s.lower()) # 输出 i am a professor of sufe
print(s.upper()) # 输出 I AM A PROFESSOR OF SUFE
print(s.capitalize()) # 输出 I am a professor of sufe
print(s.title()) # 输出 I am a professor of sufe
print(s.swapcase()) # 输出 i AM A PROFESSOR OF sufe
```

### (五)填充与对齐

填充与对齐有 4 种具体方法,包括 center()、ljust()、rjust()和 zfill(),通过以下例题演示这 4 种方法的用法。

**【例 2—13】** Python 填充与对齐方法应用示例。

```
#ch2-13
s = 'Hello world!'
print(s.center(30,'=')) # 字符串居中对齐,输出宽度为 30,不足的以'='填充
print(s.ljust(20,'*')) # 字符串居左对齐,输出宽度为 20,不足的以'*'填充
print(s.rjust(20,'*')) # 字符串居右对齐,输出宽度为 20,不足的以'*'填充
print(s.zfill(20))   # 输出宽度为 20,在字符串左侧以字符'0'填充
```

程序输出的结果如下:

```
=========Hello world!=========
Hello world!********
********Hello world!
00000000Hello world!
```

### (六)分割与字符串连接

分割和连接字符串有 6 种具体方法,包括 split()、rsplit()、partition()、rpartition()、splitlines()和 join()。各种方法的具体含义如表 2—11 所示。

表 2—11　　　　　　　　　Python 字符串分隔类方法的含义

| 序号 | 方法 | 含义 |
| --- | --- | --- |
| 1 | split() | 以指定字符为分隔符,从原字符串左端开始将其分隔成多个字符串,并返回包含分隔结果的列表(列表将在后续章节中介绍) |
| 2 | rsplit() | 以指定字符为分隔符,从原字符串右端开始将其分隔成多个字符串,并返回包含分隔结果的列表(列表将在后续章节中介绍) |
| 3 | partition() | 以指定字符串为分隔符将原字符串分隔为 3 个部分,即分隔符之前的字符串、分隔符字符串和分隔符之后的字符串。如果指定的字符串不在原字符串中,就返回原字符串和两个空字符串;如果字符串中有多个分隔符,就按照从左向右遇到的第一个分隔符进行分隔 |

续表

| 序号 | 方法 | 含义 |
| --- | --- | --- |
| 4 | rpartition() | 以指定字符串为分隔符将原字符串分隔为 3 个部分,即分隔符之前的字符串、分隔符字符串和分隔符之后的字符串。如果指定的字符串不在原字符串中,就返回原字符串和两个空字符串;如果字符串中有多个分隔符,就按照从右向左遇到的第一个分隔符进行分隔 |
| 5 | splitlines() | 按行分割,keepends＝True 保留换行符 |
| 6 | join() | 连接两个或多个字符串,并且在相邻两个字符串之间插入指定字符,返回新生成的字符串 |

**【例 2—14】** Python 字符串分割与连接方法应用示例。

```
#ch2-14 分割与连接
city1 = "北京,上海,广州,上海,深圳"
print(city1.split(",")) # 按照 ',' 分隔字符串
city2 = "北京 上海 广州 深圳"
print(city2.split()) # 默认按照空格分隔字符串
print(city2.split(maxsplit =2)) #从左开始,最多分隔 2 次,分出 '北京' 和 '上海'
print(city2.rsplit(maxsplit =2)) #从右开始,最多分隔 2 次,分出 '广州' 和 '深圳'
print(city1.partition('上海')) #按左端第一个 '上海' 将字符串分成 3 个部分
print(city1.rpartition('上海')) #按右端第一个 '上海' 将字符串分成 3 个部分
print(city1.partition('杭州')) # 分隔符不存在,则返回原字符串和 2 个空字符串
#连接操作
city3 = city2.split() # city3 是链表数据类型,['北京', '上海', '广州', '深圳']
print(':'.join(city3)) # 用 ':' 作为连接符,结果为'北京:上海:广州:深圳'
print('-'.join(city3)) #用 '-' 作为连接符,结果为'北京-上海-广州-深圳'
```

## 第六节　布尔型

Python 中的布尔数据类型(Boolean)用于表示真(True)和假(False)两种状态。布尔运算在逻辑运算和条件判断中非常普遍,在编程中不可或缺。

**【例 2—15】** 布尔运算示例。

```
#ch2-15 布尔运算应用于条件判断
a = 10
b = 20
print(a == b)  # 输出 False
# 布尔运算应用于逻辑运算
x = True
y = False
print(x and y) # 输出 False
```

在某些情况下,Python 会自动将非布尔值转换为布尔值。这种转换被称为布尔上下文,以下是非布尔值在布尔上下文中的转换规则:

(1)数字:数字零(0)转换为 False,非零数字转换为 True。
(2)字符串:空字符串转换为 False,非空字符串转换为 True。
(3)None:None 直接转换为 False。

## 第七节 混合运算和类型转换

混合运算是指不同数据类型之间的操作。当对整数、浮点数和其他数字类型进行运算时,Python 会根据运算规则自动进行类型转换。例如,整数和浮点数之间的运算会将整数转化为浮点数。Python 提供了各种内置函数,以帮助进行不同数据类型之间的转换。表2-12 展示了一些用于执行数据类型之间转换的内置函数,这些函数返回一个新的对象,表示转换后的值。

表 2-12　　　　　　　　　　　Python 数据类型转换函数

| 函数 | 描述 |
| --- | --- |
| int(x [,base]) | 将 x 转换为一个整数 |
| long(x [,base]) | 将 x 转换为一个长整数 |
| float(x) | 将 x 转换为一个浮点数 |
| complex(real [,imag]) | 创建一个复数 |
| str(x) | 将对象 x 转化为字符串 |
| repr(x) | 将对象 x 转换为表达式字符串 |
| eval(str) | 用来计算在字符串中的有效 Python 表达式,并返回一个对象 |
| tuple(s) | 将序列 s 转换为一个元组 |
| list(s) | 将序列 s 转换为一个列表 |
| set(s) | 转换为可变集合 |
| dict(d) | 创建一个字典,d 必须是一个序列(key, value)元组 |
| frozenset(s) | 转换为不可变集合 |
| chr(x) | 将一个整数转换为一个字符 |
| unichr(x) | 将一个整数转换为 Unicode 字符 |
| ord(x) | 将一个字符转换为它的整数值 |
| hex(x) | 将一个整数转换为一个十六进制字符串 |
| oct(x) | 将一个整数转换为一个八进制字符串 |

以下是一些混合运算和类型转换的示例。

```
# 数字类型的混合运算
result1 = 5 + 2.0  # 自动将整数转换为浮点数进行运算
result2 = 10 / 2  # 除法运算会自动将结果转换为浮点数
# 字符串类型的混合运算
text1 = 'Hello'
text2 = 'World'
combined_text = text1 + ' ' + text2  # 字符串可以通过加号连接
# 类型转换示例
num_string = '10'
num_integer = int(num_string)  # 将字符串转换为整数 10
num_float = float(num_integer)  # 将整数转换为浮点数 10.0
num_string_again = str(num_float)  # 将浮点数转换回字符串 '10.0'
```

## 第八节　format()函数的格式化方法

format()函数是 Python 中用于字符串格式化的强大工具,其允许在字符串中按照指定的顺序插入多个变量和表达式的值,使得字符串的构建更加灵活和清晰。

format()的基本语法如下:

```
"{}{}".format(value1, value2)
```

其中,"{}"是占位符,value1 和 value2 是要插入的值。

【例 2—16】　format()函数使用示例。

```
#ch2-16
print("我是{}学院{}专业的学生。".format("信息管理与工程","信息管理"))
print("我是{1}学院{2}专业的学生{0}。".format("林冲","信息管理与工程","信息管理"))
```

程序的输出结果如下:

```
我是信息管理与工程学院信息管理专业的学生。
我是信息管理与工程学院信息管理专业的学生林冲。
```

format()方法还提供了强大的格式控制功能。当使用 format()方法格式化字符串的时候,首先需要在"{}"中输入引导符号":",随后可以分别设置<填充字符>、<对齐方式>、<宽度>、<,>、<.精度>、<类型>6 个字段。这些字段既可以单选使用,也可以组合使用,其具体含义如表 2—13 所示。

表 2-13　　　　　　　　　　　　format()方法中的格式设置项

| 设置项 | 可选值 |
| --- | --- |
| <填充字符> | 指限定宽度内除了参数以外填充的字符,默认为空格,可以使用"＊""＝""－"等 |
| <对齐方式> | ^(居中)、<(左对齐)、>(右对齐) |
| <宽度> | 1个整数,指格式化后整个字符串的字符长度 |
| <,> | 用于显示数字类型的千位分隔符 |
| <.精度> | 对于浮点数,表示小数部分有效位数;对于字符串,表示输出的最大长度 |
| <类型> | 输出整数和浮点数的格式,例如,"d"表示输出整数的十进制方式,"f"表示输出浮点数的标准浮点形式 |

【例 2-17】　format()函数格式化字符串。

```
#ch2-17 format()函数格式化字符串
print("{:*^20}".format("Hollo world!"))
print("{:=<20}".format("Hollo world!"))
```

程序的输出结果如下:

```
****Hollo world!****
Hollo world!========
```

【例 2-18】　format()函数格式设置。

```
#ch2-18 format()函数设置格式
print("{:.2f}".format(3.1415926))   #保留2位小数
print("{:=^30.4f}".format(3.141592))   #宽度30,居中对齐,"="填充,保留4位小数
print("{:5d}".format(24))   #宽度5,右对齐,空格填充,整数形式输出
print("{:x>5d}".format(24))   # 宽度5,右对齐,'x'填充,整数形式输出
```

程序的输出结果如下:

```
3.14
============3.1416============
   24
xxx24
```

经过前文的介绍,可以感知 format()函数具有强大的功能。Python 自 3.6 版本以后,支持 f-string 操作,在字符串前加"f"或"F",并使用大括号包含变量或表达式的方式来快速格式化字符串;也可以通过大括号指定不同的格式化选项,如数字精度、填充、对齐等,来实现不同的输出效果。f-string 是 format()方法的现代替代方案,f-string 通过更直观的语法和编译优化实现了对 format()方法的显著改进。

## 第九节　input()和print()函数简介

Python程序有多种数据输入和输出方式，可以从键盘读取输入，也可以从文件读取输入；程序的结果可以输出到屏幕上，也可以保存到文件中以便后续使用，其中最简洁的方式是从键盘输入和输出到屏幕，分别对应Python内置的input()函数和print()函数。

input()函数用于从控制台获取用户输入，并返回一个字符串（去掉结尾的换行符）。当需要把单个输入分割成多个数据时，可以使用字符串来处理函数split()，以实现分割不同的变量，程序如下所示：

```
name = input('please input your name:')
salary = float(input('please input your monthly salary:'))
# 从单个输入中同时获取两个数据
name, age = input('please input your name and age, separated by spaces:').split()
print('you name is', name, 'and you age is', age)
```

程序运行的结果如下：

```
please input your name:林冲
please input your monthly salary:1000
please input your name and age, separated by spaces:林冲 40
you name is 林冲 and you age is 40
```

print()函数是将内容输出到控制台的核心工具。print()函数有两个经常用到的参数，分别是sep和end。其中，sep表示分隔符，默认是空格（' '）；end表示结束符，默认是换行符（'\n'）。可以通过把空格赋值给end参数（如end=' '），以实现输出字符串后不换行的功能。如果希望使用更多的输出格式，而不是简单地以空格分割，就可以采用format()函数对字符串进行格式化。以下是关于print()函数应用的示例。

【例2—19】print()函数和format()函数的联合使用。

```
#ch2-19
name = 'Alice'
salary = 5000
# 通过str.format()来对结果进行格式化，它使用大括号'{}'作为占位符
print("The salary of {} is {}.".format(name, salary))
# 在字符串前添加f来完成格式化字符串字面量
print("The salary of {} is {} yuan.".format(name, salary))
# 在大括号中指定不同格式化选项
print("{:0>3d}".format(5), end='')   # 右对齐，占3个符号位，输出005，不换行
print("{:.2f}".format(3.14159))   # 保留2位小数，输出3.14
```

程序执行的结果如下：

```
The salary of Alice is 5000.
The salary of Alice is 5000 yuan.
0053.14
```

Python 语言还提供了很多输入输出的方法，如读写文件，这些内容将在后续章节详细介绍。

## 本章小结

本章主要介绍了 Python 编程中的基本语法规范、基本的数据类型及其简单应用。缩减和注释是 Python 语言最容易被忽视的地方，因此本章首先对这两个基本规范进行了详细介绍，随后详细介绍了标识符。标识符是用来命名变量、函数、类等的符号，遵循通用的命名规则可以提高代码的可读性与可维护性。变量是程序执行的基础之一。变量用于存储数据，并通过赋值语句将特定值赋予变量。本章主要介绍了 3 种变量赋值的方式。数值、字符串和布尔型是 Python 最基本的变量类型，本章详细完整地介绍了字符串在现实中的应用。基于以上内容的学习，读者可以实现混合运算，从而实现基本的代码编写。

为了让读者能够编写功能相对完善的程序，本章在最后详细介绍了 format() 函数的格式化方法和 input()、print() 实现的输入、输出功能。

经过对本章的学习，读者应掌握编写 Python 程序的基本方法，可以实现简单的数值运算和字符处理功能。

## 课后习题

1. 使用正确的缩进来定义一个函数，该函数接受两个参数并返回它们的乘积。

2. 编写一个 Python 程序来计算并打印一个数值的平方根。如果输入的不是正数，就会打印错误信息。

3. 给定字符串 text = "Python Programming"，写一个表达式来提取单词 "Programming" 并打印出来。

4. 设定两个变量 x = 10 和 y = 20，编写代码将 y 转化为整数并计算 x 和 y 的和。

5. 编写一个脚本，将用户输入的华氏温度转化为摄氏温度，并打印结果[摄氏度 =（华氏度 − 32）* 5/9]。

# 第三章
# Python 程序流程控制

## 全章提要

- 第一节　程序执行的流程
- 第二节　选择结构
- 第三节　循环结构
- 第四节　random 库的应用
- 第五节　程序流程控制应用实例

本章小结
课后习题

结构化程序设计是由荷兰计算机科学家埃德斯加·戴克斯特拉(Edsger W. Dijkstra)在20世纪60年代末提出的一种程序设计方法，它的核心思想是通过清晰、有条理的方式来设计程序，以提高程序的可读性、可靠性和可维护性。戴克斯特拉认为，程序的结构应该基于清晰的逻辑，而不是依赖复杂的控制流或随意的跳转。结构化程序设计的三大基本结构是顺序结构、选择结构和循环结构。通过这三种结构的组合，可以构建出复杂的程序逻辑。

## 第一节　程序执行的流程

程序可以看作顺序执行的代码。顺序结构是程序的基础，但是单一的顺序结构并不能解决所有问题，因此需要控制程序执行顺序以满足多样的功能需求。

程序执行的流程有3种基本结构，分别是顺序结构、选择结构和循环结构。这三种结构都有一个入口和一个出口，由此构成了程序的流程。为了直观地展示程序执行的流程，我们采用流程图的方式描述这三种结构。

顺序结构是按照程序语句出现的位置，一句接着一句按顺序执行，每条语句都会被执行一次，并且仅会被执行一次。语句块1和语句块2表示若干按顺序执行的语句。顺序结构是最常见的运行结构，如图3－1所示。

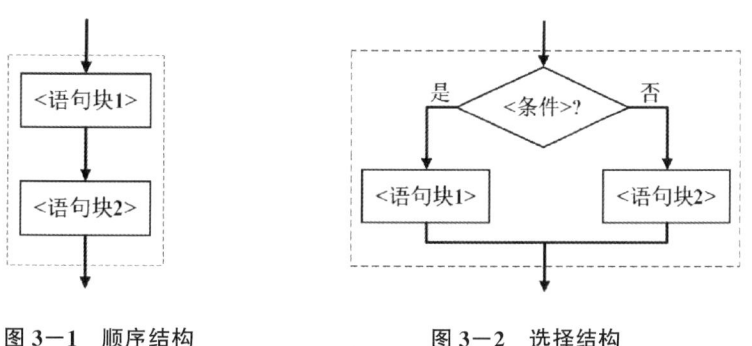

图3－1　顺序结构

图3－2　选择结构

选择结构是通过判断不同条件来选择不同执行路径的一种运行方式，如图3－2所示。根据选择结构分支路径的完备性，可以将选择结构分为单分支结构和双分支结构，如图3－3所示。双分支结构可以嵌套形成多分支结构。

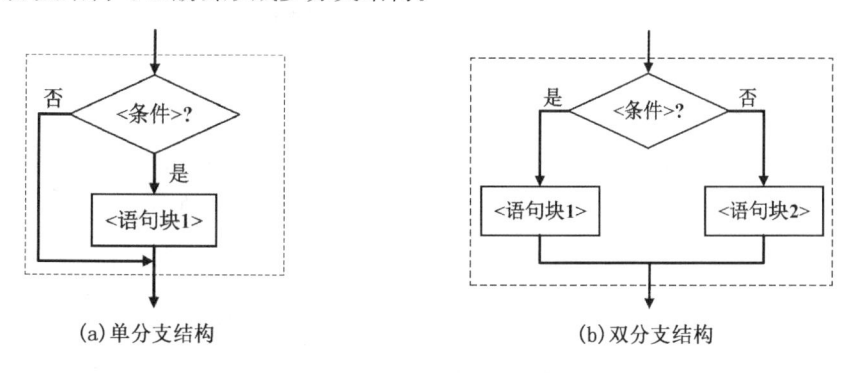

(a)单分支结构

(b)双分支结构

图3－3　单分支选择结构和双分支选择结构

循环结构是通过判断不同条件,允许重复执行某段代码的情形,如图 3-4 所示。循环结构使得程序能够以一种高效、灵活的方式处理多次相同或相似的任务。根据循环程序触发条件的不同,循环结构包括条件循环和遍历循环两种典型形式,如图 3-5 所示。条件循环和遍历循环分别对应 Python 语言中的 for 语句和 while 语句,后续章节会进一步讲解。

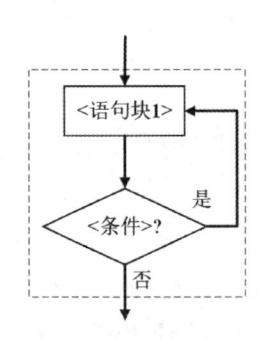

图 3-4 循环结构

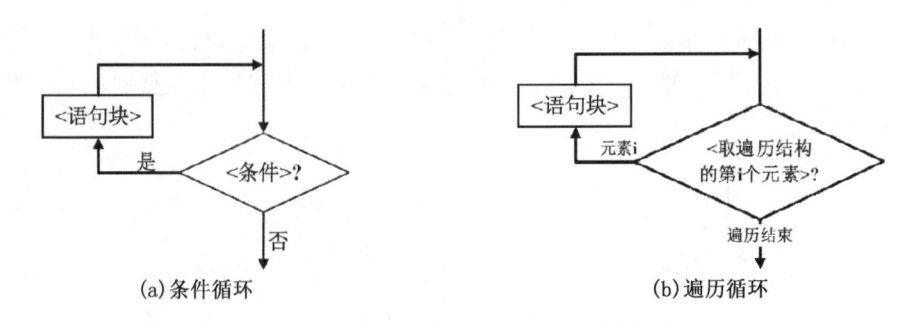

(a) 条件循环　　　　　　　　(b) 遍历循环

图 3-5 循环结构的流程示意图

## 第二节　选择结构

### 一、运算符和表达式

在选择结构和循环结构中,往往需要根据条件表达式的值来确定下一步的执行顺序,而条件表达式通常会涉及关系运算符和逻辑运算符。

#### (一)关系运算符

在 Python 语言中,关系运算符是用于比较两个值或者变量之间大小关系的运算符,并返回一个布尔值(True 或 False)。Python 的关系运算符及其含义如表 3-1 所示。

表 3—1　　　　　　　　　　　　Python 的关系运算符

| 运算符 | 含义 | 返回值 |
|---|---|---|
| == | 等于 | 1==2,结果为 False |
| != | 不等于 | 1!=2,结果为 True |
| > | 大于 | 1>2,结果为 False |
| < | 小于 | 1<2,结果为 True |
| >= | 大于等于 | 1>=2,结果为 False |
| <= | 小于等于 | 1<=2,结果为 True |

在 Python 语言中,关系运算符还可以连用,类似于在数学中的使用方法,操作数可以是变量或者表达式的结果。使用关系运算符的前提是操作数必须是可以比较的数据类型,比如比较一个字符串和一个数值的大小就没有意义,Python 也不支持这样的运算。

#### (二)逻辑运算符

Python 的逻辑运算符用于组合条件表达式,从而形成更加复杂的条件表达式,Python 的逻辑运算符包括 and(并且)、or(或)和 not(取反)。Python 的逻辑运算符及其含义如表 3—2 所示。

表 3—2　　　　　　　　　　　　Python 的逻辑运算符

| 运算符 | 描　述 |
|---|---|
| and | 两个条件是否都为真。只有当两个条件都为真时,整个表达式才为真;如果任何一个条件为假,则整个表达式为假 |
| or | 两个条件中至少有一个为真。只要其中一个条件为真,整个表达式就为真。只有当两个条件都为假时,整个表达式才为假 |
| not | 取反一个条件的布尔值。如果条件为真,则取反的结果为假;如果条件为假,则取反的结果为真 |

逻辑运算符的程序示例如下:

```
a, b = 1, 5
print(a>10 and b<100)  # 表示 a>10 并且 b<100,结果为 False
print(a>10 or b<100)   # 表示 a>10 或者 b<100,结果为 True
print(not(a>10 and b<100))  # 将 a>10 并且 b<100 的结果取反,最终结果为 True
```

#### (三)表达式

表达式是由运算符和操作数组成的代码片段。表达式通过运算产生并返回运算结果,运算结果的类型由操作数和运算符共同决定。表达式可以比较简单,也可以通过运算符连接多个表达式从而形成比较复杂的表达式。不同的运算符有不同的优先级,运算符优先级控制表达式的运算顺序。当表达式比较复杂时,可以使用小括号使代码结构更清晰。

除了已经介绍的关系运算符和逻辑运算符以外,Python还包括其他多种类型的运算符,表3-3按照优先级从高到低的顺序给出了各种运算符优先级的详细信息,优先级的值越大,表示运算符的优先级越高。

表3-3　　　　　　　　　　　　　　　Python 运算符优先级

| 运算符 | 说明 | 优先级 | 运算符 | 说明 | 优先级 |
| --- | --- | --- | --- | --- | --- |
| () | 小括号 | 19 | ^ | 按位异或 | 9 |
| x[i] | 索引运算符 | 18 | \| | 按位或 | 8 |
| x.attribute | 属性访问 | 17 | ==,!=,=,>=,<,<= | 比较 | 7 |
| ** | 指数/乘幂 | 16 | is, is not | 同一性测试 | 6 |
| ~ | 按位取反 | 15 | in, not in | 成员测试 | 5 |
| +,- | 正号、负号 | 14 | not | 逻辑非 | 4 |
| *,/,//,% | 乘、除、整除、取余 | 13 | and | 逻辑与 | 3 |
| +,- | 加、减 | 12 | or | 逻辑或 | 2 |
| >>,<< | 移位 | 11 | exp1, exp2 | 逗号运算符 | 1 |
| & | 按位与 | 10 | | | |

表达式可以描述某种逻辑关系,用于判断是否满足某种条件。条件表达式通过计算返回布尔型变量来验证逻辑关系,复杂的条件表达式包含关系运算符和逻辑运算符。对于Python语言而言,如果表达式的结果为数值类型的"0"、空字符串、空元组、空列表、空字典,则其布尔值为False,否则为True。条件表达式的程序示例如下:

```
bool(123), bool("abc"), bool((1,2)), bool([0]), bool(0) # 输出 (True, True, True, True, False)
bool(1>2), bool(1>2 or 3>2), bool(1<=2 and 3>2) # 输出 (False, True, True)
```

## 二、选择结构的应用

程序中的部分语句不一定每次运行都被执行,Python的选择结构(也称分支结构或条件结构)用于根据不同条件执行不同的代码块。Python最常见的选择结构包括单分支结构(if语句)、双分支结构(if-else语句)和多分支结构(if-elif-else语句),这些结构允许程序根据不同的条件按不同的顺序执行。以下以"三角形三边长度已知,求三角形面积"为例,阐述选择结构的应用。

【例3-1】 输入三角形三条边的长度,计算三角形的面积。

```
#ch3-1 输入三角形三条边的长度,计算三角形的面积。
import math
x = float(input('Please input the length of side x of a triangle:'))
y = float(input('Please input the length of side y of a triangle:'))
z = float(input('Please input the length of side z of a triangle:'))
h = (x+y+z)/2
area = math.sqrt(h*(h-x)*(h-y)*(h-z))
print('the area of a triangle is:{:.2f}'.format(area))
```

程序的输出结果如下:

```
Please input the length of side x of a triangle: 1
Please input the length of side y of a triangle: 2
Please input the length of side z of a triangle: 2
the area of a triangle is:0.97
```

分析以上程序可以发现,这个程序存在一个问题——不是输入任意3个数字就能计算出一个结果,原因是并非随意的3个数字就能构成一个三角形。三角形的3条边必须满足特定的条件:边长必须是正数,而且任意两条边的长度之和都大于第三条边的长度。因此,必须在用户输入数据之后,对数据进行检查,只有当满足前提条件之后,才能计算三角形的面积。这样就需要采用选择结构:只有当用户输入的数据为合法数据时,程序才会进行后续计算,否则就告知用户"数据有误"(具体程序见例3-3)。

**(一)单分支选择结构**

Python 单分支选择结构是最简单的一种选择结构,表示满足条件则执行相应的语句块,语法格式如下所示:

```
if 条件表达式:
    语句块
```

**【例3-2】** 空气污染是全社会都比较关心的事情,PM2.5是空气污染一个重要的衡量指标。PM2.5是指空气中直径小于或者等于2.5微米的可吸入颗粒物。PM2.5颗粒粒径小,含有大量有毒、有害物质,并且在大气中停留时间长、输送距离远,因而对人的伤害性比较大。PM2.5质量等级分为6级,0~35空气质量为优,35~75空气质量为良,75~115空气质量为轻度污染,115~150空气质量为中度污染,150~250空气质量为重度污染,250~500空气质量为严重污染。

根据输入的PM2.5数值,输出相应的空气质量等级,可以采用选择结构实现。虽然有多种等级,但是可以采用单分支结构进行逐个条件判断。具体程序如下:

```
#ch3-2  PM2.5空气质量提示
PM25 = eval(input('请输入PM2.5数值: '))
if 0 <=PM25 <35:
    print('空气质量为 优!')
if 35<=PM25 <75:
    print('空气质量为 良!')
if 75<=PM25 < 115:
    print('空气质量为 轻度污染!')
if 115<=PM25 <150:
    print('空气质量为 中度污染!')
if 150<=PM25 <250:
    print('空气质量为 重度污染!')
if 250<=PM25 <500:
    print('空气质量为 严重污染!')
```

在编写单分支结构程序代码时,需要注意以下两点:

第一,条件表达式后面的冒号":"不可缺少,它表示一个语句块的开始,后续介绍的几种形式的选择结构和循环结构中的冒号也都不可或缺。

第二,在Python语言中代码的缩进非常重要,缩进是体现代码逻辑关系的重要方式,所以在编写语句块的时候,务必注意代码缩进,且同一个代码块必须保证相同的缩进量。

当条件表达式成立,结果为True的时候,语句块将被执行;如果条件表达式不成立,语句块就不会被执行,程序就会继续执行后面的语句。单分支选择结构中的语句块有可能被执行,也有可能不被执行,是否执行依赖于条件表达式的判断结果。

### (二)双分支选择结构

Python双分支选择结构用于区分条件的两种可能,即满足条件和不满足条件,其分别执行不同的程序块,语法结构如下:

```
if 条件表达式:
    语句块1
else:
    语句块2
```

在上述语法结构中,语句块1是在if条件满足后执行的一个或多个语句序列,语句块2是在if条件不满足后执行的语句序列。双分支语句区分条件的两种可能,即True或者False,分别执行相应的程序块。语句块1和语句块2只能被执行一次。

【例3—3】 输入3条线段的长度,对用户输入的数值做合法性检查,并求出由这3条线段围成的三角形的面积。

```
#ch3-3
import math
x = float(input("Please input the length of side x of a triangle:"))
y = float(input("Please input the length of side y of a triangle:"))
z = float(input("Please input the length of side z of a triangle:"))
if (x+y>z and x+z>y and y+z>x and x>0 and y>0 and z>0):
    h = (x+y+z)/2
    area = math.sqrt(h*(h-x)*(h-y)*(h-z))
    print("The area of a triangle is: {:.2f}".format(area))
else:
    print("The data is wrong! ")
```

双分支还有一种更加简洁的表达形式——通过三元表达式返回特定值,其语法结构如下:

```
<语句1> if <条件表达式1> else <语句2>
```

其中,当条件表达式 1 的值为 True 时,执行语句 1;否则,执行语句 2。

假设需要判断一个数是正数还是负数,并返回对应的判断语句,采用三元表达式的方式实现如下:

```
num = 5
result = "正数" if num > 0 else "负数"
print(result)    # 输出:正数
```

### (三)多分支选择结构

当条件比较复杂,程序的分支多于 2 条时,就需要使用多分支选择结构,其语法结构如下:

```
if 条件表达式1:
    语句块1
elif 条件表达式2:
    语句块2
……
else:
    语句块n
```

采用多分支选择结构,可以把例 3—2 修改如下:

【例 3—4】 采用多分支选择结构实现 PM2.5 空气质量提示。

```
#ch3-4 采用多分支选择结构实现 PM2.5 空气质量提示
PM25 = eval(input('请输入 PM2.5 数值：'))
if 0 <=PM25 <35:
    print('空气质量为 优！')
elif 35<=PM25 <75:
    print('空气质量为 良！')
elif 75<=PM25 < 115:
    print('空气质量为 轻度污染！')
elif 115<=PM25 <150:
    print('空气质量为 中度污染！')
elif 150<=PM25 <250:
    print('空气质量为 重度污染！')
elif 250<=PM25 <500:
    print('空气质量为 严重污染！')
else: print('空气质量爆表！')
```

### （四）嵌套的 if 结构

嵌套的 if 结构是指在一个 if 语句的代码内部包含另一个 if 语句。前面已经介绍的单分支选择结构、双分支选择结构和多分支选择结构可以相互嵌套，从而创建比较复杂的条件逻辑。

**【例 3—5】** 使用键盘输入一个三位的正整数，输出其中最大的一位数。

**【分析】** 需要从键盘输入的三位数中分离出个位数、十位数和百位数，再通过比较获取其中最大的值，就可以实现上述程序要求。为了确保程序的稳健性，可以预先判断输入值，以确保其为一个三位正整数。

```
#ch3-5 使用键盘输入一个 3 位的正整数，输出其中的最大 1 位数
st = input("请输入一个 3 位正整数：")
if len(st)==3:
    a = int(st[0])
    b = int(st[1])
    c = int(st[2])

    if a>=b:
        if a>c:
            max_num = a
        else:
            max_num = c
    else:
        if b>=c:
            max_num = b
        else:
            max_num = c
    print(st + '中最大的 1 位数字是：', max_num)
else:
    print("输入的数据不符合要求！")
```

上述代码在分离三位正整数时使用了字符串切片的方法,把切片后的字符串转换为整数,再进行数值比较。当然也可以把字符串整体转换成整数,再利用整除和求余的方法,分割出数字。

在寻找最大的数字的过程中,采用了 if 嵌套的方式,外层的 if 和 else 分支中的语句块都是由一组内层的 if 结构组成的。

## 第三节 循环结构

循环结构就是重复执行一条或若干条代码,直到满足某个条件为止。根据循环执行次数的确定性,循环可以分为确定次数循环和非确定次数循环。确定次数循环指循环体对循环次数有明确的定义,这类循环在 Python 中被称为"遍历循环",其中,循环次数采用遍历结构中的元素个数来体现,具体采用 for 语句来实现。非确定次数循环是指程序不确定循环体可能的执行次数,而通过条件判断是否继续执行循环体,这类循环也被称为"条件循环",Python 提供 while 语句来实现根据判断条件执行循环程序。以下部分详细介绍 while 循环语句和 for 循环语句。

### 一、while 循环语句

很多程序无法在执行之初确定循环的初值和终值,而需要根据条件判断是否进行循环,这种循环被称为条件循环。条件循环保持循环操作直到循环条件不满足才结束,不需要提前确定循环次数。Python 通过保留字 while 来实现条件循环。条件循环的基本结构如下:

```
while 循环条件:
    语句块
```

其中的条件与 if 语句中的判断条件一样,结果为 True 或 False。当条件判断为 True 时,循环体重复执行语句块中的语句;当条件判断为 False 时,循环终止,执行与 while 同级别缩进的后续语句。

【例 3-6】 利用 while 语句求 1~100 中所有整数的和。

```
#ch3-6
sum = 0
i = 1
while i<=100:
    sum = sum + i
    i = i +1
print("sum=", sum) # 输出 sum=5050
```

使用 while 语句的时候,程序必须管控循环中的变量 i。例 3-6 中的"i=i+1"语句就是自己在做增量操作,如果去掉这句话,变量 i 的值一直等于 1,循环条件"i<=100"将永远成立,这个循环就无法结束,变成了"死循环"。相比而言,如果循环比较规范,循环中的控制比较简单,事先可以确定循环次数,那么用 for 语句写的程序就往往会非常简单、清晰。

【例 3-7】 有一类数学题需要使用一套反复计算的规则,我们称之为迭代规则。虽然迭代能够解决问题,但是何时结束迭代需要看计算的实际进展。我们可以利用迭代规则求解一个实数的算术平方根,具体的迭代规则如下:

(1)假设需要求正实数 x 的算术平方根,任取 y 为某个正实数。
(2)如果 y × y=x,计算结束,y 就是 x 的算术平方根;否则,令 z=(y+x/y)/2。
(3)令 y 的新值等于 z,跳转到步骤(1)。

按照上述规则反复计算,可以得到一个 y 的序列,这个序列将趋向于 x 的算术平方根。这种计算算术平方根的方法被称为"牛顿迭代法"。牛顿迭代法的代码如下:

```
x = float (input("请输入一个实数:"))
y = 1.0
while y * y != x:
    y = (y + x/y)/2
print("算术平方根为: ", y)
```

上述代码看起来没有任何问题,但是当运行时,输入 2.0 求其平方根,却没有任何的输出结果,代码进入了死循环。这是计算机近似计算带来的问题。由于 2.0 的平方根是无理数,浮点数只能表示其近似值,而且计算机表示数据的精度是有限的,导致 y 的平方根无法精准等于 2.0,因此在计算浮点数时,不能用"等于"作为条件进行判断,因为在近似计算的条件下,永远不可能精确地相等。如此,应该取两者的误差值小于某个特定的数作为判断条件。

继续完善代码,增加一个判断近似程度的条件,同时为了能够直观地查看到循环的次数,新增一个变量 n 以记录循环次数,把采用牛顿迭代法计算的平方根和 math 库中 sqrt() 函数求平方根的结果进行对比。

【例 3-8】 承接例 3-7,利用 while 语句求实数的平方根。

```
#ch3-7
import math
x = float (input("请输入一个实数:"))
n = 0
y = 1.0
while abs(x -y * y) > 1e-8:
    y = (y + x/y)/2
    n = n + 1
    print(n, y)
print("算术平方根为: ", y)
print("sqrt 函数求出的算术平方根为: ", math.sqrt(x))
```

程序执行的结果如下：

```
请输入一个实数： 3
1 2.0
2 1.75
3 1.7321428571428572
4 1.7320508100147274
算术平方根为： 1.7320508100147274
sqrt 函数求出的算术平方根为： 1.7320508075688772
```

通过程序展示的计算过程可以看到，算法收敛得相当快。

## 二、for 循环语句

Python 通过保留字 for 来实现"遍历循环"。for 循环用一个迭代器(Iterator)来描述其语句块的重复执行方式，它的基本结构如下：

```
for 循环变量 in 迭代器：
    语句块
```

for 循环语句中包含了循环变量、迭代器和语句块三个部分，由关键字 for 开始的程序行称为循环头部，语句块称为循环体，迭代器是 for 循环语句中最重要的部分。

迭代器是 Python 语言中的一种重要机制，一个迭代器描述一个值序列。在 for 语句中，变量按顺序取得迭代器表示的值序列中的每个值，对每一个值都将执行一次语句块。由于变量取得的值在每一次循环中不一定相同，因此，每次循环执行语句块，得到的结果随变量取值的变化而变化。

### (一)字符串作为迭代器

在 Python 语言中，字符串是可迭代对象(Iterable)，这也意味着可以使用字符串作为 for 循环的迭代器，直接遍历字符串中的每一个字符，直至遍历完字符串中的所有字符。在 Python 语言中，可迭代对象还包括列表(List)、元组(Tuple)、集合(Set)和字典(Dictionary)等，这些数据结构会在后续章节详细阐述。

【例 3—9】 股票交易日志分析。

```
#ch3-8
# 交易日志，每行 1 个交易记录，格式"日期，股票代码，成交价格，成交量"
trade_log = """2024-12-15, AAPL, 175.32, 100
2024-12-15, MSFT, 289.45, 150
2024-12-16, AAPL, 176.10, 200
2024-12-16, MSFT, 290.10, 120"""
# 初始化变量用于存储统计数据
```

```
total_volume = 0
highest_price = 0
lowest_price = float('inf')
number_of_trades = 0
price_dict = {}
# 使用 for 循环迭代字符串中的每一行
for line in trade_log.splitlines():
    # 忽略空行
    if not line.strip():
        continue
    # 解析每一行的数据
    date, stock_code, price_str, volume_str = line.split(',')
    price = float(price_str)
    volume = int(volume_str)
    # 更新统计数据
    total_volume += volume
    highest_price = max(highest_price, price)
    lowest_price = min(lowest_price, price)
    # 记录每个股票的总成交量
    if stock_code in price_dict:
        price_dict[stock_code]['volume'] += volume
    else:
        price_dict[stock_code] = {'volume': volume}
# 打印统计结果
# 打印统计结果
print("Total Volume: {}".format(total_volume))  # 输出 Total Volume: 570
print("Highest Price: {:.2f}".format(highest_price))  # 输出 Highest Price: 290.10
print("Lowest Price: {:.2f}".format(lowest_price))  # 输出 Lowest Price: 175.32
```

在上述程序中通过将字符串作为迭代器，遍历了字符串中的每一行字符，再把每一行字符中的变量抽取出来，赋值给相应的变量。上述程序中还用到了 f-string 字符串格式化方法，这是一种在 Python3.6 及以上版本引入的新方法，被称为格式化字符串字面值（f-string）。

f-string，全名为 Formatted String Literals，通过在字符串前添加 f 或 F，使得字符串能够包含 Python 表达式的值。f-string 是 format() 函数的现代化改进，关于 format() 函数的相关知识，在本书的第二章中有详细的介绍。

### （二）range() 函数生成迭代器

在 Python 中，内置函数 range() 返回一个可迭代对象（range 对象），该对象会在需要时生成一系列整数，而不是一次性创建整个列表，这使得它能高效处理大量数据。

range() 有以下几种调用方式：

(1)range(n),得到的迭代序列为 0,1,…,n−1,当 n≤0 时,序列为空。

(2)range(m,n),得到的迭代序列为 m,m+1,m+2,…,n−1,当 m≥n 时,序列为空。

(3)range(m,n,d),得到的迭代序列为 m,m+d,m+2d,…,按步长值 d 递增,d 既可以是正整数,也可以是负整数,正整数表示增量,负整数表示减量。当 d 为负数时则递减,直至那个最接近但不包括 n 的等差值。例如,range(15,4,−3)产生的序列是 15、12、9、6。

【例 3−10】 利用 for 循环求 1~100 中所有整数的和。

```
#ch3-9
sum = 0
for i in range(1, 100+1):
    sum = sum +i
print("sum=", sum)
```

【例 3−11】 利用 for 循环分别求 1~100 中所有奇数和偶数的和。

```
#ch3-10
sum_odd = 0
sum_even = 0
for i in range(1, 100+1):
    if i%2 ==1:
        sum_odd = sum_odd + i
    else:
        sum_even = sum_even + i
print("1~100 中所有的奇数和: ", sum_odd)
print("1~100 中所有的偶数和: ", sum_even)
```

【例 3−12】 利用 for 循环求正整数 n 的所有约数,即所有能把 n 整除的数。例如,输入 6,输出 1、2、3、6。

```
#ch3-11
n = int(input("请输入一个正整数: "))
for i in range(1, n+1):
    if n%i ==0:
        print(i, end = ' ')
```

### 三、循环中的转向语句:break 语句和 continue 语句

通过 for 语句和 while 语句,可以进入循环语句中完整执行一遍循环体中的语句块。然而在实际情况中,可能会遇到只执行循环语句块中的部分语句就结束循环,或者执行循环语句块中的部分语句就需要执行下一次循环的情况,这时就需要用到循环语句 break 和 continue。

循环结构用 break 和 continue 两种转向语句辅助控制循环执行。break 语句用于跳出当前执行的循环体,直接结束所在循环,执行循环代码之后的程序;continue 语句用来结束本次循环,直接进入下一次循环,不跳出当前的循环体。continue 语句和 break 语句的区别:continue 语句只结束本次循环,而不终止整个循环的执行;break 语句则是结束整个循环过程,不再判断执行循环的条件是否成立。对比 continue 语句和 break 语句的执行如下:

```
for s in "Python":
    if s == "t":
        continue
    print(s, end="")
```

```
for s in "Python":
    if s == "t":
        break
    print(s, end="")
```

以上两个程序执行的结果分别如下:

```
Pyhon
```

```
Py
```

break 语句和 continue 语句都只能出现在循环体内,当存在循环嵌套时,只能控制包含着它们的最内层循环。一般情况下,break 语句和 continue 语句只能出现在条件语句中,表明当某种情况发生时程序的转向,以实现控制循环的执行。

【例 3—13】 假设我们有一个数字列表,需要找到列表中是否存在某个目标值。如果找到目标值,就提前退出循环并输出结果。

【分析】 列表是 Python 语言中一种典型的基本数据类型,在后续章节中会进行详细介绍。

程序代码如下所示:

```
#ch3-12
# 定义一个数字列表
numbers = [1, 3, 5, 7, 9, 11, 13, 15]
target = 7 # 定义目标值

# 遍历列表,查找目标值
found = False
for num in numbers:
    print("当前检查的数字是: {}".format(num))
    if num == target:
        print("找到了目标值: {}".format(target))
        found = True
        break  # 找到目标值后,退出循环

if not found:
    print("没有找到目标值: {}".format(target))
```

### 四、占位语句:pass 语句

pass 语句是一个空操作语句——不执行任何操作。它最常见的用途是当需要定义一个结构,但暂时不确定如何实现其内部逻辑时,当作占位语句使用。使用 pass 语句只是为了保持程序结构的完整,避免报错,这在构思整体程序时非常有用。例如,当还未想好循环体需要执行的语句时,可以先使用 pass 语句占位,避免程序执行时报错,等思考成熟后再编写具体需要执行的语句。

```
for i in range(5):
    if i == 3:
        pass   # 当 i 等于 3 时,不执行任何操作
    else:
        print(i) # 输出结果: 0 1 2 4（当 i 为 3 时,不打印任何内容）
```

在上述程序中,当"i==3"时,如果没有相应的 pass 语句,程序就会报错。通过加入 pass 语句,就可以避免程序报错。

### 五、循环结构中的 else 语句

在 Python 语言中,for 循环和 while 循环都存在 else 扩展用法——循环正常遍历所有内容或由于条件不成立而结束循环,没有因为 break 语句或者 return 语句而退出,else 中的语句块将被执行。需要强调的是,continue 语句对 else 没有影响。循环结构中的 else 用法如下所示:

```
for s in "Python":
    if s =="t":
        continue
    print(s, end= "")
else:
    print("正常退出")
```

```
for s in "Python":
    if s =="t":
        break
    print(s, end= "")
else:
    print("正常退出")
```

以上两个程序执行的结果分别如下:

| Pyhon 正常退出 | Py |

通过以上两个程序的执行结果可以看出,循环程序正常结束,else 语句块会被执行,而循环程序由于 break 转型语句结束,else 语句块不会被执行。

### 六、循环的嵌套

在一个循环结构内又包含一个完整的循环结构,即一个外层循环包含一个内层循环,被

称为循环的嵌套,也被称为多重循环结构。内层循环中还可以包含新的循环,形成新的多重循环结构。

**【例 3—14】** 用*号打印出一个矩形。

**【分析】** 分别用外层循环和内层循环控制矩形的行和列,在内层循环中打印出一列*号,再由外层循环控制打印的行数,最终打印出矩形。

```
#ch3-13 用*号打印一个矩形
rows = 5
columns = 10

# 外层循环控制行
for i in range(rows):
    # 内层循环控制列
    for j in range(columns):
        # 打印星号
        print("*", end=" ")
    # 每打印完一行后换行
    print()
```

在循环嵌套情况下,转向语句 break 和 continue 只会影响它们所对应的当前循环体。

**【例 3—15】** 素数也被称为质数,是指自然界中除了 1 和它自身以外,无法被其他自然数整除的数。最小的素数是 2,它也是素数中唯一的偶数(双数)。素数有无限多个,所以不存在最大的素数。编写程序,输出 100 以内的所有素数。

**【分析】** 采用循环嵌套的方式解决问题,外层循环控制变量 i,使变量 i 遍历从 1 到 100 的自然数;内层循环采用递增的方式遍历被除数,被除数的范围从 2 到 i 整除 2 的结果,如果变量 i 被整除,则 i 不是素数,本次循环终止,对下一个数(i+1)进行整除操作。

```
#ch3-14 输出100以内的素数
for i in range(2,100+1):
    flag = True
    for j in range(2, i//2):
        if(i%j ==0):
            flag = False
            break

    if (flag):
        print(i," ", end="")
```

例 3—15 的程序是一种非常标准的形式,可以借助循环结构中的 else 语句进一步精炼,修改如下:

```
#输出100以内的素数
for i in range(2,100+1):
    #flag = True
    for j in range(2, i//2):
        if(i%j ==0):
            flag = False
            break
    else:
        print(i," ", end="")
```

## 第四节　random 库的应用

对于一些应用而言,需要考虑一些随机因素,最简明的方法是产生一些随机数。Python 内置的 random 库提供了丰富的工具和函数,可以生成随机数、操作随机序列,以及模拟随机事件。random 库提供了不同类型的随机数函数,所有函数都是基于最基本的 random.random()函数扩展实现。random 库是 Python 标准库的一部分,要使用它,需要先导入它。以下是利用 random 库生成[1,9]的 10 个随机整数的方法。

```
import random
for i in range(10):
    print(random.randint(0,9), " ",end="")   #输出10个随机产生的整数
```

### 一、随机种子

使用 random 库的函数 seed()可以设置随机数生成器的种子,其语法格式如下:

```
random.seed(a = None, version = 2)
```

其中,a 为随机生成器种子,如果不指定参数 a,那么使用系统当前时间作为种子,这会产生一个独特的随机序列;如果 a 指定为某个整数,则在相同的种子值下调用 random.seed(a),随机数生产器会产生相同的随机序列,这种情况便于测试和同步数据。参数 version 用于指定随机数生成器的版本,其默认值为 2。通常情况下,不建议修改参数 version 的值。

### 二、随机整数

random 库中有 4 个函数可以用来生成随机整数,具体信息见表 3—4。

## 三、随机序列

random 库中有 3 个函数可以用来生成随机序列,具体信息见表 3—4,其中列出了 random 库常用的 9 个随机生成函数。

表 3—4　　　　　　　　　　　random 常用的随机生成函数

| 函数 | 描述 |
| --- | --- |
| seed(a=None, version = 2) | 初始化随机数种子,默认值为系统时间 |
| random() | 生成一个[0.0, 1.0)的随机小数 |
| randint(a, b) | 随机生成一个[a, b]的整数 |
| getrandbits(k) | 随机生成一个 k 比特长度的随机整数 |
| randrange(start, stop[ ,step]) | 生成一个[start, stop)以 step 为步数的随机整数 |
| uniform(a, b) | 生成一个[a, b]的随机小数 |
| choice(seq) | 从非空序列中随机选择一个元素,并返回该元素 |
| shuffle(seq) | 将非空序列中的元素随机排列,修改原始序列,没有返回值 |
| sample(pop, k) | 从 pop 类型中随机选取 k 个元素,以列表类型返回 |

以下是使用 random 的程序示例:

```
# 设置随机数种子值为125
seed(125)
print("{},{},{},{}".format(randint(1,10), randrange(0, 100, 4),
choice(range(100)), uniform(1,10)))# 输出: '4, 28, 76,
3.70846673924325524'

# 不设置随机数种子
print("{},{},{},{}".format(randint(1,10), randrange(0, 100, 4),
choice(range(100)), uniform(1,10))) # 输出: '3, 44, 19, 6.467573931472435'

# 再次设置随机数种子值为125
seed(125)
print("{},{},{},{}".format(randint(1,10), randrange(0, 100, 4), choice(range(100)),
uniform(1,10))) # 输出: '4, 28, 76, 3.70846673924325524'
```

从这个示例可以看出,在设置了相同随机数种子后,每次调用随机函数生成的随机数都是相同的。这是随机数种子及伪随机序列的一种应用。

【例 3—16】 有一种称为"幸运 7"的游戏,游戏规则是玩家掷 2 枚骰子,如果其点数的和为 7,则玩家赢 4 元;如果不是 7,则玩家输 1 元。假设一个玩家开始时有 10 元钱,请模拟这个玩家玩游戏的过程。

【分析】 掷骰子可以视为一个随机的过程,利用 random 函数模拟掷骰子的点数,对随机产生的结果相加进行判断,以实现对游戏过程的模拟。

```
#ch3-14 "幸运 7"游戏模拟
from random import *
money = 10
max = money

while money >0:
    num1 = randint(1,6)
    num2 = randint(1,6)
    if num1 + num2 == 7:
        money += 4
        if money > max: max = money
    else:
        money -= 1
    print(money, end = ' ')
print('\nmax=', max)
```

**【例 3—17】** 利用蒙特卡罗方法(Monte Carlo Method)计算圆周率(π)。

**【分析】** 蒙特卡罗方法是一种基于随机采样的数值计算方法,其广泛应用于数学、物理和工程等领域。它通过随机抽样来估计某些难以直接计算的量。利用蒙特卡罗方法计算圆周率的基本思路是考虑一个单位长度的正方形(边长为 1),其内切圆的半径为 0.5,圆的面积是 π/4,而正方形的面积是 1,圆形面积与正方形面积的比为 π/4。采用蒙特卡罗方法,在单位正方形内随机生成大量点,统计落在单位圆内部的点的数量,通过圆内点数与总点数的比值,近似估算 π 的值。

程序实现如下:

```
#ch3-15 利用蒙特卡罗方法计算圆周率
import random

# 设置采样点数
num_samples = 1000000
inside_circle = 0  # 统计落在圆内的点数
for i in range(num_samples+1):
    # 生成随机点 (x, y) 在单位正方形内
    x = random.random()
    y = random.random()
    # 判断点是否在单位圆内
    if x**2 + y**2 <= 1:
        inside_circle += 1
# 估算圆周率
estimate_pi = 4 * inside_circle / num_samples
pi = estimate_pi
print("估算的圆周率值: {}".format(pi))
```

## 第五节　程序流程控制应用实例

选择结构和循环结构的实现给编程带来了极大的灵活性,以下我们利用选择结构和循环结构来实现一些重要的应用。

**【例 3-18】** 编程实现一元二次方程根的求解。输入一元二次方程 $ax^2+bx+c=0$ 的 3 个系数 a、b、c,利用方程求根公式求解方程的根。

**【分析】** 一元二次方程的根有 5 种形式,包括两个相等实根、两个不等实根、一个实根、两个共轭复根和无解,针对不同的情况进行求解(如图 3-6 所示)。

```
请输入系数a: 0
请输入系数b: 0
请输入系数c: 6
此方程无解!
```
(a)无解

```
请输入系数a: 0
请输入系数b: 1
请输入系数c: 2
此方程的解为: -2.0
```
(b)一个实根

```
请输入系数a: 1
请输入系数b: -2
请输入系数c: 1
此方程有两个相等实根: 1.0
```
(c)两个相等实根

```
请输入系数a: 1
请输入系数b: -1
请输入系数c: -6
此方程有两个不等实根: 3.0 和 -2.0
```
(d)两个不等实根

```
请输入系数a: 1
请输入系数b: -1
请输入系数c: -6
此方程有两个不等实根: 0.5+0.5i 和 0.5-0.5i
```
(e)两个共轭复根

图 3-6　一元二次方程不同情况的求解

具体程序如下所示:

```
#ch3-16 编程实现一元二次方程根的求解
import math
a = float(input('请输入系数 a: '))
b = float(input('请输入系数 b: '))
c = float(input('请输入系数 c: '))
d = b*b-4*a*c  # 判别式
if a==0 and b==0:
    print('此方程无解!')
elif a==0 and b!=0: #退化为一元一次方程,只有1个解
    print('此方程的解为: ',end='')
    x=-c/b
    print(x)
elif d==0:         # 判别式等于 0
    print('此方程有两个相等实根: ',end='')
    x=(-b)/2*a
    print(x)
```

```
    elif d>0:          # 判别式大于 0，有两个不等实根
        print('此方程有两个不等实根：',end='')
        x1=((-b)+ math.sqrt(d))/2 * a
        x2=((-b)- math.sqrt(d))/2 * a
        print(x1,' 和 ',x2)
    elif d<0:          # 判别式小于 0，有两个共轭复根
        print('此方程有两个共轭复根：',end='')
        real=(-b)/2*a              # 实部
        imag=(math.sqrt(-d))/2*a   # 虚部
        x1=complex(real,imag)
        x2=complex(real,-imag)
        print(x1,' 和 ',x2)
```

**【例 3—19】** 假设投资者拥有一个由两种资产——股票和债券组成的投资组合，每种资产有其预期收益率和在投资组合中的权重。投资组合的预期收益率可以通过各资产的预期收益率及其权重的加权和来计算。编写一个 Python 程序来请求用户输入两种资产的预期收益率和权重，然后计算出整个投资组合的预期收益率。

```
#ch3-17 用户输入股票和债券的预期收益率
expected_return_stock = float(input("请输入股票的预期收益率（如 0.05 表示 5%）: "))
expected_return_bond = float(input("请输入债券的预期收益率（如 0.03 表示 3%）: "))
# 用户输入股票和债券在投资组合中的权重
weight_stock = float(input("请输入股票在投资组合中的权重（如 0.6 表示 60%）: "))
weight_bond = float(input("请输入债券在投资组合中的权重（如 0.4 表示 40%）: "))

# 确保权重总和为 1
if weight_stock + weight_bond != 1:
    print("权重之和必须为 1，请重新输入。")
else:
    # 计算投资组合的预期收益率
    portfolio_expected_return = (expected_return_stock * weight_stock +
                    expected_return_bond * weight_bond)

    # 打印投资组合的预期收益率
    print("投资组合的预期收益率为：{:.2%}".format(portfolio_expected_return))
```

## 本章小结

本章主要介绍了 Python 语言中与程序流程控制相关的知识要点，包括选择结构、循环结构。为了实现选择条件，本章首先介绍了条件表达式，并详细介绍了选择结构中的单分支

选择结构、双分支选择结构、多分支选择结构，以及嵌套的 if 结构。然后本章详细介绍了循环结构，包括 for 语句、while 语句、转向语句 break 和 continue、占位语句 pass，并进一步介绍了循环结构中的 else 语句和循环的嵌套。为了能够充分发挥选择结构和循环结构的效能，本章进一步介绍了 random 库，并在最后讲授了流程控制的典型应用。

## 课后习题

1. 编写一个条件表达式，判断一个整数是正数、负数还是零，并打印出相应的消息。

2. 编写一个程序，使用 if-elif-else 结构来为学生成绩评级。90 分以上为 A，80 分到 89 分为 B，70 分到 79 分为 C，60 分到 69 分为 D，60 分以下为 E。输入一个成绩，就打印出对应的成绩评级。

3. 使用 for 循环和 range 函数编写一个程序，打印出从 2 到 20 的所有偶数。

4. 编写一个程序，模拟抛硬币 10 次，并打印出正面和反面的次数。

5. 编写一个猜数字游戏，程序随机选择一个 1 到 100 的数，用户有 5 次猜测的机会，每次猜测后，系统提醒用户答案是太大了、太小了，还是正确。当答案正确时，程序结束。

6. 编写一个程序模拟投掷 2 个六面骰子的结果，并计算出现双一、双二直到双六的次数，模拟投掷次数为 100 次。使用 random 库来生成投掷骰子的结果。

# 第四章
# Python 列表与元组

## 全章提要

- 第一节 列表创建与列表元素访问
- 第二节 列表元素的操作
- 第三节 操作列表
- 第四节 数值列表
- 第五节 元组
- 第六节 转换函数
- 第七节 可变对象和不可变对象
- 第八节 列表与元组的应用实例

本章小结
课后习题

在编程过程中,既需要独立的变量来保存数据,也需要组合数据类型来保存数据。组合数据类型是指将多个数据有效组织起来并统一表示的数据类型。Python 语言提供了多种内置的组合数据类型,分为序列类(字符串、列表、元组)、集合类(集合)、映射类(字典),其中,字符串和元组是不可变序列,其他都是可变序列。

不可变序列在内存中是不会改变的,如果对不可变序列进行修改,就会将该序列存储在新的地址空间中,而原来的序列将会被系统收回。可变序列发生改变时则不会改变地址,而是改变内存中的值,或者扩展内存空间。

## 第一节 列表创建与列表元素访问

### 一、列表的创建

在 Python 中,列表是一种内置的、可变的、有序的元素组成的数据集合。列表可以包含不同类型的元素,如整数、浮点数、字符串甚至其他列表(嵌套列表)。列表是一种可变数据类型,这意味着可以在列表中添加、删除、更改元素。列表没有长度限制,而且列表中的元素类型可以不同,因此列表的使用非常灵活。

将一组数据放在一对方括号"[ ]"中即定义了一个列表,方括号中的每一个数据被称为元素,元素与元素之间用逗号","分隔,元素的个数被称为列表的长度。例如,可以定义一个 name 列表来存放《水浒传》中梁山泊五虎将的姓名,还可以定义一个 score 列表来存放他们的武力值,如下所示:

```
names = ["林冲", "关胜", "董平", "呼延灼", "秦明"]
scores = [98, 97, 95, 94, 92]
```

列表 names 存储的是字符串,列表 scores 存储的是整数。列表也支持存储不同类型的数据,可以定义一个 heros 列表来存放梁山好汉的姓名和武力值,如下所示:

```
heros = ["林冲", 98]
```

在 Python 语言中,允许列表的嵌套,即列表的元素可以是列表。下面定义了一个列表变量 g1,并在该列表中存放了两名梁山好汉的信息:

```
g1 = [["林冲", 98], ["关胜", 97]]
```

也可以用下面的方法定义一个列表,这个列表中的元素仍然是一个列表。

```
g1 = ["林冲", 98]
g2 = ["关胜", 97]
groups = [g1, g2]
print(groups) # [['林冲', 98], ['关胜', 96]]
```

## 二、列表元素的访问

列表中的每一个元素都对应一个位置编号,这个位置编号被称为元素的索引。列表通过索引访问元素,具体语法格式如下:

```
列表名[索引]
```

在 Python 语言中,列表元素的索引是从 0 开始编号,向后依次增加 1,这与字符串的编号是一致的;同样,Python 也支持正向和反向两种索引方式。长度为 n 的列表的最后一个元素的索引既可以是 n-1,也可以是-1,这与字符串索引相似。

```
names = ["林冲","关胜","董平","呼延灼"]
print(names[3])# 呼延灼
print(names[-1]) # 呼延灼
```

【例 4-1】 根据输入的数值输出对应的月份。

【分析】 采用列表的方式存储月份,输入的数据可以和列表中对应元素的下标建立联系,具体而言就是对应元素的序号和索引之间相差 1,需要进行相应的"m-1"处理。

程序代码如下:

```
# 例 4-1 根据输入的数字，输出对应的月份信息
monthes=["January","February","March","April","May","June","July","August","September","October","November","December"]
m=int(input("请输入整数月份"))
n= m-1
print("It's {}.".format(monthes[n]))
```

## 第二节　列表元素的操作

列表中的元素是有序存放的,列表中的元素值可以被添加、修改和删除。

## 一、列表元素的基本操作

### (一)添加元素

添加列表元素的操作主要有以下两类：
(1)append(x)：在列表末尾添加一个元素 x。
(2)insert(i, x)：在指定位置 i 插入一个元素 x，后续元素向后退一位。
两种添加元素方法的具体用法如下：

```
lst1 = ["林冲","关胜","董平","呼延灼","秦明"]
lst1.append("武松") # ["林冲", "关胜", "董平", "呼延灼", "秦明", '武松']
lst1.insert(0,"卢俊义") # ['卢俊义', '林冲', '关胜', '董平', '呼延灼', '秦明', '武松']
```

### (二)修改元素

列表中元素的修改可以采用直接赋值的方式，通过索引直接修改列表中的元素。

```
lst = ["林冲", "关胜","董平","呼延灼","秦明"]
lst[4] = "武松" # 列表值变为['林冲', '关胜', '董平', '呼延灼', '武松']
```

### (三)删除元素

在 Python 列表中删除元素有三种方法，具体如下：
(1)remove(x)：删除列表中第一个值为 x 的元素。
(2)pop([i])：删除列表中指定位置 i 的元素，并返回该元素。
(3)del statement：使用 del 语句删除列表中的元素或整个列表。
列表删除元素的具体用法如下：

```
lst = ["林冲", "关胜","董平","呼延灼","秦明"]
lst.remove("林冲") #['关胜', '董平', '呼延灼', '秦明']
removed_element = lst.pop(0) # ['董平', '呼延灼', '秦明']
del lst[1] # ['董平', '秦明']
```

del 是 Python 中的一个关键字，用于删除对象。如果使用 del 语句删除列表中的一个元素，就需要指定列表的名称和要删除元素的索引，否则将会删除整个变量。

```
lst = ["林冲", "关胜","董平","呼延灼","秦明"]
del lst
print(lst) #报错 name 'lst' is not defined
```

## 二、列表元素的其他常用操作

列表元素的常见操作还包括计算列表长度、判断列表中的元素是否存在、统计列表中某个元素的次数、定位某个元素的位置,以下进行详细阐述。

### (一)len()函数

在 Python 中,len()函数是一个内置函数,用于获取列表等可迭代对象的长度。对于列表而言,len()函数返回列表中元素的数量。典型的 len()函数应用如下:

```
empty_list = []
lst = ["林冲", "关胜","董平","呼延灼","秦明"]
#输出两个列表的长度分别为0 和 5
print("两个列表的长度分别为{}和{}".format(len(empty_list), len(lst)))
```

len()函数可以用于 Python 的可迭代对象,如果尝试对非可迭代对象(如整数、浮点数等)使用 len()函数,就会引发 TypeError 异常。len()函数返回的是列表元素的数量,而不是列表所占用的内存大小。如果需要获取列表的内存大小,就可以使用 sys.getsizeof()函数(需要导入 sys 模块)。

### (二)运算符 in 和 not in

Python 中,in 和 not in 运算符用于检查一个元素是否存在于列表中,这两个操作符提供了一种快速方式来确定列表中是否包含特定的元素。用 in 运算符时,如果元素在列表中,则返回 True,否则返回 False;用 not in 运算符时,情况与 in 运算符相反。in 和 not in 运算符的典型应用如下:

```
lst = ["林冲", "关胜","董平","呼延灼","秦明"]
print("林冲" in lst) #输出 True
print("林冲" not in lst) # 输出 False
```

### (三)count()方法

Python 的列表类型提供的 count()方法用于统计某个元素在列表中出现的次数,并返回这个计数,典型的程序如下所示:

```
lst = ["林冲", "关胜","董平","呼延灼","秦明","林冲"]
lst.count("林冲") # 输出 2
```

### (四)index()方法

index()方法用来在列表中查找指定元素。如果该元素存在,则返回该元素第一次出现的位置对应的索引;如果不存在,就会直接报错。

```
lst = ["林冲", "关胜","董平","呼延灼","秦明"]
lst.index("关胜")  # 输出 1
```

为了避免 index()方法由于查找列表中不存在的元素而引发系统报错,可以预先确认待查找元素是否在列表中,具体有如下两种方法:使用成员运算符 in 或者 not in,通过返回值确认;或者使用 count()方法,通过元素个数是否为 0 来确认,从而避免出现系统报错的情况。

## 第三节　操作列表

操作列表是对列表的整体操作,并不是针对列表中的某一个元素的相应操作。常见的列表操作包括列表遍历、列表排序、列表切片、列表扩充、列表复制和删除列表。

### 一、列表遍历

列表遍历是指逐个访问列表中的每个元素的过程。列表遍历的过程就是对列表中的每一个元素执行相应的操作,如修改、打印等。遍历是处理序列数据结构最常见的操作。Python 列表遍历的方法主要有以下 3 种:

#### (一)使用 range()函数

列表遍历通常会借助 for 循环来实现。for 循环配合 range()函数,可以非常简单地实现列表遍历。具体代码如下:

```
lst = ["林冲", "关胜","董平","呼延灼","秦明"]
for i in range(5):
    print("{} 是水泊梁山五虎将之一".format(lst[i]))
```

执行上述程序,可以打印出五虎将的名字。

#### (二)直接列表遍历的方式

Python 列表是一种可迭代对象,即可以被迭代器进行迭代的对象,也意味着可以使用 for 循环遍历。列表、字符串,以及后续介绍的元组、字典,都是 Python 内置的可迭代对象。

```
lst = ["林冲", "关胜","董平","呼延灼","秦明"]
for item in lst:
    print(item)
```

## （三）enumerate（）函数

enumerate（）函数是 Python 中一个非常有用的内置函数，它用于将一系列可迭代的数据对象（如列表、元组、字符串等）组合为一个索引序列，同时列出数据和数据下标。这使得在列表遍历时，我们既可以获得元素的值，也可以获得元素的索引位置。enumerate（）函数的基本用法如下：

```
enumerate(iterable, start=0)
```

enumerate 函数的参数 iterable 表示一个可迭代的对象，如列表。参数 start 是一个可选参数，用于指定索引的起始数值，默认为 0。使用 enumerate（）列表遍历的基本形式如下：

```
lst = ["林冲","关胜","董平","呼延灼","秦明"]
for index, value in enumerate(lst):
    print("Index:{},Value:{}".format(index, value))  #输出从 0 开始的索引和整个列表
```

【例 4—2】 对于水泊梁山五虎将武功的高低，由宋江、卢俊义、吴用和公孙胜 4 个人进行评价，其中有一个人的评论是错误的，评价记录如下：

宋江说："我评论的是对的。"
卢俊义说："吴用的评论是错的。"
吴用说："公孙胜的评价肯定是错的。"
公孙胜说："吴用在冤枉人。"

已知四个人中有三个人说的是真话，一个人说的是假话。请问：到底谁的评价是错误的？

【分析】 可以用"依次假设、逐个验证"的方法来解决问题。但是这个方法涉及 5 个问题，根据前面的学习，可以一一解决这些问题。

（1）如何表示宋江、卢俊义、吴用和公孙胜 4 个人？定义一个字符型的 heroes 列表存放 4 位英雄豪杰——宋江、卢俊义、吴用和公孙胜。

（2）如何表示"假设宋江的评论是错的"？定义变量 x 指代错误评价人，x＝'宋江'表示"假设宋江是错误的"。

（3）如何表示 4 位英雄人物说的话？使用 4 个逻辑表达式来表示 4 个英雄人物说的话。例如：x！＝'宋江'，x＝＝'吴用'，x＝＝'公孙胜'，x！＝'公孙胜'。

（4）如何表示"三句是真话，一句是假话"？逻辑表达式如果成立，则结果为 1；如果不成立，则结果为 0。因此，4 位英雄人物的话对应的 4 个逻辑表达式结果之和等于 3 就可以表示"三句是真话，一句是假话"。

（5）如何实现"依次假设"的过程？"依次假设"说的是先假设宋江的评价是错误的，再假设卢俊义、吴用、公孙胜的评价是错误的。这可以通过对 heroes 列表的元素遍历来实现。

最终的代码实现如下：

```
#ch4-1
heroes=['宋江','卢俊义','吴用','公孙胜']
for x in heroes:
    if (x!='宋江') + (x=='吴用') + (x=='公孙胜') + (x!='公孙胜')==3:
        print("\n评价错误的是:",x)
        break
```

## 二、列表排序

排序是将一系列元素按照某种顺序(通常是升序或者降序)进行排列的过程。排序在数据分析和处理中非常重要,其可以更有效地组织和检索信息。Python 对列表的排序主要有以下两种方法。

### (一)sort()方法

sort()方法的语法格式如下:

```
列表名.sort()
```

上述语法格式表示列表元素从小到大按升序排列。

sort()方法会就地(In-place)修改列表,直接改变列表中元素的顺序。

```
my_list = [3, 1, 4, 1, 5, 9, 2]
my_list.sort()
print(my_list)  # 输出: [1, 1, 2, 3, 4, 5, 9]
```

在 Python 语言中,排序是基于元素的 sord()函数得到的编码值来进行的。对于数字和英文字符的排序,结果是确定而明晰的,但是处理中文的时候却比较复杂。因为中文通常有拼音和笔画两种排序方式,而不同的字符集或采用拼音排序,或采用笔画排序,或采用偏旁部首排序,或混合多种排序方式,使得 sort()方法对中文的排序结果和预判结果发生偏差。如何使得中文排序按照习惯的方式进行呢?这需要借助后续章节中介绍的"字典"数据结构。

### (二)sorted()函数

在 Python 语言中,还可以使用内置函数 sorted()对指定的列表进行排序。sorted()函数除了使用格式与 sort()方法有所不同之外,最关键的是 sort()方法直接改变了原列表的元素顺序,而 sorted()函数只生成排序后的列表副本,不改变原列表中元素的顺序。

```
my_list = [3, 1, 4, 1, 5, 9, 2]
print(sorted(my_list, reverse = False))  # 输出 [1, 1, 2, 3, 4, 5, 9]
print(my_list)  # 输出 [3, 1, 4, 1, 5, 9, 2]
```

从上述代码可以看出,sorted()函数按要求完成了排序并输出了排序结果,但是这个结果并没有影响和改变 guests 列表中的元素顺序。如果想保留 sorted()函数的排序结果,就可以定义一个新列表进行保存。

### 三、列表切片

与字符串切片类似,列表切片的主要目的是实现列表的区间访问,切片用来提取列表的部分区间。列表切片由方括号"[]"表示,具体格式如下:

```
列表[头索引:尾索引:步长]
```

头索引表示切片的起始索引(包含),如果缺省,就默认为 0;尾索引表示结束索引(不包含),如果缺省,就默认为列表的长度;步长表示每次跳过的元素数量,如果缺省,就默认为 1。Python 列表切片非常灵活,体现在步长参数可以取正值,也可以取负值。当步长取负值时,必须保证"头索引"大于"尾索引",表示从右向左逆向提取元素组成切片,特别当步长取"-1"时,表示取列表逆序组成切片。

```
lst = ["林冲","关胜","董平","呼延灼","秦明"]
lst[:5] # 输出['林冲', '关胜', '董平', '呼延灼', '秦明']
lst[3:] # 输出['呼延灼', '秦明']
lst[-1:1:-2] #输出 ['秦明', '董平']
lst[::-1] #输出 ['秦明', '呼延灼', '董平', '关胜', '林冲']
```

### 四、列表扩充

列表扩充操作是为一个列表直接添加新的列表。列表扩充的常用方法有以下三种:

#### (一)"+"运算

与算数运算中的加法运算不同,此处的"+"是将两个列表连接起来。

```
hereos1 = ["林冲","关胜","董平","呼延灼","秦明"]
hereos2 = ["宋江","吴用","公孙胜"]
hereos1 + hereos2 # 输出 ['林冲', '关胜', '董平', '呼延灼', '秦明', '宋江', '吴用', '公孙胜']
```

#### (二)extend()方法

extend()方法是直接将新列表追加到原列表的后面,具体程序如下:

```
hereos1 = ["林冲","关胜","董平","呼延灼","秦明"]
hereos2 = ["宋江","吴用","公孙胜"]
hereos2.extend(hereos1)
hereos2 #输出 ['宋江', '吴用', '公孙胜', '林冲', '关胜', '董平', '呼延灼', '秦明']
```

### (三)"*"运算

除了"+"运算外,列表也支持进行"*"的语法运算。与字符串的"*"运算一致,列表的乘法运算是指将列表中的元素重复多遍,具体程序如下:

```
hereos2 = ["宋江","吴用","公孙胜"]
hereos2 * 3 # 输出 ['宋江', '吴用', '公孙胜', '宋江', '吴用', '公孙胜', '宋江', '吴用', '公孙胜']
```

## 五、列表复制

在 Python 中,复制列表可以通过不同的方法实现,每种方法都有其特点和适用场景,以下是一些常见的列表复制方法。

### (一)变量赋值的方式

复制列表最直接的方式就是采用变量赋值的方式,具体如下所示:

```
lst = ["林冲","关胜","董平","呼延灼","秦明"]
lst_copy = lst
print(lst_copy) # 输出 ['林冲', '关胜', '董平', '呼延灼', '秦明']
```

可以通过缺省"头索引"和"尾索引"的列表切片方式来实现列表复制。

```
lst = ["林冲","关胜","董平","呼延灼","秦明"]
lst_copy = lst[:]
print(lst_copy) # 输出 ['林冲', '关胜', '董平', '呼延灼', '秦明']
```

### (二)copy 方法

在 Python 中,列表对象有一个内置的 copy()方法,它用于创建列表的一个备份。这意味着新列表中的元素与原始列表中的元素是相互独立的,但如果列表中包含对其他对象(如另一个列表、字典等)的引用,那么这些引用的对象就不会被复制,新旧列表将共享这些对象。这种 copy()方式被称为浅拷贝(Shallow Copy)。

```
original_list = [1, 2, 3, [4, 5]]
copied_list = original_list.copy()
copied_list[0] = 3 # 列表修改
copied_list[3].append(6) #列表修改
print(copied_list) # 输出: [3, 2, 3, [4, 5, 6]]
print(original_list) # 输出: [1, 2, 3, [4, 5, 6]]
```

上述程序执行的结果表明,修改 copy_list 中的元素 3 没有影响 orignal_list 的内容;但是修改 copied_list 中的元素[4,5]影响了 original_list 的内容,因为它们共享同一个内部列表。

### (三)利用 copy 模块实现浅拷贝和深拷贝

在 Python 中还提供了 copy 模块以支持复制列表,它支持浅拷贝和深拷贝。浅拷贝只复制对象本身和对象中包含对象的引用,深拷贝则会递归地复制对象以及对象引用中包含的对象。

copy 模块的主要函数有 copy() 和 deepcopy()。copy() 用于创建一个对象的浅拷贝,如果对象包含对其他对象的引用,那么拷贝对象就将包含对这些原始对象的引用,而不是这些对象的拷贝。deepcopy() 用于创建一个对象的深拷贝,深拷贝会递归地拷贝对象以及对象中包含的任何对象,创建一个完全独立的副本。以下是使用 copy 模块中的 copy() 和 deepcopy() 函数的示例:

```
import copy

# 创建一个包含可变对象的原始列表
original_list = [1, 2, 3, [4, 5]]

shallow_copied_list = copy.copy(original_list)  # 使用浅拷贝
shallow_copied_list[3].append(6)  # 修改浅拷贝中的可变对象
print("Shallow copied list:", shallow_copied_list)  # 输出: [1, 2, 3, [4, 5, 6]]
print("Original list:", original_list)  # 输出: [1, 2, 3, [4, 5, 6]],原始列表也被修改

deep_copied_list = copy.deepcopy(original_list)  # 使用深拷贝
deep_copied_list[3].append(7)  # 修改深拷贝中的可变对象
print("Deep copied list:", deep_copied_list)  # 输出: [1, 2, 3, [4, 5, 7]]
print("Original list:", original_list)  # 输出: [1, 2, 3, [4, 5, 6]],原始列表没有被修改
```

关于深拷贝和浅拷贝的概念,在后续章节有更加详细的解释。

## 六、删除列表

删除是一种常见的操作,Python 提供了两种典型的方法。

### (一)清空列表元素

Python 提供了 clear() 方法,可以非常方便地实现清除列表中所有元素的操作。

```
lst = ["林冲","关胜","董平","呼延灼","秦明"]
lst.clear()
type(lst)  # 输出 list 的类型
```

clear() 方法是将列表中的所有元素都删除,列表依然存在,只是成了一个空列表。

### (二)彻底删除列表

可以使用 del 语句彻底删除列表。只需要在 del 语句后加上列表的名称,就会完全删除列表对象。Python 的垃圾回收机制会自动回收该对象所占用的内存,该对象就完全不存在

了。后续如果程序尝试访问该列表,就会产生错误。

```
lst = ["林冲","关胜","董平","呼延灼","秦明"]
del lst
print(lst) # 引发NameError, name 'lst' is not defined
```

## 第四节 数值列表

在 Python 中,数值列表是指包含数值类型元素(如整数、浮点数等)的列表。数值列表在数据分析、数学计算、科学计算等领域中非常重要。本节将详细介绍数值列表的创建和应用。

### 一、创建数值列表

Python 语言中主要通过两种方式创建数值列表。

#### (一)通过 input()函数输入

要输入一个列表,输入的内容就要"长得像"一个列表。所以输入列表时要连带"[ ]"一起输入。下面的示例通过 input()函数输入数值列表[1,2,3,4,5,6,7]。

```
lstnum = input("请输入一个数值列表: \n") # 输入 [1,2,3,4,5,6,7]
print(lstnum) # 输出 [1,2,3,4,5,6,7]
type(lstnum) # 输出类型 str
```

在上述代码执行的过程中,已经很注意地将列表元素放在了"[ ]"中一起输入了。但是从 lstnum 显示的内容来看,lstnum 接收的不是一个列表,而是一个字符串。这是因为 input()函数只能从输入设备接收字符串!虽然在输入的时候特意加上了列表专用的方括号"[ ]",但在 input()函数看来,这也只是字符串的一部分而已。

针对这种情况,就需要使用 eval()函数来进行转换。

```
lstnum = eval(input("请输入一个数值列表: \n")) #输入 [1,2,3,4,5,6,7]
print(lstnum) # 输出 [1, 2, 3, 4, 5, 6, 7]
type(lstnum) # 输出类型 list
```

eval()函数可以理解为将 input()函数从输入设备获取的字符串"[1,2,3,4,5,6,7]"的一对引号去掉,并提取了引号中的内容,即列表[1,2,3,4,5,6,7]直接赋予 lstnum。

#### (二)通过 list()函数转换

由列表[1,2,3,4,5,6,7]很容易联想到 range()函数。如果参数取 1 和 7,range(1,8)就

很容易生成 1~7 这 7 个数。range()函数虽然可以生成若干个数值,但是其生成的若干个数值是一个 range 对象而不是列表,可以通过 list()函数将 range 对象转换成列表,具体程序如下:

```
lstnum = list(range(1,8))
print(lstnum) # 输出 [1, 2, 3, 4, 5, 6, 7]
type(lstnum) # list
```

## 二、列表生成式

Python 列表生成式(List Comprehension)是一种简洁而强大的语法,用于从一个可迭代对象中创建列表。它提供了一种优雅的方式来生成列表,比传统的循环方法更加简洁、高效。列表生成式的基本语法结构如下:

```
expression for item in iterable if condition
```

expression 表示对每个元素进行的计算或者表达式,结果将添加到新列表中;item 表示可迭代对象的每个元素。iterable 表示可迭代对象,在这里可以理解为列表。condition 是一个可选项,表示条件表达式,用于过滤元素,只有满足条件的元素才会被添加到新列表中。

```
lst = [["林冲", "豹子头",98], ["秦明", "霹雳火",96],["董平", "双枪将",95]]
values_of_force = [item[2] for item in lst if item[2] >= 96]
print(values_of_force) # 输出 [98, 96]
```

在上述程序中,加入了元素筛选条件"item[2] >=96",即只提取大于等于 96 的武力值生成新列表。借助列表生成式,可以简单、快速地生成数值列表,具体程序如下:

```
lnum = [i**2 for i in range(1, 11)]
print(lnum) #[1, 4, 9, 16, 25, 36, 49, 64, 81, 100]
```

上述代码通过列表生成式产生了 1~10 这 10 个整数的平方数组成的新列表,range 对象中的数具有等差数列的特征,因此通过列表生成式生成的数据列表的元素也具有特定的规律。

## 第五节 元 组

在 Python 中,元组是一种由多个元素组成的序列,其元素有序且不可修改。与列表不同,元组生成后是固定的,其中任何数据项都不能被修改或删除。除此以外,元组与列表非常相似,因此可以认为元组是"不可修改的"列表,列表中不涉及元素修改的操作都适用于元组。

元组类型在表达固定数据项、函数多返回值、多变量同步赋值、循环遍历等情况下十分有用。

## 一、定义元组与访问元组

定义元组的形式比较灵活,可以逗号和圆括号的方式来定义元组,也可以直接采用逗号的方式定义元组,具体程序如下:

```
person = "John", "Doe", "male", "25"   #使用逗号将元素隔离开来生成元组
print(person) # 输出 ('John', 'Doe', 'male', '25')
person1 = ("Micheal", "Johnson", "male", "29")   #使用逗号将元素隔离开来生成元组
print(person1) # 输出 ('Micheal', 'Johnson', 'male', '29')
```

在定义元组过程中,如果只有一个元素,即创建单元素元组,就需要在元素后面加上一个逗号,否则 Python 会将其视为普通的括号运算符。例如,在下面的程序中,定义了一个包含单个整数 24 的元组。

```
single_element_tuple = (24,)
```

元组还具有嵌套和解包的功能。元组的嵌套是指将某一个元组定义为另一个元组的元素。元组的解包可以实现将元组的元素分别赋值给不同的变量,具体程序如下:

```
single_element_typle = (24,) # 创建一个包含单个元素的元组需要在元素后面加上逗号
person = ("John", "Doe", "male", "25")
first_name, last_name, gender, age = person
print(first_name, last_name, gender, age) # 输出: John, Doe, male, 25
```

定义元组后,就可以访问元组的元素。元组中的每个元素都有一个对应的索引,索引从 0 开始,可以使用方括号"[ ]"和索引号访问元组中的特定元素。

```
group1 = ("林冲", "豹子头",98)
group1[1] # 输出 '豹子头'
```

## 二、操作元组

如前所述,元组是"不可修改"的列表,虽然两者有差别,但还是有很多相同之处。元组和列表操作的异同点如表 4-1 所示。

表 4-1　　　　　　　　　　　列表操作与元组操作的比较

| 操作 | 列表 | 元组 | 操作 | 列表 | 元组 |
| --- | --- | --- | --- | --- | --- |
| 读元素 | √ | √ | del 方法 | √ | 只支持删除整个元组 |
| len()方法 | √ | √ | 遍历元素 | √ | √ |
| in 运算 | √ | √ | sort()方法 | √ | × |
| not in 运算 | √ | √ | sorted()方法 | √ | 排序结果为列表 |
| index()运算 | √ | √ | 切片 | √ | √ |
| count()运算 | √ | √ | ＋运算 | √ | √ |
| 赋值 | √ | √ | ＊运算 | √ | √ |
| 写元素 | √ | × | extend()方法 | √ | × |
| append()方法 | √ | × | copy()方法 | √ | × |
| insert()方法 | √ | × | max()方法 | 适用数值列表 | 适用数值元组 |
| pop()方法 | √ | × | min()方法 | 适用数值列表 | 适用数值元组 |
| remove()方法 | √ | × | sum()方法 | 适用数值列表 | 适用数值元组 |

## 三、元组充当列表元素

在 Python 中，元组可以作为列表的元素，这种组合在数据结构设计中十分常见，因为元组的不可变性和列表的可变性可以结合使用，以满足不同的需求。

```
group1 = [("林冲","豹子头",98), ("秦明","霹雳火",96),("董平","双枪将",95)]
group1[0] # 输出 ('林冲', '豹子头', 98)
group1[0][1]  #输出 '豹子头'
```

定义好变量 group1 后，如果想访问列表的第一个元素，就可以直接使用 group1[0] 访问元组 "('林冲'，'豹子头'，98)"；而如果想访问这个元组中的第二个元素 "豹子头"，就需要再加上一个针对元组的索引。因此，在上述代码中使用 "group1[0][1]" 的方式访问。

如果我们希望把 group1 变量中林冲的武力值由 98 调整为 97，就应该从列表的角度，对列表的元素进行修改，而不能修改元组中的值，否则就会报错。具体程序如下：

```
group1 = [("林冲", "豹子头",98), ("秦明", "霹雳火",96)]
group1[0] = ("林冲","豹子头",97) # 结果 [('林冲', '豹子头', 97), ('秦明', '霹雳火', 96)]
group1[0][2]= 97 # TypeError: 'tuple' object does not support item assignment
```

## 第六节　转换函数

Python 提供了多种内置的转换函数,用于在不同的数据类型之间进行转换,这些函数可以根据需要将数据转换为特定的格式或类型。

### 一、元组与列表之间的转换

Python 语言提供了两个转换函数:tuple()函数和 list()函数。tuple()函数用来将列表转换为元组,list()函数用来将元组转换为列表。使用 tuple()函数和 list()函数的程序示例如下:

```
group1 = ("林冲", "豹子头",98)
lstgroup1 = list(group1) #将元组转换成列表 ['林冲', '豹子头', 98]
lst = ["林冲","关胜","董平","呼延灼","秦明"]
group1lst = tuple(lst) # 将列表转换成元组('林冲', '关胜', '董平', '呼延灼', '秦明')
```

### 二、字符串与列表之间的转换

在 Python 中,列表与字符串之间的转换是常见的操作,尤其是在处理文本数据时。以下详细阐释列表与字符串之间的转换。

#### (一)使用 list()函数

list()函数可以将任何可迭代对象转换为列表。对于字符串,它将字符串中的每个字符作为单独的元素放入列表中。list()函数非常适用于将字符串中的每个字符单独处理。

```
my_string = "Hello World!"
my_list = list(my_string) # 结果是['H', 'e', 'l', 'l', 'o', ' ', 'W', 'o', 'r', 'l', 'd', '!']
```

从以上程序执行结果看,虽然过程简单、结果明确,但是并不能满足实际需求。例如,通常按空格拆分英文句子,按逗号或句号拆分中文句子,这就需要结合字符串 split()方法。

#### (二)使用 split()转换成列表

split()方法是一种拆分字符串的重要方法,用来根据指定的分隔符拆分字符串,并将结果生成列表。split()方法的具体语法结构如下:

```
列表名= 字符串.split(分隔符)
```

split()方法可以指定需要的分隔符,在默认情况下,以空格拆分字符串。

```
my_string = "Hello World!"
my_list = my_string.split()
print(my_list) # 输出 ['Hello', 'World!']
my_string1 = "林冲,关胜,董平,呼延灼,秦明"
my_list1 = my_string1.split(',')
print(my_list1) # 输出 ['林冲', '关胜', '董平', '呼延灼', '秦明']
```

### （三）使用列表生成式

列表生成式是一种简洁的语法形式，用于从一个可迭代对象中创建列表。通过在列表生成式中遍历字符串中的每个字符，可以实现从字符串到列表的转换，如下列程序所示：

```
my_string = "hello"
my_list = [char for char in my_string]
print(my_list) # 输出：['h', 'e', 'l', 'l', 'o']
```

当需要在转换过程中对字符进行一些条件过滤或转换时，列表生成式提供了更大的灵活性，如下列程序所示：

```
my_string = "hello world! "
my_list = [char for char in my_string if char != " " and char !="!"]
print(my_list) # 输出：['h', 'e', 'l', 'l', 'o', 'w', 'o', 'r', 'l', 'd']
```

## 第七节　可变对象和不可变对象

### 一、可变对象和不可变对象

在 Python 语言中，可变对象（mutable）和不可变对象（immutable）是经常会涉及的内容，而且与前面章节讨论的浅拷贝和深拷贝有密切的关联，因此在本节对其进行详细阐述。

在 Python 中，数据类型可以分为两大类：可变类型和不可变类型。可变类型是指对象的值可以改变。不可变类型是指对象的值不能改变。Python 语言中常见的可变对象包括列表、字典、集合，常见的不可变对象包括整数、浮点数、字符串、元组和布尔值。

我们以可变对象列表为例，假设创建一个列表 a，a 的地址记作 id_old；接下来，在 a 的末尾添加一个元素，添加元素后，a 的新地址记作 id_new。如果比较 id_old 和 id_new，就会发现两者相等。这表示添加元素前后，a 的地址没有发生变化，也就是说，Python 直接在原地址上修改了 a 的值，因此，列表 a 的值是可以改变的。

与之相对应，我们以不可变对象整数为例，假设创建一个整数 b，b 的地址记作 id_old；

接下来,修改 b 的值,修改后,b 的地址记作 id_new。如果比较 id_old 和 id_new,就会发现两者不相等。这表示修改前后,b 的地址改变了,也就是说,Python 不能在原地址上直接修改 b 的值。

导致以上两种情况出现的本质原因是数据的存储形式。当执行"b=1"时,Python 首先在内存中开辟一块空间,用来存储整数 1,然后创建一个引用 b,指向这块空间;而当改变变量 b 的值时,如"b=2",Python 不能直接修改整数的值,而是再开辟一块空间,用来存储整数 2,然后让引用 b 指向新创建的空间。因此整数变量修改前后的地址空间是不同的,如图 4—1 所示。

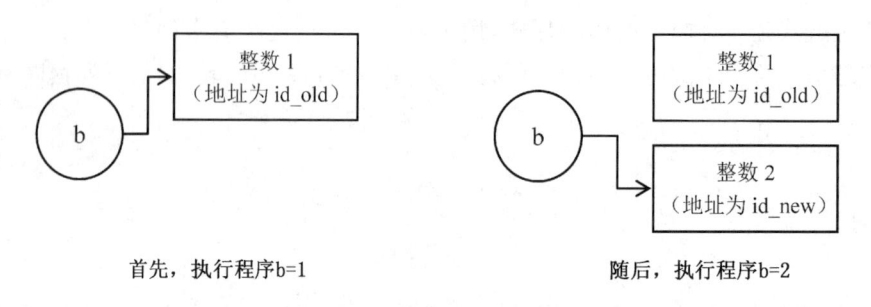

首先,执行程序b=1　　　　　　　　随后,执行程序b=2

**图 4—1　整数变量的赋值**

也可以理解为,整数 b 的值是不能改变的。修改整数 b 的值,实际上并不是修改原来的整数对象,而是创建一个新的整数对象,并将 b 指向它。

基于对可变对象和不可变对象修改内容过程的阐述,可以简单总结如下:Python 可以直接对可变对象的值进行修改,修改前后,内存中只有一个可变对象;Python 不能直接修改不可变对象的值。如果想修改不可变对象的值,就必须创建一个新的不可变对象。因此,修改后,内存中存在两个不可变对象,一个存储原始的值,另一个存储新的值。

## 二、赋值符号的本质

对于可变对象和不可变对象而言,赋值符号的含义并不相同。

当采用赋值符号为可变对象赋值时,Python 不会创建一个新的对象,而只是创建一个新的引用,如创建一个列表变量 c(c=[1,2,3]),当执行"d=c"时,Python 不会为变量 d 创建一个新的列表,而是让变量 c 和 d 共享同一个列表,c 和 d 是对同一个列表的两个引用,因此变量 c 和 d 指向同一个引用,这也就意味着,改变变量 c 的值,变量 d 的值也发生了改变,如图 4—2 所示。

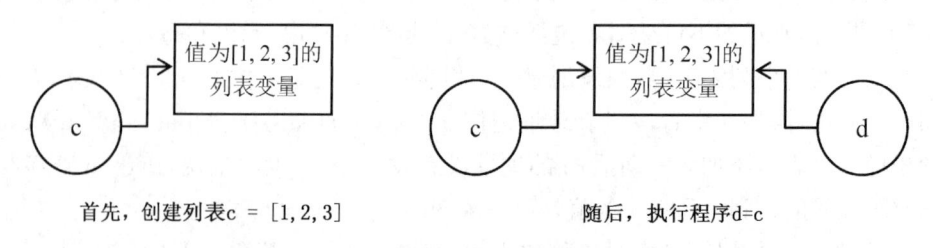

首先,创建列表c = [1,2,3]　　　　　　随后,执行程序d=c

**图 4—2　利用赋值符号为可变变量赋值**

当采用赋值符号为不可变对象赋值时,Python会创建一个新的引用,这时两个引用会同时指向一个不可变对象。例如,创建一个整数变量x(x=1),并执行"y=x",如图4-3所示。

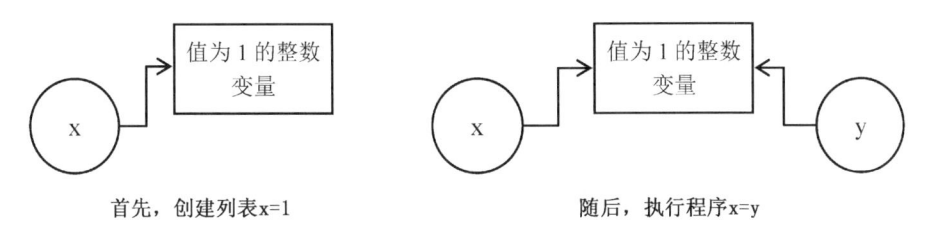

**图4-3 利用赋值符号为不可变变量赋值**

当修改不可变对象的值时,如执行程序"x=2",由于不可变对象不可改变,因此Python会创建一个新的不可变对象,并将新的值赋予新创建的不可变对象,这时不可变对象x和y指向了不同的对象,这也就意味着,改变变量x的值,变量y的值不会发生改变,如图4-4所示。

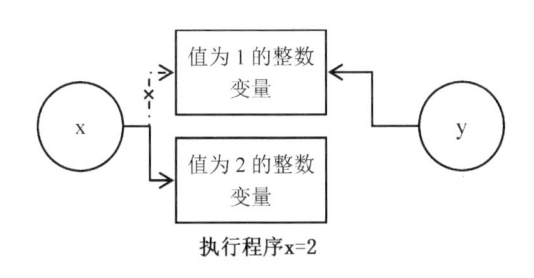

**图4-4 利用赋值符号修改不可变变量的值**

### 三、深拷贝和浅拷贝

使用赋值符号,不能赋值可变对象,只能创建同一个可变对象的另一个引用。一旦原来的可变对象的值发生改变,新创建的可变对象的值就会发生改变。如何实现复制一个新的可变对象,使新产生的可变对象不会受到原来可变对象的影响呢?为了解决这个问题,Python引入了copy库。

copy库包括两个函数——copy()和deepcopy()。copy()可以实现浅拷贝——创建一个新的对象,但它包含的是对原始对象内容的引用。deepcopy()可以实现深拷贝——创建一个新的对象,并且递归地复制原始对象中包含的所有对象,即创建一个原始对象的完全独立的副本。采用直接赋值的方式则是拷贝了对象的引用。例如,变量a赋值如下:

```
a = {1: [1, 2, 3]}
```

以下分别解析上述三种情况:

(1)b = a:直接赋值引用,a 和 b 都指向同一个对象,如图 4-5 所示。

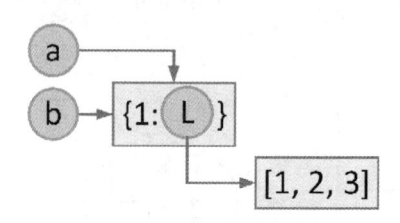

图 4-5　赋值引用示意图

(2)b = a.copy():浅拷贝,a 和 b 中的不可变数据元素是独立对象,但是它们中的可变数据元素指向同一个对象,如图 4-6 所示。

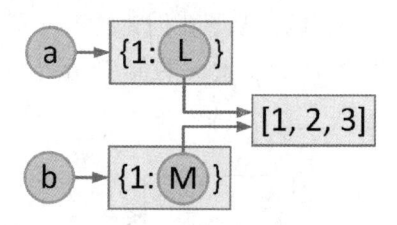

图 4-6　浅拷贝示意图

(3)b = copy.deepcopy(a):深拷贝,a 和 b 是完全独立的对象,如图 4-7 所示。

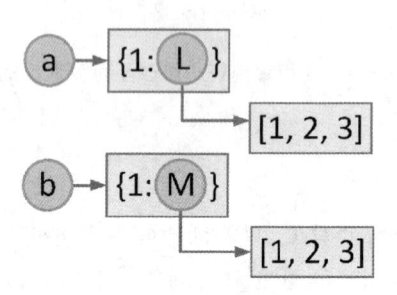

图 4-7　深拷贝示意图

## 第八节　列表与元组的应用实例

【例 4-3】　使用元组和列表来存储和分析股票数据。

【分析】　假设我们有一份包含某只股票过去一周每天收盘价数据的元组,我们可以使用元组与列表的基本操作来进行一些简单的股票数据分析。因为已经记录的股价是不可改变的信息,所以采用元组的形式记录。

```
#ch4-3 使用元组和列表来存储和分析股票数据
# 使用元组存储每天的股票收盘价数据
stock_prices = (120.5, 119.2,122.8,118.6,124.0,127.3,123.9)
# 找到最高价和最低价
max_price = max(stock_prices)
min_price = min(stock_prices)
# 将元组转换为列表
stock_prices_list = list(stock_prices)
# 计算每天的涨幅
daily_returns = [stock_prices[i]- stock_prices[i-1] for i in range(1, len(stock_prices))]
# 计算平均收盘价
average_price=sum(stock_prices)/len(stock_prices)
print("最高价:",max_price)
print("最低价:",min_price)
print("每天的涨幅:", ["{:.3f}".format(item) for item in daily_returns])
print("平均收盘价: {:.3f}".format(average_price))
```

上述程序运行的结果如下:

```
最高价: 127.3
最低价: 118.6
每天的涨幅: ['-1.300', '3.600', '-4.200', '5.400', '3.300', '-3.400']
平均收盘价: 122.329
```

## 本章小结

本章主要介绍了组合数据类型中最重要的两类:列表、元组。它们是典型的序列类的数据类型。本章详细介绍了列表元素的访问、列表元素的操作、对列表的整体操作、数值列表的应用;随后又详细介绍了元组的相关操作,元组与列表的转换;深入介绍了可变对象和不可变对象,并由此探讨了深拷贝和浅拷贝。最后,通过实例演示了如何利用列表和元组来解决实际问题。

## 课后习题

1. 给定列表 ls=[[1,2,3],[4,5],6],[7,8,9]],len(ls)值是多少?
2. 写一个程序来翻转列表["Python","is","awesome"]并输出。
3. 给定一个数值列表[38,21,53,62,19],找出最大值、最小值,并计算平均值。
4. 创建一个元组,包含至少四种不同类型的数据(如数字、字符串、列表、字典),然后尝试修改其中的一个项目,解释发生了什么。
5. 将列表[1.1,2.2,3.3,4.4]转换为列表中每个元素的整数形式,并打印结果。

# 第五章
# Python 字典与集合

**全章提要**

- 第一节　字典与集合的基本介绍
- 第二节　字典创建与常见操作
- 第三节　集合创建与常见操作
- 第四节　字典与集合的应用实例

本章小结

课后习题

列表和元组可以实现存储任意类型、任意数量的一组数据，并且可以通过索引快速、便捷地访问数据。从本质上看，列表和元组都是对元素的线性存储，提供了一种有序的数据集合，而当需要使用无序的数据集合时，列表和元组则不能很好地满足要求。字典是 Python 语言中唯一表示"映射"关系的数据类型。集合表示一种无序的无重复元素的序列。本章将详细介绍字典和集合两种数据类型。

## 第一节　字典与集合的基本介绍

### 一、字典的基本概念

在 Python 中，根据一个信息来查找另一个信息的方式构成了"键值对"，这种数据结构很好地表现了索引用的"键"和对应的"值"构成的成对关系，如可以通过一个特定的键（工号）来访问对应的值（员工信息）。为了存储键值对之间的映射关系，Python 提出了字典。字典以映射的方式存储元素，在需要快速查找、存储映射关系，保证数据唯一性等情形下，字典具有非常明显的优势。

字典是一种无序、可变的数据结构，比较适合需要快速查找、更新和删除数据的情况。"字典"这个名称本身就指出了这种数据结构的用途。如果拿书本来做类比，列表就像一本适合按从头到尾顺序阅读的小说，当然如果你愿意，也可以快速翻到任何一页开始阅读；而字典就像现实中的字典，旨在通过名称来快速找到对应的数据内容，就像你在现实中，通过中英字典查找某一个单词的中文释义时，你不会逐页翻找，而是通过单词本身来快速定位以获悉其具体释义，这就是 Python 中字典这个数据结构的功能，而这也是列表和元组所不具备的特性。下面的例子清晰地展现了在特定用途中字典所具有的优势。

```
# 使用列表结构模拟字典
names = ['林冲','关胜','董平']
scores = [98, 97, 95]
# 假如你想要查找林冲的武力值
# 用列表的实现方式如下
scores[names.index('林冲')] # 输出 98
```

在上述例子中，查找"林冲"的武力值使用 scores[names.index('林冲')]的方法固然可行，但是效率低下，因为列表的本质是根据索引顺序访问。设想一下，对一个大量级的字典，如果你采用上述方式顺序查找，而且不巧的是你要查询的单词恰好接近末尾，那查找的时间与效率就可想而知了。

实际上，我们真正希望的是能够像 scores['林冲']这样比较简便且优雅地查找一个一个单词的释义——根据"键"直接找到映射的"值"，这就是 Python 中字典的功能。字典能够比列表更加简便地使用名称来查找特定元素对应的数据内容，而且查找效率极高。

## 二、字典的定义与性质

在介绍完字典的基本概念后,下面将以严谨科学的语言介绍 Python 中字典的定义与性质,以加深读者对字典的理解。

字典是 Python 中的一种内置数据结构,它体现了一种映射(Mapping)关系,用于存储键值对(Key-value Pair/Item)。字典由键(Key)及其相应的值(Value)组成条目(Item),通过键来索引和访问对应的值,实现了对数据的快速查找、插入和删除操作。通过任意键的信息查找一组数据中值的信息的过程被称为映射,这个过程通过字典来实现。

字典的键具有如下性质:

(1)唯一性:字典中的每个键都是唯一的,即字典中不允许存在两个相同的键。如果尝试在字典中插入一个已经存在的键,该键对应的值就会被新值替换。

(2)不可变性:字典的键必须是不可变类型,如整数、浮点数、字符串、元组等;列表作为一种可变数据类型,不能作为字典的键。

(3)可哈希性:字典的键必须是可哈希(Hashability,指不可变的)的,即它们必须有一个哈希值,这个哈希值在键的生命周期内不会改变。字典是基于哈希表实现的,哈希表通过对象的哈希值快速定位键值对,从而实现快速地查找、插入和删除操作。

对字典中的值不存在严格约束,可以是任意类型的 Python 对象,包括但不限于整数、浮点数、字符串、列表、元组、字典、集合甚至是自定义的对象。值没有唯一性的限制,字典中可以有多个键对应相同的值。

键值对是字典中的基本存储单元,每个键值对由一个键和一个与之关联的值组成,不存在一对多的映射。键值对在字典中的存储顺序是无序的,即字典是无序的数据集合。

综上所述,字典是一种基于键值对的映射数据结构,它利用键的唯一性和不可变性,以及值的任意性,提供了高效的数据存储和访问机制。

## 三、集合的基本概念

与字典相同,集合这个名称本身就指出了其具体用途——用来保存多个不重复的元素。集合中的元素都是唯一的,且元素之间没有顺序要求,即集合是一种无序的无重复元素的数据结构。

集合分为可变集合和不可变集合。集合主要运用于集合论的相关数学问题,且支持集合的常见操作,如交集(Intersect)、并集(Union)、差集(Difference)、子集(Subset)和超集(Superset)的判定等,而且在使用上较列表的实现更为简便,效率也更高。由于集合元素唯一性的限制,集合也可以用于元素去重、成员元素判定等用途。与列表和元组等有序序列不同,集合并不记录元素的位置,因此对集合不能进行索引和切片等操作。

## 四、集合的定义与性质

Python 中的集合是一种内置的数据结构,用于存储唯一的、无序的元素。集合中的元素必须是可哈希的,这意味着集合中不能包含列表、字典或其他可变类型作为元素,但可以包含整数、浮点数、字符串、元组等不可变类型。

集合具有如下性质：

（1）唯一性：集合中的每个元素都是唯一的，不允许有重复元素。尝试向集合中添加一个已经存在的元素，集合不会发生变化。

（2）无序性：集合中的元素没有顺序，即集合不支持索引、切片或其他任何依赖于元素顺序的操作。

（3）可哈希性：集合中的元素必须是可哈希的，这意味着集合中的每个元素都必须有一个固定的哈希值，且在它的生命周期内不会改变。

综上所述，Python 中的集合是一种高效、灵活且功能丰富的数据结构，特别适合于需要快速查找、去重或进行集合运算的场景。

## 第二节　字典创建与常见操作

### 一、字典的创建

由于字典由键及其相应的值组成，因此在字典的创建中，我们要以构造键值对为中心，把握"键"与"值"的两个基本要点。

字典的创建方式有很多，与列表相似，大致可分为直接创建字典、使用 dict() 创建、字典生成式三种类型。

#### （一）直接创建字典

字典可以这么表示{<键1>:<值1>，<键2>:<值2>，…，<键n>:<值n>}，每一个键与值之间用冒号分割，字典的不同元素项之间用逗号分隔，整个字典就放在花括号内。创建字典的代码如下：

```python
# 创建空字典
empty_dict = {}
print(empty_dict) # 输出 {}
# 手动创建键值对
translate_dict = {"林冲": 98,"关胜": 97,"董平": 95}
print(translate_dict) #输出 {'林冲': 98, '关胜': 97, '董平': 95}
```

#### （二）使用 dict() 函数创建字典

字典存储的是"健"和"值"之间一一对应的关系，可以使用 dict() 函数通过传递关键字参数或者映射对象（如二元组列表）来创建字典。关键字参数的格式是 key=value，映射对象则是一个包含（key，value）对的可迭代对象（如列表）。下面是具体的代码：

```
# 使用 dict 关键字参数创建字典
persondic = dict(name="林冲", scores=98, nikename="豹子头")
print(persondic) # 输出 {'name': '林冲', 'scores': 98, 'nikename': '豹子头'}

# 使用映射对象（二元组列表）创建字典
mapping = [("林冲", 98), ("关胜", 97), ("董平", 95)]
heros = dict(mapping)
print(heros) # 输出 {'林冲': 98, '关胜': 97, '董平': 95}
```

### （三）使用字典生成式创建字典

字典生成式与列表生成式相似，可以快速生成一个字典，其基本语法如下：

```
{键表达式：值表达式 for 变量 in 可迭代对象 if 条件}
```

其中，"if 条件"是可选项。利用字典生成式创建字典的代码如下：

```
# 利用字典生成式创建列表，生成一个数字到其平方的字典
squares_dict = {x: x**2 for x in range(1, 6)}
print(squares_dict) # 输出 {1: 1, 2: 4, 3: 9, 4: 16, 5: 25}
# 生成一个偶数到其平方的字典（只包含 1 到 10 的偶数）
even_squares_dict = {x: x**2 for x in range(1, 11) if x % 2 == 0}
print(even_squares_dict) #输出 {2: 4, 4: 16, 6: 36, 8: 64, 10: 100}
```

## 二、字典的访问

字典的访问，可以简单地划分为两种类型——直接访问和函数（方法）访问，具体介绍如下：

### （一）通过键访问字典

在 Python 中，可以直接使用键来访问对应的值，具体语法格式如下：

```
字典名[键]
```

需要补充的是，字典只提供了从"键"到"值"的单向访问，不能通过"值"直接反向访问"键"；此外，使用直接访问的方法，如果通过一个不存在的键访问字典，程序就会报错。直接访问字典的程序示例如下：

```
# 字典的访问
student_scores = {'林冲': 98, '关胜': 97, '董平': 95}
# 直接访问字典中的值
print("林冲的战力值: {}".format(student_scores["林冲"])) # 林冲的战力值: 98
print("武松的战力值: {}".format(student_scores["武松"])) # 报错 KeyError: '武松'
```

## (二)使用函数访问字典

为了避免使用不存在的"键"访问字典而出错的情形,可以使用 get 方法[字典名.get(key,default=None)]安全地获取值;还可以使用 setdefault 方法[字典名.setdefault(key,default=None)]在键不存在时设置默认值,具体代码如下:

```
# 使用get()方法和setdefault()方法访问字典
hero_scores = {"林冲": 98, "关胜": 97, "董平": 95}

print("林冲的战力值: {}".format(hero_scores.get("林冲")))  # 使用get方法访问字典中的值

print("武松的战力值(default): {}".format(hero_scores.get("武松",0)))  # 键武松不存在,返
#回默认值0

# 使用setdefault方法访问字典中的值,键不存在时设置默认值
Wusong_score = hero_scores.setdefault("武松",90)  # 武松存在,返回其默认值
print("武松的战力值: {}".format(Wusong_score))  # 输出 武松的战力值: 90

# 使用setdefault方法访问不存在的键,设置并返回默认值
Luzhishen_score = hero_scores.setdefault("鲁智深",90)  # 鲁智深不存在,设置默认值90
print("鲁智深的战力值 (set default): {}".format(Luzhishen_score))  # 输出 鲁智深的战力
#值 (set default): 90
print("梁山好汉武力值更新: {}".format(hero_scores))  # 查看更新后的字典
```

字典中的"键"非常重要,可以使用"in"关键词进行字典的成员资格检验,具体格式如下:

```
key in 字典名
```

值得注意的是,成员资格检验的是字典的键而非值,具体代码如下:

```
# 使用关键字
fruit_dict = {"林冲": 98, "关胜": 97, "董平": 95}

is_linchong_in_dict = "林冲" in fruit_dict  # 检查键 "林冲" 是否在字典中
print(is_linchong_in_dict)  # 输出 True

is_wusong_in_dict = "武松" in fruit_dict  # 检查键 "武松" 是否在字典中
print(is_wusong_in_dict)  # 输出 False
```

【例5—1】 使用字典的 get 方法统计每个单词出现的次数。

【分析】 借助字典键值对的形式,把英文单词设置成键,对应的频次记为值。

```
#5-1 用 get 方法统计英文单词出现的次数
text = "apple banana apple orange banana apple banana apple apple"
words = text.split()
word_count = {}
for word in words:
    word_count[word] = word_count.get(word, 0)+1
print(word_count) #输出: {'apple': 5, 'banana': 3, 'orange': 1}
```

### 三、字典元素的删除

当字典中的元素不再需要时,可以删除。字典元素的删除主要有以下三种方法:

#### (一)直接删除

使用 del 命令直接删除,语法格式如下:

```
del 字典名[key]
```

使用直接删除,如果删除的键不存在,程序就会报错。

#### (二)pop()指定删除

pop()方法的语法格式如下:

```
字典名.pop(key, 默认值)
```

字典 pop()方法与列表类似,在删除指定"键"对应的"值"时也会返回一个值:如果字典中存在指定的"键",pop()方法就返回"键"对应的"值";如果键不存在,则返回默认值。因此,当不确定指定的"键"在字典中是否存在时,需要给出默认值,以防止由于删除不存在的键而导致发生系统报错的情形。

#### (三)popitem()随机删除

popitem()是从字典中移除一个任意的条目,返回一个包含键值对的元组。如果字典为空,则抛出 KeyError。popitem()方法适用于需要移除任意键值对的场景,通常用于遍历字典或清空字典。

删除字典元素三种方法的具体代码如下:

```
# 创建一个示例字典
example_dict = {'林冲': 98, '关胜': 97, '董平': 95}

del example_dict['林冲'] # 使用 del 删除指定键的元素
print(example_dict) # 输出 {'关胜': 97, '董平': 95}
```

```
banana_value = example_dict.pop('关胜') # 使用pop方法删除指定元素,并返回其值
print(banana_value) # 输出 97
print(example_dict) # 输出 {'董平': 95}

banana_value = example_dict.pop('关胜',None) # 使用pop删除指定元素,并设置默认值
print(banana_value)  # 输出 None

last_item = example_dict.popitem() # 使用 popitem 方法删除随机项
print(last_item) # ('董平', 95)
print(example_dict) # 输出 {}
```

### 四、字典的整体操作

字典的整体操作是将整个字典作为操作对象进行的操作。典型的整体操作包括遍历、排序、合并、清空与删除。

**(一)字典的遍历**

与列表的遍历操作类似,字典的遍历也是通过 for 循环实现的。但是字典的条目涉及"键"和"值"两个部分,所以字典的遍历操作会更丰富一些,包括键的遍历、值的遍历和条目的遍历。

1. 遍历字典所有的键

字典有一个 keys()方法可以用来返回字典中所有的键。keys()方法配合 for 循环,就可以实现遍历字典中的每一个键,具体代码如下:

```
# 字典的键(keys)遍历
example_dict = {"林冲": 98, "关胜": 97, "董平": 95}
for key in example_dict.keys():
    print(f"Key: {key}")
```

程序执行的结果如下:

```
Key: 林冲
Key: 关胜
Key: 董平
```

2. 遍历字典所有的值

与 keys()方法相对应,字典也提供了一个用来返回所有值的方法——values()。values()方法配合 for 循环一起使用就可以遍历字典中所有的值,具体代码如下:

```
# 字典的值(values)遍历
example_dict = {"林冲": 98, "关胜": 97, "董平": 95}
for value in example_dict.values():
    print(f"Value: {value}")
```

程序执行的结果如下:

```
Value: 98
Value: 97
Value: 95
```

借助 values()方法虽然可以遍历字典中所有的值,但是值无法映射到对应的键,因而无法遍历完整的条目信息。

3. 遍历字典所有的条目

keys()方法和 values()方法只能单独给出字典的键或者值的内容,而字典的 items()方法却能以"(键,值)"的形式返回所有条目,具体代码如下:

```
# 字典的键值对(items)遍历
example_dict = {"林冲": 98, "关胜": 97, "董平": 95}
for key, value in example_dict.items():
    print(f"Key: {key}, Value: {value}")
```

其输出结果如下:

```
Key: 林冲, Value: 98
Key: 关胜, Value: 97
Key: 董平, Value: 95
```

### (二)字典的排序

字典的条目是没有顺序的,只能使用键来访问其映射的值,不能使用索引来访问字典的条目。那么,字典如何实现排序呢?

严格地说,字典不支持排序,但是在有些情况下,需要将字典中的条目按照希望的顺序显示,这就需要使用 Python 语言的内置函数 sorted()。内置函数 sorted()将字典 dicAreas 中的键按照字母顺序排列成有序的列表,但是字典 dicAreas 本身并没有发生改变。

sorted()函数可以将字典的键排序并以列表的形式返回。怎样才能让条目也按照键的排序结果输出呢? 例 5—2 实现了按照键的升序输出字典 dicAreas 的条目。

【例 5—2】 已知梁山泊三位英雄好汉的武力值,实现按照升序输出林冲、关胜和董平三位英雄好汉的姓名和对应的武力值,需要注意的是 sorted()对中文是按照汉字的 Unicode

编码顺序进行排序,并不是按照汉语拼音排序。

```
#Ch5-1 按照人名对字典排序
dic_heros = {"林冲": 98, "关胜": 97, "董平": 95}
ls = sorted(dic_heros)

for hero in ls:
    print(hero, dic_heros[hero])
```

程序执行的结果如下:

```
关胜 97
林冲 98
董平 95
```

【例5—3】 按照武力值的升序输出林冲、关胜和董平三位梁山泊英雄好汉和他们所对应的武力值。

【分析】 根据前面学到的知识,字典不可能根据值访问键,所以不能通过类似前面的例的方式来解题,而需要换一种思路:

(1)通过字典的 items()方法可以得到一个列表,列表的元素是形如"(好汉名,武力值)"的元组。

(2)将列表中每一个元组从"(好汉名,武力值)"形式改造成"(武力值,好汉名)"形式。

(3)对改造后的列表升序排序,并还原成"(好汉名,武力值)"的形式输出。

给定的思路可以有很多种实现方式,下面的参考代码使用了最为简洁的列表生成式。

```
#ch5-3 按照武力值从小到大输出 4 位梁山好汉和对应的武力值
dic_heros = {"呼延灼": 94,"林冲": 98, "关胜": 97, "董平": 95}
#使用列表生成器生成（武力值，人名）元组构成的列表
lsVK=[(v,k) for k,v in dic_heros.items()]
lsVK.sort()  # 对新列表按照武力值排序
lsKV=[(k,v) for v,k in lsVK] # 使用列表生成器生成（人名，武力值）元组构成的列表
print(lsKV) # 输出 [('呼延灼', 94), ('董平', 95), ('关胜', 97), ('林冲', 98)]
```

### (三)字典的合并

有的时候需要将两个字典合并成一个字典。例如,除了 dicAreas 字典外,还有一个 dicOthers 字典,存放了美国和巴西的国土面积。为了方便处理,需要将两个字典的内容合并成一个字典。要实现这个合并操作,有以下几种途径:

1. 使用 for 循环

这是比较常规的合并操作,通过 for 循环遍历字典,将其中的条目逐条加到另一个字典中。上述代码中的 for 循环使用了两个变量 k 和 v 分别遍历 dic_others 字典中各条目的键

和值,并逐个添加到 dic_areas 字典中。

```
dic_heros = {"林冲": 98, "关胜": 97, "董平": 95}
dic_others = {"呼延灼": 94,"秦明": 92}
for k, v in dic_others.items():
    dic_heros[k] = v
print(dic_heros)
```

2. 使用字典的 update()方法

字典的 update()方法用来将参数字典添加到调用方法的字典中,语法格式如下:

```
字典名.update (参数字典名)
```

具体程序代码如下:

```
dic_heros = {"林冲": 98, "关胜": 97, "董平": 95}
dic_others = {"呼延灼": 94,"秦明": 92}
dic_heros.update(dic_others)
print(dic_heros)
```

对照 for 循环,update()方法以更为简洁的方式实现了字典与字典的合并。需要注意的是,update()方法更新的是调用方法的字典,而作为参数的字典内容是不会发生变化的。

3. 使用 dict()函数

使用 dict()函数将一组双元素序列转换为字典的方法也可以用于将两个字典合并。在合并两个字典时,需要先将两个字典条目对应的所有双元素元组合并成一个列表,再使用 dict()函数将合并后的列表转换为字典。

```
dic_heros = {"林冲": 98, "关胜": 97, "董平": 95}
dic_others = {"呼延灼": 94,"秦明": 92}
ls = list(dic_heros.items()) + list(dic_others.items())
dic_heros = dict(ls)
print(dic_heros)
```

程序输出的结果如下:

```
{'林冲': 98, '关胜': 97, '董平': 95, '呼延灼': 94, '秦明': 92}
```

从操作上来看,这个合并过程顺理成章,但是对应的代码却太过复杂、容易出错。事实上,Python 语言提供了另一种 dict()函数的用法,可以更为简便地完成字典合并的操作。

4. 使用 dict() 函数的另一种形式

```
dic_heros = {"林冲": 98, "关胜": 97, "董平": 95}
dic_others = {"呼延灼": 94,"秦明": 92}
dic_heros = dict(dic_heros, **dic_others)
print(dic_heros) #{"林冲": 98, "关胜": 97, "董平": 95, "呼延灼": 94,"秦明": 92}
```

以上几种方法从不同的角度完成了两个字典的合并,并用程序演示了将字典 dic_others 中的条目合并进字典 dic_heros 中。

### (四)字典的清空与删除

我们在字典元素的删除中已经介绍了字典单个键值对的删除,可是当我们想要批量删除字典中的所有键值对时,重复使用单个删除方法就会显得比较烦琐,因此 Python 中提供了字典的 clear 方法用于删除字典中的所有键值对,使字典变为空字典。这个方法非常直接,调用后字典将不再包含任何元素,具体代码如下:

```
# 创建一个包含一些键值对的字典
my_dict = {"林冲": 98, "关胜": 97, "董平": 95}
print(my_dict)
# 使用 clear 方法清空字典
my_dict.clear()
print(my_dict)
```

其输出结果如下:

```
{'林冲': 98, '关胜': 97, '董平': 95}
{}
```

对于字典而言,可以使用 del 方法直接删除。

```
dic_heros = {"林冲": 98, "关胜": 97, "董平": 95}
del dic_heros
```

字典的创建和常见的操作方法汇总如表 5—1 所示。

表 5—1　　　　　　　　　　字典的常见操作方法汇总

| 函数或方法 | 描述或解释 |
| --- | --- |
| 字典的创建 | |
| 直接创建 | {<键 1>:<值 1>, …, <键 n>:<值 n>} |
| dict 函数创建 | dict(key=value,…) / dict([(key,value),…]) |

续表

| 函数或方法 | 描述或解释 |
| --- | --- |
| 字典生成式 | {键表达式:值表达式 for 变量 in 可迭代对象 if 条件} |
| 字典的访问 | |
| 直接访问<dict>[key] | 直接使用键来访问值 |
| D.get(key,default=None) | 键存在则返回相应值,否则返回默认值 |
| D.setdefault(key,default=None) | 键存在则返回相应值,否则设置默认值 |
| key in <dict> | 检查 key 是否在<dict>的键中 |
| 字典元素的删除 | |
| del <dict>[key] | 删除指定的键及其键值对,不存在则会报错 |
| D.pop(key,<default>) | 键存在则返回相应值,同时删除键值对,否则返回默认值 |
| D.popitem() | 随机从字典中删去一个键值对 |
| 字典的遍历 | |
| D.keys() | 返回所有键信息 |
| D.values() | 返回所有值信息 |
| D.items() | 返回所有键值对(条目) |
| 字典的排序 | |
| D.sorted() | 将字典的键排序并以列表的形式返回 |
| 字典的合并 | |
| for 循环 | 通过 for 循环遍历字典,将其中的条目逐条加到另一个字典中 |
| D.update() | 将参数字典添加到调用方法的字典中 |
| dict() | 将一组双元素序列转换为字典的方法 |
| 字典的清空和删除 | |
| D.clear() | 删除所有键值对 |
| D.copy() | 复制原字典,返回原字典的浅拷贝 |
| D.update(iterable) | 将另一个字典或可迭代对象中的键值对更新到当前字典中 |

## 第三节　集合创建与常见操作

集合主要是用来存放一组无序且互不相同的元素,集合中的元素必须是不可变类型。集合除了支持数学中的集合运算外,主要用来进行关系测试和消除重复元素。

### 一、集合的创建与访问

集合的创建主要有两种,分别为直接手动创建和使用 set() 函数创建。下面就对这两种方法进行介绍。

## （一）直接手动创建

集合可以用一对大括号包裹元素，元素之间用逗号分隔，如下所示：

```
{元素 1, 元素 2, 元素 3, …}
```

集合中的元素是无序的，不能包含重复元素，而且为不可变元素。直接手动创建集合的具体代码如下：

```python
# 这里需要注意的是{}不代表空集合,代表空字典
fake_set = {}
print("the actual type of fake_set is",type(fake_set))
# 手动创建一个集合
my_set = {1, 2, 3, 4, 5}
print("Manually created set:", my_set)
# 尝试创建包含重复元素的集合，重复元素会被自动去除
another_set = {1, 2, 2, 3, 4, 4, 5}
print("Set with duplicate elements:", another_set)
```

其输出结果如下：

```
the actual type of fake_set is <class 'dict'>
Manually created set: {1, 2, 3, 4, 5}
Set with duplicate elements: {1, 2, 3, 4, 5}
```

## （二）使用 set() 函数创建集合

可以使用 set() 函数将任何可迭代对象（如列表、元组、字符串等）转换为集合。在转换过程中，重复的元素会被自动去除，具体代码如下：

```python
# 使用 set 创建空集合
empty_set = set()
print("empty_set:",empty_set,',type:',type(empty_set))
# 使用 set 函数将列表转换为集合
my_list = [1, 2, 2, 3, 4, 4, 5]
converted_set = set(my_list)
print("Set created from list:", converted_set)
# 使用 set 函数将字符串转换为集合（字符串会被视为字符的序列）
my_string = "hello"
string_set = set(my_string)
print("Set created from string:", string_set)
```

其输出结果如下：

```
empty_set: set() ,type: <class 'set'>
Set created from list: {1, 2, 3, 4, 5}
Set created from string: {'l', 'e', 'o', 'h'}
```

通过不带参数的 set()函数创建一个空集合，具体程序如下所示：

```
set1 = set()
type(set1) # 输出 set
```

### (三)集合的访问

由于集合是无序的，因此无法通过索引的方式访问，只能通过 for 循环遍历所有元素。

**【例 5—4】** 生成 20 个 0~20 的随机数并输出其中互不相同的数。

**【分析】** 随机数的生成需要调用 random 库中的 randint()函数。生成的 20 个随机数可以先用列表保存，然后通过 set()函数去除重复项。

```
# ch5-4
import random

list1=[]
for i in range(20):
    list1.append(random.randint(0,20))

set1=set(list1)
print("生成的 20 个 0~20 随机数为：")
print(list1)
print("其中互不相同的数为：")
print(set1)
```

程序运行结果如下：

```
生成的 20 个 0~20 随机数为：
[12, 0, 6, 17, 18, 1, 8, 5, 16, 17, 12, 15, 6, 2, 17, 17, 9, 14, 11, 17]
其中互不相同的数为：
{0, 1, 2, 5, 6, 8, 9, 11, 12, 14, 15, 16, 17, 18}
```

## 二、集合的基本操作

集合的操作比较简单，主要包括元素的添加与删除以及成员资格判断，下面就对其进行一一介绍。

由于集合无法通过索引或名称访问,因此我们无法通过赋值往集合添加元素,只能使用 Python 中集合内置的 add 方法向集合中添加一个元素。在使用该方法时,如果元素已存在于集合中,则不会重复添加,具体代码如下:

```python
# 创建一个空集合
my_set = set()
print("Initial set:", my_set)
# 使用 add 方法向集合中添加元素
my_set.add(1)
print("Set after adding 1:", my_set)
# 尝试添加已存在的元素,集合不会改变
my_set.add(1)
print("Set after attempting to add 1 again:", my_set)
```

其输出结果如下:

```
Initial set: set()
Set after adding 1: {1}
Set after attempting to add 1 again: {1}
```

接下来介绍集合中元素的删除,主要有 remove 与 discard 两种方法,两者在删除行为上存在一定的差异。remove 方法用于从集合中移除一个指定元素,如果元素不存在于集合中,就会引发程序报错。discard 方法也用于从集合中移除一个指定元素,但如果元素不存在于集合中,就不会引发错误。具体代码如下:

```python
# 创建一个包含一些元素的集合
my_set = {1, 2, 3, 4}
print("Initial set:", my_set)

# 使用 remove 方法移除元素
my_set.remove(3)
print("Set after removing 3:", my_set)
# 尝试移除不存在的元素,会引发报错
# my_set.remove(5)   # 这行代码会引发错误

# 使用 discard 方法移除元素
my_set.discard(2)
print("Set after discarding 2:", my_set)
# 尝试丢弃不存在的元素,不会引发错误
my_set.discard(5)
print("Set after attempting to discard 5:", my_set)
```

其输出结果如下：

```
Initial set: {1, 2, 3, 4}
Set after removing 3: {1, 2, 4}
Set after discarding 2: {1, 4}
Set after attempting to discard 5: {1, 4}
```

此外，我们也可以使用 pop 方法随机删除集合中的一个元素，使用 clear 方法清空集合中的所有元素，使用 update 方法更新集合内容以及使用 in 关键词进行集合元素成员资格判定。这些方法与先前介绍的字典类似，这里就不再赘述了。常见的集合元素操作如表 5－2 所示。

表 5－2　　　　　　　　　　　常见的集合元素操作

| 功能 | 函数或方法 | 描　述 |
|---|---|---|
| 添加元素 | s.add(item) | 将参数 item 作为元素添加到集合 s 中，如果 item 是序列，则将其作为一个元素整体加入集合，作为参数的 item 只能是不可变的数据 |
| 添加元素 | s.update(items) | 将参数序列 items 中的元素拆分去重后加入集合，参数 items 可以是可变数据 |
| 删除元素 | s.remove(item) | 将指定元素 item 从集合 s 中删除，如果元素 item 在集合中不存在，系统就会报错 |
| 删除元素 | s.discard(item) | 将指定元素 item 从集合 s 中删除，如果 item 在集合中不存在，系统就正常执行，无任何输出 |
| 删除元素 | s.pop() | 从集合 s 中随机删除并返回一个元素 |
| 删除元素 | s.clear() | 清空集合中的所有元素 |
| 成员判定 | item in s | 判断元素 item 是否在集合 s 中。若在，则返回 True；若不在，则返回 False。可配合 remove() 函数使用，以避免系统报错 |

### 三、集合的数学运算

我们知道集合这个数据结构主要运用于与集合论运算相关的代码中，因此其也支持一些常见的集合数学操作，如集合的子集与超集判断，集合的交、并、差等相关运算。Python 语言的集合运算符及其功能如表 5－3 所示。

表 5－3　　　　　　　　　　　Python 常见的集合运算符

| 运算符 | 等价方法 | 功　能 |
|---|---|---|
| setA & setB | setA.intersection(setB) | 交集，获取 setA 和 setB 都包含的元素 |
| setA \| setB | setA.union(setB) | 并集，获取 setA 和 setB 所有元素的集合 |
| setA - setB | setA.difference(setB) | 差集，获取 setA 中有但 setB 中没有的元素 |

续表

| 运算符 | 等价方法 | 功　能 |
| --- | --- | --- |
| setA ^ setB | setA.symmetric_difference(setB) | 对称差集,获取 setA 和 setB 中相互独有的元素 |
| setA <= setB | setA.issubset(setB) | 子集,判断 setA 是否完全包含于 setB |
| setA >= setB | setA.issuperset(setB) | 超集,判断 setA 是否完全包含 setB |

使用 Python 常见集合运算的程序如下:

```
# 创建两个集合
set_a = {1, 2, 3}
set_b = {1, 2, 3, 4, 5}
set_c = {4,5}
# 使用 issubset 方法判断 set_a 是不是 set_b 的子集
print(set_a.issubset(set_b))
# 使用 <= 运算符判断
print(set_a <= set_b)
# 使用 issuperset 方法判断 set_b 是不是 set_a 的超集
print(set_b.issuperset(set_a))
# 使用 >= 运算符判断
print(set_b >= set_a)
# 使用 isdisjoint 判断 set_a 是否与 set_c 不相交
print(set_a.isdisjoint(set_c))
```

其输出结果如下:

```
True
True
True
True
True
```

此外,Python 中的集合还支持常见的集合运算,如交、并、差以及对称差运算。例如,使用 intersection 方法来获取两个集合的交集(可以使用"&"运算符),使用 union 方法来获取两个集合的并集(可以使用"|"运算符),使用 difference 方法来获取两个集合的差集(可以使用"－"运算符),使用 symmetric_difference 方法来获取两个集合的对称差集(可以使用"^"运算符),具体代码如下:

```python
# 创建两个集合
set_c = {1, 2, 3}
set_d = {2, 3, 4}
# 使用 intersection 方法或 & 运算符获取交集
print(set_c.intersection(set_d),set_c & set_d)
# 使用 union 方法或 | 运算符获取并集
print(set_c.union(set_d),set_c | set_d)
# 使用 difference 方法或 - 运算符获取差集
print(set_c.difference(set_d),set_c - set_d)
# 使用 symmetric_difference 方法或 ^ 运算符获取对称差集
print(set_c.symmetric_difference(set_d),set_c ^ set_d)
```

其输出结果如下：

```
{2, 3} {2, 3}
{1, 2, 3, 4} {1, 2, 3, 4}
{1} {1}
{1, 4} {1, 4}
```

## 第四节 字典与集合的应用实例

在介绍完字典与集合的创建与常见操作后，接下来本章会通过几个经典应用实例来加深读者对字典与集合的理解和应用。

【例5—5】 使用字典模拟JSON嵌套查询。

【分析】 JSON(Java Script Object Notation)是一种轻量级的数据交换格式，它易于人们阅读和编写，也易于机器解析和生成。它采用完全独立于语言的文本格式，这些特性使JSON成为理想的数据交换语言，广泛应用于网络数据传输、API开发、配置文件设置与日志记录等。

JSON数据由键值对组成，每个键值对之间用逗号分隔，这与Python中的字典十分相似。现在要求使用字典来模拟JSON的数据格式，实现JSON复杂嵌套查询，要求输入查询链，返回对应的查询结果，比如输入name—>first_name，返回John。

这个问题实际上考察的是字典的嵌套查询，我们首先需要运用字符串的相关方法对输入的查询链进行拆解，再根据查询链中键的顺序逐个嵌套查询，同时考虑用户误输入的可能性。我们也应该使用更加安全的get方法进行查询。具体代码如下：

```python
# ch5-5 示例字典（模拟 JSON）
JSON_data = {
    "name": {
        "first_name": "John",
        "last_name": "Doe"
    },
    "age": 30,
    "address": {
        "city": "New York",
        "detail":{
            "street":"Wall Street",
            "number":"100"
        },
        "zipcode": "10001"
    },
    "hobby":["writing","reading","jogging"]
}

# 输入部分
# 输入查询链
query_chain = input("请输出 JSON 查询链:")
# 分割查询链为键列表
key_list = query_chain.split("->")

# 查询部分
# 初始化当前层级为最外层数据字典
current_level = JSON_data
# 逐层遍历键列表
for key in key_list:
    # 进入下一层级，使用安全的 get 方法查询
    current_level = current_level.get(key,None)
    # 如果查询结果不存在或输入错误
    if current_level is None:
        print("查询结果不存在或输入错误!")
        break
else:
    # 正常结束查询,输出查询结果
    print("查询结果为:",current_level)
```

以下为几个输入与输出结果的示例：
示例1:嵌套完全查询

```
请输出 JSON 查询链: name->first_name
查询结果为: John
```

示例 2:嵌套部分查询

```
请输出 JSON 查询链: address->detail
查询结果为: {'street': 'Wall Street', 'number': '100'}
```

示例 3:错误查询

```
请输出 JSON 查询链: address->country
查询结果不存在或输入错误!
```

【例 5—6】 现有一个已经分词和预处理后的单词列表,要求使用字典统计单词列表中各个单词的词频,并按词频的大小降序输出。

【分析】 这个问题实际上考察的是字典的访问与排序,首先需要逐个遍历单词列表并分别在字典中相应单词的词频中加1,值得注意的是,还没统计到的单词不在字典中出现,因此使用更加安全的 get 方法设置默认值来统计,具体代码如下:

```
# ch5-6 假设已经分词并预处理后的单词列表
word_list = ["apple", "banana", "apple", "orange", "banana", "apple", "kiwi", "kiwi",
"banana","apple"]
# 统计词频阶段
# 初始化一个空字典来存储词频
word_freq = {}
# 遍历单词列表,统计词频
for word in word_list:
    # 使用 get 方法在单词还没统计时,设置词频为 0,避免报错
    word_freq[word] = word_freq.get(word,0)+1
# 将词频字典按值(词频)降序排序,并输出
# 首先,将字典项转换为列表,列表中的元素为 (frequency, word) 元组
word_freq_list = [(value,key) for key,value in word_freq.items()]
# 将列表降序排序,列表元素为元组,符合元组首位元素比较法则
word_freq_list.sort(reverse=True)
# 输出排序后的词频列表
for freq,word in word_freq_list:
    print(word,":",freq)
```

其输出结果如下:

```
apple : 4
banana : 3
kiwi : 2
orange : 1
```

**【例 5—7】** 选课是大学中的常见情景,现在有两门选修课 A 与 B,各自有选课的学生名单,现在教务处想要统计如下内容,请在 Python 中编程实现:(1)同时选修课程 A 与 B 的学生人数;(2)选修课程 A 与 B 的学生总人数;(3)仅选修课程 A 的学生总人数;(4)仅选修一门课程的学生总人数。

**【分析】** 这个问题实际上考察的是 Python 中集合的基本运算。集合论是数学的一个基本分支,它研究的是对象(被称为元素)的集合以及这些集合之间的关系和运算。集合具有无序性、互异性和确定性三大特性,这些特性使得集合成为数学和计算机科学中处理数据的基本工具。集合论在数据库设计、算法分析、逻辑推理等领域有着广泛的应用。我们可以根据一定的数学知识将该问题建模为集合论问题,并使用 Python 中提供的集合常见数学运算求解,具体代码如下:

```python
# ch5-7 定义选课学生集合
course_A = {"Alice", "Bob", "Charlie", "David"}
course_B = {"Bob", "David", "Eve", "Frank"}

# 1. 同时选修课程 A 与 B 的学生人数
both_courses = course_A & course_B  # 交集运算
num_both_courses = len(both_courses)
print("同时选修课程A与B的学生人数:",num_both_courses)

# 2. 选修课程 A 与 B 的学生总人数
all_students = course_A | course_B  # 并集运算
num_all_students = len(all_students)
print("选修课程A与B的学生总人数:",num_all_students)

# 3. 仅选修课程 A 的学生总人数
only_course_A = course_A - course_B  # 差集运算
num_only_course_A = len(only_course_A)
print("仅选修课程A的学生总人数:", num_only_course_A)

# 4. 仅选修一门课程的学生总人数
only_one_course = course_A ^ course_B  # 对称差集运算
num_only_one_course = len(only_one_course)
print("仅选修一门课程的学生总人数:",num_only_one_course)
```

其输出结果如下:

```
同时选修课程A与B的学生人数:2
选修课程A与B的学生总人数:6
仅选修课程A的学生总人数:2
仅选修一门课程的学生总人数:4
```

**【例 5-8】** 按照班级对学生进行分组。

**【分析】** 把学生的班级作为字典的健,把学生的姓名形成列表并作为字典的值,最终形成字典嵌套列表的数据结构。

```
# ch5-8 按班级对学生进行分组
students = [
    {"name": "Alice", "class": "A"},
    {"name": "Bob", "class": "B"},
    {"name": "Charlie", "class": "A"},
    {"name": "Kevin", "class":"B"}
]
grouped_students = {}
for student in students:
    class_name = student["class"]
    if class_name not in grouped_students:
        grouped_students[class_name] = []
    grouped_students[class_name].append(student["name"])

print(grouped_students)  # 输出: {'A': ['Alice', 'Charlie'], 'B': ['Bob', 'Kevin']}
```

## 本章小结

本章主要探讨了 Python 中字典和集合的关键概念及相关操作,并用经典的实例进行了实际用途解释。字典主要应用于配置设置、词频统计、数据映射转化、数据嵌套查询,而集合主要应用于集合论的相关数学问题与元素去重及成员检验,两者在具体用途上存在一定差异。

字典是一种基于键值对的映射数据结构,它利用键的唯一性和不可变性,以及值的任意性,通过键来索引和访问对应的值,从而实现了数据的快速查找、插入和删除操作。字典的常见操作包含创建、访问、删除、遍历以及字典的整体操作。

集合是一种基于哈希存储的高效的数据结构,它拥有无序性、唯一性,特别适合于需要快速查找、去重或进行集合运算的场景。集合主要用于集合论,常见的操作包括集合的创建、添加与删除元素,以及集合的常见数学运算。

## 课后习题

1. 针对字典 dict_test ={"ab": 5,"cd": 7, "ef": 3},思考以下操作:

(1) len(dict_test)的结果是多少?

(2) 如何向字典中添加键值对""gh": 8"?

(3) 如何修改"ab"对应的值?

(4)如何删除"ef"对应的键值对?

2.根据课程 A 和课程 B 的学生名单,使用集的概念,找到同时在两个班的学生名单。

classA = ["Bob","Alice","David","Catherine","Gauss","Euler","Kate"]

classB = ["Catherine","Rose","Hopper","Keith","Bob"]

3.创建两个集合,分别包含几个整数,然后展示两个集合的交集、并集、差集。

4.编写一个程序,提示用户输入一系列用空格分开的数字,然后创建一个集合以去除重复项,并打印出最终的结果。

5.已知一个购物车里有以下商品及对应数量:{"apple": 3, "banana": 6, "cherry": 2}。编写一个程序,让用户输入商品名称和购买数量。如果商品存在于购物车中,则更新数量;如果商品不存在,则添加商品及其数量。

# 第六章
# Python 函数与模块

## 全章提要

- 第一节　函数的基本概念
- 第二节　函数的声明与使用
- 第三节　lambda 函数
- 第四节　变量的作用域
- 第五节　Python 常用的内置函数和模块

本章小结
课后习题

在 Python 语言中,我们经常将一些常用的功能编写成函数,放在函数库中供用户使用。函数的本质是一段被封装、可重复使用、固定的代码段,在需要时可以直接调用,也可以认为是多行代码的集合。函数可以接收数据(参数),并根据数据的不同实施相应的操作,最后反馈处理结果(返回值)。

通常函数有一个独一无二的名字,即函数名。只要知道函数名和参数,就能调用函数。使用函数可以提高程序的模块化,避免大量编写重复代码,减少重复编写程序语句的工作量,从而提高编程效率和代码的可读性。

## 第一节 函数的基本概念

在数学领域,函数表示自变量与因变量之间的一种映射关系,即输入变量经过一定形式的处理最后得到预定的输出。从这个角度看,数学领域对函数的定义和 Python 程序语言中对函数的理解有一些相似。

Python 语言中的函数是一个可重复调用的代码块,用于执行特定的任务或操作。函数接受输入参数,并输出返回值。从外部看,函数像一个黑盒,调用函数时不需要了解其内部原理,只需要了解函数的名称、功能、使用方法(参数)和返回结果即可。函数体现了结构化程序设计的思想。

函数通常由以下几个部分组成:

(1)函数名:用于标识函数的名称,以便在程序中调用。函数的命名必须符合 Python 对标识符的语法要求,不建议使用 a、b、c 等简单标识符作为函数名,而建议函数名能够体现该函数的功能,如求和功能的函数可以被命名为 add_numbers。

(2)参数列表:函数可以接受参数。参数用于传递输入数据,各个参数之间用逗号","分隔。

(3)函数体:函数体是一个包含具体操作的代码块,用于执行特定的任务。函数整体必须向右缩进。函数体的第一行可以选择性地使用文档字符串,用于存放函数说明。文档字符串通常使用三引号注释的多行字符串。

(4)返回值:函数可以返回一个结果给调用者,用于传递函数执行的输出数据。返回值是函数的可选部分。可以不设置返回值,仅使用关键词"return"表示函数程序的结束。如果没有显式地设置返回值,包括没有 return 语句或者 return 语句没有带返回值,函数就默认返回 None。

例如,我们可以编写一个求两个数的和的函数 add_numbers(),并且调用 add_numbers() 函数,具体如下:

```
def add_numbers(a, b):
    c = a + b
    return c

result = add_numbers(3, 5)
print(result)  # 输出: 8
print(result)  # 输出: 8
```

在上面这个程序中,需要明确:(1)函数名为 add_numbers;(2)参数列表为 a 和 b;(3)函数体为语句"c = a + b"和"return c";(4)返回值为 c。

调用函数"add_numbers(3,5)"时,"3"和"5"是实际给出的参数,又称实际参数(Actual Parameters,简称实参),而在定义函数"add_numbers(a,b)"时列出的参数"a"和"b"被称为形式参数(Formal Parameters,简称形参)。实际调用函数的使用者可以对函数的具体操作一无所知,只要了解使用方法就可以随时调用 add_numbers(a,b)函数。需要注意,在创建函数时,即使函数不需要参数,也必须保留一对小括号"()",否则 Python 会提示出错。

函数具有以下几个方面的优势:

(1)代码重用:函数可以将一段代码封装起来,使其可以在多个地方被重复使用,从而避免了重复编写相同的代码。

(2)模块化:函数可以将复杂的程序分解成若干模块,每个模块负责一项特定的任务,从而使程序结构更加清晰、易于理解。

(3)提高代码可读性:函数可以将复杂的操作抽象成一个简单的函数名,以提高代码的可读性和可维护性。

(4)减少错误和调试时间:将代码封装在函数中可以减少错误的可能性,并且当出现错误时,只需检查函数的代码,而不是整个程序。

(5)提高开发效率:函数可以使开发过程更加高效,因为可以将任务分解成小块,每个开发人员可以独立工作。

(6)可测试性:函数可以独立测试,从而使测试更加简单、可靠。

总之,函数是 Python 编程中的重要组成部分,它提供了一种组织和管理代码的方式,使得代码更加模块化、可读性更强、可维护性更好,并且提高了开发效率和代码质量。Python 语言中的函数可以分为 4 种类型,如表 6—1 所示。

表 6—1    Python 函数的类型

| 名称 | 功能 |
| --- | --- |
| 内置函数(Built-in Functions) | Python 内置了许多函数,无须导入任何模块即可直接使用。内置函数是 Python 语言的一部分,提供了一些基本的功能,如打印输出 print()、字符类型 str()等 |
| 标准库函数(Standard Library) | 是 Python 语言自带的一组模块和函数,提供了丰富的功能和工具,可以用于各种常见的任务和问题,如数学运算、日期处理等 |
| 第三方函数(Third-party Functions) | 是由 Python 社区开发并维护的一组模块和函数,提供了丰富的功能和工具,用于各种不同的任务和问题。这些函数库通常不是 Python 标准函数库的一部分,需要使用 pip 等包管理工具进行安装,通过 import 语句导入第三方函数才能使用,比较典型的第三方函数库包括 jieba、numpy 等 |
| 用户自定义函数(User-defined Functions) | 是用户根据自己的需求编写的函数,通过使用 def 关键字定义函数,并在需要时调用该函数 |

## 第二节　函数的声明与使用

### 一、函数的定义和调用

Python 语言定义函数的语法格式如下：

```
def 函数名([形参列表]):
    函数体
```

函数定义的注意事项如下：

(1)圆括号内是形参列表。如果有多个参数，则使用逗号分隔开，即使该函数不需要接收任何参数，也必须保留一对空的圆括号。

(2)圆括号后的冒号必不可少。

(3)函数体相对于 def 关键字必须保持一定的空格缩进。

(4)函数体中可以使用 return 语句返回值。return 语句可以有多条，在这种情况下，一旦第一条 return 语句得到执行，函数就立即终止。return 语句可以出现在函数体的任何位置。

在 Python 语言中，调用函数的语法格式如下：

```
函数名([实参列表])
```

调用函数的注意事项如下：

(1)实参是在程序运行时，实际传递给函数的数据。

(2)函数如果有返回值，就可以在表达式中继续使用。函数如果没有返回值，就可以单独作为表达式语句使用。

在 Python 语言中，形参和实参是函数定义和函数调用非常重要的概念。形参是函数定义时列出的参数，用于定义函数的接口，它是函数的占位符，用于接收调用函数时传递的实际值。形参是函数内部使用的变量，只有在函数被调用时才会被赋值。实参是在函数调用时传递给函数的值，这些值可以是变量、表达式等。在函数调用时，实参的值会被传递给形参，一般情况下，实参列表必须与函数定义时的形参列表对应。

Python 支持多种参数传递方式，包括按位置传递参数、按名称传递参数、按默认值传递参数和可变参数。在后面的章节中会详细介绍多种参数传递方式和机制。以下演示了一个完整的函数定义和调用的例子。

先定义函数 min(a，b)，用来求 a 和 b 中较小的数。

```
def min(a,b):
    if a >b: return b
    else: return a

print(min(15,20))
# 输出: 15
```

当定义好 min()函数后,就可以调用该函数来解决实际问题。

## 二、函数参数的传递

函数通过参数接收外部传递的数值,参数是函数与外部程序沟通的桥梁。如果在定义函数时指定了形参,则调用函数时就需要传入相应的实参。通过实参到形参的传递可以完成调用函数与被调用函数之间的数据传递。Python 支持的参数传递方式包括位置参数、默认值参数、名称传递参数和可变参数。

### (一)位置参数

位置参数要求在调用函数时实参必须以正确的顺序传入函数,即函数调用时实参的位置、数量与声明时的形参保持一致。

【例 6—1】 利用位置参数调用函数。

```
# ch6-1 按位置调用函数

def greet(name, age):
    print(f"Hello, {name}! You are {age} years old.")

greet("林冲", 30)   # 输出: Hello, 林冲! You are 30 years old.
```

函数调用时,注意位置参数的顺序要与函数定义时形参的顺序保持一致。

采用位置参数方式,需要保证函数调用时位置参数的顺序与函数定义时形参的顺序完全一致。位置参数是最常见、最直观的函数参数传递方式。上述程序还使用了 f-string 操作,它是 format()方法最新的替代方案。

### (二)默认值参数

在调用函数时如果不指定参数,Python 语言解释器就会返回错误。如果希望函数的一些参数是可选的,Python 就允许在声明函数时为这些参数指定默认值,即在定义函数时,直接给形参指定一个默认值。在调用该函数时,如果没有传入对应的实参值,则函数使用声明时指定的默认参数值。

默认值参数的语法结构如下:

```
def 函数名(形参1, 形参2, …, 形参n=默认值):
    #函数体
```

【例6-2】 采用默认值参数调用函数。

```
# ch6-2 采用默认值参数调用函数

def greet(name, age=30):
    print(f"Hello, {name}! You are {age} years old.")

greet("林冲")  # Hello, 林冲! You are 30 years old.
greet("林冲", 40)  # 输出: Hello, 林冲! You are 40 years old.
```

默认值参数可以有1个,也可以有多个。

【例6-3】 采用多个默认值参数调用函数。

```
# ch6-3 采用多个默认值参数调用函数

def greet(name, age=30, nickname = "梁山好汉" ):
    print(f"Hello, {name}! You are {age} years old, and you are {nickname}.")

greet("林冲")  # 输出: Hello, 林冲! You are 30 years old, and you are 梁山好汉.
greet("林冲", 40)  # 输出: Hello, 林冲! You are 40 years old, and you are 梁山好汉.
greet("林冲", 40, "豹子头")  # 输出: Hello, 林冲! You are 40 years old, and you are 豹子头.
```

这里需要注意的是,默认值参数必须写在形参列表的最右端,即如果对一个形参设置了默认值,就必须对其右边的所有形参设置默认值,这是因为函数调用时,默认是按照位置传递实参值。当调用带有默认值参数的函数时,如果未提供参数值,实参就会取默认值。

(三)名称传递参数

在调用函数时,也可以通过名称指定传入的参数。按照名称指定传入的参数被称为名称参数,也称关键字参数。

【例6-4】 采用名称传递参数的方式调用函数。

```
# ch6-4 采用名称传递参数的方式调用函数

def greet(name, age):
    print(f"Hello, {name}! You are {age} years old.")

greet(age = 30, name="林冲")  # 输出: Hello, 林冲! You are 30 years old.
```

使用名称传递参数具有三个优点:参数意义明确;传递的参数与顺序无关;如果有多个可选参数,就可以指定某个参数值。

(四)可变参数

常规的函数定义,参数个数一般是确定的。但是在实际应用中,有时需要函数能够处理不确定参数数量的情况。可变参数就是为了解决这一问题而设计的,它允许函数在调用时接受任意数量的参数。

可变参数使用一个星号"*"作为前缀,通常命名为 args(也可以使用其他合法变量名,但 args 是约定俗成的命名)。定义函数时,在参数列表中使用 * args,就表示该函数接受可变数量的位置参数,即 * args 用于接收任意数量的位置参数,并将这些参数存储在一个元组数据类型中。下列程序演示了调用一个星号可变参数的函数。

```
def sum_numbers(*args):
    result = 0
    for num in args:
        result += num
    return result

sum_numbers(1, 2, 3) # 输出 6
```

在调用上述 sum_number()函数时,可以传入任意数量的参数。在函数内部,args 被当作一个元组来处理。元组是一种不可变的序列数据类型,这意味着我们可以使用元组的相关操作,如索引、遍历等。上述代码中,通过 for 循环遍历 args 元组,将其中的每个元素累加到 result 变量中,最终返回累加结果。

可变参数还可以使用两个星号" * * "作为前缀,通常被命名为 * * kargs(也可以使用其他合法变量名,但 kargs 是约定俗成的命名)。当定义两个星号的可变参数时,kargs 用于接收任意数量的关键字参数,并将这些参数存储在一个字典中。如下程序演示了调用两个星号可变参数的函数:

```
def sun_numbers(**kargs):
    result = 0
    for num in kargs.values():
        result += num
    return result

sum_numbers(1, 2, 3) #输出 6
```

## 三、参数传递规则

### (一)参数的类型

在 Python 中,数据类型主要被分为可变类型和不可变类型。可变类型的对象可以在不改变对象内存地址的前提下,改变其包含的内容;而不可变类型的对象一旦创建,其内容就不可以被修改。

常见的可变数据类型包括列表、字典、集合和自定义的可变数据类型。在函数内部对可变类型的修改会影响外部的值,在函数内部对可变类型的重新赋值不会影响外部的值(因为重新赋值会改变引用,而不是修改原对象)。

常见的不可变数据类型包括整数、浮点数、字符串、元组和布尔型。在函数内部对不可变数据类型的修改不会影响外部的值,因为函数内部对不可变类型的任何修改都会创建一个新的对象。

在调用函数时,根据参数类型的不同,参数传递的方式有两种：

(1)不可变类型参数。针对不可变类型参数,如数字、字符串、元组和布尔型,实参是以值传递的方式将实参传给形参。函数参数传递后,若形参的值发生改变,则新生成一个对象,不会影响实参的值。

(2)可变类型参数。针对可变类型参数,如列表、字典和集合,实参是以引用传递的方式将实参传给形参。函数参数传递后,若形参的值发生改变,则实参的值也会一同改变,因为实参和形参引用相同的内存空间。

### (二)传递规则

定义函数时所指定的形参并不是具有值的变量,它所起的作用类似于占位符。只有在调用函数时,函数将实参的值传递给被调用函数的形参,形参才具有确定的值。为了能够正确传递参数,一般要求形参和实参数目相等,而且数据类型保持兼容。

函数参数的传递方式主要有两种类型——值传递方式和引用传递方式。

当通过值传递方式传递参数时,将对被调用函数的形参变量重新分配存储空间,用于存放由调用函数传递过来的实参变量的值,从而形成实参变量的副本。在被调用函数中,对形参变量的任何操作仅限于该函数内部,而不会对调用函数中的实参变量产生影响。

当通过引用传递方式传递参数时,将对被调用函数的形参变量分配存储空间,用于存储由调用函数传递而来的实参变量的地址。在被调用函数中对形参变量的任何操作都将会对调用函数的实参变量产生影响。

在 Python 语言中,函数参数传递机制采用的是对象引用传递方式,这种方式是值传递方式和引用传递方式的结合。在函数内部对形参变量所指向对象的修改是否影响函数外部,取决于对象本身的性质。传递参数时,如果参数属于可变参数,则在函数内部对形参变量的修改会影响函数外部的实参变量,这相当于引用传递方式;如果参数属于不可变对象,则在函数内部对形参变量的修改不会影响函数外部的实参变量,这相当于值传递方式。

鉴于函数中可变类型的参数改变会影响外部实参的值,为了避免意想不到的参数调用产生的意外情况,建议谨慎使用可变类型作为参数的值,尤其不建议使用可变类型对象作为参数的默认值。

### 四、返回多个值

在函数体中使用 return 语句,可以从函数执行过程中跳出并返回一个值。如果需要返回多个值,就可以通过将这些值打包成一个元组的形式来实现。

【例 6-5】 返回多个值。

```
# ch6-5 函数返回多个值

def get_info():
    name = "宋江"
    age = 45
    city = "山东郓城"
    return name, age, city

result = get_info()
print(result) # 输出：('宋江', 45, '山东郓城')
```

在这个例子中，get_info 函数返回了三个值：name、age 和 city。当我们调用 get_info 函数时，它会将这 3 个值打包成一个元组并返回。我们可以将返回的元组赋值给一个变量（在这个例子中是 result），然后对这个元组变量进行操作。如果希望将返回的多个值分配给不同的变量，就可以使用元组解包。

【例 6-6】 使用元组解包返回多个值。

```
# ch6-6 使用元组解包返回多个值

def get_info():
    name = "林冲"
    age = 40
    nickname = "豹子头"
    return name, age, nickname

name, age, nickname = get_info()
print(name, age, nickname) # 输出 林冲 40 豹子头
```

在这个代码片段中，我们对 get_info 函数的返回值进行了解包，将三个返回值分别赋予 name、age 和 nickname 变量。

## 第三节　lambda 函数

lambda 函数是一种匿名函数，通常用于那些简单的、一次性的函数，它是在同一行定义函数的方法，以简洁的单行语法实现小型函数功能。与 Python 普通函数（def 定义）不同，lambda 函数无须命名，广泛用于需要函数对象作为参数、函数比较简单、通常只使用一次的情景。定义 lambda() 函数的语法格式如下：

```
lambda arg1, arg2, … : <expression>
```

其中,arg1、arg2 等是函数的参数列表,<expression>为函数的语句,其结果为函数的返回值。lambda 函数的用法示例如下:

```
sum = lambda x,y: x+y
print(sum(1,2))
```

以上程序返回求和结果。函数变量加了括号就是执行函数,不加括号就是变量。
与普通函数相比,lambda 函数的不同之处如表 6－2 所示。

表 6－2　　　　　　　　　　　lambda 函数与普通函数的区别

| 特征 | lambda 函数 | 普通函数 |
| --- | --- | --- |
| 定义方式 | 使用 lambda 关键字定义,语法简洁 | 使用 def 关键字定义 |
| 名称 | 匿名,没有函数名 | 有明确的函数名 |
| 参数数量 | 可以有零个或多个参数,但只能有一个表达式 | 可以有零个或多个参数,函数体内可以有多个语句 |

在 Python 中,lambda 函数的典型应用是作为参数传递给其他高阶函数,以下给出了相应的示例。

【例 6－7】 利用 lambda 函数对列表元素进行映射和过滤。

```
#ch 6-7 利用 lambda 函数对列表进行操作
numbers = [1, 2, 3, 4, 5, 6]

# 使用 lambda 函数和 filter()函数筛选出列表中的偶数
even_numbers = list(filter(lambda x: x % 2 == 0, numbers))
print(even_numbers)  # 输出: [2, 4, 6]

# 使用 lambda 函数和 map()函数计算列表中数的平方
squared = list(map(lambda x: x * x, numbers))
print(squared)  # 输出: [1, 4, 9, 16, 25, 36]
```

以上程序中,lambda 函数将简单的逻辑作为参数传递给高阶函数 map()、filter()等。

【例 6－8】 利用 lambda 函数对列表元素进行排序。

```
# ch6-8 使用 lambda 函数定义一个自定义的排序规则
students = [ {'name': 'Tiyong', 'grade': 90},
    {'name': 'Bob', 'grade': 85},
    {'name': 'Toy', 'grade': 95}
]

# 按照学生的成绩进行排序
sorted_students = sorted(students, key=lambda x: x['grade'],
reverse=True)
print(sorted_students)
```

以上程序输出的结果如下:

```
[{'name': 'Toy', 'grade': 95}, {'name': 'Tiyong', 'grade': 90}, {'name': 'Bob', 'grade': 85}]
```

## 第四节 变量的作用域

Python 程序通常是由若干函数组成,其中的每个函数都可能包含一些变量。变量可以出现在程序的任何位置,还可以出现在某个函数内部。程序中对变量进行存取正常操作的范围被称为变量的作用域。变量的作用域是由变量定义的位置所决定的。不同位置定义的变量的作用域不同。在 Python 语言中,变量按照作用域的不同可以分为局部变量(Local Variable)和全局变量(Global Variable),它们分别在函数作用域和全局作用域中使用。

在一个函数体或者语句块内部定义的变量被称为局部变量,该局部变量的作用域就是定义它的函数体或者语句块,即只能在这个作用域内对局部变量进行存取操作,而不能在这个作用域外对局部变量进行存取操作,其仅限于函数的作用域也被称为局部作用域。对于带形参的函数而言,其形参的作用域就是函数体。

从开辟内存地址的角度看,当函数被执行时,Python 会为其分配一块临时的存储空间,所有在函数内部定义的局部变量都会存储在这个空间中。在函数执行完毕后,这块临时存储空间随即被释放,该空间中存储的变量自然也就无法再被利用。所以,函数内部的变量只能在函数内部的局部作用区域存在。

定义一个函数时,也可以在其函数体中定义另一个函数。此时,两个函数之间形成了嵌套关系,内层函数只能在外层函数中被调用,而不能在模块级别中被调用。

在具有嵌套关系的函数中,在外层函数中定义的局部变量可以直接在内层函数中使用。默认情况下,不属于当前局部作用域的变量具有只读性质,可以直接对其进行读取,但如果对其进行赋值,Python 语言会在当前作用域中定义一个新的同名局部变量。

如果在外层函数和内层函数中定义了同名变量,则在内层函数中将优先使用自身所定义的局部变量。在存在同名变量的情况下,如果要在内层函数中使用外层函数中定义的变量,就应使用关键字 nonlocal 对变量进行声明。

**【例 6—9】** 局部变量的访问。

```
# ch6-9 局部变量和全局变量
def out_func():  # 定义外层函数
    x, y, z = 1, 2, 3    # 声明外层变量
    def in_func():  # 定义内层函数
        nonlocal x  # 声明使用外层变量
        x = 4          # 给外层变量赋值
        y = 5
        print("函数 in_func()中:x={0},y={1},z={2}".format(x,y,z))
    in_func()
    print("函数 out_func()中:x={0},y={1},z={2}".format(x,y,z))

out_func()
```

程序执行的结果如下:

```
函数 in_func()中:x=4,y=5,z=3
函数 out_func()中:x=4,y=2,z=3
```

从程序执行的结果可以看出,局部变量和全局变量的作用域不同,但是局部变量在函数调用的过程中不会改变全局变量的值。如果局部变量和全局变量名称相同,即局部变量和全局变量共用作用域,局部变量就会"屏蔽"全局变量。

## 第五节　Python 常用的内置函数和模块

Python 语言有众多内置函数,这些函数覆盖面广、功能强大、使用简单。对于初学者而言,掌握这些函数将会实现很多功能,以下列出最常用的内置函数。

### 一、标准输出函数

计算机程序最早是用来计算和处理信息的,可是如果只提供计算功能,无法与外界交互,程序使用者就无法获知最终的结果。因此,需要提供结果输出的功能,以便获知程序最终计算的结果。Python 提供了标准输出函数 print()作为程序与外界交互的窗口。

关于 print()函数,在本书前面的章节已经初步介绍过,本书也已经在相当多的场合使用 print()函数输出变量和对象的内容,本节会全面、深入地介绍 print()函数的构造与用法,带大家揭开 print()函数这个"最熟悉的陌生人"的面纱。

print()函数是 Python 内置的标准输出函数,它可以打印任意对象,也支持一次性打印

多个对象。其语法格式如下:

```
print(*args, sep=' ', end='\n', file=None, flush=False)
```

其中:args 为可变参数,支持多个变量的输出;sep 参数用来间隔多个输出对象,默认值是一个空格;end 参数用来设定输出的结尾,默认值是换行符(\n),可以通过把空格赋值给 end 参数(如 end=' ')来实现输出字符串后不换行的功能;file 参数用来表示要写入的文件对象,默认是 None(直接输出到屏幕上);flush 参数表示是否立即输出缓存,默认内容不会被立即输出(False)。

【例 6—10】 print()函数及其参数的用法。

```
# ch6-10 print 输出一个或多个对象
import time

print("李逵",["李逵","宋江"],{"宋江":"及时雨"})
print("李逵","宋江","吴用",sep="|") # sep 参数设置输出对象间隔
for ele in ['李逵','宋江','吴用']:
    print(ele,end=',') # end 参数设置输出结尾符

with open("./test.txt","w+") as f: # file 参数设置写入对象
    print("宋江的外号是及时雨",file=f)

with open("./test.txt","r+") as f:
    print(f.read())

# 实现一个逐个延迟输出效果(打字机效果)
for char in "宋江的外号是及时雨":
    print(char,flush=True,end="") # flush 参数设置输出缓存流
    time.sleep(1)
```

输出的结果如下:

```
李逵 ['李逵', '宋江'] {'宋江': '及时雨'}
李逵|宋江|吴用
李逵,宋江,吴用,宋江的外号是及时雨

宋江的外号是及时雨
```

在编程实践中,我们可以将 print()函数用于结果输出、日志记录以及代码调试等,也可以使用 print()函数来实现一些很炫酷的输出效果,这属于 print()函数的高级用法,就留给读者自行探索。

## 二、类型相关函数

尽管 Python 的数据类型十分灵活,使用者无须担心变量的类型问题,但是在代码报错调试时,需要知道中间过程的变量数据类型。Python 中的 type() 函数和 isinstance() 函数提供了获知变量数据类型的功能,这两个函数的原型与具体功能如表 6-3 所示。

表 6-3　　　　　　　　　　type() 函数和 isinstance() 函数的用法说明

| 功能和特性 | type() 函数 | isinstance() 函数 |
| --- | --- | --- |
| 功能 | 返回对象的类型,即对象所属的类 | 检查对象是否为指定类或其子类的实例 |
| 继承关系 | 不检查继承关系 | 识别子类和父类 |
| 多类型检查 | 不支持 | 支持(通过元组方式) |
| 返回值 | 类型对象 | 布尔值 |
| 适用场景 | 精确类型匹配,调试或动态类型检查 | 多态性、类型性检查,检查一个对象是否为一个已知的类型或其子类 |

【例 6-11】 type() 函数和 isinstance() 函数的用法示例。

```
# ch6-11type()函数和isinstance()函数的用法
hero_name = "吴用"
hero_name_type = type(hero_name)
print("hero_name 的类型: ", hero_name_type)
# 使用 isinstance 函数检查对象类型
is_name_str = isinstance(hero_name, str)
print("hero_name 是不是 str 类型: ", is_name_str)
# 检查自定义类的实例,这里类的语法无须掌握
class Hero:
    def __init__(self,name):
        pass
song_jiang = Hero("宋江")
# 使用 type 检查
hero_type = type(song_jiang)
print("song_jiang 的类型: ", hero_type)
# 使用 isinstance 检查
is_song_jiang_hero = isinstance(song_jiang, Hero)
print("song_jiang 是不是 Hero 类的实例: ", is_song_jiang_hero)  # 输出: True
```

以上程序的输出结果如下:

```
hero_name 的类型: <class 'str'>
hero_name 是不是 str 类型: True
song_jiang 的类型: <class '__main__.Hero'>
song_jiang 是不是 Hero 类的实例: True
```

在实际编程实践中，初学者容易把 type() 函数与 isinstance() 函数的用法混淆。这里需要提醒的是，type() 函数返回的是类型对象本身，isinstance() 函数则用于类型逻辑判断，返回的是布尔值。

### 三、特殊功能函数

Python 还内置了许多具有特殊功能的函数，这些函数尽管形式简单，但功能十分强大。表 6—4 列举了特殊功能函数的用法。

表 6—4　　　　　　　　　　　常见的特殊功能函数

| 函数 | 功能介绍 |
| --- | --- |
| enumberate() | 遍历可迭代对象，同时返回可迭代对象的索引与元素 |
| zip() | 将可迭代对象作为参数，将对象中对应的元素打包成一个个元组，然后返回由这些元组组成的列表 |
| map() | 对列表中的每一个元素根据指定函数进行一次计算，返回包含每次 function 函数返回值的新列表 |
| filter() | 过滤序列，过滤掉不符合条件的元素，返回由符合条件的元素组成的新列表 |
| reduce() | 用传给 reduce 中的函数 function 对集合中的元素进行累积 |

**【例 6—12】** 特殊功能函数的用法。

```
heroes_top5 = [
    "宋江","卢俊义","吴用","公孙胜","关胜"
]
hero_nickname = [
    '及时雨', '玉麒麟', '智多星', '入云龙', '大刀'
]
# 使用 enumberate 遍历列表，同时索引与元素
for idx,element in enumerate(heroes_top5):
    print(f"排名{idx+1}的好汉是{element}")
# 使用 zip 函数组合名称与外号列表，返回名称-外号映射字典
hero_nickname_map = dict(zip(heroes_top5,hero_nickname))
print(hero_nickname_map)
# 使用 map 函数映射各个好汉的外号
print("前五的好汉的外号为:",list(map(lambda x:hero_nickname_map[x],heroes_top5)))
# ord 返回字符对应的 ASCII 码值
print("A 的 ASCII 码值为:",ord('A'))
# chr 返回 ASCII 码值对应的字符
print("ASCII 码为 65 对应的字符为:",chr(65))
```

输出的结果如下：

```
排名 1 的好汉是宋江
排名 2 的好汉是卢俊义
排名 3 的好汉是吴用
排名 4 的好汉是公孙胜
排名 5 的好汉是关胜
{'宋江': '及时雨', '卢俊义': '玉麒麟', '吴用': '智多星', '公孙胜': '入云龙', '关胜': '大刀'}
前五的好汉的外号为：['及时雨', '玉麒麟', '智多星', '入云龙', '大刀']
A 的 ASCII 码值为：65
ASCII 码为 65 对应的字符为：A
```

在实际编程中，特殊功能函数往往在特定应用场合大显身手，这需要读者多实践和体会。

## 本章小结

本章主要讲述了 Python 函数和模块。本章首先介绍了函数的基本概念，随后介绍了创建函数和使用函数，包括函数声明和函数调用，以及一个非常重要的概念——变量作用域。本章还介绍了 lambda() 函数（这是一种非常简便的函数使用方式），以及 Python 语言中一些常用的内置函数和模块。

## 课后习题

1. 编写一个函数 calculate_circle_area(radius)，接受一个参数 radius（圆的半径），并返回圆的面积。使用公式 $\pi r^2$ 计算面积，其中，$\pi$ 可以使用 math.pi。

2. 编写一个函数 find_max_min(numbers)，接受一个列表 numbers，返回列表中的最大值和最小值，结果以元组形式返回(max_value, min_value)。

3. 编写一个函数 format_student_info(name, age, grade)，接受学生姓名、年龄和年级作为参数，返回格式化后的字符串，格式："学生姓名：×××，年龄：××岁，年级：××"。

4. 编写一个函数 count_word_frequency(file_path)，接受一个文件路径 file_path，读取文件内容，计算并返回每个单词出现的频率（忽略大小写），结果以字典形式返回。

5. 编写一个函数 contains_palindrome(lst)，接受一个列表 lst，判断列表中是否存在回文子串（由列表中相邻元素组成的字符串）。如果存在，就返回 True；否则就返回 False。要求使用递归来实现。

# 第七章
# Python 文件与异常

### 全章提要

- 第一节 文件的基础知识
- 第二节 文件操作通用方式
- 第三节 CSV 文件操作
- 第四节 JSON 数据的读取
- 第五节 异常与断言
- 第六节 标准输入、输出和错误流

本章小结

课后习题

## 第一节　文件的基础知识

文件是存储在计算机存储器上的数据集合，可以包含各种类型的数据，如文本、图片、图像、音频或者程序代码等。文件在存储数据方面有许多优势：可以持久地保存数据、容易备份、跨平台兼容、采用直观的目录形式组织文件。因此，文件仍然是迄今为止最主要的数据存储和管理形式之一。当然，文件也有一些局限性，如不适合大规模数据处理和事务一致性要求高的场景——这种场景下，数据库管理系统是一种更好的选择。本章将详细介绍利用 Python 进行文件管理的相关内容。

### 一、文件命名和文件类型

文件命名是计算机文件管理的一个重要内容，良好的文件命名习惯能够显著提升用户组织和查找文件的效率。文件名由两部分组成：主文件名和扩展名。两者通过"."分隔。其中主文件名是文件名的主体部分，通常由用户自定义，用于描述文件的内容或用途，并与其他文件相区分。例如，在 example.txt 文件中，"example"是主文件名，"txt"是文件扩展名。良好的主文件名通常简洁且遵循命名约定。扩展名根据文件类型对应专属的缩写，用来表示文件的类型或者格式。例如，在 example.txt 文件中，"txt"是扩展名。扩展名的作用是帮助操作系统或用户确定文件的格式并可以处理它的应用程序。例如，在 Jupyter notebook 中编写的 Python 代码的默认扩展名是"ipynb"，这个扩展名意味着需要用 Jupyter notebook 软件进行操作。

根据内容的存储形式，文件可以分为文本文件和二进制文件。一般情况下，如果需要存储和处理的是纯文本的数据，那么文本文件是首选；如果需要存储多媒体形式的数据，则选择二进制文件。

文本文件是一种由特定编码格式的字符组成的文件，其内容通常是可读的文字信息。文本文件中的每个字符由一个或多个字节组成，这些字节按照编码规则表示字符。主流的文本文件编码方案包括 UTF-8 编码、ASCII 编码等。常见的配置文件（.conf）、源代码文件（.py）以及日志文件（.log）都是文本文件。文本文件可以通过文本编辑器（如 Notepad、VS Code）或文字处理软件（如 Microsoft Word）来创建、修改和保存。需要注意的是，文本文件虽然便于阅读和编辑，但其内容需要经过编码和解码才能在计算机中存储和处理。写入文本文件时，字符被编码成字节序列存储；读取文本文件时，字节序列需要通过相应的编码规则解码为字符。

二进制文件是直接以二进制形式存储数据的文件，其内容通常不可直接阅读。所谓"二进制"形式，是指数据直接由一个比特位的"0"和"1"组成的序列，文件内容以字节流的形式存储而不遵循统一的编码规则。通常，二进制文件常用于存储多媒体数据（如图片、音频、视频）或结构化数据（如数据库文件、可执行文件）。二进制文件通过专门的程序进行读取和解析。例如，扩展名为 jpg 的文件需要图像处理程序来打开，而扩展名为 mp4 的文件需要媒体播放器解码播放。

由于文本文件和二进制文件在编码方面的差异,因此读取和处理它们的方式也有区别。在实际应用中,选择正确的读取模式对于确保数据的正确性和完整性至关重要。以下是文本文件和二进制文件读取方法的示例:

```python
# 读取 UTF-8 编码的文本文件
with open('example.txt', 'r', encoding='utf-8') as file:
    content = file.read()
    print(content)

# 读取二进制文件,无须解码,文件内容直接解析为字节数据
with open('example.jpg', 'rb') as file:
    binary_data = file.read()
    print(binary_data[:10])  # 输出前 10 个字节
```

### 二、目录和文件路径

文件和目录是计算机日常管理和操作的重要组成部分。文件是用来组织和管理一组相关数据的基本单位,目录则是用来组织和管理一组相关文件的工具。目录也被称为文件夹,一个目录中可以包含多个文件或其他目录,由此构成了一种多层次的嵌套目录结构。文件可以存放在某个目录中,也可以存放在目录的子目录中。因此,为了准确描述文件的存储位置,就需要使用文件路径。文件路径主要有两种表示方式:绝对路径和相对路径。

(一)绝对路径

绝对路径是从根目录开始的完整路径,它精确地指定了文件或目录的位置,无论当前工作目录是什么,绝对路径始终指向同一个目标。例如,在 Windows 系统中,一个保存在 C 盘 User 目录下 Username 子目录下 Documents 文件夹中的 example.txt 文件,其绝对路径可表示为"C:\User\Username\Documents\example.txt"。绝对路径的特点是完整性和唯一性,它从磁盘符开始,逐层指出文件的存储位置。

(二)相对路径

在理解相对路径之前,首先需要明确工作目录的概念。工作目录是当前正在使用的目录,也被称为当前目录(Current Working Directory)。当用户在执行命令或操作文件时,如果未明确指定文件路径,系统就会默认在当前工作目录下查找目标文件。相对路径是从工作目录或其他已知目录出发的路径,它描述了目标文件或目录相对于当前位置的路径。

假设当前的工作目录是"C:\User\Username\",如果想访问目标文件 example.txt,就可以采用相对路径,表示如下:

工作目录:C:\User\Username\
绝对路径:C:\User\Username\Documents\example.txt
相对路径:Documents\example.txt

如果当前的工作目录是位于访问文件的上两级目录,那么相对路径的表示如下:
工作目录:C:\User\
绝对路径:C:\User\Username\Documents\example.txt
相对路径:.\Username\Documents\example.txt

在目录的基本操作中,有两个比较特殊的路径符号:"."和".."。符号1个点"."表示当前目录,符号2个点".."表示当前目录的父目录。

需要注意的是,不同的操作系统对路径的表示方式有所不同。Windows 系统路径使用反斜杠(\)作为分隔符,类 Unix 系统路径使用正斜杠(/)作为分隔符。由于文件的位置通常是用字符串表示,而反斜杠"\"有特殊含义,是转义字符,因此有些情况下对文件位置的表示需要做一些调整。例如,在 Windows 操作系统中,文件位置如下:
绝对路径:C:\User\Username\Documents\example.txt

其中,反斜杠"\"表示盘符、目录和文件之间的分隔符。但是在 Python 语言的字符串数据类型中,反斜杠"\"是转义序列符,如"\n"表示回车换行。为了还原反斜杠作为分隔符的含义,在字符串中需要写两个连续的反斜杠"\\"。这样,在 Python 语言中,文件的绝对路径用字符串表示如下:

```
"C:\\User\\Username\\Documents\\example.txt"
```

Python 语言还提供了另外一种字符串表示路径的方法,用小写字母"r"表示取消后续字符串中反斜杠"\"的转移作用,如下所示:

```
r " C:\User\Username\Documents\example.txt"
```

### 三、文件操作

文件操作包括文件的打开、关闭、复制、删除和重命名等操作。Python 提供 os 模块和内置的文件处理方法来高效地完成这些任务。

Python 通过内置的 open() 函数来打开文件,并通过调用文件对象的 close() 方法来关闭文件。open() 函数的语法格式如下:

```
file = open(filename, mode, encoding=None)
```

其中:filename 是要打开的文件路径;mode 为文件打开模式,如'r'表示只读,'w'表示写入,'a'表示追加等;encoding 为文本文件的编码方式(如 utf-8 或 gbk)。

复制文件是常见的文件操作之一。Python 提供了 shutil 模块中的 copy() 函数来完成该任务。copy() 函数的语法格式如下:

```
shutil.copy(src, dst)
```

上述 copy() 函数参数的含义是将 src 文件复制到 dst 位置, 如果 dst 是一个目录, 则文件将被复制到该目录下。如果需要复制文件的同时保留其权限等元信息(如权限、修改时间等), 就可以使用 shutil.copy2() 函数。以下示例代码展示了使用 copy() 函数将文件 example.txt 复制为 example_copy.txt。

```
import shutil

shutil.copy('example.txt', 'example_copy.txt')
print('文件复制成功!')
```

使用 os 模块中的 remove() 函数可以删除文件。remove() 函数的语法格式如下:

```
os.remove(filename)
```

filename 参数表示删除指定路径的文件。如果文件不存在, 就会抛出 FileNotFoundError 异常。

使用 os 模块中的 rename() 函数可以重命名文件。rename() 函数用于将 src 文件重命名为 new_src, 它的语法格式如下所示:

```
os.rename(src, new_src)
```

### 四、目录操作

在进行文件读写时, 通常会涉及对文件所在目录的操作。目录操作的常见需求包括获取当前目录、切换到指定目录、新建目录、判断目录是否存在、显示目录内容、判断是目录还是文件、删除目录等。Python 的 os 模块提供了一系列函数来实现这些功能, 本节将详细介绍这些操作。

使用 os.getcwd() 可以获取当前的工作目录。工作目录是程序运行时默认的文件操作路径。以下示例展示了如何获取当前工作目录:

```
import os

current_directory = os.getcwd()
print(f'当前工作目录为: {current_directory}')
```

使用 os.chdir(path)可以将当前工作目录切换到 path 指定的目录。其中,path 参数为目标目录的路径,可以是相对路径,也可以是绝对路径。以下示例展示了如何通过代码切换到"C:\\Users\\Targer_Path";如果路径不存在,就会显示 FileNotFoundError 错误:

```
os.chdir('C:\\Users\\Target_Path')
print(f'已切换到目录：{os.getcwd()}')
```

使用 os.mkdir(path)可以创建一个新的单层目录,使用 os.makedirs(path)可以递归创建多级目录。

```
os.mkdir('new_directory')          # 在当前路径下创建新目录
os.makedirs('parent_directory/child_directory')   # 递归创建多级目录
```

使用 os.path.exists(path)可以判断指定路径是否存在。

```
path = 'test_directory'
if os.path.exists(path):
    print(f'路径"{path}"已存在。')
else:
    print(f'路径"{path}"不存在。')
```

使用 os.path.isdir(path)可以判断路径是否为目录,使用 os.path.isfile(path)可以判断路径是否为文件。它们的返回值均为布尔值,若路径为目录/文件,则返回 True;否则就返回 False。以下示例展示了如何使用这两种方法:

```
if os.path.isdir(path):
    print(f'"{path}"是一个目录。')
elif os.path.isfile(path):
    print(f'"{path}"是一个文件。')
else:
    print(f'"{path}"既不是一个文件，也不是一个目录。')
```

使用 os.listdir(path)可以列出指定路径下的所有文件和子目录,并返回它们的名称。如果没有传入 path 参数,则默认列出当前工作目录的内容。以下示例展示了如何利用该方法输出当前目录中所有的文件和子目录:

```
contents = os.listdir('.')  # 列出当前目录内容
print('当前目录的文件和子目录：')
for item in contents:
    print(item)
```

Python 提供了两种删除目录的方法。使用 os.rmdir(path)对空目录进行删除。针对包含文件和子目录的非空目录,需要使用 shutil.rmtree(path)。以下程序展示了两种方法的用法。需要注意的是,删除目录是不可逆操作,应在操作前进行确认,以避免误删。

```
import shutil

os.rmdir('empty_directory')        # 删除空目录
shutil.rmtree('parent_directory')  # 删除非空目录及其子内容
```

## 第二节　文件操作通用方式

在确定文件的位置后,就可以对文件进行操作。文件的操作包括三个步骤:打开文件、读写文件和关闭文件。

### 一、打开文件

在操作文件之前,必须先打开文件,以便程序获得对该文件的操作权限。如果尝试打开一个不存在的文件,在某些模式下(如写入模式和追加模式),系统就会自动创建一个新文件。当文件被成功打开后,它将处于被占用状态,其他程序此时无法对该文件进行操作。通过文件对象,程序可以执行一系列操作。例如,读取文件内容或向文件中写入数据,这个时刻文件作为一个数据对象存在于内存中。文件操作完成后,应及时关闭文件,以释放对文件的控制权,使文件返回存储状态,这样其他程序才能对其进行操作。

Python 通过内置的 open()函数打开文件,并将其与程序中的一个变量(这里指文件对象)关联起来。open()函数包含两个参数:文件路径字符串和打开模式。使用 open()函数打开文件的语法格式如下:

```
file = open (文件路径字符串, 打开模式)
```

文件路径字符串是用字符串形式表示的文件路径,其可以是绝对路径,也可以是相对路径。如果是相对路径,就需要确保程序运行时的工作目录与对应路径配置一致。打开模式决定如何操作文件,表 7—1 列出了 open()函数常用的打开模式及其功能。

表 7—1　　　　　　　　　　open()函数提供的基本打开模式及其功能

| 文件打开模式 | 文件类型 | 含　义 |
|---|---|---|
| 'r' | 文本文件 | 只读文件。如果文件不存在,则返回异常 FileNotFoundError |
| 'r+' | 文本文件 | 可读可写。如果文件不存在,则返回异常;如果文件存在,则覆盖原文件 |
| 'w' | 文本文件 | 只覆盖写模式。如果文件不存在,则创建文件;如果文件存在,则覆盖原文件 |
| 'w+' | 文本文件 | 可读可写。如果文件不存在,则创建文件;如果文件存在,则覆盖原文件 |
| 'a' | 文本文件 | 追加写模式。如果文件不存在,则创建文件;如果文件存在,则在文件最后追加内容 |
| 'a+' | 文本文件 | 可读可写。如果文件不存在,则创建文件;如果文件存在,则在文件最后追加内容 |
| 'rb' | 二进制文件 | 只读文件。如果文件不存在,则返回异常 FileNotFoundError |
| 'rb+' | 二进制文件 | 可读可写。如果文件不存在,则返回异常;如果文件存在,则覆盖原文件 |
| 'wb' | 二进制文件 | 只覆盖写模式。如果文件不存在,则创建文件;如果文件存在,则覆盖原文件 |
| 'wb+' | 二进制文件 | 可读可写。如果文件不存在,则创建文件;如果文件存在,则覆盖原文件 |
| 'ab' | 二进制文件 | 追加写模式。如果文件不存在则创建文件;如果文件存在,则在文件最后追加内容 |
| 'ab+' | 二进制文件 | 可读可写。如果文件不存在,则创建文件;如果文件存在,则在文件最后追加内容 |

## 二、读文件

文件被成功打开后,可以根据其打开模式对文件执行相应的读写操作。当文件以文本模式打开时,读写操作基于字符串,并遵循当前计算机的默认编码或指定的编码格式。当文件以二进制模式打开时,读写操作则基于字节流。Python 提供了多种文件读取方法,常见的 4 种读取方式如表 7—2 所示。

表 7—2　　　　　　　　　　Python 提供 4 种常见的文件读取方式

| 操作函数 | 含　义 |
|---|---|
| <file>.read(size=-1) | 读取文件的全部内容,返回一个字符串或字节流。如果指定了参数 size,则只读取前 size 个字符或字节。read()函数一次性将文件的全部内容加载到内存中并返回,如果文件内容较大,就可能占用较多内存空间 |
| <file>.readline(size=-1) | 读取文件的当前行,返回字符串或字节流。如果指定了参数 size,则只读取当前行的前 size 个字符或字节。每次调用 readline()都会读取文件中的一行,适合逐行读取文件内容 |

续表

| 操作函数 | 含 义 |
|---|---|
| <file>.readlines(hint=-1) | 读取文件的所有行,并将每行作为一个元素存储到列表中返回。如果指定了参数 hint,则读取前 hint 行。如果文件过大,就可能导致内存占用过多,适合将整个文件内容按行拆分为列表进行操作 |
| <file>.readall() | 一次性读取文件的全部内容。如果文件以文本形式打开,就返回字符串;如果文件以二进制形式打开,就返回字节流。readall()会一次性加载整个文件内容到内存中,因此不适合处理大文件。如果需要读取大文件,则推荐逐行或逐块读取 |

以下程序展示了不同的文件读取方式:

```
# 假设 example.txt 文件的内容包含三行字符串:
the first line
the second line
the third line

# 展示不同的读取方式
with open('example.txt', 'r') as file:
    content_read = file.read()
    print(content_read)
# 使用 read()函数读取得到的输出:
the first line
the second line
the third line

with open('example.txt', 'r') as file:
    content_readline = file.readline()
    print(content_readline)
# 使用 readline()函数读取得到的输出:
the first line

with open('example.txt', 'r') as file:
    content_readlines = file.readlines()
    print(content_readlines)
# 使用 readlines()函数读取得到的输出:
[' the first line.\n', ' the second line.\n', ' the third line.\n']
```

## 三、写文件

在文件操作中,写文件是文件处理的一个重要部分。写文件是指将数据从程序中存储到文件中。这一过程取决于文件的打开模式:当文件以文本模式(如'w'和'a'等)打开时,写入操作基于字符串;当文件以二进制模式(如'wb'和'ab'等)打开时,写入操作基于字节流。Python 提供了多种文件写入方式,其中常见的 3 种写入方式如表 7-3 所示。

表 7—3　　　　　　　　　　　**Python 提供的 3 种与文件写入相关的函数**

| 函数 | 含 义 |
| --- | --- |
| &lt;file&gt;.write(s) | 向文件写入一个字符串或字节流 |
| &lt;file&gt;.writelines(lines) | 将一个元素全为字符串的列表写入文件 |
| &lt;file&gt;.seek(offset, whence) | 改变当前文件操作指针的位置。offset 参数是偏移量，即相对于 whence 参数，指定的位置移动的字节数，whence 默认值为 0。offset 值为 0 表示从文件开头开始计算偏移量，offset 值为 1 表示从当前位置开始计算偏移量，offset 值为 2 表示从文件末尾开始计算偏移量 |

以下示例分别展示这三个方法的具体用法。在文件写入操作中，常用 with 语句来管理文件的打开与关闭。这种方式可以确保在操作完成后，文件能够被正确关闭，即使在写入过程中发生异常也是如此。

write() 函数用于将字符串或字节流写入文件。每次调用 write() 都会将字符串追加到当前文件指针的位置。如果文件不存在，w 模式就会创建新文件；如果文件已存在，文件内容就会被清空。

```
with open('example.txt', 'w', encoding='utf-8') as file:
    file.write("This is the first line.\n")
    file.write("This is the second line.\n")
```

得到的文件内容如下：

```
This is the first line.
This is the second line.
```

writelines() 函数接受一个字符串列表，将其逐行写入文件。该函数不会自动添加换行符，需要手动在字符串中加入'\n'。

```
lines = ["This is the first line.\n",
    "This is the second line.\n",
    "This is the third line.\n"] .

with open('example.txt', 'w', encoding='utf-8') as file:
    file.writelines(lines)
```

得到的文件内容如下：

```
This is the first line.
This is the second line.
This is the third line.
```

seek()函数用于调整文件指针的位置,允许在文件的任意位置写入或读取。在移动指针时一定要注意文件指针的移动不能超出文件的总长度,否则可能导致一些意想不到的结果。因此,获取当前指针的位置信息非常重要,可以使用 os.path.getsize()函数来获取文件的总长度,还可以在文件句柄中使用 tell()函数来获取指针的当前位置。

```
with open('example.txt', 'wb+') as file:
    file.write(b"Hello World!")      # 写入初始内容
    file.seek(6, 0)                  # 将文件指针移动到第 6 个字节
    print("当前指针位置", file.tell())   # 输出当前指针位置
    file.write(b"Python")            # 在指针位置写入新内容
```

得到的文件内容如下:

```
Hello Python!
```

## 四、关闭文件

通过 open()函数打开文件后会返回一个文件对象,该对象提供了一系列方法和属性用于执行各种文件操作。文件打开后,Python 程序会将其加载到内存中,所有读写操作均在内存中完成。在文件被占用的期间,其他应用程序无法对其进行访问。

当读写操作结束后,必须关闭文件以将内存中的数据保存到磁盘(如果有写入操作),释放文件占用的内存资源,以提升程序运行效率,并且允许其他程序访问该文件。文件关闭的操作由 close()方法实现,具体语法格式如下:

```
file.close()
```

使用 close()方法后,文件缓冲区中的数据会被存储到磁盘,文件对象也会被释放。一旦文件被关闭,程序就无法再访问该文件对象的属性和方法。如果需要再次使用该文件,就必须通过 open()函数重新打开文件。值得注意的是,在 Python 中,为确保文件正确关闭,建议使用 with 语句处理文件操作。with 语句会在代码块执行完毕后自动关闭文件,无须显式调用 close()方法。这种方式可以有效避免文件未被及时关闭而导致的资源浪费或文件锁定。使用 open()语句打开文件的示例如下:

```
with open(file_path, mode) as file:
    # 在此处执行文件操作
```

## 第三节　CSV 文件操作

CSV(Comma-separated Values,逗号分隔值)文件是一种常见且被广泛使用的数据交换格式,用于以纯文本的形式存储结构化的表格数据。在 CSV 文件中,每一行代表一条数据记录,每条记录由多个字段组成,字段之间则通过特定的分隔符分隔。顾名思义,CSV 文件中最常用的分隔符是逗号",",根据实际需求,也可以使用其他符号,如分号";"、制表符"\t"等。CSV 文件的优点在于其轻量化和通用性,既可以用简单的文本编辑器(如记事本、写字板)打开,也可以用电子表格软件(如 Excel)进行可视化编辑和操作。运用不同工具打开相同的 CSV 文件时,界面和展示形式会有差异。图 7-1 分别展示了同一个文件 model.csv 通过 Excel 和写字板打开的界面。针对 CSV 文件,Python 通过内置的 csv 模块进行文件的读取和写入。

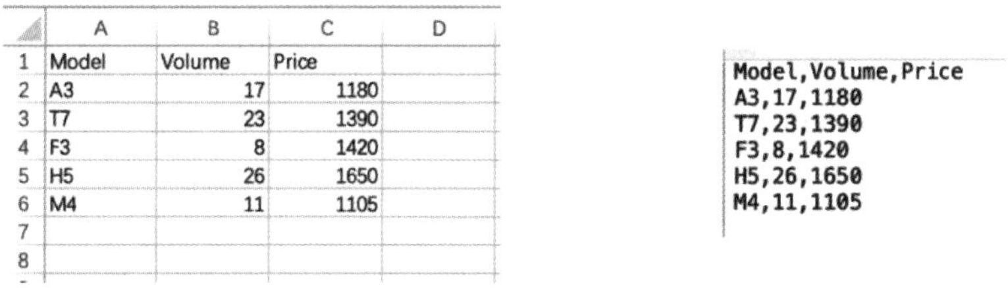

(a)使用 Excel 打开文件　　　　　(b)使用写字板打开文件

图 7-1　使用不同软件打开 model.csv 文件的界面

### 一、打开 CSV 文件

在 Python 中,打开 CSV 文件主要有两种方法:一种是直接使用 open()函数打开文件,另一种是通过 with 语句打开文件。使用 open()函数打开文件时,需要手动调用 close()方法关闭这个文件;否则,文件资源可能会被占用,甚至导致内存泄漏或数据无法正确保存。因此,这种方式在实际使用中稍显烦琐,尤其在处理较多文件时。相比之下,使用 with 语句打开文件避免了这个问题。它不仅简化了代码,而且能在操作完成后自动关闭文件,即使在处理文件过程中发生了异常,也能确保文件资源被正确释放。with 语句的语法格式如下:

```
with open(文件路径字符串, 打开模式) as 文件对象名:
    # 在此执行文件操作语句
```

### 二、reader 对象

要读取 CSV 文件,可以使用 csv 模块的 reader 对象。reader 会将 CSV 文件的每行转换为一个列表。通过遍历 reader 对象,可以逐行读取文件中的数据。以下以读取 model.csv 文件为例来讲解 reader 对象的具体用法。

```python
import csv

# 打开 CSV 文件并创建 reader 对象
with open('model.csv', 'r', encoding='utf-8') as file:
    csv_reader = csv.reader(file)  # 创建 reader 对象

    # 逐行读取文件内容
    for row in csv_reader:
        print(row)  # 每一行是一个列表
```

该示例的输出结果如下：

```
['Model', 'Volume', 'Price']
['A3', '17', '1180']
['T7', '23', '1390']
['F3', '8', '1420']
['H5', '26', '1650']
['M4', '11', '1105']
```

### 三、writer 对象

在写入 CSV 文件时，可以使用 csv 模块的 writer 对象，它为用户提供了两种常用的写入 CSV 内容的函数：writerow()函数和 writerows()函数。writerow()函数用于将单行数据写入 CSV 文件，其接受一个列表或元组作为参数，其中每一个元素代表 CSV 文件中一列的内容。writerows()函数可以一次性写入多行数据，其接收一个由列表组成的列表（二维列表）作为参数，并将其中的每个子列表写入 CSV 文件的每一行。这种方法适用于需要批量写入数据的场景。

无论是用于读取文件的 reader 对象，还是用于写入文件的 writer 对象，它们都将 CSV 文件的每一行视为一个列表来处理。如果需要通过字典结构写入 CSV 文件，csv 模块就提供了 DictWriter 类。DictWriter 类允许以键值对的形式写入 CSV 文件中的数据。为了将读取的每一行转换为字典形式，可以使用 csv 模块中的 DictReader 类。

以下是使用 writer 对象写入 CSV 文件的示例：

```python
import csv

# 待写入的数据列表
data = [
    ['国家', '2019年GDP(亿美元)', '2019年人均GDP(美元)'],
    ['美国', 21433226, 65112],
    ['中国', 14342903, 10261],
    ['日本', 5081770, 40259]]
```

```python
# 打开 CSV 文件
with open('GDP.csv', 'w', newline='', encoding = 'gbk') as csvfile:
    csv_writer = csv.writer(csvfile)
    # 写入数据
    for row in data:
        csv_writer.writerow(row)

with open('GDP.csv', 'r', newline='', encoding= 'gbk') as csvfile:
    reader = csv.reader(csvfile)
    for row in reader:
        print(row)
```

该程序示例的输出结果如下：

```
['国家', '2019年GDP(亿美元)', '2019年人均GDP(美元)']
['美国', '21433226', '65112']
['中国', '14342903', '10261']
['日本', '5081770', '40259']
```

## 第四节 JSON 数据的读取

JSON(Java Script Object Notation)是一种轻量级的数据交换格式，是一种完全独立于编程语言的文本格式，常用于存储和传输数据。JSON 采用键值对结构描述数据，每个键值对之间用逗号分隔，整个数据以大括号"{}"包裹表示一个对象，或者以中括号"[]"包裹表示一个数组。键必须是字符串类型，值可以是字符串、数字、布尔值、数组、对象(嵌套的键值对集合)以及 null。在 JSON 中，字符串必须用双引号("")括起来。JSON 本质上可以被理解为带有特定格式的字符串。典型的 JSON 数据格式如下：

```
# 写法一：
[{"name":"林冲","score":98},{"name":"关胜","score":97},{"name":"董平","score":95}]
# 写法二：
{"name":"武松","score":90}
```

在 Python 语言中，json 库是处理 JSON 格式的 Python 标准库，导入方式如下：

```
import json
```

json 库主要包括两类函数:操作类函数和解析类函数。操作类函数主要完成外部 JSON 格式和程序内部数据类型之间的转化功能,解析类函数主要用于解析键值对内容。使用 json 库时需要注意 JSON 格式的"对象"和"数组"概念与 Python 语言中"字典"和"列表"的区别和联系。一般而言,JSON 格式的对象被 json 库解析为字典,JSON 格式的数组被 json 库解析为列表。json 库的常见函数如表 7-4 所示。

表 7-4　　　　　　　　　　　json 库主要函数

| 函数名称 | 功能描述 |
| --- | --- |
| json.loads() | 将 JSON 格式的字符串解析成 Python 对象(如字典或列表) |
| json.dumps() | 将 Python 对象(如字典或列表)转换成 JSON 格式的字符串 |
| json.load() | 从文件中读取 JSON 格式的数据,并解析成 Python 对象 |
| json.dump() | 将 Python 对象转换成 JSON 格式的数据,并写入文件 |
| json.JSONDecoder() | 创建一个 JSON 解码器对象,用于解析 JSON 字符串[直接使用 json.loads() 更常见] |
| json.JSONEncoder() | 创建一个 JSON 编码器对象,用于将 Python 对象转换成 JSON 字符串[直接使用 json.dumps() 更常见] |
| json.JSONDecoderError | 异常类,用于处理 JSON 解码时发生的错误 |

JSON 数据的读写操作主要包括两个过程:编码(Encoding)和解码(Decoding)。编码是将 Python 数据类型变成 JSON 格式的过程,解码是从 JSON 格式中解析数据对应到 Python 数据类型的过程。也可以把编码和解码理解为数据序列化和反序列化的过程。[①] 在 JSON 的函数中,json.dumps() 函数和 json.loads() 函数分别对应最典型的编码功能和解码功能。JSON 数据可以是嵌套的,Python 会将其解析为嵌套的字典或者列表。

【例 7-1】 将嵌套的 JSON 数据解码为 Python 数据格式。

```
# 7.1 JSON 数据转化为 Python 数据类型
import json

json_string = '''
{
    "name": "林冲",
    "age": 40,
    "address": {
        "street": "水泊梁山",
        "city": "山东省济宁市",
        "zip": "272600"
```

---

[①] 序列化是指将对象数据类型转换为可以存储或网络传输格式的过程,传输格式一般为 JSON 或 XML。反序列化是指将存储状态的 JSON 或 XML 格式读出并重建对象的过程。JSON 序列化和反序列化的过程分别对应编码和解码。

```
    },
    "hobbies": ["武术", "骑马", "喝酒"]
}
'''

data = json.loads(json_string)
print(data)    # 输出解析后的数据
print(data["address"]["street"])    # 访问嵌套字段,输出 水泊梁山
print(data["hobbies"][1])    # 访问列表中的元素,输出 骑马
```

还可以将 Python 对象写入 JSON 文件中,如例 7-2 所示。

【例 7-2】 将数据存储在 JSON 文件中。

```
# 7.2 JSON 数据存储
import json

data = {
    "name": "林冲",
    "age": 40,
    "address": "水泊梁山"
}

with open('output.json', 'w') as file:
    json.dump(data, file, indent=4)    # indent 参数用于格式化输出

with open('output.json', 'r') as file:
    data1 = json.load(file)
    print(data1) #输出 {'name': '林冲', 'age': 40, 'address': '水泊梁山'}
```

## 第五节 异常与断言

### 一、异常的概念

在利用 Python 语言编写程序的过程中,我们经常会遇到各种错误,这些错误可能会导致程序无法正常运行。如果不对这些情况进行适当处理,程序就可能直接崩溃,从而影响用户体验。通过了解程序可能出现异常的地方,提前采取预防措施,可以显著提高程序的稳健性与容错性,从而使程序更加可靠。

异常指的是在程序语法正确的情况下,程序在运行过程中基于某种原因而发生错误,导致程序的正常执行被中断。与普通错误不同,异常通常可以通过合理的处理逻辑加以应对,从而

避免程序崩溃。在 Python 中,异常是用特定的对象表示,每种异常都对应一个特定的异常类,这些类定义了不同类型的错误,常见的包括 ZeroDivisionError(试图用零作为除数时引发的异常)、IOError(输入/输出操作失败时引发的异常)、IndexError(尝试访问超出序列范围的索引时引发的异常)、NameError(尝试使用未声明或未定义的变量时引发的异常)等。

在编程过程中,通常会遇到三种主要错误类型:语法错误、运行时错误和逻辑错误。语法错误是指程序代码不符合 Python 的语法规则。这种错误通常会在程序执行前被解释器检测到,因此程序无法启动。语法错误发生在程序编译阶段,错误通常由拼写、格式或缺少关键元素(如括号、冒号等)引起。运行时错误是指程序在运行过程中,由于某些无法预测的情况导致的错误。这些错误会中断程序的执行,但它们通常可以通过异常处理机制来捕获和应对。它们发生在程序运行期间,通常由无效的输入、外部资源问题(如文件不存在)或非法操作(如除以零)引起。逻辑错误是程序的代码逻辑存在问题,导致程序运行结果不符合预期。与语法错误和运行时错误不同,逻辑错误不会中断程序的运行,但程序的输出结果与设计目标不一致。它发生在程序运行期间,通常需要通过测试和调试来发现。以下是三种错误的简单示例以及报错信息:

```
prin("Hello, world!")   # "print"拼写错误
# 报错信息: NameError: name 'prin' is not defined

print(10 / 0)   # 尝试除以零,产生 ZeroDivisionError
# 报错信息: ZeroDivisionError: division by zero

def multiply(a, b):
    return a + b   # 逻辑错误: 这里应该使用 a * b
```

## 二、异常处理

在程序运行过程中,异常的发生会立刻终止程序的执行,从而无法完成原定的功能。然而,如果在异常发生时能够及时捕获并妥善处理,就可以避免程序因错误而中断,进而实现对异常的控制,确保程序的正常执行。Python 提供了强大的异常处理机制,能够帮助开发者编写出应对意外情况和错误的程序。

在 Python 中,异常处理主要通过 try-except 语句实现。如果 try 块中的代码引发了异常,程序就会立即跳转到与异常类型匹配的 except 块中执行代码;如果 try 块中没有引发任何异常,则会执行 else 块中的代码。异常处理的基本语法格式如下:

```
try:
        <语句块 1># 尝试执行的代码
except <异常类型>:
        <语句块 2># 捕获指定异常时执行的代码
else:
        <语句块 3># 未发生异常时执行的代码
```

try-except 语句还可以支持多个 except 块。在这种情况下，可以针对不同类型的异常提供不同的处理方式。以下为其语法格式：

```
try:
        <语句块 1>
except <异常类型 1>:
        <语句块 2>
…
except <异常类型 n>:
        <语句块 n+1>
except:
        <语句块 n+2>
```

其中，except<异常类型>后的语句块只处理特定类型的异常，最后一个没有指定异常类型的 except 块用于捕获所有未明确处理的其他异常，这是一种通用的异常处理方式。

除了 try 和 except，Python 的异常处理机制还可以结合 else 和 finally 保留字配合使用，具体语法格式如下：

```
try:
        <语句块 1>
except <异常类型 1>:
        <语句块 2>
else:
        <语句块 3> # 在未发生异常时执行
finally:
        <语句块 4> # 无论是否发生异常，都会执行
```

当 try 中的语句块 1 正常执行完成且未发生异常时，else 中的语句块 3 执行。这通常被用于对 try 块的成功运行进行后续处理。无论 try 块中的代码是否发生异常，finally 块都会执行。这适用于程序需要执行某些清理操作的场景，如释放资源、关闭文件等。

以下是一个简单的示例程序，用于从键盘输入两个数 a 和 b，计算 a 除以 b 的结果并输出，使用 ZeroDivisionError 异常的捕获和处理：

```
try:
        a = int(input("a="))
        b = int(input("b="))
        c = a / b
except ZeroDivisionError:
        print("除数不能为 0")
else:
        print("计算结果为",c)
```

如果键盘输入 b 为 0,程序就会捕获该异常并输出提示信息"除数不能为 0"。

```
a = 5
b = 0
除数不能为 0
```

如果键盘输入 b 非 0,则程序没有触发异常,正常执行 try 块和 else 块中的代码,顺利输出 a 和 b 相除的结果。

```
a = 10
b = 2
计算结果为 5
```

## 三、断言

断言(Assert)是 Python 提供的一种调试辅助工具,用于在代码中检查某些条件是否成立(是否为真)。通过在代码运行时插入断言,可以在开发过程中快速捕捉逻辑错误和异常状态,从而提高程序的可靠性。如果断言条件为真,程序就会继续运行;如果断言条件为假,Python 就会抛出一个 AssertionError 异常,并终止程序的运行(除非捕获了异常)。断言成为一种在程序中检测错误和超预期状态的便捷方式。

断言的语法基本形式如下,其中,<表达式>为需要检查的条件,如果该条件为 False,程序就会抛出一个 AssertionError 异常;<可选的错误信息>为当断言失败时可以显示的附加说明,以帮助开发者更快定位问题:

```
assert <表达式>, <可选的错误消息>
```

以下是一个检查变量 x 是否为正数的例子。如果 x 为非正数,则程序抛出异常:

```
x = -5
assert x > 0, "x 必须是正数"
```

执行上述代码时,Python 会抛出异常,并显示以下消息:

```
AssertionError: x 必须是正数
```

## 第六节　标准输入、输出和错误流

在计算机编程中，标准输入流、标准输出流和标准错误流是操作系统提供的三种默认数据流，用于在程序与外部环境之间传递数据。标准输入流用于从外部（如键盘或输入文件）向程序输入数据；标准输出流用于将程序的正常输出内容打印到终端（或指定的输出目标）；标准错误流用于输出程序的错误消息或异常信息，通常也显示在终端，但与标准输出是分开的。Python 提供了对这三种数据流的支持，并允许对它们进行读取、写入和重定向操作。

在 Python 中，这三种标准流由 sys 模块提供，分别对应三个文件对象：sys.stdin 表示标准输入流的文件对象；sys.stdout 表示标准输出流的文件对象；sys.stderr 表示标准错误流的文件对象。

sys.stdin 是一个可读的文件对象，通常用于从用户的键盘输入获取数据，可以使用该文件对象提供的方法如 read() 或者 readline() 读取输入流。以下程序展示如何通过 sys.stdin.readline() 读取用户输入的单行内容，以及如何通过 sys.stdin.read() 读取准输入流中的全部内容，这个方法适用于需要处理多行数据的场景：

```python
import sys

print("请输入一段文本:")
line = sys.stdin.readline()
print(f"你输入的内容是：{line}")

print("请输入多行内容，按 Ctrl+D (Linux/Mac) 或 Ctrl+Z (Windows) 结束输入:")
content = sys.stdin.read()
print("你输入的内容是:")
print(content)
```

sys.stdout 是一个可写的文件对象，在默认情况下，它会将程序的正常输出内容打印到终端。通常我们会使用 print() 函数来实现标准输出，但实际上，print() 是 sys.stdout 的封装。sys.stdout.write() 与 print() 的区别在于，print() 会自动添加换行符，而 sys.stdout.write() 不会。

```python
import sys

sys.stdout.write("这是直接使用 sys.stdout 写入的内容\n")
print("这是通过 print 函数输出的内容")
```

sys.stderr 是另一个可写的文件对象，专门用于输出程序的错误信息或调试信息。在默认情况下，它也会将内容输出到终端，但与标准输出流 sys.stdout 分开，便于区分正常输出和错误信息。标准错误流的输出不会受到标准输出流重定向的影响,因而它非常适合用于记录错误日志。

```
import sys

sys.stderr.write("这是标准错误流中的一条错误信息\n")
```

流重定向是将标准输入、输出或错误流的目标更改为其他位置(如文件或自定义对象)。Python 支持通过直接修改流文件对象来实现重定向。以下程序展示如何将标准输出内容写入文件而不是终端:

```
import sys

# 打开文件用于写入
with open("output.txt", "w") as f:
    # 重定向 sys.stdout 到文件
    sys.stdout = f
    print("这是一条输出内容,会被写入文件 output.txt 中")
    sys.stdout.write("这也是一条输出内容\n")

# 恢复标准输出到终端
sys.stdout = sys.__stdout__
print("标准输出已恢复到终端")
```

我们也可以将标准输入流重定向到文件,这样程序的输入会来自文件而非键盘输入。

```
import sys

with open("input.txt", "r") as f:
    sys.stdin = f
    line = input()   # input() 会从 input.txt 文件读取内容
    print(f"从文件中读取的内容是: {line}")

sys.stdin = sys.__stdin__   # 恢复标准输入
```

通过灵活运用标准输入、输出和错误流,程序可以在与用户或文件交互时实现更高级的数据管理功能。

## 本章小结

本章重点介绍了 Python 中关于文件的处理以及异常处理机制,具体内容如下:
(1)Python 能够以文本和二进制两种方式处理文件。

(2)Python通过open()函数打开文件,并在完成文件操作后使用close()函数来释放文件的使用授权。

(3)使用read()、readline()、readlines()、write()和writelines()方法能够进行高效的文件内容处理。

(4)Python借助csv模块读取和写入CSV格式的文件,使用reader和writer对象简化操作。

(5)try-except块用于捕获和处理程序中出现的异常。

(6)借助assert语句作为调试辅助,检查代码中的预期条件是否满足,并在不满足时及时抛出异常。

## 课后习题

1. 给定一个文本文件example.txt,请完成以下操作:
(1)以只读模式打开文件并打印其内容。
(2)向文件末尾追加一行新内容"Python is fun!"。
(3)再次打开此文件,计算文件中单词的总数。

2. 假设有一个CSV文件students.csv,其中包含的学生姓名和成绩如下:

Name,Grade

Alice,A

Bob,B

Caroline,A

请完成以下任务:
(1)使用Python读取CSV文件的内容,并打印每一行。
(2)向CSV文件中添加一条新的学生记录"David,C"。
(3)将Bob的成绩更新为"B+"。

3. 请编写一段Python代码,演示如何捕获并处理FileNotFoundError异常。

4. 设计一个场景并使用assert语句来防止该场景中的潜在错误。

# 第八章
# 面向对象编程

## 全章提要

- 第一节　面向对象编程概述
- 第二节　Python 中的面向对象
- 第三节　类成员的可见性
- 第四节　类的方法
- 第五节　类的继承和多态

本章小结
课后习题

## 第一节　面向对象编程概述

### 一、面向对象编程的含义

程序设计是基于一种抽象机制进行问题求解,要求编程人员以机器世界中的数据结构去模拟现实世界中的问题,建立机器世界的问题模型,并将"机器空间"与"问题空间"进行关联和映射。由于机器世界的问题模型与现实世界中的问题存在的结构有本质的差异,因此两种不同结构空间的映射往往比较复杂,导致程序编写与维护都存在很大困难,从而迫使人们专门研究程序设计方法来解决这一问题。

学习面向对象编程,必须先了解这种编程思想的演化过程,也就一定要先阐述与之相对应的编程思想——面向过程编程(Procedure Oriented Programming,POP)。面向过程编程是一种以过程为中心的编程思想,核心是算法和数据结构。首先分析出解决问题所需要的步骤,然后编写程序(函数)把这些步骤按顺序实现,依次调用这些程序(函数)就可以达到目的。面向过程编程的程序调用如图8-1所示。

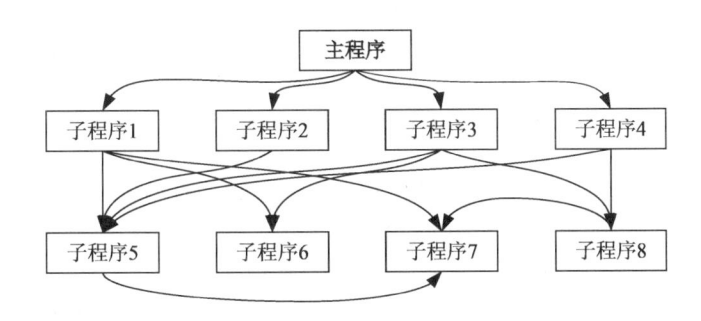

图8-1　POP中程序调用示意图

面向对象编程(Object Oriented Programming,OOP)在基于问题的求解方法上前进了一大步,它是以对象功能来划分问题而不是步骤。OOP是把事务抽象出一个个对象,在程序中建立对象并通过对象之间的互操作机制使问题得以解决。在面向对象的程序开发思想中,每一个对象都是功能中心,具有明确的功能。OOP的编程思想更接近现实世界,从而使程序易于编写和维护。当然,在面向对象方法的具体实现中也包含面向过程的思想。POP和OOP两种编程思想如图8-2所示。

与面向过程编程不同,面向对象编程通过将数据和行为按格式放入类中,并通过类中的数据和行为来操纵对象,以期获得更高的代码效率和代码安全性。这个过程就被称为封装(Encapsulation)。面向对象程序设计推广了程序的灵活性和可维护性,并且在大型项目设计中被广泛应用。此外,面向对象程序设计更加便于学习、分析和理解。所以,面向对象不仅是指一种程序设计方法,更是指一种程序开发方式。

回顾程序设计语言发展的历史,面向过程的程序设计是在20世纪60年代末为了应对

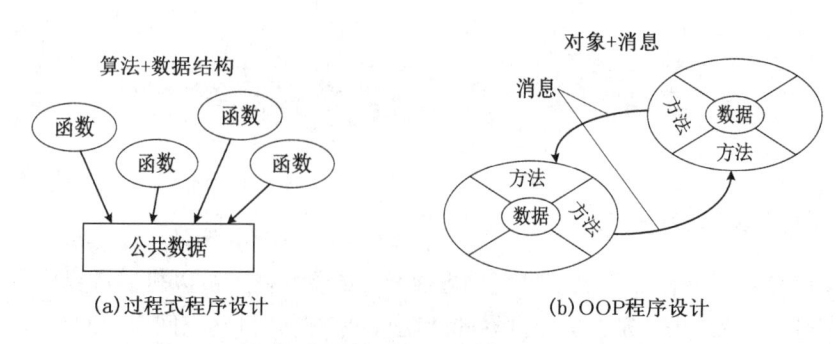

图 8—2　面向过程编程和面向对象编程方法的示意图

软件危机,模仿当时比较成熟的工程化生产而提出一种方法。它面向过程,自上而下,逐步地分解问题,将一个大问题分解成若干个小问题,将小问题再分解成多个更小的问题,直到底层的问题足够简单,容易解决。而面向对象的程序设计是以对象为中心,把数据封装在对象内部成为对象的属性,把面向过程的函数转换为对象的行为方法。两者发展的历史和特点各有不同。

随着计算机语言的发展,当前的主流开发语言大多既支持面向对象的程序设计又支持面向过程的程序设计,Python 就是其中的翘楚。

艾伦·凯(Alan Kay)总结出面向对象编程语言的 5 个基本特征,通过这些特征可以深入理解面向对象程序设计方法的内涵。

(1)程序中的所有事物都是对象。可以将对象想象成一种新类型的变量,它保存着数据,对外提供服务,对自己的数据进行操作。

(2)程序是一系列对象的组合。对象之间通过消息传递机制组合起来,相互调用彼此的方法,以实现程序的复杂功能。

(3)每个对象都有自己的存储空间,可以容纳其他对象。利用封装机制,可以以现有对象为基础构造新的对象。因此,虽然对象的概念很简单,但程序中可以实现任意复杂度的对象。

(4)每个对象都有一种类型。每个对象都是某个类的一个实例,其中,类(Class)是类型(Type)的同义词。类最主要的特征是对外接口。

(5)同一类型的所有对象都能够接收相同的消息。子类与父类具有"同一类型",即子类对象与父类对象是同类对象,所以子类对象可以接收父类对象的消息。这意味着,在程序中可以统一操纵父类体系(包括父类及其所有子类),这就是面向对象程序语言的多态性。

上述对面向对象编程语言基本特征的分析实际上指出了面向对象方法的核心概念:对象、类、封装、继承和多态。

## 二、对象与类

对象是面向对象方法中的核心概念,也是理解面向对象技术的关键。在现实生活中存在着很多对象,如电视机、自行车等。现实世界中的对象有两个特征:状态和行为。面向对象程序设计中的对象是以现实世界的对象为模型构造的,具有状态和行为,其中,状态保存在一组变量中,行为则通过方法实现。因此,面向对象程序设计中的对象就是由变量和相关方法组成的特殊程序结构。可以用面向对象程序设计中的对象表示现实世界中的对象,也可以表达抽象的概念。

对象有自己专用的变量,这些变量的值反映了对象的状态,如每辆自行车(可换挡自行车)都具有的车轮数量、齿轮数量、前后齿轮配对值、当前挡位等。对象经过某种操作和行为改变状态时,对应的变量值也要改变,通过检查对象变量的值,就可以了解对象的状态。对象有自己的行为,行为又被称为对象的操作。操作的作用是设置或改变对象的状态。例如,自行车具有刹车、加速、减速、换挡等操作,这些操作将改变自行车的前后齿轮配对值、当前挡位等变量的值。

一方面,对象的行为把对象的内部变量包裹、保护起来,使得只有对象自己的行为才能操作这些内部变量;另一方面,对象的行为是对象与外部环境和其他对象交互、通信的接口,外界对象通过这些接口驱动对象执行指定的行为,提供相应的服务。对象的状态与行为之间的关系如图 8-3 所示。

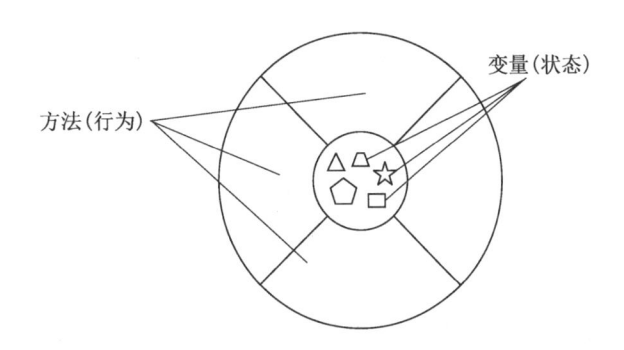

**图 8-3 对象的结构示意图**

在面向对象的方法中,对象是现实世界的实体或概念在计算机世界中的抽象表示,是具有唯一对象名、固定对外接口的一组变量/属性和方法的集合,是用来模拟组成或影响现实世界问题的一个或一组因素,其中,对象名是某一对象区别于其他对象的标志,对象对外接口是对象与外界通信的通道,对象的变量/属性表示它所处的状态,对象的操作用来实现对象的特定行为或功能并改变对象的状态。

对象是集数据和对数据操作的独立的自包含的逻辑单位。面向对象的问题求解思想,就是从实际问题中抽象出各种对象,通过定义对象的变量和操作来表达其特征和功能,通过定义接口来描述其与其他对象之间的关系,最终形成广泛联系的、可扩充的、反映问题本质结构的动态对象模型。

单个对象能够实现的功能是有限的,应用程序往往包含很多对象,通过这些对象之间的相互作用,程序可以实现更高级、更复杂的功能。自行车在生产中,只是合金和橡胶的组合体,不能产生任何行为,只有人(另一个对象)踩着踏板骑上它,才能发挥它的作用。对象之间是通过发送消息进行交互和通信的。当对象 A 需要对象 B 执行其某个方法时,A 向 B 发送一条消息。图 8-4 展示了对象"人"通过向对象"自行车"发送 changeGears 消息来实现交互的过程。同时,为了能够让 B 精确完成指定的动作,需要将一些细节信息作为消息参数一起发往对象 B。因此,一条消息由 3 部分构成:消息所属的对象、消息名称和消息所需的参数。

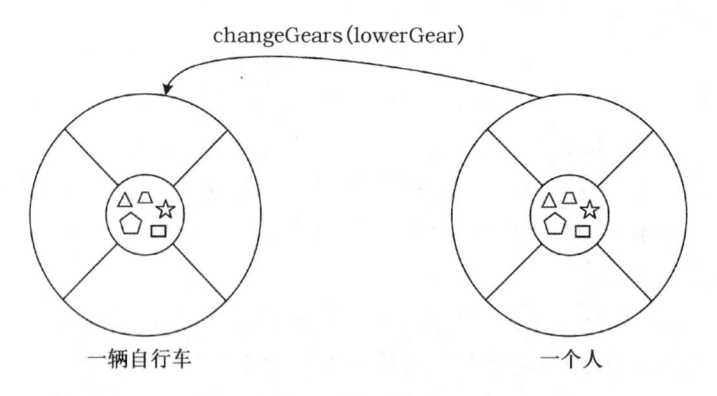

图 8—4 对象之间的消息传递示意图

基于消息机制实现对象的互操作主要有如下两点好处:一是一个对象的行为是以方法表达的,消息传递机制可以支持对象间所有可能的互操作;二是通过消息传递机制不要求互操作的对象在同一个进程甚至在同一台机器上,因此,这种对象互操作机制也是分布式对象互操作的基础。

现实世界中的所有对象都归属于某种对象类型。同一类型的对象具有共同的特征与行为。例如,很多人有自行车,你的自行车就是"自行车"这类交通工具中的一个实例。自行车都有相同的属性,如两个轮子、前后齿轮配对值等,也有共同的行为,如刹车等。每辆自行车的状态都是独立的并且可能与其他自行车的状态不同。对象类型就是同种类型对象的集合与抽象。

对象类型的概念在第一个面向对象语言 Simula-67 中得到直接运用。因为对象类型在英语中被称为 Class of Object,所以采用 class——"类"这个关键字进行对象类型的定义。使用 class 定义的类在程序中被称为一种抽象数据类型,它是面向对象程序设计语言的基本概念。一个类在定义后,就可以像使用其他数据类型一样,声明该类的变量并创建该变量所指向的对象,然后通过该变量调用对象的方法来实现对象的操作。

对象的创建是以所属的类为模板的,在面向对象的程序语言中,类是一种模板或原型,它定义了某种类型所有对象都具有的变量和方法。类的结构如图 8—5 所示。

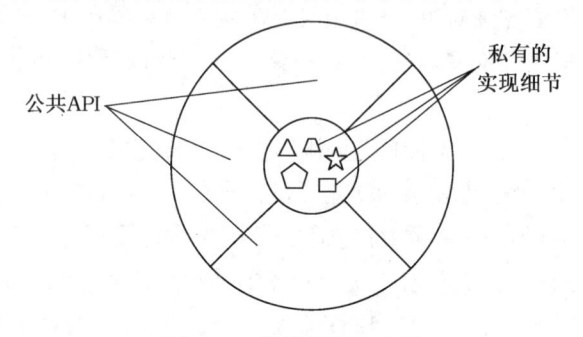

图 8—5 类的结构示意图

在编程语言中引入类的概念,并且随着类的引入进而引入对象、属性、方法、继承、封装、多态等一系列所谓的"面向对象"的编程方法彻底改变了程序员理解问题、分析问题、问题建模、语言编程等基本思考模式。"面向对象"是指在分析、建模和编程的各个阶段都使用类和对象这一整套概念来实现思考问题和代码编写。

### 三、封装与数据隐藏

在 Python 语言对象的内部结构中,对象的变量和实现细节共同构成对象的内核,对象的方法则包裹住这些内核,形成一个保护层,避免对象的内部细节被外界直接访问。这种对内核的保护机制被称为"封装"。通过封装,对象的变量和实现被隐藏起来,外界无法直接访问。外界只能通过对象公开的接口(方法)与对象交互。"公共 API"是指对象对外提供的接口,由对象的方法组成,其他对象通过这些接口向对象发送消息,请求服务。封装使得对象对于外部用户来说,就像一个提供服务的"黑盒子",外部用户无须了解其内部实现。封装的一个重要优势在于,当对象的对外接口保持不变时,即使修改或扩展了对象的变量和实现,使用对象服务的程序也无须改变。这种特性为系统的扩展性和维护性提供了保证。

从封装的定义可以认识到,对象中的数据封装同时实现了对象的数据隐藏。对象的这种结构是对象的理想结构,也是面向对象的系统设计人员追求的目标。但在实际系统中并非如此,对象可能需要暴露一些变量或隐藏它的一些方法。数据隐藏是通过对对象成员的访问控制实现的。在 Python 语言中常见的 4 种不同层次的访问控制,即公共变量(Public Attributes)、受保护的变量(Protected Attributes)、私有变量(Private Attributes)和特殊变量(Special Attributes)实现了对象 4 种不同程度的数据隐藏。需要补充的是,即使是私有变量,Python 中的访问控制也不是强制的,而是基于一种约定和轻量级的障碍。通过直接访问或者特定的方法,仍然可以访问被认为是私有的成员。因此,与其说 Python 中的访问控制是基于权限,不如说是基于信任和约定。

通过封装和数据隐藏机制,将与一个对象相关的变量和方法封装为一个独立的软件体。封装虽然简单,但具有如下重要意义:

(1)模块化:模块化使得对象的代码能够形成独立的整体,单独实现与维护,并能够在系统内方便地进行传递。

(2)保证对象数据的一致性并易于维护:对象有一个公共接口,其他对象可以利用这个接口与该对象通信。对象的变量通过对象的接口进行封装,以实现隐藏。这使得对象的私有信息被有效保护起来,防止外界对对象私有信息的修改,保证了信息的一致性。另外,开发者可以随时改变对象的私有数据和方法,而不会影响调用对象接口的其他程序。

### 四、继承

现实世界中,对象之间主要存在三种关系:包含、关联和继承。

当对象 A 是对象 B 的一个组成部分时,称对象 B 包含对象 A。例如,每个汽车中都包含一个发动机。在程序中,汽车对象与发动机对象之间就是包含关系,或称 has-a,如 a car has a engine。被包含对象将被保存在包含它的对象的内部。例如,发动机对象被保存在汽车对象的内部,作为汽车对象的一个组成部分。像这样利用一个已有对象构造另一个对象,在面向对象的程序语言中被称为合成(Composition),是代码重用的一种重要方式。

当对象 A 中需要保存对象 B 的一个引用而不是对象 B 本身时,称对象 A 和对象 B 之间是关联关系。此时表示对象 B 表达对象 A 的某种属性,但不是对象 A 的一个组成部分。例如,汽车与汽车制造厂家之间就是一种关联关系,在汽车对象中有一个引用指向汽车对象之外的另一个对象——汽车制造厂家。

当对象 A 是对象 B 的特例时,称对象 A 继承了对象 B。例如,山地车是自行车的一种特例,赛车也是自行车的一种特例,则程序中山地车对象和赛车对象都将继承自行车对象。

在对象的上述三种关系中,继承关系是最重要的一种,它是面向对象程序设计语言的主要特征之一,也是面向对象多态性的基础。下面重点介绍面向对象程序设计语言中继承的含义与作用。

如果一个类 A 是另一个类 B 的特例,或类 A 和类 B 之间存在 is-a 关系,则类 A 将成为类 B 的子类,类 B 被称为类 A 的父类。例如,山地车与自行车,可以说"山地车是一种自行车",则山地车、赛车等都是自行车的子类,它们之间的关系如图 8—6 所示。因此,在测试类之间是否存在父子类关系时,可以通过体会 a A is a B 是否符合语义或事实来判断。

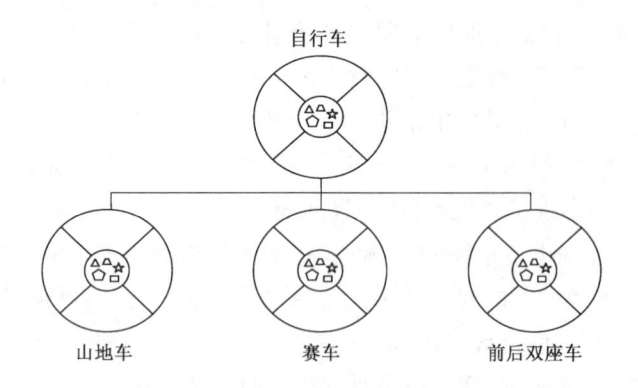

图 8—6 类之间的继承关系

父类与子类之间具有继承关系,子类可以以父类为基础进行定义,即每个子类都继承了其父类的属性(变量)和方法(行为),子类重用了父类中的这部分代码。更重要的是,子类继承并具有父类的接口,使得发送给父类对象的消息可以同样发送给子类对象,子类对象可以作为父类对象使用。因为我们一般由类能够接收的消息来了解一个类的类型,所以这意味着子类与父类具有"相同的"类型。这种通过类之间的继承关系而得到的类型的等价性是理解面向对象程序设计含义的关键之一。

子类与父类的差异主要体现在两个方面:一方面,子类往往对父类进行扩充,增加新的变量和方法;另一方面,子类可以改变从父类继承而来的方法,这被称为方法的重写(Overriding)。重写意味着子类使用与父类相同的接口,但实现不同的行为。

## 五、多态

面向对象的"多态"特征,简言之就是"对外一个接口,内部多种实现"。面向对象程序设计语言支持两种形式的多态：运行时多态和编译时多态。编译时多态主要是通过重载(Overloading)技术实现的，即在一个类中相同的方法名可用来定义多种不同的方法。运行时，多态是在面向对象继承性的基础上建立的，是运行时动态产生的多态性，是面向对象的重要特性之一，也是比较难以理解的特性。下面主要对运行时多态的概念进行介绍。

在上文中介绍类之间的继承关系时，我们曾提到：子类与父类具有类型的"等价性"，子类对象可以视作父类对象。这种把子类当作父类处理的过程叫作上塑造型(Upcasting)。因为在类的继承体系图中，一般是子类在父类的下面，根类在继承类体系的顶部，所以上溯造型的含义是子类沿着类继承体系向上，将其类型塑造为父类类型。在图8-7所示的例子中，Circle、Square和Triangle都是Shape的子类，它们都可以通过上溯造型使其类型对外呈现其父类Shape的类型。

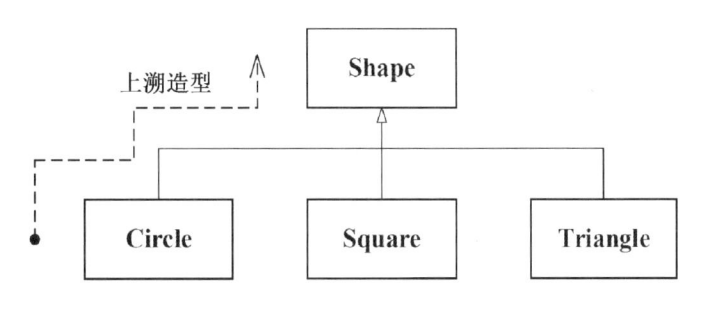

图 8-7 子类的上溯造型

上溯造型技术是面向对象程序实现多态的关键技术之一。由于子类的对象可以作为父类的对象使用,因此我们对整个类的体系中的所有类采取一致的接口(顶层父类或基础类的接口)进行访问。这意味着对一个类体系中对象的访问,只需编写单一的代码。这些代码将不涉及类体系中各个子类的信息,只调用基础类的接口。而当程序运行时,会根据运行时刻基础类对象的具体类型(子类类型)调用该子类对象中相应的接口来实现。由于一个基础类可能有很多子类,上述模式体现了"对外一个接口,内部多种实现"的特点,因此被称为多态。

## 第二节　Python 中的面向对象

Python 是一门完全面向对象的编程语言。在 Python 的世界里,一切都是对象,包括各种值类型的对象、序列类型的对象、函数以及模块等。

### 一、对象

每个对象都可以有多个变量名,但只有唯一的整数值身份号(Identity),可以使用内置函数 id()来查看对象的身份号。一个对象一旦被创建,身份号就保持不变。Python 采用引用计数技术自动管理对象所占用内存的回收,一般来说,用户不需要关注该过程。可以用 is 操作符检查两个对象是不是同一个对象,也就是两者的身份号是否相等。如果对象所包含的值不能改变,则被称为"不可变对象";反之,如果所包含的值可以改变,则被称为"可变对象"。前面章节介绍过的 int、float 等数字类型的值都是不可变对象,而列表、集合等的值都是可变对象。当可变对象有多个引用名时,通过一个引用名对对象的修改,对另一个引用而言也是可见的,因为它们操作的是同一个对象。举例如下:

```
# 不可变对象
a = 10
b = a
print(a is b)   # a 和 b 引用了同一个对象 # 输出: True
print(id(a), id(b)) # 查看 a 和 b 的身份号,两者相同

a = 20 # 修改 a 的值,a 引用了新的对象
print(a is b) # 此时 a 和 b 不再是同一个对象,输出: False

# 可变对象示例
list1 = [1, 2, 3]
list2 = list1 # list2 是对 list1 的引用
print(list1 is list2) # list1 和 list2 引用了同一个对象,输出: True

list1.append(4)
print(list2) # 修改 list1,能通过 list2 看到变化,输出: [1, 2, 3, 4]

print(id(list1), id(list2)) # 输出: (id_of_list1) (id_of_list2),两者身份号相同
```

对于一个给定的对象,可以用"."运算符调用其属性或方法,使用内置函数 dir() 可以查看对象所支持的所有属性与方法,该函数将对象的所有属性名和方法名以一个列表的形式返回。举例如下:

```
x = None          # 使用关键字 None 表示空对象
print(x) # 输出: None
list1 = [1, 2, 3, 4]
list1.append(5)# 使用"."运算符调用 append 方法,向列表中添加元素
print(list1)
# 输出: [1, 2, 3, 4, 5]
print(dir(list1))           # 使用 dir() 查看列表对象支持的属性和方法
# 输出: ['__add__', '__class__', '__contains__', ..., 'append', 'clear', 'copy', 'count', ...]
```

Python 用关键字 None 表示空对象,没有显式返回值的函数都默认返回 None。

## 二、类的定义和使用

Python 语言通常在程序开头定义类,如果不在程序开头定义类,就一定要保证在使用这个类之前定义该类,否则未定义的类将无法使用。定义一个类时,以关键字 class 开始,后

跟类名和冒号。类名的命名需要遵守 Python 标识符命名规则,其首字母通常采用大写形式。类体用于定义类的所有细节,应向右缩进对齐。定义类的基本语法如下:

```
class 类名:
  def __init__(self, 属性1, 属性2, 属性3, …)
    self.属性1 = 属性1
    self.属性2 = 属性2
    …
  def 方法1(参数):
    方法内容…
  def 方法2(参数):
    方法内容…
```

类体中具体定义类的所有成员变量和成员函数。成员变量就是类的属性,用于描述对象的状态和特征;成员函数即类的方法,用于实现对象的行为和操作。通过定义类可以实现数据和操作的封装。类中也可以只包括一个 pass 语句,以表明定义一个空类。

类体中包括的__init__()函数是所有类都有的一个特殊方法,被称为构造方法,也是创建此类对象时必须第一个自动执行的方法。Python 语言对该方法的命名有特殊规定:前为连续的两条下划线,中间是英文 init(initialize 的缩写),后紧跟两条连续的下划线。__init__()方法后的小括号内是用逗号分隔的参数,Python 语言规定构造方法最少应有一个参数,即 self,后面可以跟若干需要初始化的类属性。这里的 self 是一个特殊的参数,它代表一个类的某一对象本身,可以被理解为"本对象"或"对象自身",表示完成对象初始化后的对象自身。

【例 8-1】 定义一个学生类,用于描述学生的学籍。

【分析】 学生类应该具有基本的属性,包括姓名、性别、学号和出生日期等;此外,学生类还应该具有一定的行为,包括入学、休学、毕业、退学等行为。

```
#ch8-1
class Student:
    def __init__(self, name, gender, ID, birth_date): #构造方法
        self.name = name
        self.gender = gender
        self.ID = ID
        self.birth_date = birth_date

    def getInfor(self): # 成员方法
        print(self.name, self.gender, self.ID, self.birth_date)
    def entrance(self):
        pass
    def enrolled(self):
        pass
    def suspending(self):
        pass
```

程序第一行通过关键字 class 表示要建立一个类，后面的行必须有缩进，直到这个类的定义结束。除了显示学生基本信息的方法 getInfor() 以外，还可以用定义类的方法来模拟现实中需要具有的动作，包括入学、在读、休学、毕业和退学等。

面向对象编程中的对象就是某类的具体实现，用术语说就是"实例"（Instance），即一个抽象类生成的一个或若干个实现的东西。例如，预先定义一个抽象的"学生"类，这个"学生"类包含一些描述学生的信息，如姓名、学号、性别、学校、专业、出生日期、入学时间等，这些信息放在类中就被称为属性。在实际生活中，学生一定还具有一些行为，如学生的入学、在读、休学、退学、毕业等，这些行为放在类中就被称为方法。

对象实现了数据和操作的结合，数据和操作被封装在对象这个统一体中。对象内存空间中只存储对象的属性，而不存储方法和静态属性，方法和静态属性存储在类的内存空间中，这样多个对象可以共享类中的资源，便于节省空间。定义类之后，可以通过赋值语句来创建类的实例对象。定义类的对象的语法格式如下：

```
对象名 = 类名（参数列表）
```

对象名要求符合标识符规则，参数列表要求和类定义的构造函数 __init__() 要求的参数列表一一对应。创建对象后，该对象就拥有类中定义的所有属性和方法，此时可以通过对象名加圆点运算符来访问这些属性和方法。调用对象的属性和方法的语法格式如下：

```
对象名.属性名
对象名.方法名(参数列表)
```

基于前文创建的 Student 类，我们可以实现其对象，并调用相应的属性和方法，具体程序如下：

```
student1 = Student("Tom", "male", 2024011001, 20040105)
print(student1.name)
student1.getInfor()
```

当实例化一个类时，Python 会自动调用一个名为"__new__()"的方法，创建一个最原始的对象。有了这个原始对象，再使用该对象调用一个名为"__init__()"的构造方法进行对象的初始化。这些方法并不需要用户显式调用，而是在实例化类时自动调用，被称为"类的构造器（Constructor）方法"。在实际应用中，用户一般不需要重写 __new__() 方法，只需要重写 __init__() 方法来执行一些具体的初始化操作。

__init__() 方法可以有参数，这些参数在实例化时提供，也可以像普通函数一样，给这些参数提供默认值。实例化时，只需要将相应的值以实参的形式传给对象，如下所示：

```
class Student:
    def __init__(self, name = "无名氏"):
        print("开始实例化一个 student 对象，名为", name)

student1 = Student("张三")
student2 = Student()
```

程序的结果如下：

```
开始实例化一个 student 对象，名为 张三
开始实例化一个 student 对象，名为 无名氏
```

Python 将所有对象分成了不同的类别，这个类别就被称为对象所属的"类"或"类型"。Python 有很多内置的类型，每一个类型都有一个名称，如前面章节已经介绍过的 int、float 等数字类型及列表、集合等序列类型。有了类型的概念，就可以用类型来实例化一个该类型的具体对象，相应的语法如下：

```
类型名（参数列表）
```

可以使用内置函数 type() 来查看一个对象所属的类型，举例如下：

```
x = 10
y = 3.14
z = [1, 2, 3]
s = {1, 2, 3}

# 使用 type() 查看对象的类型
print(type(x)) #输出 <class 'int'>
print(type(y)) #输出 <class 'float'>
print(type(z)) #输出 <class 'list'>
print(type(s)) #输出 <class 'set'>

# 实例化对象
new_int = int(48)
new_set = set([7, 8, 9])
print(new_int) #输出 48
print(new_set) # 输出 {8, 9, 7}
print(type(new_int)) #输出 <class 'int'>
print(type(new_set)) #输出 <class 'set'>
```

既然 Python 里一切都是对象，对象所属的类型本身就也是对象，如上面提到的 int、str、

list 及 function 等都是对象。既然是对象,就有相应的类型。在 Python 里,所有类型对象都属于名为 type 的类型。举例如下:

```
a = 48
b = "hello"
c = lambda x: x+1

print(type(a))  # 输出<class 'int'>
print(type(b))  # 输出 <class 'str'>
print(type(c))  # 输出 <class 'function'>
# 类型本身也是对象,且它们的类型属于 type
print(type(int))  #输出 <class 'type'>
print(type(str))  #输出 <class 'type'>
print(type(type))  #输出 <class 'type'>
```

需要指出的是,Python 的官方文档中,"类型"有两个对应的词,分别是"class"和"type"。在 Python 中,当表示类型这个概念时,这两个词可以互换使用;当分别作为自定义类的关键字和类型对象所属的类名时,这两个词不能互换。

Python 具有丰富的内置类型系统。简要概括起来,可以分为三大类别:第一类是用于表示数据的内置类型,如 int、str 等基本数据类型及 list、set 等序列类型;第二类是用于表示程序结构的内置类型,如函数对象的类型、type 类型,还有本章后面将提到的 object 类型(表示所有类型的默认父类型);第三类是用于表示 Python 解释器内部相关操作的类型,如 types.TracebackType 表示的是异常出现时的回溯对象的类型,它记录了异常发生时的堆栈调用等信息。对于大部分用户而言,使用最多的是表示数据的第一类内置类型。

## 第三节　类成员的可见性

在 Python 中,类的成员在默认情况下在类的内外都是完全可见的。其中一些成员可能确实需要在类的内外都能访问,这也是类与外部程序进行交互的主要方式。但是还有一些成员,它们的作用是在类的内部保存一些中间数据或临时方法,因此,需要某种机制将这些成员"隐藏"在类的内部,以避免它们被外部用户直接修改或调用,从而引出了关于类的成员可见性的问题。

### 一、公有成员与私有成员

在面向对象编程中,类的成员可以分为公有(Public)成员和私有(Private)成员。公有成员可以在类的内部和外部访问,而私有成员只能在类的内部访问。通过设置私有成员,可以实现信息隐藏,仅对外暴露必要的访问接口。与某些高级语言(如 Java)通过特定关键字严格定义成员可见性不同,Python 使用命名规范表示成员的可见性。

当成员名称以至少两条下划线开头,且最多以一条下划线结尾时,该成员被视为私有成员,只能在类的内部直接访问,举例如下:

```
class MyClass:
def __init__(self):
    self.public_member = "I am public"  # 公有成员
    self.__private_member = "I am private"  # 私有成员
```

实际上,Python 并没有严格意义上的私有成员。Python 通过一种被称为"命名改写(Name Mangling)"的机制将私有成员的名称改为_类名__成员名,以实现名义上的隐藏。这种机制强调了私有成员的约定性而非强制性。通过命名改写,私有成员仍然可以被外部访问,但这一行为通常不被推荐。合理的程序通过合理使用私有成员来增强代码的封装性和可维护性。

## 二、保护型成员

针对类的成员,除了这种双下划线开头的命名约定,Python 还有单下划线开头的命名约定,表示"保护(Protected)"型成员。在面向对象编程术语中,保护型成员是指那些只能在类及其派生类内部进行访问的成员。从这个要求看,Python 没有真正意义上的保护型成员。Python 中的保护型成员本质上与公有成员没有区别,在类的内外部都能直接访问,而且可以被子类继承。Python 仅仅是用这种命名方式提醒用户,该成员具有特殊的作用(应该被保护),不在类及其派生类的外部修改甚至读取它的值。

```
class BaseClass:
    def __init__(self, public_value, protected_value):
        self.public_value = public_value  # 公有成员
        self._protected_value = protected_value  # 保护型成员

    def public_method(self):
        print(f"Public value: {self.public_value}")
        self._protected_method()  # 调用保护型方法

    def _protected_method(self):
        print(f"Protected value: {self._protected_value}")
# 创建 BaseClass 的实例
base_instance = BaseClass("Public", "Protected")
# 访问公有成员
print(base_instance.public_value)  # 输出: Public
base_instance.public_method()  # 输出: Public value: Public 和 Protected value: Protected
# 尝试访问保护型成员(虽然可以访问,但不推荐)
print(base_instance._protected_value)  # 输出: Protected
base_instance._protected_method()  # 输出: Protected value: Protected
```

## 三、property 类

当直接用"."运算符对实例的公有属性进行读写时,一个明显的缺点是不能对读写进行额外的控制。由于 Python 是动态类型语言,因此非法赋值时不会立即报错,但可能导致后续逻辑错误。例如,下面的程序将 Student 类的出生年属性设置成公有,修改时不小心多输入了一个 0,程序不会提示任何错误,但这显然是不合理的。

```python
class Student:
    def __init__(self, birth_year):
        self.birth_year = birth_year   # 出生年作为公有属性

student = Student(2000)
student.birth_year = 20000             # 无任何错误提示
```

为避免此类问题,面向对象编程中通常通过设置读写方法对属性进行控制。这种方式允许在读写时添加合法性检查或其他逻辑操作,从而提高代码的稳健性和可扩展性。Python 提供了一个内置的 property 类来实现这些功能。

在定义类时,先将需要设置特别读写的实例属性设置为私有成员,并提供相应的读写方法来完成一些额外操作,然后使用这些读写方法来实例化一个 property 类的类属性(名称通常取私有实例属性名双下划线后面的部分)。在使用过程中,用户只对这个 property 属性进行读写,Python 将自动访问相应的读写方法来实现实例属性的合法读写。

在 Python 中,property 是一个内置类,用于创建属性的访问器(Getter)、修改器(Setter)和删除器(Deleter)。借助 property,可以将方法伪装成属性,从而在访问、修改和删除属性时执行自定义逻辑。使用装饰器可以直接将属性的读写逻辑绑定到同名的方法上,这种方式不仅增强了代码的封装性,而且提供了对属性操作的细粒度控制。使用 property 的程序如下:

```python
class Student:
    def __init__(self, birth_year):
        self.__birth_year = birth_year  # 设置为私有属性

    def get_birth_year(self):
        return self.__birth_year

    def set_birth_year(self, year):
        if 1900 <= year <= 2100:   # 合法性检查
            self.__birth_year = year
        else:
            raise ValueError("年份必须在1900到2100之间")

    # 使用 property 创建对外接口
    birth_year = property(get_birth_year, set_birth_year)
```

```
student = Student(2000)
print(student.birth_year)  # 输出：2000
student.birth_year = 1995  # 合法赋值
# student.birth_year = 3000  # 抛出 ValueError
```

针对上面的 Student 类，采用装饰器可以将代码改写成如下形式：

```
class Student:
    def __init__(self, birth_year):
        self.__birth_year = birth_year  # 设置为私有属性

    @property
    def birth_year(self):
        return self.__birth_year

    @birth_year.setter
    def birth_year(self, year):
        if 1900 <= year <= 2100:  # 合法性检查
            self.__birth_year = year
        else:
            raise ValueError("年份必须在 1900 到 2100 之间")

student = Student(2000)
print(student.birth_year)  # 输出：2000
student.birth_year = 1995  # 合法赋值
student.birth_year = 3000  # 抛出 ValueError
```

通过@property 和@[属性名].setter 装饰器，可以使代码更加直观。最终，用户仅需要访问 birth_year，而无须关心其背后的逻辑细节。这种方式既保证了灵活性，又保留了简洁性。property 是 Python 高级编程的重要技能之一，它可以帮助编程人员编写更清晰、更安全和更容易维护的代码。

## 第四节 类的方法

方法是定义在类里的函数，区别是方法的第一个参数都是指向该类的实例，该实例在调用时被隐式地传入，用户定义的大部分方法是这类普通方法。Python 将这类普通方法称为"实例方法"。除了实例方法，Python 还通过装饰器和特定的命名规范提供了其他几种类别的方法，包括类方法、静态方法和魔法方法。

## 一、类方法

在调用实例方法之前,必须创建相应类型的实例。然而,在某些场景下,我们可能需要在没有实例的情况下通过类本身来调用方法。为此,Python 提供了类方法(Class Method)的概念。将一个方法定义为类方法,只需要在方法定义前加上内置的"@classmethod"装饰器。与实例方法类似,类方法的第一个参数也是自动传入的,但该参数是对类本身的引用,按照惯例,在定义时一般将该参数命名为 cls。类方法既可以通过类名直接调用,也可以通过实例调用。无论采用哪种调用方式,Python 都会将类本身作为第一个参数 cls 传入。举例如下:

```python
class DemoClass:
    class_name = "DemoClass"

    @classmethod
    def get_class_name(cls):
        return f"This is {cls.class_name}"

print(DemoClass.get_class_name())          # 使用类名调用,输出:This is DemoClass
demo_instance = DemoClass()
print(demo_instance.get_class_name())      # 使用实例调用,输出:This is DemoClass
```

通常情况下,我们通过调用构造器方法 \_\_init\_\_() 来完成类的初始化工作。但在某些情况下,我们可能希望通过不同形式的参数来初始化实例。例如,一个 Member 类包含一个 age 属性。作为一个对外提供友好访问的类,应该支持用户既可以直接传入年龄进行初始化,也可以选择通过出生年进行初始化。为了满足这个需求,可以定义一个接受出生年作为参数的类方法,在这个类方法里计算出年龄后再显式调用构造器方法返回相应的实例。使用时,用户可以根据自己提供的参数选择相应的实例化方法。具体实现如下:

```python
from datetime import datetime

class Member:
    def __init__(self, age):
        self.age = age

    @classmethod
    def from_birth_year(cls, birth_year):
        current_year = datetime.now().year
        age = current_year - birth_year
        return cls(age)    # 调用构造器返回实例

member1 = Member(25)    # 使用普通构造器
print(f"Member1 年龄:{member1.age}")           # 输出:Member1 年龄:25
member2 = Member.from_birth_year(1990)          # 使用辅助构造器
print(f"Member2 年龄:{member2.age}")           # 输出:Member2 年龄:35
```

## 二、静态方法

在 Python 中，除了实例方法和类方法外，还有一种特殊的方法被称为静态方法（Static Method）。它是一种定义在类中的函数，与类或实例没有直接关联。静态方法在定义时需使用 @staticmethod 装饰器，表明该方法为静态方法。静态方法不会隐式传入调用者信息（如 self 或 cls 参数）。静态方法可以通过类或实例调用，但它的功能与调用者（类或实例）无关，它通常用于逻辑上与类相关，但无须访问类或实例的属性或方法的场景。静态方法的主要意义在于保持代码层次的整洁。当一个函数只在业务逻辑上与类相关，且不依赖类或实例的状态时，将它定义为静态方法比放在全局作用域更具组织性。以下的示例简单演示了静态方法的定义和调用：

```python
class MathUtils:
    @staticmethod
    def add(x, y):
        return x + y

    @staticmethod
    def multiply(x, y):
        return x * y

# 使用类名调用静态方法
print(MathUtils.add(5, 3))    # 输出: 8
math_instance = MathUtils()   # 使用实例调用静态方法
print(math_instance.multiply(4, 2))  # 输出: 8
```

在这个示例中，add 和 multiply 方法被定义为静态方法，因为它们的功能不依赖类的属性或实例。无论通过类名还是实例调用，这些方法的行为都是一致的。如果某一个方法的功能是一个通用工具逻辑，既不需要访问类的属性，也与实例无关，就可以将其定义为静态方法。例如，上例中的数学运算工具，如果执行一些独立的验证逻辑，比如验证输入数据是否符合要求，就可以使用静态方法。

## 三、魔法方法

在 Python 中，魔法方法是一种特殊的方法，以双下划线"__"开头和结尾，具有特定的调用约定，通常不是由用户直接调用，而是由 Python 在特定场景下自动间接调用。官方文档将这类方法称为"魔法方法（Magic Method）"。例如，前文提到的"__init__()"就是一个常用的魔法方法。

魔法方法主要用于对象的构造，如 __init__() 方法和 __new__() 方法；运算符重写，如 __eq__() 方法和 __add__() 方法；访问控制，如 __getattr__() 方法和 __setattr__() 方法。下面简要介绍几个魔法方法的使用。

## (一) __str__()方法

该魔法方法是 object 基类中的方法,用于返回类实例的字符串表示。当使用内置的函数 str()函数时,会调用该方法以实现任意对象向字符串的转换。通过重写__str__()方法,可以让自定义类的实例输出更具有可读性。示例如下:

```python
class Person:
    def __init__(self, name, age):
        self.name = name
        self.age = age

    def __str__(self):
        return f"Person(name={self.name}, age={self.age})"

p = Person("Alice", 30)
print(str(p))   # 输出: Person(name=Alice, age=30)
```

## (二) __eq__()方法

__eq__()方法用于比较两个实例的相等性。在默认情况下,它比较的是实例的内存地址(引用)。如果需要实现基于内容的比较,就必须重写此方法。举例如下:

```python
class Person:
    def __init__(self, name, age):
        self.name = name
        self.age = age

    def __eq__(self, other):
        if isinstance(other, Person):
            return self.name == other.name and self.age == other.age
        return False

p1 = Person("Alice", 30)
p2 = Person("Alice", 30)
print(p1 == p2)   # 输出: True
```

在上例中,通过重写__eq__()方法实现了对比较运算符"=="的重写,实现了基于 name 和 age 的内容比较。Python 为其他比较运算符及算术运算符都提供了相应的魔法方法。表 8-1 列出了常用运算符对应的魔法方法,这些方法可以根据需要重写。

表 8-1　　　　　　　　　　常见运算符对应的魔法方法

| 运算符 | 魔法方法 | 描　述 |
| --- | --- | --- |
| + | __add__() | 加法运算 |

续表

| 运算符 | 魔法方法 | 描述 |
| --- | --- | --- |
| - | \_\_sub\_\_() | 减法运算 |
| * | \_\_mul\_\_() | 乘法运算 |
| / | \_\_truediv\_\_() | 浮点除法运算 |
| // | \_\_floordiv\_\_() | 整数除法运算 |
| % | \_\_mod\_\_() | 取模运算 |
| ** | \_\_pow\_\_() | 幂运算 |
| == | \_\_eq\_\_() | 相等比较 |
| != | \_\_ne\_\_() | 不等比较 |
| < | \_\_lt\_\_() | 小于比较 |
| <= | \_\_le\_\_() | 小于等于比较 |
| > | \_\_gt\_\_() | 大于比较 |
| >= | \_\_ge\_\_() | 大于等于比较 |
| len() | \_\_len\_\_() | 返回对象的长度 |
| str() | \_\_str\_\_() | 返回对象的字符串表示 |
| repr() | \_\_repr\_\_() | 返回对象的正式字符串表示 |
| [] | \_\_getitem\_\_() | 获取元素(如列表索引) |
| in | \_\_contains\_\_() | 成员运算符,用于判断元素是否存在 |

## 第五节 类的继承和多态

继承是类与类的一种关系,可以理解成类之间的派生关系,即一个类从另一个类派生或者继承属性的能力。继承派生属性的类被称为子类或派生类,派生出属性的类被称为父类或基类。

### 一、继承

在 Python 中,实现类的继承非常简单,只需在定义子类时,在类名后添加括号,并将需要继承的父类名放在括号中。通过继承,子类不仅拥有自定义的属性和方法,而且可以直接继承父类的所有属性和方法。继承的具体规则如下:

(1)子类可以直接访问父类的公有成员和保护型成员,也可以重写父类的公有成员和保护型成员。

(2)子类不能直接访问父类的私有成员,但可以通过父类名前缀间接访问。根据私有成员的命名改写(Name Mangling)规则,子类不会重写父类的私有成员。

(3)如果子类没有实现构造方法__init__(),则实例化子类时将自动调用父类的构造方法。如果子类重写了构造方法,则必须显式调用父类的构造方法,这将用到内置的 super()函数,该函数返回一个临时的父类对象。

(4)当对一个对象调用某个成员时,如果该对象所属的类没有定义该成员,Python 就将自动在该对象的父类中依次查找,直至找到该成员;如果一直没有找到,则会提示 AttributeError 异常。

继承是指在一个父类的基础上定义一个新的子类。继承关系按照父类的多少可以分为单一继承和多重继承。单一继承是指子类从单一父类中继承,多重继承则是指子类从多个父类中继承。

### (一)单一继承关系

在单个父类的基础上定义新的子类,这种继承关系被称为单一继承。单一继承的语法格式如下:

```
class 派生类名(父类名)
```

子类名表示要新建的子类。子类要继承的父类要放在小括号内。基于父类创建的子类将拥有父类的所有公有属性和所有成员方法,这些成员方法包括构造方法、析构方法、类方法、实例方法和静态方法。

除了继承父类的所有公有成员外,一个类还可以在子类中拓展继承的父类,具体包括两种方法:在子类中增加新的成员属性和成员方法,或者对父类已有的成员方法重新定义,从而覆盖父类的同名方法。以下示例展示了一个单一继承的应用场景:

```
class Animal:
    def __init__(self, name):
        self.name = name

    def make_sound(self):
        return "Some generic sound"

class Dog(Animal):
    def make_sound(self):    # 重写父类方法
        return "Woof!"

dog = Dog("Buddy")
print(dog.name)              # 输出: Buddy
print(dog.make_sound())      # 输出: Woof!
```

### (二)多重继承关系

Python 允许多重继承,即一个类可以有多个直接父类。多重继承也被称为复合继承。

定义多重继承只需要在定义父类名的括号中用逗号分隔多个父类名即可。多重继承的语法格式如下：

```
class 派生类名(父类1, 父类2, …)
```

在多重继承中，子类将从指定的多个父类中继承所有公有变量和方法，以下程序展示了多重继承的使用，Duck 类是一个子类，它继承了两个父类——Flyer 类和 Swimmer 类。

```
#多重继承示例
# 定义父类 Flyer 和 Swimmer
class Flyer:
    def fly(self):
        print("Flying...")

class Swimmer:
    def swim(self):
        print("Swimming...")

class Duck(Flyer, Swimmer):
    def quack(self):
        print("Quack!")
#定义多重继承子类
duck = Duck()
duck.fly()    # 输出: Flying...
duck.swim()   # 输出: Swimming...
duck.quack()  # 输出: Quack!
```

在以上例子中，Duck 类同时集成了 Flyer 类和 Swimmer 类，由于 Flyer 类在继承列表中排在 Swimmer 类前面，因此如果两个父类有同名的方法，就会优先调用 Flyer 类实现的方法。

当多个父类包含同名成员时，Python 使用方法解析顺序（Method Resolution Order）来确定调用顺序，可以通过 ClassName. mro()或 help(ClassName)查看具体的解析顺序。

### （三）多级继承关系

继承具有传递性，即可以实现"高祖→曾祖→祖父→父→子→孙"的继承关系，这种一对一的多层继承关系被称为多级继承关系。从一个父类可以派生出多个子类，每个派生的子类都可以通过继承和重写的方式拥有自己的属性和方法。父类体现了对象的共性和普遍性，子类则体现了对象的个性和特殊性。父类的抽象程度高于子类。

在编写复杂程序的过程中，在各个级别类中往往可能出现同名的方法，Python 语言按照规定的查找路径，即从对象所属类出发，沿着类的继承关系逐级回溯查找要调用的类方法名，找到即调用，没有找到则继续查找上一级父类，直到最顶层的类。如果查到顶层类还没有找到要找的方法,程序就报错退出。

Python 提供了一个名为 object 的类。如果一个类在定义时没有指明父类,则其直接父类为 object 类,也就是说,Python 的任何一个类都直接或间接派生自 object 类。以下程序示例展示如何通过内置函数 isinstance 和 issubclass 检查继承关系。在这个示例中,类 A 继承自类 B,类 B 继承自类 C,类 C 没有显式指定父类,因此默认继承自 object 类。

```python
class C:
    pass

class B(C):
    pass

class A(B):
    pass

a = A()
print(isinstance(a, A))    # 输出: True
print(isinstance(a, B))    # 输出: True
print(isinstance(a, C))    # 输出: True
print(issubclass(A, B))    # 输出: True
print(issubclass(A, C))    # 输出: True
print(issubclass(A, object))    # 输出: True
```

## 二、多态

在面向对象编程中,多态(Ploymorphic)指的是同一个父类的方法在不同子类中可以具有不同的具体实现。Python 完全支持多态行为,这得益于其动态类型特性。子类只需重写父类的同名方法,在调用方法时,Python 会根据实际的子类类型选择相应的方法。以下示例是一个简单的多态实现,其中,Animal 类定义了一个抽象方法 speak,子类 Dog 和 Cat 分别实现了自己的具体版本。当函数 make_animal_speak 被调用时,接受一个 Animal 类型的对象并根据实际对象类型调用对应的方法。

```python
class Animal:
    def speak(self):
        raise NotImplementedError("Subclasses must implement this method.")

class Dog(Animal):
    def speak(self):
        return "Woof!"

class Cat(Animal):
    def speak(self):
        return "Meow!"
```

```
def make_animal_speak(animal):
    print(animal.speak())

dog = Dog()
cat = Cat()
make_animal_speak(dog)   # 输出: Woof!
make_animal_speak(cat)   # 输出: Meow!
```

Python 的动态类型特性决定了多态行为不局限于继承，其还可以在普通函数中实现，只要对象符合预期的接口即可。这种模式被称为鸭子类型（Duck Typing）。以下示例中，函数 show_object 不要求传入的参数 obj 属于某个特定类型，而是依赖对象是否实现了 show 方法和 kind 属性。尽管 Person、Machine 和 Pig 并没有继承关系，但是它们的示例对象都能通过该函数表现出多态行为。定义 Person 类、Machine 类和 Pig 类的程序如下所示：

```
class Person:
    def __init__(self, name):
        self.kind = "Person"
        self.name = name

    def show(self):
        return f"{self.kind}: {self.name}"

class Machine:
    def __init__(self, model):
        self.kind = "Machine"
        self.model = model

    def show(self):
        return f"{self.kind}: {self.model}"

class Pig:
    def __init__(self, nickname):
        self.kind = "Pig"
        self.nickname = nickname

    def show(self):
        return f"{self.kind}: {self.nickname}"
```

在定义的 show_object(obj) 函数中，可以传入多种类型的对象，调用相应的方法，具体如下所示：

```
def show_object(obj):
    print(obj.show())      # 一个多态函数

p = Person("Alice")
m = Machine("T-800")
pig = Pig("Babe")

show_object(p)      # 输出: Person: Alice
show_object(m)      # 输出: Machine: T-800
show_object(pig)    # 输出: Pig: Babe
```

需要强调的是，继承虽然可以有效地减少重复的代码，但它破坏了对象的封装性。子类可以直接访问父类的实现细节，这在某些情况下可能导致设计上的问题。因此，在实际项目开发中，除非继承确实能够带来明显的好处，否则不要滥用继承。鸭子类型能够避免强耦合关系，使得代码更加灵活和通用。在设计多态函数时，推荐使用接口或者鸭子类型的思想，而非强依赖某个类的继承结构。关于面向对象设计的一些常用思想与规范原则，可以参考面向对象设计或软件工程方面的相关书籍。

## 本章小结

本章全面讲解了面向对象编程的核心概念和在 Python 中的应用；从面向对象编程的定义出发，深入探讨了对象与类的关系，强调了封装、继承、多态等关键特性；重点剖析了 Python 中类的定义与使用，从基本的属性、方法到高级的魔法方法与继承都一一呈现。同时，本章详细解析了成员可见性问题，包括公有、私有与保护型成员的区别，以及如何通过 property 类进行属性控制。最后，本章介绍了类的继承和多态的应用场景与实现方式，为构建复杂的面向对象编程打下了坚实基础。

## 课后习题

1. 创建一个类 Rectangle，使其具有属性 width 和 height。定义方法 calculate_area 和 calculate_perimeter，分别计算矩形的面积和周长。

2. 创建一个父类 Animal，包含方法 make_sound。创建子类 Dog 和 Cat，分别重写 make_sound 方法，输出不同的声音。

3. 创建一个类 BankAccount，包含私有属性 balance 和公共方法 deposit、withdraw，用于存取款。提供 get_balance 方法获取余额。

# 第二篇
## Python 应用

第九章　科学计算基础：numpy

第十章　数据分析尖兵：pandas 库

第十一章　可视化利器：Matplotlib 和 seaborn

第十二章　Python 与中文文本分析

第十三章　Python 在金融领域的应用

# 第九章
# 科学计算基础：numpy

## 全章提要

- 第一节　numpy 库简介
- 第二节　数组对象的常见操作
- 第三节　numpy 库的专业应用
- 第四节　数组的加载与输出
- 第五节　numpy 库的扩展应用：SciPy

本章小结
课后习题

## 第一节　numpy 库简介

科学计算是利用计算机技术对科学和工程问题进行数据分析、数值模拟和理论研究的方法。numpy(Numerical Python)是 Python 中用于科学计算的一个基础库,它提供高性能的多维数组对象(ndarray)以及大量操作这些数组的函数,包括数学、逻辑、形状操作、排序、选择、输入输出、离散傅立叶变换、基本线性代数、基本统计运算和随机模拟等。此外,作为科学计算的基础库,numpy 为其他科学计算库提供了基础的数据结构和操作方法,许多机器学习库(如 scikit-learn、TensorFlow)依赖 numpy。

numpy 是第三方库,在使用 numpy 之前需要安装并导入该库。

```
import numpy as np
```

### 一、核心对象:ndarray

ndarray 是 numpy 库的核心数据结构,代表一个多维数组(N-dimensional Array)。它是一个强大的数据容器,用于存储和操作大规模数据。Python 语言标准库中存在一个 array 模块,该模块提供一个简单的数组模型,用于存储一些单一类型的数值数据,仅支持一维数组。ndarray 的功能更加丰富,支持更加丰富的数据类型。ndarray 有助于对大量数据进行高级数学和其他类型的操作。通常这些操作的执行效率更高,比使用 Python 原生数组的代码更少。越来越多的基于 Python 的科学和数学软件包使用 ndarray 数组,它们在处理数据之前通常会将数据转换为 ndarray 类型的数组再输入,输出的数据也是 ndarray 数组。

ndarray 数组中的所有元素都是相同类型的,数组中的元素可以用整数索引,序号从 0 开始。ndarray 类型的维度(Dimensions)叫作轴(Axis),以三维数组为例,列方向为第零轴,行方向为第一轴,深度方向为第二轴。轴的个数叫作秩(Rank),一维数组的秩为 1,二维数组的秩为 2,二维数组由两个一维数组组成。数组形状(Shape)是指各个维度上元素的数量。图 9—1 形象化地展现了三维数组的轴、秩和形状等概念。

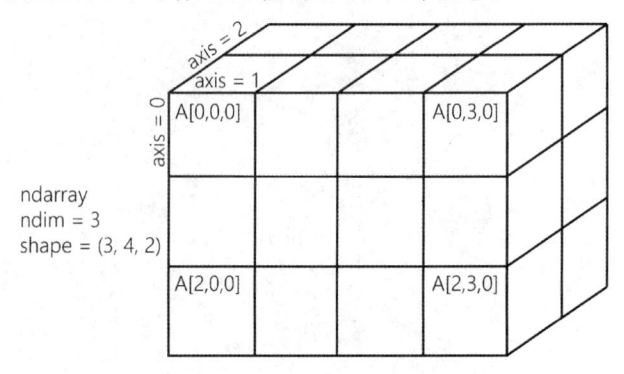

图 9—1　numpy 三维数组的关键概念

## 二、创建数组的常用方法

numpy 提供了多种创建数组的方法。可以通过列表创建一个最基本的数组,如下所示:

```
l = [1, 2, 3]
array1 = np.array(l)
print(array1) # 输出 一维数组 [1 2 3]
```

np.array()方法可以将列表序列转换为二维数组,如下所示:

```
b = np.array([[1.5, 2, 3], [4, 5, 6]])
print(b)
```

最终输出结果如下:

```
[[1.5 2.  3. ]
 [4.  5.  6. ]]
```

numpy 默认 ndarray 的所有元素的类型都是相同的,如果传进来的列表包含不同类型的数据,就会统一进行强制类型转换。数据类型转换会考虑数据类型大小、精度损失等因素。例如,当整数和浮点数混杂在一起时,numpy 会统一转换成浮点数类型;当字符串和数值型数据混杂在一起时,numpy 会统一转换成字符串数据类型。

在创建数组时,通常元素是未知的,但大小已知。numpy 提供了相关函数来创建具有初始占位符内容的数组,这就降低了扩大数组的必要性,因为扩大数组的操作系统开销很大。numpy 提供的创建初始数组的函数如表 9-1 所示。

表 9-1　　　　　　　　　　　　numpy 创建数组的函数

| 函数 | 描　述 |
| --- | --- |
| np.zeros((n, m)) | 创建一个由 0 组成的 n 行 m 列的数组 |
| np.ones((n, m), dype) | 创建一个由 1 组成的 n 行 m 列的数组 |
| np.empty((n, m)) | 创建一个由数组,其初始内容是随机的,取决于内存的状态,默认的数组 dtype 是 float64 类型 |
| np.arange(i, j, step) | 创建一个由数字组成的数组,数组中的第一个元素为 i,最后一个元素为不包含 j 的最大数,步长为 step |
| np.linspace(i, j, num) | 创建一个由数字组成的数组,其中,第一个元素为 i,最后一个元素为 j,数组共包含 num 个元素 |

以下程序示例展示了 numpy 创建数组的几种典型的函数操作:

## （一）创建一个 3 行×4 列的零矩阵

```
import numpy as np  #导入numpy库

np.zeros((3, 4))  # 创建一个3行4列的零矩阵
```

上述程序执行的结果如下：

```
array([[0., 0., 0., 0.],
       [0., 0., 0., 0.],
       [0., 0., 0., 0.]])
```

## （二）创建一个元素全是 1 的 2×3×4 的三维矩阵

```
np.ones( (2,3,4), dtype=np.int16)   # dtype可以被指定
```

## （三）创建一个数据从 10 开始，步长为 5，共 4 个元素的数组

```
np.arange( 10, 30, 5 ) # 输出 array([10, 15, 20, 25])
```

numpy 具有两个重要特征：矢量化（Vectorization）和广播（Broadcasting）。矢量化是指利用数组表达式而不是显式来执行循环，利用底层优化的 C 语言代码来实现高效的数组操作，比传统的 Python 语言循环得更快，而且 numpy 代码更接近标准的数学符号，其简洁、更易于阅读。广播是一种强大的机制，允许 numpy 在执行算术运算时自动扩展数组的形状，即使它们的形状不完全相同。广播规则使得 numpy 能够高效地处理不同形状的数组操作。以下程序是实现广播机制的示例：

```
import numpy as np

array1 = np.array([[1, 2, 3], [4, 5, 6]])
array2 = np.array([10, 20, 30])

result = array1 + array2 # 使用广播机制
print(result)
```

程序执行的结果如下：

```
[[11 22 33]
 [14 25 36]]
```

## 三、ndarray 的常见属性

ndarray 具有很多重要属性,如表 9-2 所示。

表 9-2　　　　　　　　　　　ndarray 的常用属性

| 属性 | 描　　述 |
| --- | --- |
| ndarray.ndim | 数组的轴(维度)的个数,维度的数量被称为 rank |
| ndarray.shape | 数组的维度,返回一个整数的元组,表示每个维度中数组的大小。对于有 n 行和 m 列的矩阵,shape 将是(n, m)。因此,shape 元组的长度就是 rank 或维度的个数 ndim |
| ndarray.size | 数组元素的总数,等于 shape 中元素的乘积 |
| ndarray.dtype | 一个描述数组中元素类型的对象。可以使用标准的 Python 类型创建或指定 dtype;numpy 提供它自己的类型,如 numpy.int32,numpy.int16 和 numpy.float64 |
| ndarray.itemsize | 数组中每个元素的字节大小。例如,元素为 float64 类型数组的 itemsize 为 8 (64/8),而元素为 complex32 类型数组的 itemsize 为 4(32/8) |
| ndarray.data | 该缓冲区包含数组的实际元素。通常不需要使用此属性,因为可以使用索引访问数组中的元素 |

以下程序充分展示了数组对象属性的含义:

```
a = np.arange(15).reshape(3, 5)
print(a) # 输出一个 3 行 5 列的数组,数组元素从 0 到 14。
print(a.shape) # 输出(3, 5),表示是一个 3 行 5 列的数组
print(a.ndim) # 输出 2
print(a.dtype.name) # 输出 int32
print(a.itemsize) #输出 4
print(a.size) # 输出 15
```

## 第二节　数组对象的常见操作

### 一、基本操作

numpy 数组中的算数运算符会应用到数据的全部元素上,也就是可以实现整体运算,即数组可以像一个元素那样参与运算。以下程序分别演示了数组的加法和乘法运算。

#### (一)数组与数字的运算

```
a = np.arange(4) # 数组 a 为 [0, 1, 2, 3]
print(a**2) # 输出 [0 1 4 9]
```

## （二）数组与数组的运算

```
a = np.arange(4) # 数组 a 为 [0, 1, 2, 3]
b = np.array( [20,30,40,50] )
c = b-a
print(c) # 输出 [20 29 38 47]
```

numpy 的乘积运算符（*）还支持按元素进行运算，也可以使用运算符"@"来实现矩阵相乘。程序示例如下所示：

```
A = np.array([[1,1],[0,1]])
B = np.array([[2,0],[3,4]])
print(A * B)   # 元素积，两个相同尺寸的矩阵或向量之间的对应元素逐一相乘
print(A @ B)   # 矩阵乘法
print(A.dot(B))  # 另一种矩阵乘法形式
```

## （三）numpy 与聚合函数

聚合函数是对一组值进行操作，返回单一值作为结果的函数。在 numpy 中，聚合函数也可以指定某个具体的轴进行数据聚合操作。常见的聚合操作包括平均值、最大值、最小值、总体标准偏差等。以下是 numpy 中聚合函数的应用示例：

```
array1 = np.array([
    [1,2,4],
    [3,8,9],
    [7,9,2]
])
print(np.sum(array1)) # 输出求和值 45
print(np.min(array1)) # 输出最小值 1
print(np.max(array1)) # 输出最大值 9
print(np.mean(array1)) # 输出平均值 5.0
print(np.median(array1)) # 输出中位数 4.0
```

numpy 的主要聚合函数及其功能如表 9—3 所示。

表 9—3　　　　　　　　　　numpy 的主要聚合函数及其功能

| 函数 | 功能 | 函数 | 功能 |
| --- | --- | --- | --- |
| np.sum() | 求和 | np.std() | 标准差 |
| np.mean() | 平均值 | np.var() | 方差 |
| np.average() | 平均值 | np.median() | 中位数 |
| np.min() | 最小值 | np.power() | 幂运算 |

续表

| 函数 | 功能 | 函数 | 功能 |
| --- | --- | --- | --- |
| np.max() | 最大值 | np.sqrt() | 开方 |

## 二、索引和迭代

与其他 Python 序列类型一样，numpy 也支持索引和迭代操作。索引是访问和操作数组元素的基本方式。numpy 提供的索引方式包括基本索引、切片、布尔索引、整数数组索引等。numpy 索引的开始序号为 0。

### （一）numpy 的索引和切片

```
office_room = np.array([[[0, 1, 2, 3],
               [4, 5, 6, 7],
               [8, 9,10,11]],

              [[12, 13, 14, 15],
               [16, 17, 18, 19],
               [20, 21, 22, 23]]])
print(office_room[0,0,0]) # 访问第 0 层 0 行 0 列的办公室序号
print(office_room[:,0,0]) # 分别访问第 0 层和第 1 层的 0 行 0 列的办公室序号
print(office_room[0,:,:]) # 访问第 0 层的所有办公室序号
print(office_room[0,1,:]) # 访问第 0 层第 2 行的所有办公室序号
print(office_room[0,1,0:4:2]) # 访问第 0 层第 2 行，第 0 列和第 2 列的办公室序号
```

以上程序首先创立了 2×3×4 的三维数组，可以将三维数组想象成一个两层的办公大楼，每一层楼排列着 3 行 4 列的办公室，每一层共有 12 个办公室，两层共有 24 个办公室，每个办公室按照顺序分别代表 0~23（序号）。可以通过对三维数组的索引和切片访问办公室的序号。

### （二）布尔索引

布尔索引用于根据条件选择数组中的元素。通过布尔数组作为索引，可以筛选出满足条件的元素。以下是使用布尔数组索引的示例：

```
import numpy as np
arr = np.arange(12).reshape(3,4)
condition = arry > 4
print(condition) # 输出 3 行 4 列的布尔值数组
arr[condition] #输出一维数组：array([ 5, 6, 7, 8, 9, 10, 11])
```

### （三）整数数组索引

整数数组索引允许通过一个或多个整数数组来选择数组中的元素。这种方式可以用于

多维数组的复杂索引。

```
arr = np.array([[1, 2, 3], [4, 5, 6], [7, 8, 9]])

rows = np.array([0, 2])
cols = np.array([1, 2])
print(arr[rows, cols])   # 选择第 0 行第 1 列和第 2 行第 2 列的元素，输出：[2 9]
print(arr[[0, 1, 2], [0, 1, 2]])  # 选择对角线元素，输出：[1 5 9]
```

整数数组索引的方法还可以与切片方法相结合，可以通过"数组[行索引的切片，列索引的切片]"的形式实现。

### （四）numpy 的迭代

在 numpy 中，迭代是指逐个访问数组中的元素。由于 numpy 数组是多维的，因此迭代的方式有所不同。以下是关于 numpy 数组迭代的详细介绍，包括基本迭代、多维数组迭代、使用 nditer 进行高效迭代等内容。以下程序实现对二维数组每个元素的访问：

```
arr = np.array([[1, 2, 3], [4, 5, 6]])
for row in arr:
    for element in row:
        print(element)  # 按照先行后列的顺序输出 6 个元素 1 2 3 4 5 6
```

numpy 还支持 np. nditer 进行高效迭代。np. nditer 是 numpy 提供的一个多维数组迭代器，可以灵活地控制迭代过程，包括迭代顺序和数据类型等。如下程序实现按列优先迭代：

```
arr = np.array([[1, 2, 3], [4, 5, 6]])

for element in np.nditer(arr, order='F'):  # 按列优先迭代
    print(element, end = " ")  # 依序输出二维数组的 6 个元素 1 4 2 5 3 6
```

## 三、形状变换与堆叠

在 numpy 中，数组的形状变换（Shape Transformation）和堆叠（Stacking）是两种比较常用的改变数组形状的操作，可以实现数组形状的变化和多个数组的组合。

### （一）形状变换操作

数组的形状变换是指改变数组的形状而不改变其数值，numpy 有 5 个主要的改变数组形状的方法，具体功能如表 9—4 所示。

表 9-4　　　　　　　　　　　　**numpy 改变数组形状的方法**

| 函　数 | 功　能 |
|---|---|
| numpy.reshape(a, newshape, order = 'C') | 在不改变数组数据的情况下重新排列数组的形状。它返回一个新数组,原始数组的形状不会改变。a 是输入数组,order 是可选参数,'C'表示按行优先,'F'表示按列优先,'A'表示保持原数组顺序 |
| numpy.resize(a, new_shape) | 改变数组的形状,同时可以改变数组的大小。如果新形状的大小与原数组不同,它就会通过重复或截断数组来匹配新形状。a 是输入数组,new_shape 是新的形状 |
| numpy.transpose(a, axes=None) | 用于交换数组的轴,从而改变数组的形状,常用于将二维数组的行和列互换。a 是输入数组,axes 是可选参数,指定轴的顺序,默认是反转轴的顺序 |
| numpy.ravel(a, order = 'C') | 将多维数组展平为一维数组。它返回一个展平后的数组视图,不会改变原始数组的数据。a 是输入数组,order 指展平的顺序 |
| numpy.flatten(order = 'C') | 与 ravel()方法类似,将多维数组展平为一维数组,不过,flatten()返回的是一个新数组而 ravel()返回的是数组视图 |

以下是针对形状修改命令的程序示例:
1. reshape()
将数组重新塑形为指定的形状,返回一个指定形状的数组。

```
arr = np.arange(6)    # 创建一个一维数组 [0, 1, 2, 3, 4, 5]
reshaped_arr = arr.reshape(2, 3)   # 返回一个指定形状的数组
print(reshaped_arr)
```

上述程序执行后,输出的结果如下:

```
[[0 1 2]
 [3 4 5]]
```

2. resize()
将数组直接变为指定形状的数组,返回空值。

```
arr = np.arange(6)    # 创建一个一维数组 [0, 1, 2, 3, 4, 5]
arr.resize(2, 3)   # 直接将数组重塑为指定的形状
print(arr)
```

3. flatten()
将多维数组展平为一维数组。

```
arr = np.array([[1, 2, 3], [4, 5, 6]])
flattened_arr=arr.flatten()   # 返回副本
print(flattened_arr)   # 输出: [1 2 3 4 5 6]
```

### 4. transpose()

一个用于对数组按轴进行转置操作的函数，它可以通过交换数组的轴来改变数组的形状。对于二维数组，这相当于矩阵的转置操作；对于更高维度的数组，可以通过指定轴的顺序来实现更复杂的转置。

对二维数据进行转置操作，程序实现如下：

```
arr = np.array([[1, 2, 3], [4, 5, 6]])
transposed_arr = np.transpose(arr)
print(transposed_arr.shape) # 输出 (3,2)
```

对三维数组进行按轴转置操作，其中，transpose 传参是 3 个 int 值，并且第 j 个数字 i 表示转置后原来的第 i 轴会成为第 j 轴，程序实现如下：

```
arr_3d = np.arange(24).reshape(2, 3, 4)
transposed_arr_3d = arr_3d.transpose(1, 0, 2)
print(transposed_arr_3d.shape) # 输出：(3, 2, 4)
```

### （二）堆叠操作

在处理 numpy 数组时，经常需要将多个数组合成一个大的数组。numpy 提供三种常用的堆叠方法——np.vstack()、nphstack()和 np.dstack()，以实现在不同的轴上堆叠数组。np.vstack()为垂直堆叠，该函数用于在垂直方向上堆叠数组，即沿着数组的第零轴(列方向)堆叠。np.hstack()为水平堆叠，该函数用于在水平方向上堆叠数组，即沿着数组的第一轴(行方向)堆叠。np.dstack()为深度堆叠，该函数用于在第二轴(深度方向)上堆叠数组，适合三维数组的堆叠。在使用这些堆叠函数时，需要确保除了堆叠轴之外，其他轴的大小相同。例如，在使用 vstack()时，所有输入数组的列数都必须相同；在使用 hstack()时，所有输入数组的行数都必须相同。如果这些条件不满足，就会引发 ValueError 异常。以下为数组堆叠的程序示例：

```
arr1 = np.array([1, 2, 3])
arr2 = np.array([4, 5, 6])

vstacked = np.vstack((arr1, arr2)) # 垂直堆叠
print("垂直堆叠结果: \n", vstacked)
hstacked = np.hstack((arr1, arr2)) # 水平堆叠
print("水平堆叠结果: \n",hstacked)
arr3 = np.array([[[1, 2, 3]],
                 [[4, 5, 6]]])
arr4 = np.array([[[7, 8, 9]],
                 [[10, 11, 12]]])
dstacked = np.dstack((arr3, arr4)) # 深度堆叠
print("深度堆叠结果: \n", dstacked)
```

程序执行的结果如下：

```
垂直堆叠结果：
[[1 2 3]
 [4 5 6]]
水平堆叠结果：
[1 2 3 4 5 6]
深度堆叠结果：
[[[ 1  2  3  7  8  9]]

 [[ 4  5  6 10 11 12]]]
```

### （三）拆分操作

矩阵还可以进行拆分。numpy 提供四种常用的拆分方法——np.split()、np.hsplit()、np.vsplit()和 np.dsplit()。np.split()为通用拆分，该函数根据指定的索引沿着任意轴拆分数组。np.hsplit()为水平拆分，专门用于沿着水平轴（数组的第一轴）拆分数组，它等价于 np.split()配合轴参数 axis＝1。np.vsplit()为垂直拆分，专门用于沿着垂直轴（数组的第零轴）拆分数组，它等价于 np.split()配合轴参数 axis＝0。np.dsplit()为深度拆分，专门用于沿着第二轴（深度方向）拆分三维数组。

在进行矩阵拆分操作时，要确保可以等量拆分。例如，在使用 np.vsplit()或 np.hsplit()时，数组的行数或列数必须能够被拆分的份数整除。如果不能等量拆分，就需要使用 np.array_split()或者在 np.split()、np.hsplit()和 np.vsplit()中指定索引列表来进行不等量拆分。以下程序简单演示了怎样使用 np.split()拆分数组：

```
arr = np.array([[1, 2, 3, 4],
        [5, 6, 7, 8],
        [9, 10, 11, 12],
        [13, 14, 15, 16]])
splitted_arr = np.split(arr, 2, axis = 0)
print("拆分结果：")
for arr in splitted_arr:
    print(arr)
```

程序执行的结果如下：

```
拆分结果：
[[1 2 3 4]
 [5 6 7 8]]
[[ 9 10 11 12]
 [13 14 15 16]]
```

## 第三节　numpy 库的专业应用

numpy 除了核心对象 ndarray 以外,还有很多重要的模块,包括支持线性代数的 numpy.linalg 模块、提供多项式相关功能的 numpy.polynomial 模块、提供随机数和随机分布功能的 numpy.random 模块,以及在信号处理和图像分析领域有重要作用的快速傅里叶变换模块 numpy.fft。在本节中,我们讨论 numpy 库较常用的应用,这些应用体现了 numpy 在科学计算和数据分析中的强大功能。

### 一、统计分析

numpy 提供了大量支持统计分析的函数,包括均值、中位数、标准差、方差等。表 9—5 描述了 numpy 提供的主要统计分析方法。

表 9—5　　　　　　　　　　numpy 提供的主要统计分析方法

| 方　法 | 含义 |
| --- | --- |
| numpy.mean(a, axis=None, dtype=None, out=None, keepdims=<no value>) | 计算数组的算术平均值 |
| numpy.median(a, axis=None, out=None, overwrite_input=False, keepdims=False) | 计算数组的中位数 |
| numpy.var(a, axis=None, dtype=None, out=None, ddof=0, keepdims=False) | 计算数组的方差 |
| numpy.std(a, axis=None, dtype=None, out=None, ddof=0, keepdims=<no value>, where=<no value>) | 计算数组的标准差 |
| numpy.min(a, axis=None, out=None, keepdims=False, initial=<no value>, where=<no value>) | 计算数组的最小值 |
| numpy.max(a, axis=None, out=None, keepdims=<no value>, initial=<no value>, where=<no value>) | 计算数组的最大值 |
| numpy.percentile(a, q, axis=None, out=None, overwrite_input=False, interpolation='linear', keepdims=False) | 计算数组的百分位数 |
| numpy.cov(m, y=None, rowvar=True, bias=False, ddof=None, fweights=None, aweights=None, *, dtype=None) | 计算数组的协方差 |
| numpy.corrcoef(x, y=None, rowvar=True, bias=False, ddof=None) | 计算数组的相关系数 |

以下程序演示了具有代表性的 numpy 统计分析方法的应用:

```
import numpy as np

np.random.seed(0)
data = np.random.normal(loc=0.0, scale=1.0, size=(100, 5)) # 生成100行5列的随机数组

mean_values = np.mean(data, axis=0) # 按列结算均值
print("Mean values:", mean_values)

std_dev = np.std(data, axis=0) # 按列计算标准差
print("Standard Deviations:", std_dev)

variance = np.var(data, axis=0) # 按列计算方差
print("Variances:", variance)

median_values = np.median(data, axis=0) # 按列计算中位数
print("Median values:", median_values)
```

numpy 还支持更高级的统计分析,如偏度、峰度、协方差矩阵和相关系数矩阵等。

## 二、随机数和随机方法

numpy 的随机数模块 numpy.random 提供了多种生成随机数的函数,这些函数在数据处理和模拟实验中非常有用。numpy.random 模块提供的主要函数如表 9—6 所示。

表 9—6　　　　　　　　　　numpy.random 模块提供的主要函数

| 方法 | 含　义 |
| --- | --- |
| np.random.rand(d0, d1, …, dn) | 返回一个在[0,1)上均匀分布的随机浮点数或随机 n 维浮点数组;参数表示生成数组的维度,若不指定则默认返回一个浮点数 |
| np.random.randint(low, high = None, size=None, dtype='l') | 返回一个指定区间符合均匀分布的随机整数(组),当 high 不为 None 时,取范围为[low, high)的随机整数,否则取范围为[0, low)的随机整数;size 指定返回数(组)的数量 |
| np.random.normal([loc, scale, size]) | 创建一个指定维度的、符合指定正态分布(以 loc 为均值、scale 为标准差)的浮点数(数组),size 为指定数组的维度 |
| np.random.uniform(low = 0.0, high=1.0, size=None) | 从指定区间[low, high)中随机采样 size 个随机数(组),默认区间是[0, 1) |
| np.random.possion(lam = 1.0, size=None) | 返回一个从参数为 lam 的泊松分布中抽取的样本,size 表示输出的形状 |
| np.random.shuffle(x) | 对 x 重排序,改变 x 本身,无返回值(返回 None);对于多维数组,只对第一维进行重排序而不改变其他维度元素的顺序 |
| np.random.permutation(x) | 返回一个重新排序的数组,不改变 x 本身;只对第一维进行重排序而不改变其他维度元素的顺序 |
| np.random.seed(seed) | 随机种子生成器,种子是一个整数值,用于确定随机数生成器的初始状态。如果使用相同的种子,随机数生成器就将生成相同的随机数序列 |

数据分析和科学计算中使用的随机数通常需要保证随机数生成器的可重现性,这可以通过设置随机数种子实现,也就是调用 np.random.seed()方法。以下为随机数程序示例:

```
import numpy as np

np.random.seed(64) # 设置随机种子
random_integers = np.random.randint(0, 10, size=5) # 生成随机整数
print("随机整数数组:", random_integers) # 输出 5 个随机整数组成的数组

uniform_randoms = np.random.rand(2, 3) # 生成符合均匀分布的随机数组成的 2 行 3 列的数组
print("均匀分布的随机数数组:\n", uniform_randoms) # 输出:均匀分布的随机数数组:

normal_randoms = np.random.normal(0, 1, size=(2, 3)) # 生成符合正态分布的随机数组成的 2 行 3 列的数组
print("正态分布的随机数数组:\n", normal_randoms) # 输出:正态分布的随机数数组:

arr_to_shuffle = np.arange(10)  # 生成 0-9 的 10 个整数
np.random.shuffle(arr_to_shuffle) # 随机洗牌
print("随机洗牌后的数组:", arr_to_shuffle) # 输出:随机洗牌后的数组
```

### 三、多项式应用

微积分是科学计算中常用的方法。微积分中常涉及多项式计算。numpy 提供 numpy.polynomial 模块以支持多项式计算。这个模块提供了多种多项式类,包括 Polynomial(一维多项式)、Chebyshev(切比雪夫多项式)、Legendre(勒让德多项式)、Laguerre(拉盖尔多项式)和 Hermite(埃尔米特多项式)等。本节主要介绍 numpy 库在一维多项式领域的应用。

numpy 库提供了多个有关多项式计算的方法,其中的主要方法如表 9—7 所示。

表 9—7　　　　　　　　numpy.polynomial 模块提供的多项式计算方法

| 方法 | 含义 |
| --- | --- |
| polyld(A) | 利用系数数组 A 生成多项式 |
| polyval(p, k) | 求多项式 p 在 x=k 时的值 |
| polyder(p, m=1) | 求多项式 p 的 m 阶导数,m 的默认值为 1 |
| polyint(p, m=1) | 求多项式 p 的 m 重积分,m 的默认值为 1 |
| polyadd(p1, p2) | 多项式求和,p1+p2 |
| polysub(p1, p2) | 多项式求差,p1-p2 |
| polymul(p1, p2) | 多项式求积,p1×p2 |
| polydiv(p1, p2) | 多项式求商,p1/p2,结果为商和余数构成的元组,商和余数都用多项式表示 |

续表

| 方法 | 含 义 |
| --- | --- |
| polyfit(x, y, deg) | 多项式拟合，x 和 y 分别为要拟合的两组数据，deg 为拟合多项式中的最高阶数 |

以下详细介绍 polynomial 模块提供的多项式计算的应用。

### （一）poly1d(A)

用于创建多项式，A 为多项式的系数。

```
# numpy.polynomial 模块在多项式中的应用
import numpy as np

A = np.array([2, 1, 0, -2, 1]) # 系数数字，没有出现的系数用 0 补齐
f = np.poly1d(A) # 多项式的数学表达式 f(x)= 2x^4+ x^3 -2x +1
print(f(2)) # 输出 37，表示 x=2 时多项式的值
```

### （二）polyval(p, k)

用于在指定 x＝k 时计算多项式 p 的值。p 是数组，表示多项式的系数。

```
#利用 np.polyval()计算多项式在多个点的值

A = np.array([2, 1, 0, -2, 1]) # 系数数字，没有出现的系数用 0 补齐
f = np.poly1d(A) # 多项式的数学表达式 f(x)= 2x^4+ x^3 -2x +1
np.polyval(f,[1,2]) # 输出 array([ 2, 37])
```

### （三）polyder(p, m＝1)

用于求多项式 p 的 m 阶导数，m 默认为 1。

```
#利用 np.polyder()求多项式的导数

A = np.array([2, 1, 0, -2, 1]) # 系数数字，没有出现的系数用 0 补齐
f = np.poly1d(A) # 多项式的数学表达式 f(x)= 2x^4+ x^3 -2x +1
f1 = np.polyder(f, 1)# 求多项式 f 的一阶导
print( f1) # 输出 8x^3+ 3x^2-2
```

### （四）polyint(p, m＝1)

用于求多项式 p 的 m 重积分，m 默认为 1。

```
#利用np.polyint()计算多项式的积分
A = np.array([2, 1, 0, -2, 1]) # 系数数字，没有出现的系数用0补齐
f = np.poly1d(A) # 多项式的数学表达式 f(x)= 2x^4 + x^3 - 2x + 1
f2 = np.polyint(f,1) # 计算多项式积分
print(f2) # 输出 0.4x^5 + 0.25x^4 - x^2 + x
```

### （五）polyadd（p1，p2）

用于求多项式 p1 和 p2 的和。

```
#利用np.polyadd()计算多项式的和
f3 = np.poly1d(np.array([2, 1, 0, -2, 1])) # 多项式的数学表达式 f3(x)= 2x^4+ x^3 -2x +1
f4 = np.poly1d(np.array([2,1,4,5]))# 多项式的数学表达式 f4(x)= 2x^3+ x^2 +4x +1
f = np.polyadd(f3, f4)
print(f) #输出 2x^4 + 3x^3 + x^2 + 2x +6
```

### （六）polysub（p1，p2）

用于求多项式 p1 和 p2 的差。

```
# 利用np.polysub()计算多项式的差
f3 = np.poly1d(np.array([2, 1, 0, -2, 1])) # 多项式的数学表达式 f3(x)= 2x^4+ x^3 -2x +1
f4 = np.poly1d(np.array([2,1,4,5]))# 多项式的数学表达式 f4(x)= 2x^3+ x^2 +4x +1
f = np.polysub(f3, f4)
print(f) # 2x^4 - x^3 -x^2 -6x -4
```

### （七）polymul（p1，p2）

用于求多项式 p1 和 p2 的积。

```
# 利用np.polymul()计算多项式的积
f3 = np.poly1d(np.array([2, 1, 0, -2, 1])) # 多项式的数学表达式 f3(x)= 2x^4+ x^3 -2x +1
f4 = np.poly1d(np.array([2,1,4,5]))# 多项式的数学表达式 f4(x)= 2x^3+ x^2 +4x +1
f = np.polymul(f3, f4)
print(f) #输出 4x^7+4x^6+9x^5+10x^4+5x^3-7x^2-6x+5
```

### （八）polydiv（p1，p2）

用于求多项式 p1 和 p2 的商。

```
# 利用np.polydiv()计算多项式的商
f3 = np.poly1d(np.array([2, 1, 0, -2, 1])) # 多项式的数学表达式f3(x)= 2x^4+ x^3 -2x +1
f4 = np.poly1d(np.array([2,1,4,5]))# 多项式的数学表达式f4(x)= 2x^3+ x^2 +4x +1
f = np.polydiv(f3, f4) # 计算多项式的商
print(f) # 输出 商为 x,余数为-4x^2-7x+1
```

程序执行的结果如下：

```
(poly1d([1., 0.]), poly1d([-4., -7.,  1.]))
```

### （九）polyfit(x，y，deg)

用于多项式拟合,其中,x 和 y 分别为拟合的两组数据,deg 为拟合多项式中的最高阶数。

```
# 利用np.polyfit()进行多项式的拟合
import numpy as np
import matplotlib.pyplot as plt

x = np.linspace(0, 10, 100)
y = 2 * x * x + 5 * x + 4 + np.random.normal(0, 5, 100)

coefficients = np.polyfit(x, y, 2) # 使用二次多项式拟合
print(coefficients) # 输出系数[2.09130512 4.13220938 5.00909924]
```

执行上述程序,输出拟合系数如下：

```
[2.09130512 4.13220938 5.00909924]
```

可以看到,拟合系数非常接近原有参数。

为了进一步直观显示拟合效果,还可以利用图形显示拟合二次曲线和样本点的近似程度,在上述程序的基础上执行以下程序：

```
# 绘制原始数据和拟合曲线
plt.scatter(x, y, label='Data points')
plt.plot(x, polynomial(x), label='Fitted Quadratic', color='red')
plt.legend() # 添加图例
plt.show()
```

最终的二次曲线拟合效果如图 9－2 所示。

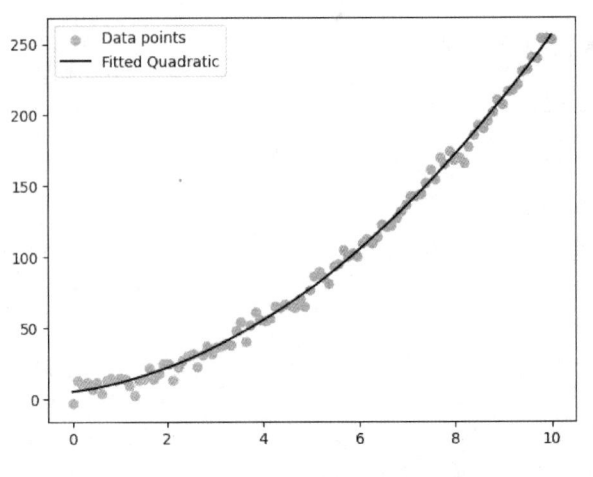

图 9—2　利用二次曲线拟合效果图

### 四、线性代数和矩阵运算

矩阵运算是科学计算的重要内容。在 numpy 库中提供了 linalg 模块专门用于支持线性代数和矩阵运算。linalg 模块提供了矩阵分解、矩阵求逆、行列式计算、矩阵乘法、解线性方程组等多种常见的线性代数计算功能（如表 9—8 所示）。linalg 模块为用户提供高效且功能齐全的线性代数工具。

表 9—8　　　　　　　　numpy.linalg 模块中常见的线性代数运算方法

| 方法 | 含　义 |
| --- | --- |
| linalg.det(a) | 计算矩阵 a 的行列式的值并返回 |
| linalg.inv(a) | 计算矩阵 a 的逆矩阵并返回 |
| linalg.solve(a, b) | 解线性方程组，a 是系数矩阵，b 是目标矩阵，返回解向量或矩阵 |
| linalg.eig(a) | 计算矩阵 a 的特征值和特征向量并返回 |
| linalg.eigvals(a) | 计算矩阵 a 的特征值并返回一个包含特征值的数组 |
| linalg.svd(a, full_matricec=True, compute_uv=Ture) | 计算矩阵 a 的奇异值分解（SVD）；参数 full_matrices 默认为 True，用于控制返回奇异矩阵的形状；参数 compute_uv 默认为 True，用于控制返回奇异向量矩阵 |
| linalg.pinv(a, rcond=1e−15) | 计算矩阵 a 的广义逆矩阵，rcond 是奇异值的阈值，默认是 1e−15，用于确定接近 0 的奇异值 |
| linalg.norm(a) | 计算矩阵 a 的范围 |
| linalg.matrix_rank(a, tol=None) | 计算矩阵 a 的秩 |

以下通过一些线性运算的程序来演示 linalg 模块在线性代数中的用法。

## （一）计算矩阵的行列式

```
import numpy as np

arr1 = np.arange(4).reshape((2,2))
det_arr1 = np.linalg.det(arr1) #计算矩阵的行列式
print(det_arr1) # 输出 -2.0
```

## （二）计算逆矩阵

```
arr1 = np.mat('1 2 3; 5 6 7; 9 8 5')# 创建一个 3×3 矩阵
arr2 = np.linalg.inv(arr1) # 用 linalg 下的 inv 求 A 的逆矩阵

# 验证是否为逆矩阵
I = arr1 * arr2  # 矩阵和它的逆矩阵相乘，结果为单位阵
print(I)
```

程序执行的结果如下：

```
[[ 1.00000000e+00  -2.22044605e-16   5.55111512e-17]
 [-1.33226763e-15   1.00000000e+00   2.77555756e-16]
 [-4.44089210e-16   2.22044605e-16   1.00000000e+00]]
```

程序执行的结果是一个单位矩阵（对角线上的元素为1，其他元素近似于0），因此可以验证求出的逆矩阵是正确的结果。

## （三）计算矩阵的特征值和特征向量

```
A = np.mat('3 -2; 1 0') # 创建 2×2 矩阵
eigvals, eigvecs = np.linalg.eig(A)  # 用两个对象来接收特征值和特征向量

# 证明特征值正确：Ax=ax
print("矩阵和特征向量的乘积:")
print(A * eigvecs[:, 0], end = "\n")  # 计算矩阵和特征向量的乘积
print("特征值和特征向量的乘积:")
print(eigvals[0] * eigvecs[:, 0], end = "\n") # 计算特征值和特征向量的乘积
```

程序执行的结果如下：

```
矩阵和特征向量的乘积:
[[1.78885438]
 [0.89442719]]
特征值和特征向量的乘积:
[[1.78885438]
 [0.89442719]]
```

线性代数被广泛应用于线性方程组求解中。linalg 模块中的 solve()方法可以求解 Ax＝b 的线性方程组,其中,A 为系数矩阵,b 为常数项组成的数组,x 是未知变量。

**【例 9－1】** 一个笼子里装有鸡和兔两种动物,已知鸡头和兔头共有 27 个,鸡腿和兔腿共有 88 只,请问笼子里装有多少只鸡和多少只兔?

**【分析】** 可以采用线性方程组的方法解决上述问题,假设有 $x_1$ 只鸡、$x_2$ 只兔,则可以列出方程组:

$$\begin{cases} x_1 + x_2 = 27 \\ 2x_1 + 4x_2 = 88 \end{cases}$$

根据以上方程组,形成如下矩阵表示形式:

$$\begin{bmatrix} 1 & 1 \\ 2 & 4 \end{bmatrix} x = \begin{bmatrix} 27 \\ 88 \end{bmatrix}$$

编写如下代码,求方程组的解:

```python
# 9-1 鸡兔同笼问题,求二元一次方程组
import numpy as np
from numpy.linalg import solve

heads,foots=27,88
A=np.array([[1,1],[2,4]])   #方程组的系数矩阵
b=np.array([heads,foots])   #方程组右侧的常数矩阵
X=solve(A,b)
print("鸡: {}, 兔: {}".format(X[0],X[1]))   # 输出 鸡: 10.0, 兔: 17.0
```

## 第四节 数组的加载与输出

科学计算往往涉及大量数据,这些数据需要输入和输出。numpy 提供了多种简便的方法进行数据的加载和存储,包括文本文件、二进制文件(如.npy 和.npz),以及与外部数据源的交互。

### 一、二进制文件存取方法

使用 numpy 的二进制格式存取数据能够保持数据的原有类型(如整型、浮点型等),避免类型转换带来的潜在问题;同时,二进制文件通常占有更少的存储空间,读取速度更快,而且二进制文件通常包含数据的原始信息,在数据文件共享时可以提供更多相关信息。表 9－9 展示了常用的 numpy 库二进制文件存取函数。

表 9—9　　　　　　　　　　　　numpy 库二进制文件存取函数

| 方法 | 含　义 |
| --- | --- |
| np.save() | 将单个 numpy 数组数据保存为二进制文件的方法,保存为.npy 格式的文件 |
| np.load() | 从.npy 或.npz 格式的文件加载数组数据 |
| np.fromfile() | 从指定文件读取数据并构造 numpy 数组,支持从二进制文件和文本文件中读取数组,主要用于读取二进制文件 |
| np.savez() | 将多个 numpy 数组数据保存到一个.npz 二进制文件中,可以为每个数组指定关键字参数,以便于访问 |
| np.savez_compressed() | 类似于 np.savez,但是使用压缩的格式存储到一个文件中,可以显著缩小文件,以便于文件的存储和传输 |
| np.ndarray.tofile() | 将 numpy 数组数据写入指定文件。在默认情况下(分隔符为空)以二进制格式写入,否则以文本格式写入指定文件 |

以下详细介绍表 9—9 中描述的二进制文件存取方法。

**(一)np.save(file,arr,allow_pickle=True,fix_imports=True)**

主要参数说明如下:

(1)file:文件路径或文件对象。如果文件不存在,则被创建;如果存在,则覆盖。

(2)arr:要保存的 numpy 数组。

(3)allow_pickle:布尔值,可选。是否允许使用 pickle 加载对象数组?

```
import numpy as np

data = np.array([[1, 2], [3, 4]]) # 创建一个数组
np.save('data.npy', data) # 保存为.npy 文件
print("数组已保存为 'data.npy'")
```

**(二)np.load(file,mmap_mode=None,allow_pickle=False,fix_imports=True,encoding=ASCII)**

主要参数含义如下:

(1)file:文件路径或文件对象。

(2)mmap_mode:字符串,可选。指定加载数据的方式。

(3)encoding:字符串,可选。指定加载 pickle 文件时使用到的编码,默认为 ASCII 编码。

```
data = np.load("data.npy") # 加载单个数组
print("加载的数组: ", data)
```

**(三)np.fromfile(file,dtype=float,count=-1,sep='',offset=0,*,like=None)**

主要参数含义如下:

(1)file：文件路径或文件对象。

(2)dtype：数据类型。对二进制文件，用于确定文件中各项的大小和字节顺序；对文本文件，用于确定读取的数据类型。

(3)count：整数。要读取的项目数，"-1"表示要读取完整文件。

(4)offset：整数。与当前文件位置的偏移量，以字节为单位。

```
# 创建一个数组并保存为二进制文件
data = np.array([1.1, 2.2, 3.3, 4.4, 5.5], dtype=np.float32)
data.tofile('data.bin')

loaded_data = np.fromfile('data.bin', dtype=np.float32, offset=2*4)# 从二进制文件读取数据
print("从二进制文件读取的数据: ", loaded_data)
```

以上程序以 float32 的格式存储了 5 个浮点数，每个浮点数占 4 个字节。2 * 4 的偏移量可以跳过两个数组元素，从第三个数组元素开始读取，直到文件结尾。程序结果如下：

```
从二进制文件读取的数据:  [3.3 4.4 5.5]
```

### (四)np.savez(file, *args, **kwds)

主要参数说明如下：

(1)file：文件路径或文件对象。

(2)*args：可选。要保存的 numpy 数组。如果使用位置参数传递数组，它们就被命名为 arr_0、arr_1 等。

(3)**kwds：可选。以关键字参数的方式指定多个数组，每个数组都将关联一个键名。

```
arr1 = np.array([1, 2, 3]) # 创建多个数组
arr2 = np.array([4, 5, 6])

np.savez('arrays.npz', array1=arr1, array2=arr2) # 保存为 .npz 文件
print("多个数组已保存为 'arrays.npz' 文件")
```

### (五)np.savez_compressed(file, *args, allow_pickle=True, **kwds)

主要参数说明如下：

(1)*args：可选的位置参数，要保存的数组。如果使用位置参数传递数组，它们就被命名为 arr_0、arr_1。

(2)allow_pickle：布尔值，可选。关于是否允许使用 pickle 序列化对象数组，默认为 True。

(3)**kwds：可选的关键字参数。每个数组都将使用其关键字名称并保存到输出文件中。

```
arr1 = np.array([1, 2, 3])  # 创建多个数组
arr2 = np.array([4, 5, 6])

np.savez_compressed('arrays_compressed.npz', array1=arr1, array2=arr2)
print("多个数组已保存为 'arrays_compressed.npz' 文件")
```

### (六)np. ndarray. tofile(file，sep=″，format=%s)

主要参数说明如下：

(1)sep:字符串。用于文本输出的数组项之间的分隔符。如果为空字符串(″),则写入二进制文件。

(2)format:字符串。文本文件输出的格式字符串。

```
data = np.array([[1, 2], [3, 4]], dtype=np.float32)
data.tofile('data.bin')  # 以二进制格式保存到文件
print("数组已保存为 'data.bin'")

data.tofile('data.txt', sep=',')  # 以文本格式保存到文件，并指定格式
print("数组已保存为'data.txt'")
```

## 二、文本文件存取方法

numpy 也支持从文本文件读取和写入数组数据,这在和其他应用共享数据时非常有用。表 9－10 展示了 numpy 文本文件存取函数。

表 9－10　　　　　　　　　　numpy 库文本文件存取方法

| 方法 | 含义 |
| --- | --- |
| np. loadtxt() | 从文本文件加载 numpy 数组 |
| np. savetxt() | 将数组数据写入文本文件,需要注意文件中的分隔符是否与指定的 delimiter 参数一致 |
| np. genfromtxt() | 从文本文件中读取数据,并将其转换为 numpy 数组。它支持多种数据格式,包括固定宽度格式、分隔符定义格式(如 CSV 或 TSV)等。该函数能够处理缺失值、注释行、不同数据类型等复杂情况 |

以下详细介绍表 9－10 中描述的文本文件存取方法。

### (一)np. loadtxt(file，dtype=float，comments=♯，delimiter=None，converters=None，skiprows=0，usecols=None，unpack=False，ndmin=0，encoding=bytes，max_rows=None)

主要参数说明如下：

(1)file:文件名或文件对象。

(2)dtype：数据类型。指定数组的数据类型，默认为 float。

(3)comments：字符串或字符列表。表示注释字符，默认为"♯"，表示以此字符开头的行将被忽略。

(4)delimiter：字符串。字段分隔符，默认为任意空白字符(如空格或制表符)。

```
import numpy as np

with open('data.csv', 'w') as f: # 创建一个 CSV 文件并写入数据
    f.write('1,2,3\n4,5,6\n7,8,9')

data = np.loadtxt('data.csv', delimiter=',') # 从 CSV 文件加载数据
print("从 CSV 文件加载的数据：", data)
```

程序执行的结果如下：

```
从 CSV 文件加载的数据： [[1. 2. 3.]
 [4. 5. 6.]
 [7. 8. 9.]]
```

(二)np.savetxt(file，X，fmt＝%.18e，delimiter＝″，newline＝\n，header＝″，footer＝″，comments＝♯，encoding＝None)

主要参数说明如下：

(1)file：文件名或文件对象。

(2)X：数组或类似数组的对象。表示要保存的数据。

(3)fmt：字符串或字符串序列。指定数据的格式，默认为"%.18e"，表示以科学记数法保存浮点数。

(4)delimiter：字符串。字段分隔符，默认为空格。

(5)newline：字符串。换行符，默认为"\n"。

(6)header：字符串。文件头部的注释，默认为空字符串。

(7)footer：字符串。文件尾部的注释，默认为空字符串。

(8)comments：字符串。注释字符，默认为"♯"。

(9)encoding：字符串。文件的编码，默认为 None，表示使用系统默认的编码。

```
data = np.array([[1, 2, 3], [4, 5, 6], [7, 8, 9]]) # 创建一个数组
np.savetxt('data.csv',data,fmt='%d',delimiter=',',newline='\n',header='col1,col2,col3',comments='')
print("数组已保存为 'data.csv'")
```

（三）np.genfromtxt(file，dtype=float，comments=♯，delimiter=None，skip_header=0，skip_footer=0，converters=None，missing_values=None，filling_values=None，usecols=None，names=None，excludelist=None，deletechars=None，replace_space=_，autostrip=False，case_sensitive=True，defaultfmt=f%i，encoding=None，usemask=False，loose=True，invalid_raise=True）

主要参数说明如下：
(1)file：文件名或文件对象。
(2)dtype：数据类型。指定输出数组的数据类型，默认为 float。
(3)delimiter：字符串。字段分隔符，默认为任意空白字符（如空格或制表符）。
(4)missing_values：字符串或字符串列表。表示缺失值的字符串，默认为 None。
(5)filling_values：字符串或数值。用于填充缺失值，默认为 None。

```
with open('data_with_missing_values.csv', 'w') as f: # 创建一个包含缺失值的CSV文件并写入数据
    f.write('1,2,3\n4,,6\n7,8,9')

# 使用 genfromtxt 加载包含缺失值的 CSV 文件
data = np.genfromtxt('data_with_missing_values.csv', delimiter=',', missing_values='NA', filling_values=np.nan)
print(data)
```

程序执行的结果如下：

```
[[ 1.  2.  3.]
 [ 4. nan  6.]
 [ 7.  8.  9.]]
```

## 第五节　numpy 库的扩展应用：SciPy

SciPy 是一个开源的 Python 库，构建在 numpy 上，主要用于科学和工程计算。与 numpy 主要关注多维数组和数学运算不同，SciPy 是在其基础上提供更加复杂的算法和工具，功能涵盖优化、信号处理、图像处理和统计等多个科学计算模块。我们将在这一节介绍 SciPy 在科学计算中的扩展应用。表 9-11 展示了 SciPy 一些常用的模块，更加详细的信息可以参考 SciPy 网站（https://docs.scipy.org/doc/scipy/reference/sparse.html）。

**表 9-11　常用 SciPy 模块**

| 模　块 | 描　述 |
| --- | --- |
| stats | 提供大量统计分析功能，进行描述性统计、概率分布统计、假设检验等 |
| cluster | 提供向量量化、K-means 和层次聚类算法，用于数据集的聚类分析 |

续表

| 模块 | 描述 |
|---|---|
| fft | 提供快速傅立叶变换功能,用于信号处理中的频域分析 |
| integrate | 提供数值积分和常微分方程求解功能,用于计算函数积分和求解微分方程 |
| interpolate | 提供插值工具,用于创建函数的插值逼近,适用于缺失数据和平滑数据处理 |
| linalg | 提供线性代数运算功能,包含矩阵分解、矩阵方程求解和特征值分析 |
| odr | 提供正交距离回归工具,用于处理非线性最小二乘问题的模型参数估计 |
| optimize | 提供算法进行函数优化和参数拟合,可以使用这些工具来解决最小化问题,寻找函数根或进行曲线拟合 |
| signal | 提供信号处理工具,用于滤波、窗函数、频谱分析等信号处理操作 |
| sparse | 处理稀疏矩阵存储和相关运算功能,优化大型稀疏矩阵的处理和计算性能 |

SciPy 是第三方库,在使用之前需要安装并导入。按照惯例导入 SciPy 库如下所示:

```
import scipy
```

下文分别介绍 stats 模块、linalg 模块和 optimize 模块的典型应用。

## 一、stats 模块

stats 模块提供概率分布模型、统计检验与统计推断、描述性统计与数据探索,以及核密度估计、分位数函数和回归分析等高级统计分析工具。

stats 模块提供了 Kolmogorov-Smirnov(K-S)检验来比较样本数据是否服从理论分布的非参数统计方法。K-S 检验能够针对样本是否来自某一特定分布(如正态分布、均匀分布、泊松分布、指数分布)的问题进行检验(单样本检验),也可以对两个未知总体是否服从同一分布的问题进行检验(双样本检验)。以下将以检验样本是否来自正态分布的问题演示 stats 模块的应用。

原假设 H0:样本数据服从指定的理论分布。

```
from scipy import stats
import numpy as np
import scipy

data = np.random.normal(loc=0, scale=1, size=1000)  # 生成正态分布样本
k2, p = stats.normaltest(data) # 进行正态性检验 (Kolmogorov-Smirnov test)
alpha = 1e-3
print("p = {:g}".format(p))

if p < alpha:
    print("The null hypothesis can be rejected")
else:
    print("The null hypothesis can not be rejected")
```

上述程序从标准正态分布中抽取了 1 000 个数据点，并检验这些样本点是否符合正态分布。最终 p 值远大于 0.05，不能拒绝原假设，即最后的结论是样本数据符合正态分布。

## 二、linalg 模块

linalg 模块是 SciPy 中线性代数运算的核心模块，其提供了高效的矩阵操作与数值计算工具。linalg 模块的核心功能包括矩阵分解、线性方程组求解、特征值与特征向量、矩阵运算工具和稀疏矩阵处理。linalg 支持三种分解模式，分别是 LU 分解、QR 分解和 SVD 分解。三种分解模式如表 9－12 所示。

表 9－12　　　　　　　　　　　　linalg 的三种分解模式

| 分解类型 | 输入矩阵类型 | 输出形式 | 核心应用 |
| --- | --- | --- | --- |
| LU 分解 | 方阵 | L·U | 线性方程组求解、矩阵求逆 |
| QR 分解 | 任意维度矩阵 | Q·R | 最小二乘、特征值计算 |
| SVD 分解 | 任意维度矩阵 | U·Σ·$V^T$ | 降维、数据压缩、推荐系统 |

以下程序演示了 linalg 模块的矩阵分解功能：

```
from scipy.linalg import lu, qr, svd
from scipy.linalg import eig

A = [[1, 2], [3, 4]]

P, L, U = lu(A)  # LU 分解
print("P:", P)
print("L:", L)
print("U:", U)

Q, R = qr(A)  # QR 分解
print("Q:", Q)
print("R:", R)

U, s, V = svd(A)  # SVD 分解
print("U:", U)
print("s:", s)
print("V:", V)

eigenvalues, eigenvectors = eig(A)  # 计算特征值和特征向量
print("Eigenvalues:", eigenvalues)
print("Eigenvectors:", eigenvectors)
```

### 三、optimize 模块

optimize 模块是 SciPy 中专注于数学优化问题的子模块,提供从局部优化到全局优化、从无约束优化到带约束优化的多类算法,适用于科学计算、工程设计和数据分析中的复杂数学建模。optimize 模块支持求解目标函数的极小值和极大值,兼容线性约束、非线性约束及边界条件限制的优化问题,提供全局优化算法(如差分进化算法)和局部优化算法(如梯度下降类方法)。以下程序演示了 optimize 模块求最小值和利用最小二乘法进行参数拟合的过程:

```python
from scipy.optimize import minimize, least_squares
import numpy as np

# 最小化问题,定义目标函数
def objective_function(x):
    return (x[0] - 1)**2 + (x[1] - 2)**2 + 1

x0 = [0, 0] # 初始值
result = minimize(objective_function, x0, method='BFGS') # 使用BFGS算法进行最小化

print("最小值点:", result.x) # 最小值点: [1.00000001 2.00000002]
print("最小值:", result.fun) # 最小值: 1.0000000000000007

def residuals(params, x, y): # 非线性最小二乘问题,定义残差函数
    a, b, c = params
    return a * np.exp(-b * x) + c - y

x_data = np.linspace(0, 4, 50) # 生成示例数据
y_data = 2.5 * np.exp(-1.3 * x_data) + 0.5 + 0.2 * np.random.normal(size=x_data.size)

initial_params = [1, 1, 1] # 初始参数猜测
result = least_squares(residuals, initial_params, args=(x_data, y_data))
# 执行拟合

print("拟合参数:", result.x)
```

程序执行后的结果如下:

```
最小值点: [1.00000001 2.00000002]
最小值: 1.0000000000000007
拟合参数: [2.55930047 1.27888858 0.4832169 ]
```

从程序执行的结果来看,拟合参数已经比较接近真实参数值。

## 本章小结

本章详细介绍了 Python 语言的进行科学计算的一个第三方库 numpy。首先介绍了 numpy 的基本信息；随后介绍了 numpy 库中最重要的数据结构之———数组，并辅之以丰富的案例；接着介绍了 numpy 的专业应用领域，包括统计分析、随机数和随机方法、多项式应用和线性代数应用，这几个领域与进行数据分析有着非常紧密的联系。为满足数据分析的需求，本章还介绍了数据的加载和输出。最后，本章扩展性地介绍了构建在 numpy 上的 SciPy 库，这个库已经成为进行数据分析的一个基本工具。

## 课后习题

1. 利用随机数创建一个 numpy 数组，请编写代码找出数组中的最大值和最小值，并计算它们的均值。

2. 利用 numpy 创建一个随机分布的 4×4 矩阵，并对其进行归一化处理（将数据缩放到 0 和 1 之间）。

3. 使用 SciPy 的 optimize 模块找到函数 $f(x)=x^2+10\sin(x)$ 在区间 $[-10,10]$ 的全局最小值。

4. 创建一个长度为 100 的随机浮点数数组，使用 numpy 计算其均值、方差和标准差。

5. 编写代码用于将一系列图片文件加载为 numpy 数组，并将它们作为灰度图像显示出来。

# 第十章
# 数据分析尖兵：pandas 库

**全章提要**

- 第一节 pandas 库简介
- 第二节 Series 对象的应用
- 第三节 DataFrame 对象的应用
- 第四节 pandas 库的应用实例

本章小结

课后习题

## 第一节　pandas 库简介

pandas 是一个开源 Python 库，它基于 numpy 库构建，专为数据分析和处理而设计。pandas 为 Python 提供了高性能、易于使用的数据结构和数据分析工具，尤其擅长处理表格型（关系型）数据和时间序列数据。pandas 库提供了两种核心的数据结构：Series 对象和 DataFrame 对象。

Series 对象有着与一维标记数组相似的结构，可以存储多种数据类型。

DataFrame 是二维表格数据结构，可以存储和处理结构化数据。基于 DataFrame 对象的标签，可以对数据集进行灵活的切片、索引、拆分等操作。

pandas 提供了丰富的数据处理功能，包括数据清洗、转换、合并、筛选等，可以方便地进行数据的过滤、排序、分组、聚合等操作。pandas 还支持多种数据格式的读写，包括 CSV、文本文件、Excel、SQL 数据库、JSON、HDF5 等格式，可以轻松地将数据从不同的数据源导入 DataFrame 中，或将 DataFrame 中的数据导出成其他数据格式。

pandas 广泛应用于数据科学和数据分析领域，它的核心部分使用 Python 和 C 语言编写，执行效率非常高。凭借强大的功能和简洁的 API，pandas 让数据处理和分析变得更加高效和便捷。不论是数据清洗、转换、分析，还是数据可视化，pandas 都为用户提供了丰富的工具和功能，简化了各种数据操作。在使用 pandas 之前，需要安装并按照惯例导入该库。

```
import pandas as pd
```

## 第二节　Series 对象的应用

Series 是 pandas 中一种一维标记数组的数据结构，由数据和对应的标签（索引）组成。它类似于带有标签的数组或字典，能够存储多种类型的数据，每个数据点都与一个唯一的标签关联。数据部分存储实际的值，可以是整数、浮点数、字符串、布尔值等。索引部分存储与数据关联的标签或索引，可以是整数、字符串或其他类型的对象。Series 对象的结构如表 10—1 所示。

表 10—1　　　　　　　　　　Series 对象的结构

| 索引 | 数据 |
| --- | --- |
| index0 | value 0 |
| index 1 | value 1 |
| index 2 | value 2 |

续表

| 索引 | 数据 |
| --- | --- |
| ... | ... |
| index n | value n |

Series 对象作为 pandas 库中的核心数据结构之一，提供了灵活、高效的数据操作和处理功能。在数据选择、数据运算、数据对齐以及缺失数据处理等方面，Series 都提供了丰富的方法，极大地方便了数据分析和处理。

## 一、Series 的构建

可以通过多种方式来创建 Series 对象，最基本的构造方式是调用 pandas.Series 方法，其基本语法如下：

```
s = pandas.Series(data, index=index)
```

其中：data 可以是字典、列表或者一个具体值；index 是索引部分，在默认情况下，索引从 0 开始，如果需要，可以主动为其指定自定义的索引。以下示例通过一个列表来创建 Series 对象，并自动生成整数类型索引。

```
import pandas as pd

s = pd.Series([0,1,3])
print(s)
```

上述 Series 对象 s 的输出会显示左右两列：右侧为数据部分，左侧为自动生成的整数索引(从 0 开始)。最后显示的"dtype:int64"表明了 Series 数据部分为整型。通过 Series 对象的 values 属性和 index 属性可以分别获取数据部分和索引部分。程序输出结果如下：

```
0    0
1    1
2    3
dtype: int64
```

在创建 Series 对象时，可以使用 index 参数为对象指定字符串类型的索引。

```
s = pd.Series([5.0, 4.0, 3.0, 2.0, 1.0], index=["a", "b", "c", "d", "e"])
print(s)
```

程序输出结果如下：

```
a    5.0
b    4.0
c    3.0
d    2.0
e    1.0
dtype: float64
```

可以使用 Python 中字典这种数据类型创建 Series 对象。由于字典中的数据都以键值对形式存储，因此使用字典来创建 Series 对象时，字典中的键作为索引部分，字典中的值作为数据部分。采用字典创建 Series 对象的程序如下所示：

```
dict = {"a": 5.0, "b": 4.0, "c": 3.0, "d": 2.0, "e": 1.0}
s = pd.Series(dict)
print(s)
```

程序输出结果如下：

```
a    5.0
b    4.0
c    3.0
d    2.0
e    1.0
dtype: float64
```

与字典不同，Series 对象内的数据是有序的，而字典中的所有条目都是无序的。

## 二、Series 的索引与访问

Series 对象的访问方式支持使用标签索引或整数索引。标签索引和整数索引都支持切片操作。需要注意的是，使用整数索引时，切片的区间是左闭右开的，即右侧最大索引不包括在内；而使用标签索引时，切片区间包括右侧最大索引。

以下程序示例展示了针对 s 对象，如何获取中间三个数据。如果访问一些不存在的索引，程序就会直接抛出异常。如果需要返回 list 类型，则也可以直接通过 array 方法获取。

```
d = {"b": 1, "a": 0, "c": 2}
s = pd.Series(d)

print(s["e"])   # 输出：KeyError: 'e'
print(s["10"])  # 输出：KeyError: '10'
print(s.array)  # 输出：[1, 0, 2]
```

除了使用索引外，Series 对象支持传入逻辑表达式，如 s[s > 1]，以获取符合条件的数据。使用 isnull() 或 notnull() 方法，可以筛选或排除缺失值，程序示例如下：

```
d = {"b": 1, "a": 0, "c": 2}
s = pd.Series(d)
print(s[s > 1])
print('*'*20) #打印程序分隔线
d = {"b": 1, "a": 0, "c": 2}
s = pd.Series(d, index=["b", "c", "d", "a"])
print(s)
print('*'*20) #打印程序分隔线
print(s[s.notnull()])
```

程序输出结果如下：

```
c    2
dtype: int64
********************
b    1.0
c    2.0
d    NaN
a    0.0
dtype: float64
********************
b    1.0
c    2.0
a    0.0
dtype: float64
```

Series 还支持根据索引修改已有的数据或添加新的数据。如果对当前对象中不存在的索引赋值，则会把该索引和值作为一个新数据添加到 Series 对象中，程序如下所示：

```
b    5.0
c    2.0
a    0.0
d    8.0
dtype: float64
```

程序输出结果如下：

```
s = pd.Series([1, 0, 2], index=["b", "a", "c",])
s["b"] = 5.0
s["b"] = 8.0
print(s)
```

### 三、Series 的计算

Series 对象支持多种常见的数组运算和向量化计算。这些运算包括标量乘法、数据过滤、应用数学函数等。Series 对象支持直接的向量化计算，这意味着可以对 Series 中的每个元素执行计算，而不需要使用显式的循环。例如，Series 支持加法、减法、乘法和除法等常见操作。它们会自动应用到 Series 中的每个元素上，而无须额外的代码，程序如下所示：

```
s = pd.Series([1, 3, 2, 4] , index=["b", "a", "c", "d"])
print(s * 2) # 标量乘法
print(s + s) # 加法运算，Series 对象支持直接与其他 Series 进行运算
```

当对 Series 对象进行切片操作时，切片会返回一个新的 Series 对象，该对象包含了原始 Series 对象的一部分数据。切片操作通常通过指定起始位置和结束位置来提取数据。这些切片操作中如果没有参与运算的部分，它们的值就会自动标记为 NaN。以下示例创建了两个 Series 对象，对它们进行切片后再运算。在两个切片的索引不完全对齐时，也会得到 NaN 值。

```
s1 = pd.Series([1, 3, 2, 4], index=["b", "a", "c", "d"])
s2 = pd.Series([2, 5, 1], index=["b", "c", "d"])
print(s1[1:] + s2[:-1])
```

程序输出的结果如下：

```
a    NaN
b    NaN
c    7.0
d    NaN
dtype: float64
```

对于一些向量计算外的复杂操作，可以使用 apply() 方法传入函数，以实现对 Series 中每个数据的单独操作。apply() 并不会直接改变 Series 对象中的数据，只会以函数返回值的形式获得结果。

```
s = pd.Series([1, 3, 2, 4] , index=["b", "a", "c", "d"])
print(s.apply(lambda x: x + 1))
```

程序输出的结果如下：

```
b    2
a    4
c    3
d    5
dtype: int64
```

## 第三节　DataFrame 对象的应用

DataFrame 是一种二维表格型的数据结构，由行和列组成，可以看作由多个 Series 对象构成的字典，其中每个 Series 对象表示一个列，字典的键则是列名。DataFrame 的列是有序的，每列包含的数据类型可以互不相同。DataFrame 对象的结构如表 10－2 所示。DataFrame 的每一行都有一个唯一的行索引（Index），每一列都有一个列索引（Columns），用于标识和访问数据。

表 10－2　　　　　　　　　　　　DataFrame 对象的结构

|  | column 1 | column 2 | column 3 |
| --- | --- | --- | --- |
| index 1 |  |  |  |
| index 2 |  |  |  |
| … |  |  |  |
| index n |  |  |  |

DataFrame 对象的创建如下所示：

```
d = {"one": pd.Series([1.0, 2.0, 3.0], index=["a", "b", "c"]),
     "two": pd.Series([1.0, 2.0, 3.0, 4.0], index=["a", "b", "c", "d"]),
    }
df = pd.DataFrame(d)
print(df)
```

程序执行的结果如下：

```
   one  two
a  1.0  1.0
b  2.0  2.0
c  3.0  3.0
d  NaN  4.0
```

同样基于 DataFrame 对象的标签,可以对数据集进行灵活的切片、索引、拆分等操作,以满足不同的数据处理需求。DataFrame 对象的创建和操作如下所示:

```
d = {"one": pd.Series([1.0, 2.0, 3.0], index=["a", "b", "c"]),
     "two": pd.Series([1.0, 2.0, 3.0, 4.0], index=["a", "b", "c", "d"]),
    }
df = pd.DataFrame(d)
print(pd.DataFrame(d, index=["d", "b", "a"]))
print(pd.DataFrame(d, index=["d", "b", "a"], columns=["two"]))
```

程序执行的结果如下:

```
   one  two
d  NaN  4.0
b  2.0  2.0
a  1.0  1.0
   two
d  4.0
b  2.0
a  1.0
```

### 一、DataFrame 对象基础

创建 DataFrame 对象最直接的方式是通过一个字典进行转换。其中,字典的键是列名,值是每一列对应的内容,它可以是一个 Series 对象,也可以是一个普通的列表。对于没有 index 的列表,会以 range(n) 的方式生成 index。在创建 DataFrame 时,还可以使用 columns 和 index 来指定列索引和行索引。特别注意,当指定 index 时,其长度必须与每列数据的长度一致。

DataFrame 对象的索引是不允许修改的,用户如果直接对索引进行复制,就会报错。但是 pandas 允许用户使用 set_index() 方法将某列设置为新索引,也可以使用 reindex() 方法改变数据行的顺序,生成一个匹配新索引的新对象。以下示例展示了两种方法的用法。

方法 1:使用 set_index() 方法将某列设置为新索引。

```
d = {"one": pd.Series([1.0, 2.0, 3.0], index=["a", "b", "c"]),
     "two": pd.Series([1.0, 2.0, 3.0, 4.0], index=["a", "b", "c", "d"]),
    }
df = pd.DataFrame(d)
df_set_index = df.set_index("one")  # 使用 set_index 将"one"列作为索引
print(df_set_index)
```

程序执行的结果如下：

```
     two
one
1.0  1.0
2.0  2.0
3.0  3.0
NaN  4.0
```

方法 2：使用 reindex() 方法将某列设置为新索引。

```
d = {"one": pd.Series([1.0, 2.0, 3.0], index=["a", "b", "c"]),
     "two": pd.Series([1.0, 2.0, 3.0, 4.0], index=["a", "b", "c", "d"]),
    }
df = pd.DataFrame(d)
new_index = ["d","a","b","c"] # 新的行索引顺序
df_reindex = df.reindex(new_index)
print(df_reindex)
```

程序执行的结果如下：

```
   one  two
d  NaN  4.0
a  1.0  1.0
b  2.0  2.0
c  3.0  3.0
```

DataFrame 对象提供了一些属性来查看它的基本信息，如表 10—3 所示。

表 10—3　　　　　　　　DataFrame 对象的基本信息属性及函数

| 属性名称 | 功　能 |
| --- | --- |
| df.shape | DataFrame 的形状 |
| df.index | DataFrame 的行索引 |
| df.columns | DataFrame 的列索引 |
| df.values | 以 numpy.ndarray 对象类型返回 DataFrame 的所有数据 |
| df.info() | DataFrame 的摘要信息 |

以下程序展示了通过 DataFrame 的属性和方法获取相关信息：

```
d = {"one": pd.Series([1.0, 2.0, 3.0], index=["a", "b", "c"]),
     "two": pd.Series([1.0, 2.0, 3.0, 4.0], index=["a", "b", "c", "d"]),
     }
df = pd.DataFrame(d)
print(df.index)   # 输出: Index(['a', 'b', 'c', 'd'], dtype='object')
print(df.columns) # 输出: Index(['one', 'two'], dtype='object')
print(df.shape)   # 输出: (4, 2)
print(df.values)  # 输出 DataFrame 的值
```

## 二、DataFrame 的访问与操作

对于 DataFrame 对象中数据的访问、计算和操作，都可以以类似于字典的方式进行。依据想获取表格的区域不同，有几种常见的数据选择方式：选择行、选择列、选择数据区域、选择单个数据、条件筛选。

现有 DataFrame 对象 GDP_df 包含了 2019—2024 年中国国内生产总值(GDP)及其增长率的数据，如表 10-4 所示。以下程序将展示不同的数据选择方式。

表 10-4　　　　　　2019—2024 年中国国内生产总值(GDP)及其增长率

| 时间(年) | GDP(万亿元) | 增速(%) |
| --- | --- | --- |
| 2019 | 100.59 | 6.1 |
| 2020 | 103.49 | 2.3 |
| 2021 | 117.38 | 8.6 |
| 2022 | 123.40 | 3.1 |
| 2023 | 129.43 | 5.4 |
| 2024 | 135.91 | 5.0 |

选择行的示例代码如下：

```
GDP_data = {"时间": pd.Series(['2019','2020', '2021', '2022', '2023', '2024']),
            "GDP": pd.Series([100.59, 103.49,117.38,123.4, 129.43, 135.91]),
            "增速": pd.Series([6.1, 2.3, 8.6, 3.1, 5.4, 5]),}
GDP_df = pd.DataFrame(GDP_data)
GDP_df = GDP_df.set_index(["时间"])
print(GDP_df)
print(GDP_df[0:1])    # 获取第一行
print(GDP_df[1:3])    # 获取第二、三行
print(GDP_df['2022':'2024'])  # 获取第四行到最后一行
print(GDP_df.head())  # 默认获取前五行数据
print(GDP_df.head(2)) # 获取前两行
print(GDP_df.tail(1)) # 获取最后一行数据
```

选择列的示例代码如下：

```
print(GDP_df['增速'])      # 获取增速列
```

利用 DataFrame 选择区域数据时，常用的方法有 loc、iloc、at 和 iat 等。loc 方法基于行列标签选择数据。iloc 方法基于行列位置选择数据。at 方法基于标签选择单个数据。iat 方法基于位置选择单个数据。它们对应的常用方式如表 10—5 所示。

表 10—5　　　　　　　　　选择 DataFrame 区域数据的常见方式

| 使用方式 | 功　　能 |
| --- | --- |
| loc[i] | 选取行索引为 i 的行 |
| loc[i1:i2] | 选取行索引从 i1 至 i2 的行，包含 i2 行 |
| loc[i1:i2, c1:c2] | 选取行索引从 i1 至 i2 的行，列索引 c1 至 c2 的矩形区域 |
| at[i, c] | 选取行索引为 i 和列索引为 c 的单个数据 |
| iloc[r] | 选取位置为第 r 行的数据，r 从 0 开始 |
| iloc[r1:r2] | 选取位置为第 r1 行至第 r2 行的数据，不包括第 r2 行 |
| iloc[r1:r2, c1:c2] | 选取位置为第 r1 行至第 r2 行，第 c1 列至第 c2 列的矩形区域 |
| iat[r, c] | 选取位置为第 r 行、第 c 列的单个数据，r 和 c 从 0 开始 |

以下示例演示了区域数据选择的方法。

```
print(GDP_df.loc['2020']) # 选取 2020 年份对应的行
print(GDP_df.loc['2020':'2023']) # 选取 2018、2020、2022 三年对应的三行
print(GDP_df.loc['2020':'2022', 'GDP': '增速']) # 选取对应的 2 行 2 列数据
print(GDP_df.iloc[1:4, 0: ]) # 基于数据所在行列位置进行选择，结果同上
print(GDP_df.at['2020', '增速']) # 基于标签选择 2020 年的增速值：2.3
print(GDP_df.iat[1,1]) # 基于位置选择 2020 年的增速值：2.3
```

由于 DataFrame 中的每一列数据都是 Series 对象，因此 Series 的方法也可直接作用于 DataFrame，如赋固定值、切片赋值等。下面以 DataFrame 对象 Num_df 为例介绍不同的赋值方式。创建 DataFrame 对象的程序如下：

```
Num_data = {"one": pd.Series([1.0, 2.0, 3.0], index = ['a', 'b', 'c']),
        "two": pd.Series([1.0, 2.0, 3.0, 4.0],index = ['a', 'b', 'c','d']),
        }
Num_df = pd.DataFrame(Num_data)
```

在插入新列时，除了像字典一样赋值外，也可调用 DataFrame.insert()方法在指定位置插入列。以下示例展示了向 Num_df 的第二列(索引为 1 的位置)插入一个新列"bar"，并且

该列包含与"one"列相同的数据。

```
Num_df.insert(1, "bar", Num_df["one"])
print(Num_df)
```

程序输出的结果如下：

```
   one  bar  two
a  1.0  1.0  1.0
b  2.0  2.0  2.0
c  3.0  3.0  3.0
d  NaN  NaN  4.0
```

DataFrame 中的 assign 方法可以支持对原有的列进行计算并给新的列赋值。函数的返回值是原 DataFrame 对象的副本，并不会改变原有 DataFrame 的内容，程序示例如下：

```
print(Num_df.assign(new_row=lambda x: x['one'] * x['two']))
```

程序执行的结果如下：

```
   one  bar  two  new_row
a  1.0  1.0  1.0  1.0
b  2.0  2.0  2.0  4.0
c  3.0  3.0  3.0  9.0
d  NaN  NaN  4.0  NaN
```

对于 DataFrame 对象中的数据，经常需要根据条件进行筛选，这时候可以对指定列直接设定条件，程序示例如下：

```
Num_filter = Num_df[Num_df['two'] > 2.5]  # 筛选出"two"列大于 2.5 的行
print(Num_filter)
```

程序执行的结果如下：

```
   one  bar  two
c  3.0  3.0  3.0
d  NaN  NaN  4.0
```

DataFrame 还支持使用 loc 方法设置筛选条件。如果有多个筛选条件，就使用"与"运算符(&)和"或"运算符(|)对条件进行组合，程序示例如下：

```
# 筛选出"two"列大于 2.5 且"one"列大于 2.0 的行
test_filter = test_df.loc[(test_df['two'] > 2.5) & (test_df['one'] > 2.0)]
print(test_filter)
```

程序执行结果如下：

```
   one  bar  two
c  3.0  3.0  3.0
```

与 Series 一样，DataFrame 也支持 apply 函数来对已有列中的元素进行遍历计算后返回一个列表。其中，axis 为 1 则按行遍历，axis 为 0 则按列遍历。此外，DataFrame 的 map 函数可以支持对 DataFrame 中每一个元素的遍历计算，并将结果以新的 DataFrame 返回，程序示例如下：

(1)参数 axis 为 1，按"行"遍历的方法。

```
print(Num_df.apply(lambda x: x['one'] * x['two'], axis=1))
```

程序执行的结果如下：

```
a    1.0
b    4.0
c    9.0
d    NaN
dtype: float64
```

(2)参数 axis 为 0，按"列"遍历的方法。

```
print(Num_df.apply(lambda x: x['a'] * x['b'], axis=0))
```

程序执行的结果如下：

```
one    2.0
bar    2.0
two    2.0
dtype: float64
```

(3)利用 map 函数，对每一个元素进行遍历计算。

```
print(Num_df.map(lambda x: x + 1))
```

程序执行的结果如下：

```
   one  bar  two
a  2.0  2.0  2.0
b  3.0  3.0  3.0
c  4.0  4.0  4.0
d  NaN  NaN  5.0
```

数据处理中经常会涉及数据的分组操作。分组是指根据某一列或几列的取值，将一个大型数据集拆分成若干个小数据集，然后在这些小数据集上应用统计函数以进行相应的统计分析。数据分组是数据分析工作中的一个重要步骤。图10-1演示了数据分组的操作过程，可以看出，分组运算遵循"拆分→应用→合并"的过程。

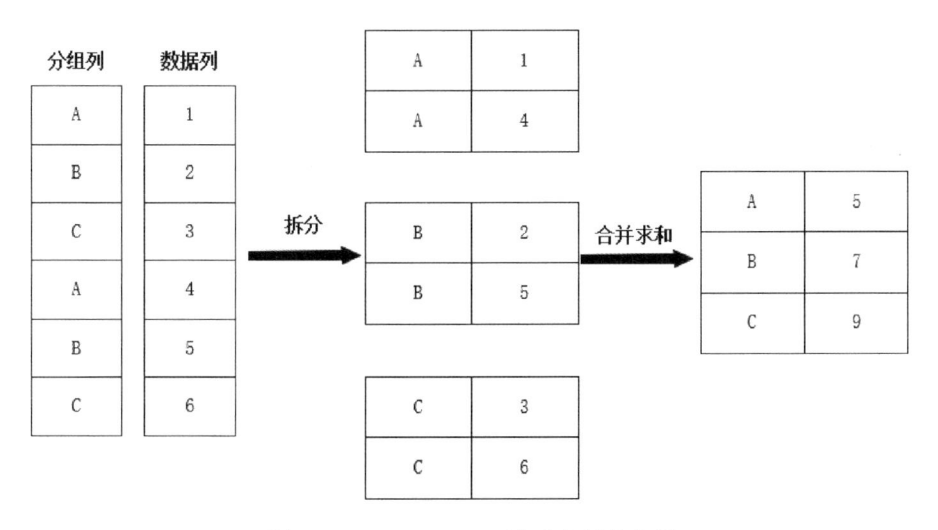

**图10-1　DataFrame对象分组操作示例**

拆分：根据用户指定的列，将pandas对象拆分为多个小组。
应用：对每个分组应用一个函数并生成一个新的值。
合并：将所有分组的结果合并成一个新的结果对象。
以下示例演示了如何根据某一列的值对数据进行分组，并对每个分组应用统计函数。

```python
data = {'Department': ['Sales', 'Sales', 'HR', 'HR', 'IT', 'IT', 'IT'],
        'Employee': ['Alice', 'Bob', 'Charlie', 'David', 'Eva', 'Frank', 'Grace'],
        'Salary': [55000, 60000, 45000, 47000, 70000, 72000, 75000]
        }
df = pd.DataFrame(data)

grouped = df.groupby('Department')# 进行分组操作：根据 'Department' 列分组
avg_salary = grouped['Salary'].mean() # 对每个部门计算平均薪资
print(avg_salary)
```

程序执行的结果如下：

```
Department
HR        46000.000000
IT        72333.333333
Sales     57500.000000
Name: Salary, dtype: float64
```

当需要把多个 DataFrame 对象合并成一个 DataFrame 时，可以使用 concat()[①]、merge() 等方法。concat() 方法将其他数据对象沿行索引方向（按列对齐）追加到当前对象的末尾，并返回一个新的对象。

以下示例分别用于合并两个对象和三个对象，对应的合并结果如图 10－2 和图 10－3 所示。

```
res_df1 = pd.concat([df1,df2], ignore_index = True)   # 合并两个对象
res_df2 = pd.concat([df1, df2,df3], ignore_index = True)   # 合并三个对象
```

图 10－2　concat() 合并两个 DataFrame 对象

---

[①] DataFrame 所在的 pandas 库更新到版本 2.0 后，使用 concat() 方法替代了 append() 方法，因此本书介绍 concat() 方法。

**df1**

|   | A | B | C |
|---|---|---|---|
| 0 | A0 | B0 | C0 |
| 1 | A1 | B1 | C1 |
| 2 | A2 | B2 | C2 |

**df2**

|   | A | B | C |
|---|---|---|---|
| 4 | A4 | B4 | C4 |
| 5 | A5 | B5 | C5 |
| 6 | A6 | B6 | C6 |

**df3**

|   | A | B | C |
|---|---|---|---|
| 8 | A8 | B8 | C8 |
| 9 | A9 | B9 | C9 |
| 10 | A10 | B10 | C10 |

**result**

|   | A | B | C |
|---|---|---|---|
| 0 | A0 | B0 | C0 |
| 1 | A1 | B1 | C1 |
| 2 | A2 | B2 | C2 |
| 4 | A4 | B4 | C4 |
| 5 | A5 | B5 | C5 |
| 6 | A6 | B6 | C6 |
| 8 | A8 | B8 | C8 |
| 9 | A9 | B9 | C9 |
| 10 | A10 | B10 | C10 |

图 10－3　concat( ) 合并三个 Dataframe 对象

在多个数据表之间，如果存在含义相同的列，这些表之间就存在某种关联关系。多表间的关联关系主要有三种：一对一、一对多和多对多。当需要根据某些列的值将多个数据对象进行匹配和合并时，可以使用 merge( ) 函数。作为连接依据的列称为主键。

假设表 left 和表 right 之间存在一对一的关联，以下示例演示如何依据它们的主键 key 进行合并，合并结果如图 10－4 所示。

```
res_df = pd.merge(left_df, right_df, on = 'key')
```

**left**

|   | key | B | C |
|---|---|---|---|
| 0 | K0 | B0 | C0 |
| 1 | K1 | B1 | C1 |
| 2 | K2 | B2 | C2 |

**right**

|   | key | D | E |
|---|---|---|---|
| 0 | K0 | D0 | E0 |
| 1 | K1 | D1 | E1 |
| 2 | K2 | D2 | E2 |

**result**

|   | key | B | C | D | E |
|---|---|---|---|---|---|
| 0 | K0 | B0 | C0 | D0 | E0 |
| 1 | K1 | B1 | C1 | D1 | E1 |
| 2 | K2 | B2 | C2 | D2 | E2 |

图 10－4　基于主键 key 实现两张表的内连接

当两表之间存在多对多的关联时,主键可能不止一列。如果表 left 和表 right 之间的关联基于 key1 和 key2 两列,则以下示例可以将两个表进行合并,合并结果如图 10—5 所示。

```
res_df = pd.merge(left, right, on = ['key1', 'key2'])
```

left

|   | key1 | key2 | B  | C  |
|---|------|------|----|----|
| 0 | K0   | K0   | B0 | C0 |
| 1 | K0   | K1   | B1 | C1 |
| 2 | K1   | K0   | B2 | C2 |

right

|   | key1 | key2 | D  | E  |
|---|------|------|----|----|
| 0 | K0   | K0   | D0 | E0 |
| 1 | K1   | K0   | D1 | E1 |
| 2 | K1   | K0   | D2 | E2 |

result

|   | key1 | key2 | B  | C  | D  | E  |
|---|------|------|----|----|----|----|
| 0 | K0   | K0   | B0 | C0 | D0 | E0 |
| 1 | K1   | K0   | B2 | C2 | D1 | E1 |
| 2 | K1   | K0   | B2 | C2 | D2 | E2 |

图 10—5　基于主键 key1、key2 实现两张表的内连接

在合并结果中,某些没有匹配主键值的行将被抛弃。例如,由于 left 表中的(K0,K1)这对主键值在 right 表中没有匹配的主键值,因此在合并时该行被抛弃了。

如果希望在合并时不丢失那些没有匹配主键的数据行,就可以通过 merge()函数的 how 参数来指定连接方式。how 参数的取值及含义如表 10—6 所示。

表 10—6　　　　　　　　　　merge()函数中 how 参数的取值说明

| 参数值 | 连接方式 | 描述 |
|--------|----------|------|
| inner  | 内连接(默认方式) | 根据数据对象之间连接主键的交集进行合并 |
| outer  | 外连接 | 根据数据对象之间连接主键的并集进行合并 |
| left   | 左连接 | 只根据左数据表(第一个对象)的主键进行合并 |
| right  | 右连接 | 只根据右数据表(第二个对象)的主键进行合并 |

在默认情况下,how='inner'表示内连接(只保留匹配的行)。如果希望保留所有数据行(包括没有匹配的数据行),就可以使用外连接,如以下程序所示:

```
res_df = pd.merge(left, right, on = ['key1', 'key2'])
```

合并结果如图 10—6 所示。

| | left | | | |
|---|---|---|---|---|
| | key1 | key2 | B | C |
| 0 | K0 | K0 | B0 | C0 |
| 1 | K0 | K1 | B1 | C1 |
| 2 | K1 | K0 | B2 | C2 |

| | right | | | |
|---|---|---|---|---|
| | key1 | key2 | D | E |
| 0 | K0 | K0 | D0 | E0 |
| 1 | K1 | K0 | D1 | E1 |
| 2 | K1 | K0 | D2 | E2 |

| | result | | | | | |
|---|---|---|---|---|---|---|
| | key1 | key2 | B | C | D | E |
| 0 | K0 | K0 | B0 | C0 | D0 | E0 |
| 1 | K0 | K1 | B1 | C1 | NaN | NaN |
| 2 | K1 | K0 | B2 | C2 | D1 | E1 |
| 3 | K1 | K0 | B2 | C2 | D2 | E2 |

图 10—6　基于主键 key1、key2 实现两张表的外连接

### 三、DataFrame 获取与保存数据

在实际应用中，通常需要从文件和数据库中读取文件并保存到文件或数据库中，pandas 提供了丰富的接口来支持这些操作。利用 pandas 读取 CSV 和 xlsx 文件返回的是 DataFrame 对象，以下是读取 CSV 和 xlsx 文件的程序示例：

```
# 假定已存在两个数据文件 data1.csv 和 data2.xlsx，header 参数取 0 表示第一行为标题行
df1 = pd.read_csv('data1_csv', header=0)
df2 = pd.read_excel('data2_xlsx.xlsx')
```

利用 pandas 程序在文件中存储数据的程序示例如下：

```
import pandas as pd

d = {"one": pd.Series([1.0, 2.0, 3.0], index=["a", "b", "c"]),
     "two": pd.Series([1.0, 2.0, 3.0, 4.0], index=["a", "b", "c", "d"])}
df = pd.DataFrame(d)
print(df)
df.to_csv("test.csv", header=True, index=True)
```

读取 CSV 文件时也可指定 header 和 index 参数来指定文件中的列标题和索引位置；同样的，在存储 CSV 文件或 xlsx 文件时，可以通过指定 header 和 index 来决定是否保存列标题和索引信息。

## 第四节　pandas 库的应用实例

本节通过分析电影评论和评分数据，展示利用 pandas 库进行数据分析的流程，具体步骤包括数据读取、合并、清洗、统计分析和结果保存。现有两份 CSV 文件 movie_comment.csv 和 movie_rate.csv，movie_comment.csv 包含电影的评论信息，movie_rate.csv 记录了电影的评分信息。数据分析目标是将这两份文件的内容合并成一份文件以进行相关统计分析，并将最终的统计结果保存到 Excel 文件中。

使用 pandas 库来读取这两份 CSV 文件中的内容，并对它们进行预览。可以看到，movie_comment.csv 包含三列数据：user(用户 ID 信息)、movie(电影名称)和 comment(评论内容)。movie_rate.csv 包含三列数据：user(用户 ID 信息)、movie(电影名称)和 rate(评分)。以下示例展示了如何加载并查看数据：

```
comment_df = pandas.read_csv("movie_comment.csv")
rate_df = pandas.read_csv("movie_rate.csv")
print(comment_df.head())
# 输出：
      user  movie                                       comment
0     0    坠落的审判    应该给狗狗也颁发一个最佳演技奖！
1     1    坠落的审判    夫妻在小屋的那场对话争吵拍得好绝！男人与生俱来的天赋就是用"无赖的方式"把一个情绪稳定的女人...
2     2    坠落的审判    没有哪一种生活能经受得住抽丝剥茧的审问与反刍。
3     3    坠落的审判    1. 同意在任何一段关系里都不应该有一方迷失自我，并且也不应该把责任推到另一方身上。最重要的...
4     4    坠落的审判

print(rate_df.head())
# 输出：
      user  movie     rate
0     0    坠落的审判    推荐
1     1    坠落的审判    力荐
2     2    坠落的审判    力荐
3     3    坠落的审判    推荐
4     4    坠落的审判    推荐
```

### 一、数据合并：根据 user 列合并

要将这两个数据集根据 user 列进行合并，只有在两个数据集同时存在的用户才会出现在合并后的结果中。使用 pandas.merge 方法可以完成这个操作。只有通过设置 how 参数 how='inner' 来指定同时存在于两个 DataFrame 中的行，用户才会到合成后的 DataFrame

中。以下示例演示了如何进行数据集合并。合并后的数据集包含四列：user、movie、comment 和 rate。

```
df = pandas.merge(comment_df, rate_df, how="inner")
print(df.head(10))
# 输出：
   user movie                                         comment rate
0     0 坠落的审判  应该给狗狗也颁发一个最佳演技奖！             推荐
1     1 坠落的审判  夫妻在小屋的那场对话争吵拍得好绝！男人与生俱来的天赋就
是用"无赖的方式"把一个情绪稳定的女人...          力荐
2     2 坠落的审判  没有哪一种生活能经受得住抽丝剥茧的审问与反刍。      力荐
3     3 坠落的审判  1. 同意在任何一段关系里都不应该有一方迷失自我，并且也不应
该把责任推到另一方身上。最重要的...            推荐
4     4 坠落的审判  生活的正义从来都与真相无关。              推荐
5     5 坠落的审判  我心中的金棕榈和最佳女演员桑德拉·惠勒。从极小的切口进入叙
事，逐渐如飓风般席卷所有，真相与谎...          力荐
6     6 坠落的审判  夏纳看的  巨好看  我超级喜欢  我觉得所有有过长期稳定
relationship/经历过恐惧失...         力荐
7     7 坠落的审判  由死亡引发的婚姻剖析和自我解读，一遍遍揭露的生活的隐痛。剧
本太好，太完整了，需要细细品味。西...         力荐
8     8 坠落的审判  我只想知道犯罪和惊悚这两个标签是哪个**加上去的    还行
9     9 坠落的审判  【A】至少是十年来最好的金棕榈，感觉有一种神奇的引力充斥全
片，包罗万象。本来以为就这样了，结...         力荐
```

## 二、数据清洗：处理评分的文字描述

在 movie_rate.csv 中，评分列包含文字描述（如"推荐""力荐"等），但我们需要将它们转换为数字等级以方便统计分析。使用 Series.unique() 函数查看评分中所有出现的文字描述，我们可以看到，除了评分等级外，可能还存在一些空值 NaN。

为了处理这些空值，我们可以使用 DataFrame.dropna() 方法删除含有空值的行。参数 axis=0 表示按行删除，how=any 表示只要存在空值即可删除，inplace=True 则代表删除后新的 DataFrame 对象会直接替换原 DataFrame 对象。

```
print(df['rate'].unique())
# 输出：['推荐' '力荐' '还行' '较差' '很差' nan]

df.dropna(axis=0, how="any", inplace=True)
print(df['rate'].unique())
# 输出：['推荐' '力荐' '还行' '较差' '很差' nan]
```

接下来，我们先创建一个评分的映射字典，将文字描述转换为数字等级，然后利用 apply 方法将评分映射到新的列 rate_level 中。

```
rate_map = {
    "力荐": '5',
    "推荐": '4',
    "还行": '3',
    "较差": '2',
    "很差": '1',
}

df['rate_level'] = df.apply(lambda x: rate_map[x['rate']], axis=1)
print(df.head(10))
# 输出:
     user  movie    ...    rate  rate_level
0    0    坠落的审判  ...    推荐     4
1    1    坠落的审判  ...    力荐     5
2    2    坠落的审判  ...    力荐     5
3    3    坠落的审判  ...    推荐     4
4    4    坠落的审判  ...    推荐     4
5    5    坠落的审判  ...    力荐     5
6    6    坠落的审判  ...    力荐     5
7    7    坠落的审判  ...    力荐     5
8    8    坠落的审判  ...    还行     3
9    9    坠落的审判  ...    力荐     5
```

### 三、统计与排序：统计电影评分信息

借助新生成的 rate_level 列可以对电影的评分情况做出统计分析。使用 groupby 方法按照 movie 列分组，计算每个电影的评分统计信息，如计数、均值、标准差等。使用 describe() 方法可以获取对应的统计信息，如计数、均值方差等。

```
print(df[['movie', 'rate_level']].groupby('movie').describe())
# 输出:
          rate_level
          count   mean       std       min  25%  50%  75%  max
movie
1947 波士顿    60.0  3.600000  0.785461  2.0  3.0  3.0  4.0  5.0
你在光影阑珊处  60.0  3.633333  1.073039  1.0  3.0  4.0  4.0  5.0
傻钱          59.0  3.237288  1.022825  1.0  3.0  3.0  4.0  5.0
坠落的审判    60.0  4.033333  1.057125  1.0  3.0  4.0  5.0  5.0
奈德          59.0  4.033898  0.718382  3.0  4.0  4.0  5.0  5.0
教师休息室    59.0  3.932203  0.583225  3.0  4.0  4.0  4.0  5.0
猜谜女士      60.0  3.800000  0.798303  2.0  3.0  4.0  4.0  5.0
电锯惊魂10    59.0  3.508475  0.916757  1.0  3.0  3.0  4.0  5.0
茜茜和我      44.0  3.500000  0.876038  2.0  3.0  3.0  4.0  5.0
# 蓝色巨人    57.0  3.807018  0.854371  2.0  3.0  4.0  4.0  5.0
```

此外，我们还可以根据评分从高到低对数据进行排序。使用 sort_values()方法，通过设置 by='rate_level'和 ascending=False 来实现按评分倒序排序。

```
df.sort_values(by=['rate_level'], ascending=False, inplace=True,
ignore_index=True)
print(df)
# 输出：
     user   movie    ...  rate rate_level
0     290   猜谜女士    ...  力荐          5
1     105   奈德       ...  力荐          5
2     451  1947波士顿  ...  力荐          5
3     198   教师休息室   ...  力荐          5
4     195   教师休息室   ...  力荐          5
..    ...   ...      ...  ...         ...
572   532   傻钱       ...  很差          1
573   518   傻钱       ...  很差          1
574   175   你在光影阑珊处 ... 很差          1
575    36   坠落的审判   ...  很差          1
576   509   傻钱       ...  很差          1
```

### 四、结果保存：保存为 Excel 文件

我们将处理后的数据保存为一个 Excel 文件，以便后续分析。使用 to_excel 方法将 DataFrame 保存为"movie.xlsx"文件，并使用 index=False 参数确保保存时不包含行索引列。

```
df.to_excel("movie.xlsx", index=False)
```

## 本章小结

本章详细介绍了 Python 进行数据分析的一个重要的第三方库——pandas，重点介绍了 pandas 库包括的两个重要的数据类型——Series 和 DataFrame 对象的各类操作，最后介绍了用 pandas 库进行数据分析的一个实例。

## 课后习题

1. 创建一个包含四列数据的 pandas 的 DataFrame：姓名（Name）、年龄（Age）、城市（City）、职业（Occupation）。然后打印 DataFrame。

2. 使用 info()方法查看创建的 DataFrame 的基本信息。

3. 从创建的 DataFrame 中选择年龄列（Age），并将其存储成一个 Series。

4. 计算创建的 DataFrame 中所有年龄的平均值。

5. 读取和写入 CSV 文件,将上述 DataFrame 中的数据存储在 read_csv,并使用 read_csv 方法从"data.csv"文件读取数据,然后使用 to_csv 方法将筛选后的数据(年龄大于 30)保存到"filtered_data.csv"文件中。

# 第十一章
# 可视化利器：Matplotlib 和 seaborn

💡 **全章提要**

- 第一节　Matplotlib 库绘制可视化图表
- 第二节　seaborn 绘制数据分析图表
- 第三节　金融数据的可视化

本章小结

课后习题

数据可以被视为"观测值",是通过观察、实验或测量等方式收集到的结果,是对现实世界的记录。通常,数据以数值形式呈现。数据可视化则是通过采集、清洗、预处理、分析等一系列步骤来构建数据模型,并最终将数据转化为图形的过程。通过图形化呈现,数据所蕴含的内在"信息"得以直观展示,使决策者能够更容易地从图形中洞察分析结果,从而更清晰地理解业务趋势或发现潜在的新业务模式。

## 第一节 Matplotlib 库绘制可视化图表

### 一、Matplotlib 简介

Matplotlib 是 Python 中最常用的数据可视化库之一,由约翰·亨特(John Hunter)于 2002 年创建,旨在提供一个类似于 MATLAB 的绘图框架,但完全用 Python 编写,提供更强的灵活性与扩展性。Matplotlib 是建立在 numpy 数组运算基础上的,它可以方便地绘制多种图形,如折线图、直方图、条形图、散点图等。由于其强大的功能和灵活性,Matplotlib 通常是学习其他可视化库(如 seaborn、Pyecharts 等)的"前奏"。

Matplotlib 库的导入方式如下:

```
import matplotlib.pyplot as plt
```

### 二、Matplotlib 参数配置

#### (一)线条的设置

在 Matplotlib 中可以很方便地绘制各种图形。在默认情况下,它会使用一组默认的参数,通过调整这些参数,可以定制图形的样式和外观。以下是绘制简单折线图的代码示例:

```
#导入绘图相关模块
import matplotlib.pyplot as plt
import numpy as np
x = np.arange(0,30,1)  #生成数据
y1 = 3*np.sin(2*x) + 2*x + 1
y2 = 2*np.cos(2*x) + 3*x + 9
plt.plot(x,y1)  #绘制图形
plt.plot(x,y2)
plt.show()  #输出图形
```

运行上述代码,生成简单折线图如图 11—1 所示。

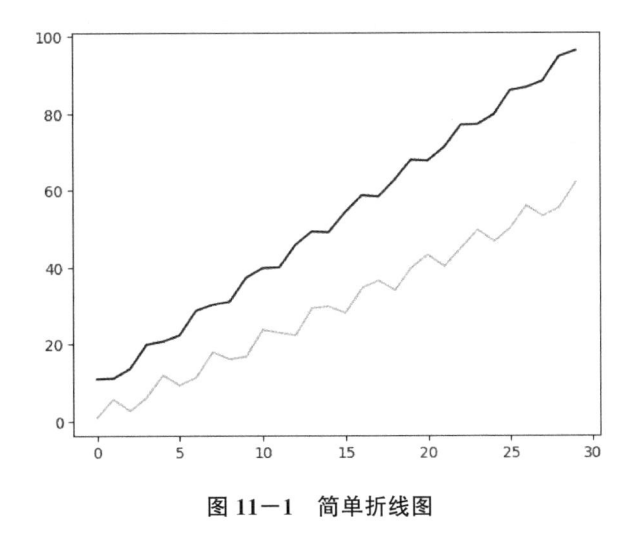

图 11-1 简单折线图

此时的折线图是基础性的。如果需要进行更精细的定制,如设置折线的样式、颜色、宽度,以及添加点并设置点的样式、颜色、大小等,就需要调整参数。优化后的代码示例如下:

```
#导入绘图相关模块
import matplotlib.pyplot as plt
import numpy as np

x = np.arange(0,30,1) #生成数据
y1 = 3*np.sin(2*x) + 2*x + 1
y2 = 2*np.cos(2*x) + 3*x + 9
plt.plot(x,y1,linestyle='-.',color='red',linewidth=5.0) #设置线的颜色,线宽,样式
plt.plot(x,y2,marker='*',color='green', markersize=10) #添加点,设置点的样式,颜色,大小
plt.show() #输出图形
```

运行上述代码,生成优化后的折线图如图 11-2 所示。

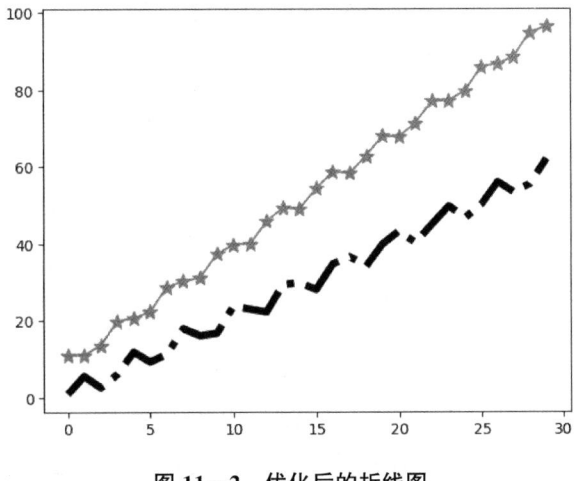

图 11-2 优化后的折线图

Matplotlib 配置了配色方案和默认设置,用于准备发布的图片。Matplotlib 有两种设置参数的方式:全局参数定制和 rc 设置。查看 rc 参数的程序如下:

```
import matplotlib as plt
print(plt.rc_params())
```

rc 设置的方式是通过 Python 程序修改 rc 参数,参数名称及其取值如表 11-1 所示。

表 11-1　　　　　　　　　　　　rc 参数名称及其取值

| rc 参数名称 | 含义 | 说　明 |
| --- | --- | --- |
| lines.linewidth | 线条宽度 | 取 0~10 的数值,默认为 1.5 |
| lines.linestyle | 线条样式 | 取值为"-""--""-."和":"4 种,默认为"-" |
| lines.marker | 线条上点的形状 | 取值为"o""O"等 20 种,默认为 None |
| lines.markersize | 点的大小 | 取 0~10 的数值,默认为 1 |
| lines.color | 线条颜色 | 取各种颜色参数 |

Matplotlib 线条常见颜色参数说明如表 11-2 所示。

表 11-2　　　　　　　　**Matplotlib 的线条 color 参数的常见颜色**

| color 参数取值 | 代表的颜色 | color 颜色参数 | 代表的颜色 |
| --- | --- | --- | --- |
| blue | 蓝色 | magenta | 洋红色 |
| green | 绿色 | yellow | 黄色 |
| red | 红色 | black | 黑色 |
| cyan | 青色 | white | 白色 |

Matplotlib 允许为不同的线条添加不同的标记,以显示区别。线条标记 marker 参数说明如表 11-3 所示。

表 11-3　　　　　　　　**Matplotlib 线条 marker 参数的常见取值**

| Marker 参数取值 | 含义 | Marker 参数取值 | 含义 |
| --- | --- | --- | --- |
| o | 圆圈 | . | 点 |
| D | 菱形 | s | 正方形 |
| H1 | 六边形 1 | * | 星号 |
| H2 | 六边形 2 | d | 小菱形 |
| — | 水平线 | v | 一角向下的三角形 |
| 8 | 八边形 | < | 一角向左的三角形 |
| p | 五边形 | > | 一角向右的三角形 |
| , | 像素 | ^ | 一角向上的三角形 |

续表

| Marker 参数取值 | 含义 | Marker 参数取值 | 含义 |
| --- | --- | --- | --- |
| + | 加号 | \| | 竖线 |
| None | 无 | x | X |

由于在默认情况下，Pyplot 的字体并不支持中文字符的显示，因此，必须通过设置 font.sans-serif 参数来更改绘图时使用的字体，以确保图形能够正确显示中文。此外，更改字体可能会导致坐标轴中的某些字符无法显示，针对这一问题，需要同时调整 axes.unicode_minus 参数，如下所示：

```
plt.rcParams['font.family'] = ['SimHei']  # 用来显示中文
plt.rcParams['axes.unicode_minus'] = False  # 用来正常显示负号
```

以下示例展示了通过设置 rc 参数来实现字体的更改以及负号的展示：

```
import numpy as np
import matplotlib.pyplot as plt
fig, ax = plt.subplots()
plt.rcParams['font.family'] = ['SimHei']  # 用来显示中文
plt.rcParams['axes.unicode_minus'] = False  # 用来正常显示负号

def f(t):
    return np.cos(2*np.pi*t)
x1 = np.arange(0.0, 4.0, 0.5)
x2 = np.arange(0.0, 4.0, 0.01)
plt.figure(1)
plt.axis('off')
plt.subplot(1,2,1)  # 设置1行2列2个子图，绘制第一个子图
plt.plot(x1, f(x1),'bo',x2, f(x2), 'k')
plt.title('子图1')
plt.subplot(1,2,2)  # 绘制第二个子图
plt.plot(np.cos(2*np.pi*x2),'r--')
plt.title('子图2')
plt.show()
```

程序执行结果如图 11-3 所示。

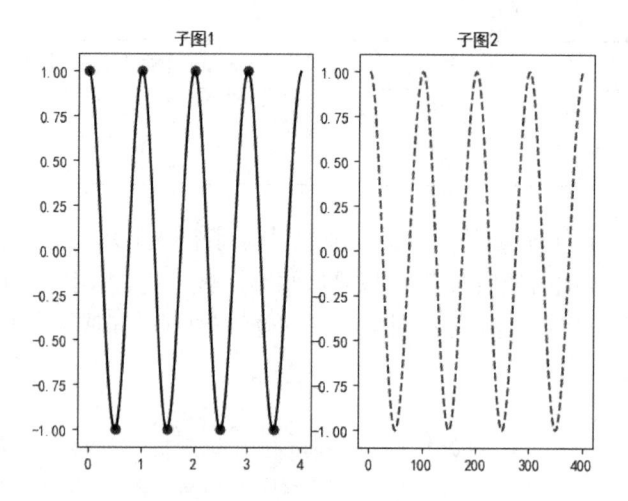

图 11-3　更改字体与线条的折线图

以下示例展示了如何通过设置 rc 参数来绘制不同类型的折线：

```
import numpy as np
import matplotlib.pyplot as plt

fig = plt.figure()
ax = fig.add_subplot(1,1,1)
ax.plot(np.random.randn(30).cumsum(),color='black',linestyle=':',marker='o',label='one')
ax.plot(np.random.randn(30).cumsum(),color='green',linestyle=':',marker='+',label='two')
ax.plot(np.random.randn(30).cumsum(),color='red',linestyle=':',marker='v',label='three')
ax.legend(loc = 'best')
```

程序执行结果如图 11-4 所示。

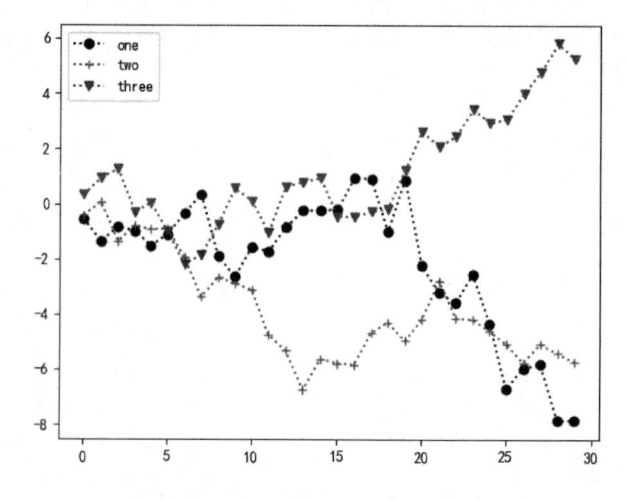

图 11-4　更改样式的折线图

- 228 -

## (二)坐标轴的设置

在 Matplotlib 中,可以通过 plt. xlim()和 plt. ylim()方法分别设置 x 轴和 y 轴的坐标范围。这两个方法分别有两个参数,可以设置坐标轴的最小值和最大值。例如,设置横坐标轴的刻度为 0~30,纵坐标轴的刻度为 0~100。坐标轴设置的程序如下,对应的生成结果如图 11-5 所示。

```
#导入绘图相关模块
import matplotlib.pyplot as plt
import numpy as np

x = np.arange(0,30,1)  #生成数据
y1 = 3*np.sin(2*x) + 2*x + 1
y2 = 2*np.cos(2*x) + 3*x + 9

plt.plot(x,y1,linestyle='-.',color='red',linewidth=5.0) #设置线的颜色,线宽,样式
plt.plot(x,y2,marker='*',color='green',markersize=10) #添加点,设置点的样式,颜色,大小
plt.xlim(0,30)  #设置 x 轴的刻度
plt.ylim(0,100)  #设置 y 轴的刻度
plt.show()  #输出图形
```

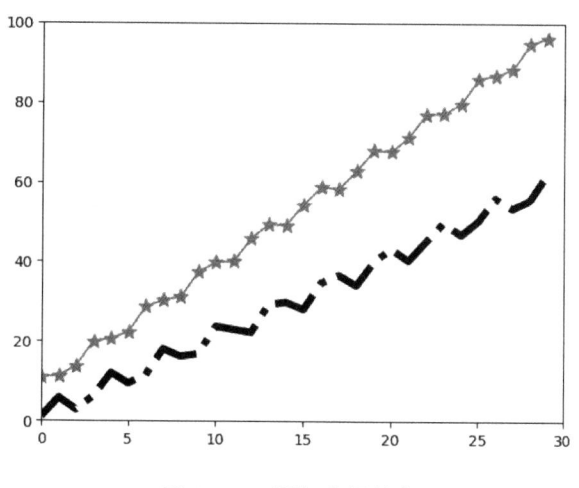

**图 11-5　添加坐标刻度**

在 Matplotlib 中,可以使用 plt. xlable()和 plt. ylabel()函数设置坐标轴的标签。其中,label 参数用于设置标签的内容,size 参数用于设置标签的大小,rotation 参数用于设置标签的旋转度,verticalalignment 参数用于设置标签的上、中、下位置。例如,为横轴和纵轴分别添加标签"Day"和"Amount",以及设置标签的大小、旋转度和位置,示例代码如下:

```
import numpy as np
import matplotlib.pyplot as plt

x = np.arange(0,30,1)  #生成数据并绘图
y1 = 3*np.sin(2*x) + 2*x + 1
y2 = 2*np.cos(2*x) + 3*x + 9

plt.plot(x,y1,linestyle='-.',color='red',linewidth=5.0) #设置线的颜色,线宽,样式
plt.plot(x,y2,marker='*',color='green',markersize=10) #添加点,设置点的样式,颜色,大小
plt.xlabel('Day',size=16) #给 x 轴加上标签
plt.ylabel('Amount',size=16,rotation=90,verticalalignment='center') #给 y 轴加上标签
plt.xlim(0,30)  #设置 x 轴的刻度
plt.ylim(0,100)  #设置 y 轴的刻度
plt.show()  #输出图形
```

运行上述代码,生成结果如图 11-6。

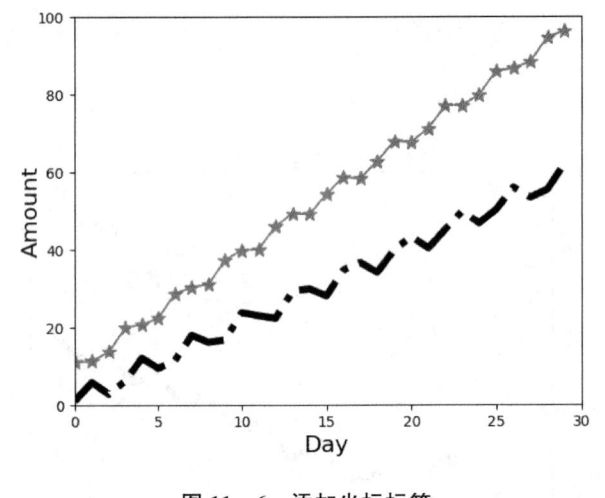

图 11-6 添加坐标标签

在 Matplotlib 中还可以导入 MultipleLocator 库用于设置坐标轴刻度的间隔。例如,要修改图 11-4,将横轴的间隔调整为 2,纵轴的间隔调整为 10,对应的代码如下：

```
import numpy as np
import matplotlib.pyplot as plt
#从 pyplot 导入 MultipleLocator 类,用于设置刻度间隔
from matplotlib.pyplot import MultipleLocator
```

```
x = np.arange(0,30,1)  #生成数据并绘图
y1 = 3*np.sin(2*x) + 2*x + 1
y2 = 2*np.cos(2*x) + 3*x + 9
plt.plot(x,y1,linestyle='-.',color='red',linewidth=5.0) #设置线的颜色, 线宽, 样式
plt.plot(x,y2,marker='*',color='green',markersize=10) #添加点, 设置点的样式, 颜色, 大小
plt.xlabel('Day',size=16) #给 x 轴加上标签
plt.ylabel('Amount',size=16,rotation=90,verticalalignment='center') #给 y 轴加上标签

#自定义坐标轴刻度
x_major_locator=MultipleLocator(2) #把 x 轴的刻度间隔设置为 2, 并存在变量里
y_major_locator=MultipleLocator(10) #把 y 轴的刻度间隔设置为 10, 并存在变量里
ax=plt.gca() #ax 为两条坐标轴的实例
ax.xaxis.set_major_locator(x_major_locator) #把 x 轴的主刻度设置为 2 的倍数
ax.yaxis.set_major_locator(y_major_locator) #把 y 轴的主刻度设置为 10 的倍数
plt.xlim(0,30) #把 x 轴的刻度范围设置为 0 到 30
plt.ylim(0,100) #把 y 轴的刻度范围设置为 0 到 100
plt.show() #输出图形
```

运行上述代码,结果如图 11—7 所示。

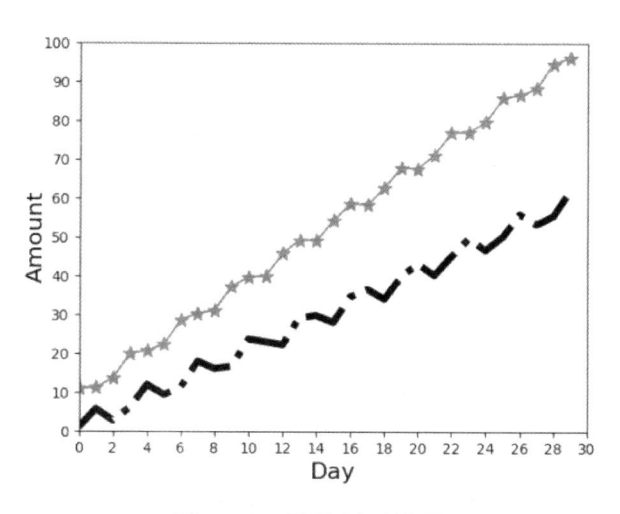

图 11—7　设置坐标轴间隔

(三)图例的设置

图例是集中于图形一角或一侧,用各种符号和颜色对所代表的内容和指标的说明,它有助于我们更好地认识图形。在默认情况下,在 Matplotlib 中不带参数调用 plt.legend()函数会自动获取图例的相关标签,也可以对它进行自定义设置,如下所示:

运行以上程序,生成图 11—8。

```
import numpy as np
import matplotlib.pyplot as plt

x = np.arange(0,30,1)  #生成数据并绘图
y1 = 3*np.sin(2*x) + 2*x + 1
y2 = 2*np.cos(2*x) + 3*x + 9
plt.plot(x,y1,linestyle='-.',color='red',linewidth=5.0,label='convert A')  #设置线的颜色、线宽等
plt.plot(x,y2,marker='*',color='green',markersize=10,label='convert B')  #设置点的样式等
plt.xlabel('Day',size=16)  #给 x 轴加上标签
plt.ylabel('Amount',size=16,rotation=90,verticalalignment='center')  #给 y 轴加上标签
plt.xlim(0,30)  #设置 x 轴的刻度
plt.ylim(0,100)  #设置 y 轴的刻度
plt.legend(labels=['Sales', 'Profit'],loc='upper left',fontsize=15) #设置图例
plt.show()  #输出图形
```

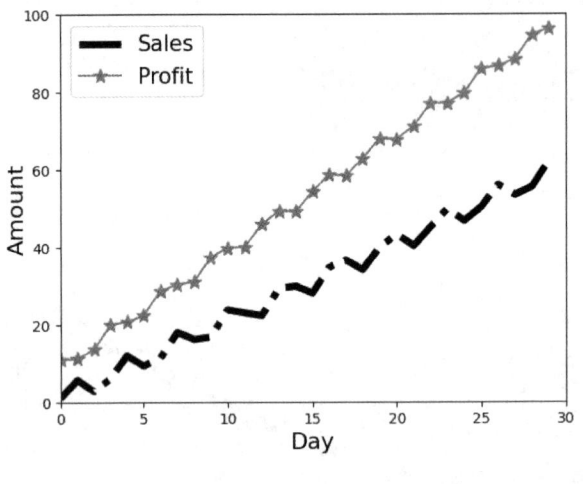

图 11—8　添加图例

### (四)其他绘图参数

在 Matplotlib 中,除了可以设置线条、坐标轴、图例外,还可以采用 plt.figure()方法设置图形的大小,使用 plt.title()方法为图表添加标题等。

```
plt.figure(figsize=(8, 6))
plt.title('Example Plot', fontsize=14)
```

### (五)Matplotlib 绘图函数概述

Matplotlib 中的 pyplot 模块提供一系列类似 MATLAB 函数的命令式函数,如表 11—4 所示,用户可以使用这些基础函数来绘制不同类型的图形。

表 11－4　　　　　　　　　　　　　Matplotlib 的基础图形函数

| 函数 | 说明 | 函数 | 说明 |
| --- | --- | --- | --- |
| plot() | 绘制线图和散点图 | hist() | 绘制直方图 |
| boxplot() | 绘制箱型图 | contour() | 绘制等值图 |
| bar() | 绘制条形图 | vlines() | 绘制垂直图 |
| barh() | 绘制横向条形图 | stem() | 绘制柴火图 |
| polar() | 绘制极坐标图 | plot_date() | 绘制数据-日期图 |
| pie() | 绘制饼图 | clabel() | 绘制轮廓图 |
| psd() | 绘制功率谱密度图 | hist2d() | 绘制 2D 直方图 |
| specgram() | 绘制谱图 | quiverkey() | 绘制颤动图 |
| cohere() | 绘制相关性函数 | stackplot() | 绘制堆积面积图 |
| scatter() | 绘制散点图 | violinplot() | 绘制小提琴图 |
| step() | 绘制步阶图 | | |

　　Matplotlib 提供了丰富的图形类型，能够满足大多数数据可视化的需求。以下示例展示了使用 Matplotlib 的图形函数绘制一个简单的直方图，图 11－9 展示了示例代码生成的直方图。

```
import matplotlib.pyplot as plt
import numpy as np

data1 = np.random.normal(0, 1, 1000) # 生成三组随机数据
data2 = np.random.normal(2, 1, 1000)
data3 = np.random.normal(-2, 1, 1000)

# 绘制直方图，数据范围分为 30 个等宽区间，每个直方图颜色透明度为 50%
plt.hist(data1, bins=30, alpha=0.5, label='Data 1')
plt.hist(data2, bins=30, alpha=0.5, label='Data 2')
plt.hist(data3, bins=30, alpha=0.5, label='Data 3')

plt.title('RUNOOB hist() TEST') # 设置图表属性
plt.xlabel('Value')
plt.ylabel('Frequency')
plt.legend() # 显示图例
plt.show() # 显示图表
```

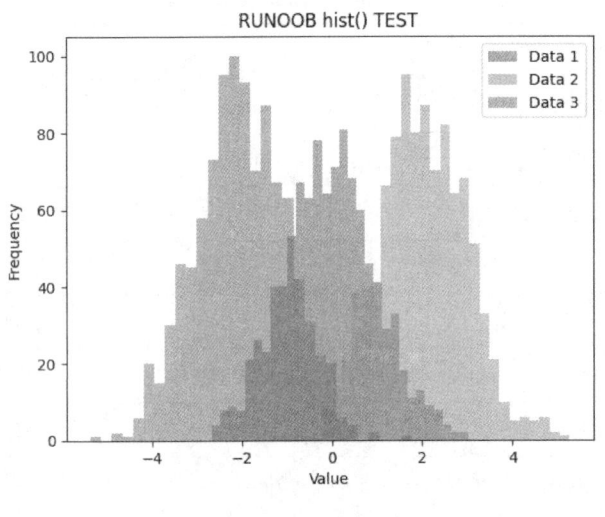

图 11—9　示例直方图

## 第二节　seaborn 绘制数据分析图表

### 一、seaborn 简介

seaborn 是基于 Matplotlib 的一个高级接口,它简化了绘图过程并提供更为美观的图表。seaborn 能够使我们更加方便地绘制统计图形,在默认情况下,其绘图结果比 Matplotlib 更具吸引力。seaborn 的使用方法与 Matplotlib 相似,它作为 Matplotlib 的补充而非替代。

使用 seaborn 时,其常见的导入方式如下:

```
import seaborn as sns
```

### 二、seaborn 绘图风格设置

在数据可视化中,图表的美观度是用户关注的重要因素。seaborn 提供了多种绘图风格,可通过 set_style()方法进行设置。常见的风格有 darkgrid、dark、whitegrid、white 和 ticks,其中,默认的风格是 darkgrid。这些风格适合不同的应用和个人喜好。下面逐一介绍这 5 种绘图风格。

#### (一)darkgrid 绘图风格

seaborn 的 darkgrid 绘图风格的图形上有网格,它可以帮助我们定量地查找数据并且灰色背景上的白色网格线可以防止网格线和数据线的冲突。绘制箱形图的代码如下,运行结果如图 11—10 所示。

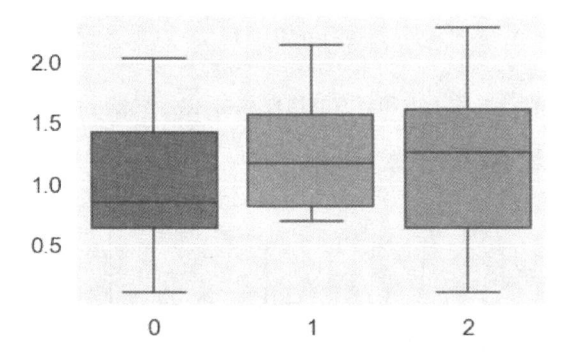

```
import seaborn as sns
sns.set_style("darkgrid")
sns.set_context("notebook", font_scale=1.5, rc={"lines.linewidth":
2.5})
data = [[1.023312, 0.111484, 0.624475, 0.682342, 1.551981, 2.029264],
        [0.701567, 0.807321, 0.866991, 1.592059, 1.461618, 2.131652],
        [0.110403, 0.523769, 0.985059, 1.524016, 1.635007, 2.279868]]
sns.boxplot(data=data)
```

图 11－10　使用 darkgrid 绘图风格绘制的箱形图

### (二) dark 绘图风格

seaborn 的 dark 绘图风格可以使用 seaborn 的 despine() 方法来删除图形上不必要的轴线。绘制箱形图的示例代码如下，运行结果如图 11－11 所示。

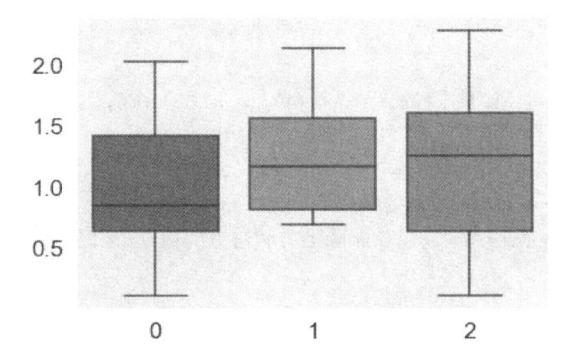

```
import seaborn as sns
sns.set_style("dark")
sns.set_context("notebook", font_scale=1.5, rc={"lines.linewidth": 2.5})
data = [[1.023312, 0.111484, 0.624475, 0.682342, 1.551981, 2.029264],
        [0.701567, 0.807321, 0.866991, 1.592059, 1.461618, 2.131652],
        [0.110403, 0.523769, 0.985059, 1.524016, 1.635007, 2.279868]]
sns.boxplot(data=data)
sns.despine()
```

图 11－11　使用 dark 绘图风格绘制的箱形图

## (三)whitegrid 绘图风格

seaborn 的 whitegrid 绘图风格可以使用 seaborn 的 despine()方法默认删除图形上方和右方的轴线。绘制箱形图的代码如下，运行结果如图 11—12 所示。

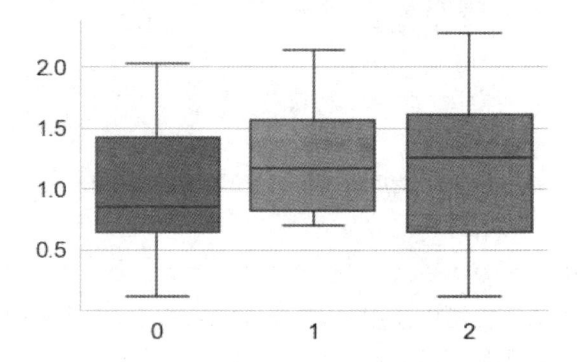

```
import seaborn as sns
sns.set_style("whitegrid")
sns.set_context("notebook", font_scale=1.5, rc={"lines.linewidth": 2.5})
data = [[1.023312, 0.111484, 0.624475, 0.682342, 1.551981, 2.029264],
        [0.701567, 0.807321, 0.866991, 1.592059, 1.461618, 2.131652],
        [0.110403, 0.523769, 0.985059, 1.524016, 1.635007, 2.279868]]
sns.boxplot(data=data)
sns.despine()    #默认删除上方和右方的边框 sns.despine()
```

图 11—12　使用 whitegrid 绘图风格绘制的箱形图

## (四)white 绘图风格

seaborn 的 white 绘图风格可以通过 despine()控制图形上哪条轴线被删除。例如，使用 despine(left=True)删除左方的轴线，绘制箱形图的代码如下，运行结果如图 11—13 所示。

```
import seaborn as sns
sns.set_style("white")
sns.set_context("notebook", font_scale=1.5, rc={"lines.linewidth": 2.5})
data = [[1.023312, 0.111484, 0.624475, 0.682342, 1.551981, 2.029264],
        [0.701567, 0.807321, 0.866991, 1.592059, 1.461618, 2.131652],
        [0.110403, 0.523769, 0.985059, 1.524016, 1.635007, 2.279868]]
sns.boxplot(data=data)
sns.despine(left=True)    #默认删除上方和右方的边框，以及删除左边边框
```

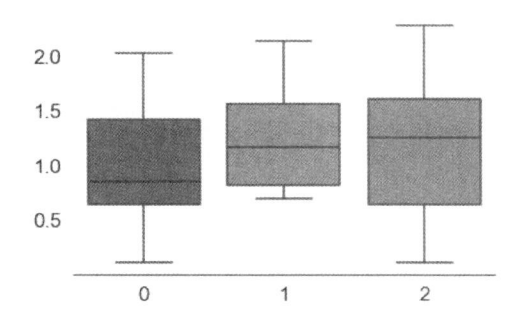

图 11-13　使用 white 绘图风格绘制的箱形图

### (五)ticks 绘图风格

seaborn 的 ticks 绘图风格可以在 y 轴上添加数值刻度。绘制箱形图的代码如下,运行结果如图 11-14 所示。

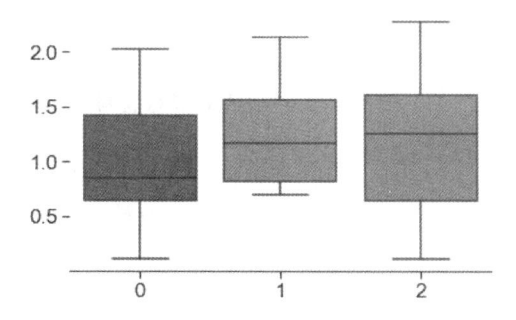

```
import seaborn as sns
sns.set_style("ticks")
sns.set_context("notebook", font_scale=1.5, rc={"lines.linewidth":
2.5})
data = [[1.023312, 0.111484, 0.624475, 0.682342, 1.551981, 2.029264],
       [0.701567, 0.807321, 0.866991, 1.592059, 1.461618, 2.131652],
       [0.110403, 0.523769, 0.985059, 1.524016, 1.635007, 2.279868]]
sns.boxplot(data=data)
sns.despine(left=True)    # 默认删除上方、右测和左测的边框
```

图 11-14　使用 ticks 绘图风格绘制的箱形图

在绘图的过程中,来回切换风格很容易,也可以在 with 语句中使用 axes_style()方法来临时设置绘图参数。绘制复合箱形图的示例代码如下,运行结果如图 11-15 所示。

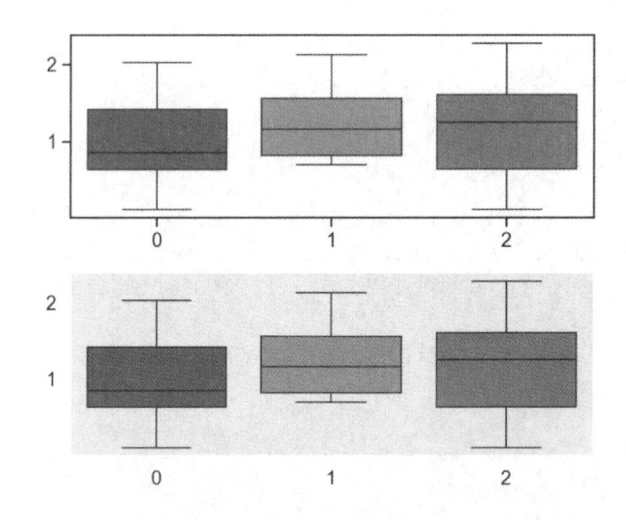

```
import seaborn as sns
import matplotlib.pyplot as plt
sns.set_context("notebook", font_scale=1.2, rc={"lines.linewidth": 2.5})
data = [[1.023312, 0.111484, 0.624475, 0.682342, 1.551981, 2.029264],
        [0.701567, 0.807321, 0.866991, 1.592059, 1.461618, 2.131652],
        [0.110403, 0.523769, 0.985059, 1.524016, 1.635007, 2.279868]]
with sns.axes_style("ticks"):
    plt.subplot(211)
    sns.boxplot(data=data)
sns.set_style("dark")
plt.subplot(212)
sns.boxplot(data=data)
```

图 11－15　使用临时设置的绘图参数绘制的箱形图

如果需要定制 seaborn 的绘图风格，就可以将一个字典参数传递给 axes_style()和 set_style()的参数 rc，从而覆盖风格定义中的部分参数。可以调用以下方法查看方法中的具体参数：

```
sns.axes_style()
```

调用后将会返回如下配置信息：

```
{'axes.facecolor': '#EAEAF2',
 'axes.edgecolor': 'white',
 'axes.grid': False,
 'axes.axisbelow': True,
 'axes.labelcolor': '.15',
 'figure.facecolor': 'white',
 'grid.color': 'white',
 'grid.linestyle': '-',
 'text.color': '.15',
 'xtick.color': '.15',
 'ytick.color': '.15',
 'xtick.direction': 'out',
 'ytick.direction': 'out',
 'lines.solid_capstyle': <CapStyle.round: 'round'>,
 'patch.edgecolor': 'w',
 'patch.force_edgecolor': True,
 'image.cmap': 'rocket',
 'font.family': ['sans-serif'],
 'font.sans-serif': ['Arial',
  'DejaVu Sans',
  'Liberation Sans',
  'Bitstream Vera Sans',
  'sans-serif'],
 'xtick.bottom': False,
 'xtick.top': False,
 'ytick.left': False,
 'ytick.right': False,
 'axes.spines.left': True,
 'axes.spines.bottom': True,
 'axes.spines.right': True,
 'axes.spines.top': True}
```

我们可以自定义设置这些参数。例如，对 axes.facecolor 进行设置（背景色设置），绘制箱形图的程序如下，运行结果如图 11-16 所示。

```
import seaborn as sns
sns.set_style("white", {"axes.facecolor": '#FFFAFA'})
data = [[1.023312, 0.111484, 0.624475, 0.682342, 1.551981, 2.029264],
        [0.701567, 0.807321, 0.866991, 1.592059, 1.461618, 2.131652],
        [0.110403, 0.523769, 0.985059, 1.524016, 1.635007, 2.279868]]
sns.boxplot(data=data)
```

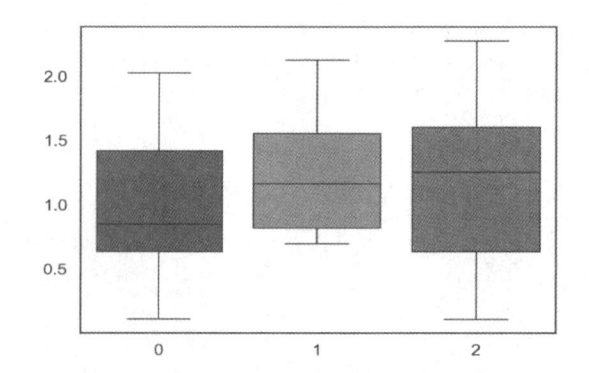

图 11—16　使用自定义设置参数的绘图风格绘制的箱形图

此外，seaborn 可以通过参数控制绘图元素的比例。seaborn 有 4 种预置的环境，按从小到大排列分别为 paper、notebook、talk、poster，默认设置为 notebook。例如，通过 set_context()方法缩放坐标轴刻度字体的大小、线条的宽度等，绘制箱形图的程序如下，运行结果如图 11—17 所示。

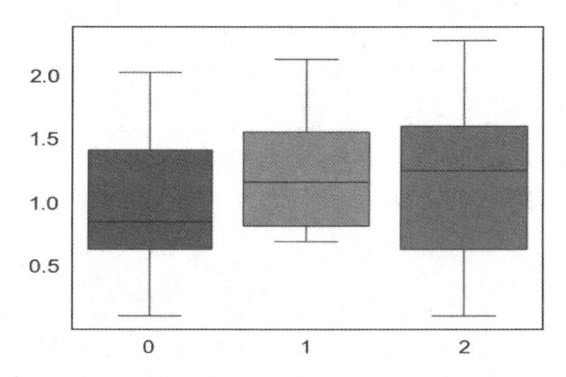

```
import seaborn as sns
sns.set_style("white", {"axes.facecolor": '#FFFAFA'})
sns.set_context("notebook", font_scale=1.5, rc={"lines.linewidth": 2.5})
data = [[1.023312, 0.111484, 0.624475, 0.682342, 1.551981, 2.029264],
        [0.701567, 0.807321, 0.866991, 1.592059, 1.461618, 2.131652],
        [0.110403, 0.523769, 0.985059, 1.524016, 1.635007, 2.279868]]
sns.boxplot(data=data)
```

图 11—17　使用控制比例的绘图风格绘制的箱形图

## 第三节　金融数据的可视化

金融数据是指金融行业所涉及的市场数据、公司数据、行业指数和定价数据等数据的统称，凡是与金融行业相关的数据都可以归入金融市场的数据体系中。

### 一、时序数据与金融数据可视化概述

在金融市场中，金融数据根据采样频率的不同，可以分为低频数据（Low Frequency Data）、高频数据（High Frequency Data）和超高频数据（Ultra-high Frequency Data）。低频数据通常是以年、月、周、日等为采样间隔的数据。高频数据通常是以时、分甚至秒为采样间隔的数据。超高频数据也被称为交易数据，是指在金融市场中实时采集的交易数据，其采样频率达到极限，记录下每一笔交易的详细信息。

有时，为了减少数据量，金融数据会进行离散抽取，但这会导致丢失一些有价值的信息。具体来说，采样频率越高，丢失的信息就越少；反之，采样频率越低，丢失的信息就越多。因此，超高频数据相较于低频数据，能够包含更多有用的信息，在数据分析中具有更大的优势。

金融数据可视化有助于我们理解股票、商品等价格如何随时间变化。此外，数据可视化还可以通过添加其他指标（如趋势、交易量、交易额等）来展示价格信号。

基于金融数据的独特性质，其可视化方法与其他数据类型有所不同。金融数据的可视化通常需要与金融计算功能相结合，并将金融函数与统计分析及可视化框架整合。常见的金融数据可视化方法包括 K 线图、OHLC 图、Renko 图、MACD 图、BOLL 图、RSI 图等。

### 二、K 线图应用场景及实例

K 线图又称蜡烛图，是一种常用于反映股票或其他金融产品价格走势的图形工具。它基于四个关键数据指标：开盘价、最高价、最低价和收盘价。这四个指标共同构成了每根 K 线，进而反映了股票的价格波动情况。如果将每日的 K 线图合并在一起，就得到了日 K 线图。此外，还可以绘制周 K 线图、月 K 线图等，以便分析不同时间周期内的市场变化。K 线图起源于日本德川幕府时期的米市交易，用于分析米价的每日涨跌。后来，这一方法被引入股票市场，并广泛应用于金融分析中。如今，K 线图已成为股票市场技术分析中不可或缺的工具。

K 线图通常用于显示和分析证券、股票、债券等金融产品的价格随时间变化的波动。每根 K 线提供了开盘价、最高价、最低价和收盘价等信息，以帮助分析师识别市场的走势和价格模式。图 11－18 展示了某公司股票的日 K 线图。

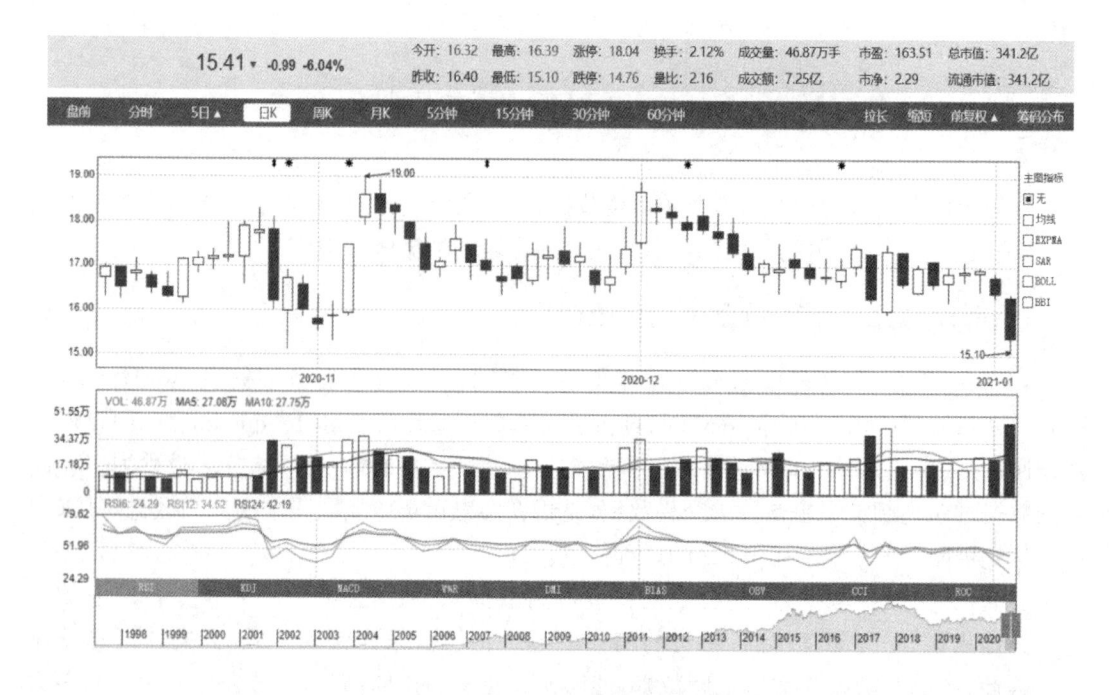

图 11—18　日 K 线图示例

为了分析某企业的股票价格走势，我们可以利用 Python 绘制其股票价格的 K 线图。例如，绘制该企业 2020 年 6 月股票价格的 K 线图，横轴表示日期，纵轴表示股票价格。示例代码如下：

```python
import pandas as pd
import mplfinance as mpf

df = pd.read_csv("./stocks.csv",index_col="trade_date")
# 设置坐标为时间序列
df.index = pd.date_range(start='1/2/2020', periods=len(df), freq='D')

# 绘制 K 线图
mpf.plot(
    df[:20],              # 显示前 20 天的 K 线图
    type='candle',        # 类型为蜡烛图（candlestick）
    style='yahoo',        # 绘图样式（支持多种样式，如 `yahoo`、`charles` 等）
    ylabel='Price',       # 设置 y 轴标签
)
```

在 Jupyter notebook 中运行上述代码后，生成的 K 线图如图 11—19 所示。

图 11-19　20 日的 K 线图

### 三、MACD 图应用场景及其实例

指数平滑移动平均线（Moving Average Convergence Divergence，MACD）是由美国分析师杰拉尔德·阿佩尔（Gerald Appel）在 1979 年发明的一种技术分析工具，被广泛应用于股票、期货等市场分析中。MACD 图反映了快速和慢速移动平均线之间的聚合与分离情况，能够有效揭示买卖信号。图 11-20 为某公司股票价格的月度 MACD 图，展示了股票价格的趋势和反转点。

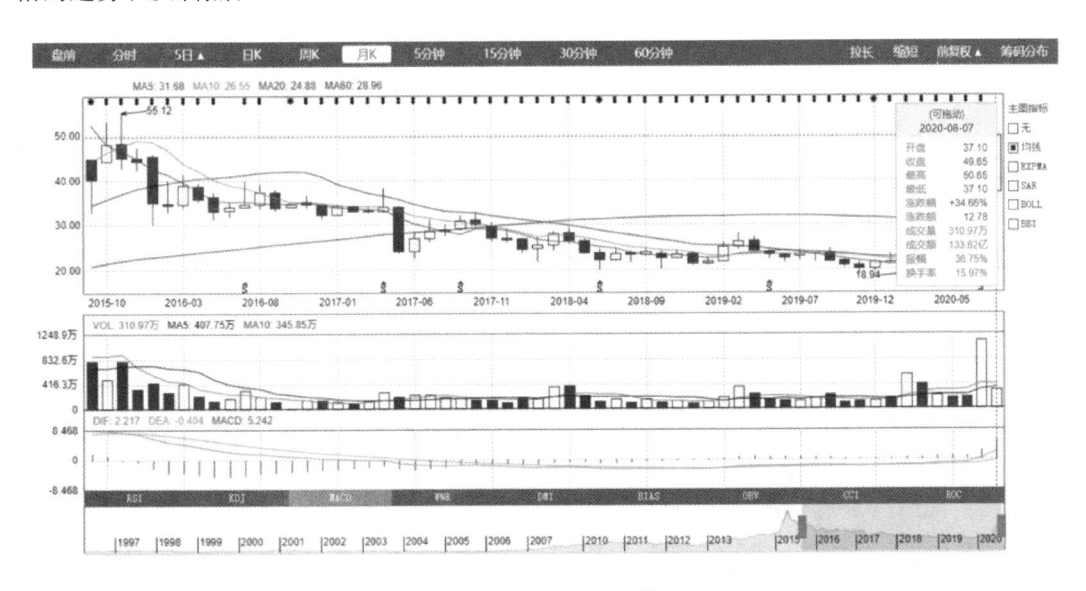

图 11-20　MACD 图

为了深入分析某企业的股票价格走势,我们可以使用企业股票信息表(stocks.csv)中的数据,利用 Matplotlib 库绘制 2020 年上半年该企业的 MACD 图。示例代码绘制三个纵向排布的子图,结果如图 11—21 所示。

```python
import pandas as pd
import matplotlib.pyplot as plt
plt.rcParams['font.sans-serif'] = ['SimHei']  # 用来正常显示中文标签
plt.rcParams['axes.unicode_minus'] = False  # 用来正常显示负号

df = pd.read_csv('stocks.csv') # 导入数据
df['trade_date'] = pd.to_datetime(df['trade_date'])
df.set_index('trade_date', inplace=True)

scale = 100 # 参数设置
num_periods_fast = 10
num_periods_slow = 40
num_periods_macd = 20
df = df.tail(scale)

df['FastEMA'] = df['close'].ewm(span=num_periods_fast, adjust=False).mean() # 计算EMA 和MACD
df['SlowEMA'] = df['close'].ewm(span=num_periods_slow, adjust=False).mean()
df['MACD'] = df['FastEMA'] - df['SlowEMA']
df['MACD_Signal'] = df['MACD'].ewm(span=num_periods_macd, adjust=False).mean()
df['MACD_Hist'] = df['MACD'] - df['MACD_Signal']

fig, ax = plt.subplots(3, 1, figsize=(10, 8),sharex='col') # 设置画布,纵向排列的三个子图
ax[0].plot(df.index, df['close'], color='g', label='ClosePrice') # 绘制K线图
ax[0].plot(df.index, df['FastEMA'], color='b', label=f'FastEMA{num_periods_fast}d')
ax[0].plot(df.index, df['SlowEMA'], color='r', label=f'SlowEMA{num_periods_slow}d')
ax[0].legend(loc='lower left')
ax[0].set_title('股票价格 MACD 图')
ax[0].set_ylabel('Close')

ax[1].plot(df.index, df['MACD'], color='k', label='MACD') # 绘制MACD 和信号线
ax[1].plot(df.index, df['MACD_Signal'], color='g',
label=f'EMA_MACD{num_periods_macd}d')
ax[1].legend(loc='lower left')

ax[2].bar(df.index, df['MACD_Hist'], color='r',alpha=0.6,label='MACD_hist') # 绘制MACD 柱形图
ax[2].axhline(0,lw=0.5, color='black')
ax[2].legend(loc='lower left')
ax[2].set_xlabel('日期')
plt.show()
```

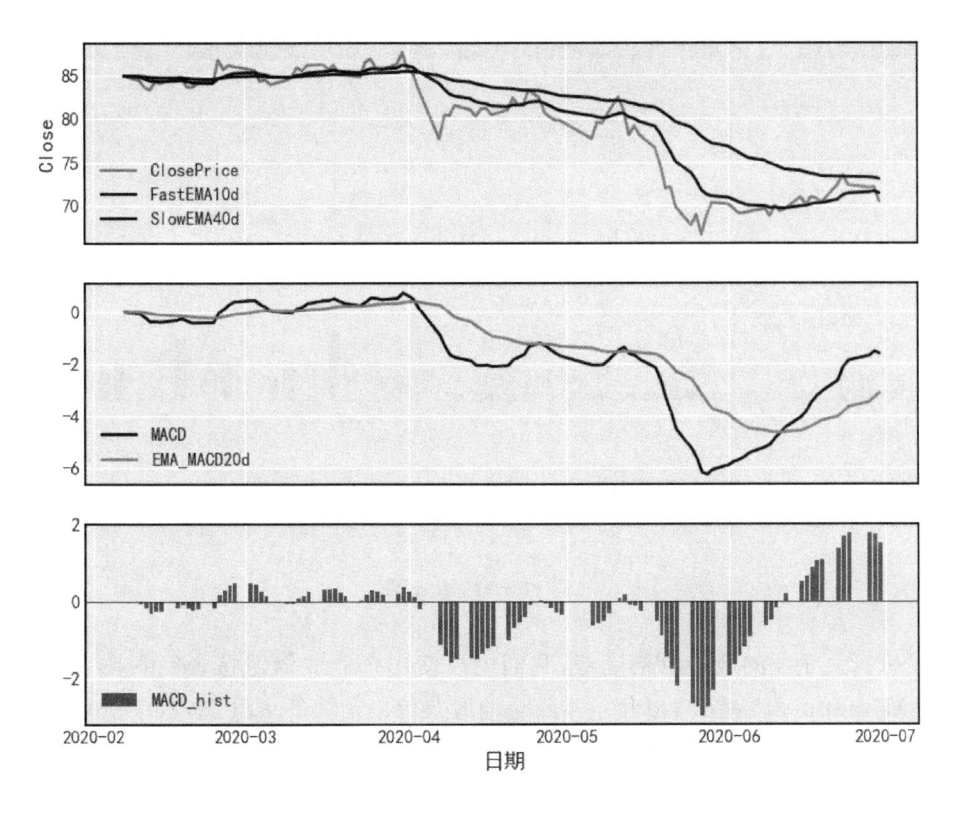

**图 11－21　股票价格 MACD 图**

### 四、RSI 图及其应用实例

相对强弱指标（Relative Strength Index，RSI）是由韦尔斯·怀尔德（Welles-Wilder）提出并设计的技术分析工具，主要用于衡量价格变动的强弱。RSI 的取值范围为 0～100，通常情况下，RSI 的值处于 80～100 表示超买，处于 50～80 表示强烈买入，处于 20～50 表示弱买入，处于 0～20 表示超卖。此外，短期 RSI 在 20 以下水平，由下往上交叉的长期 RSI 为买入信号；短期 RSI 在 80 以上水平，由上往下交叉的长期 RSI 为卖出信号。

RSI 图的优点是能够提前提示买卖双方力量的对比情况，通过比较一段时间内收盘指数或收盘价的涨跌变化来分析、测量多空双方买卖力量的强弱程度，从而判断未来股票的走势。图 11－22 展示了某公司股票价格的日 RSI 图。

图 11—22　RSI 图

为了分析某企业的股票价格走势,我们可以使用企业股票信息表(stocks.csv)中的数据,利用 Matplotib 库绘制 2020 年上半年企业股票价格走势的 RSI 图,其中横轴表示日期,纵轴表示股票的 RSI 线、RS 线和收盘,示例代码如下:

```python
import pandas as pd
import numpy as np
import matplotlib.pyplot as plt
# 设置图像标签显示中文
plt.rcParams['font.sans-serif'] = ['SimHei']
plt.rcParams['axes.unicode_minus'] = False
# 导入数据
df = pd.read_csv('stocks.csv').set_index('trade_date')
scale = 300
df = df[-scale:]
# RSI 计算
time_period = 20
delta = df['close'].diff()  # 计算每日价格变化
delta = delta[1:]    # 跳过首行(代价为 NaN)
# 分离收益和损失
gain = delta.where(delta > 0, 0)
loss = -delta.where(delta < 0, 0)
# 计算平均收益和平均损失(使用指数加权移动平均)
avg_gain = gain.ewm(com=time_period - 1, min_periods=time_period).mean()
avg_loss = loss.ewm(com=time_period - 1, min_periods=time_period).mean()
# 计算 RS 和 RSI
rs = avg_gain / avg_loss
rsi = 100 - (100 / (1 + rs))
```

```
# 合并结果到 DataFrame
df = pd.concat([df['close'],
avg_gain.rename(f'RSAvgGainOver{time_period}D'),
            avg_loss.rename(f'RSAvgLossOver{time_period}D'),
            rsi.rename(f'RSIOver{time_period}D')], axis=1)
# 绘图
fig, (ax1, ax2, ax3) = plt.subplots(3, 1, sharex=True)
# 子图 1: Close Price
df['close'].plot(ax=ax1, color='black',legend=True)
ax1.set_ylabel('Close')
ax1.legend()
# 子图 2: RS Avg Gain & Loss
df[f'RSAvgGainOver{time_period}D'].plot(ax=ax2,legend=True,c='g')
df[f'RSAvgLossOver{time_period}D'].plot(ax=ax2,legend=True,c='r')
ax2.set_ylabel('RS')
ax2.legend()
# 子图 3: RSI
df['RSIOver20D'].plot(ax=ax3, color='b',legend=True)
ax3.set_xlabel('日期')
ax3.set_ylabel('RSI')
ax3.legend(loc="upper left")
plt.show()
```

运行上述代码，生成的 RSI 图如图 11－23 所示。

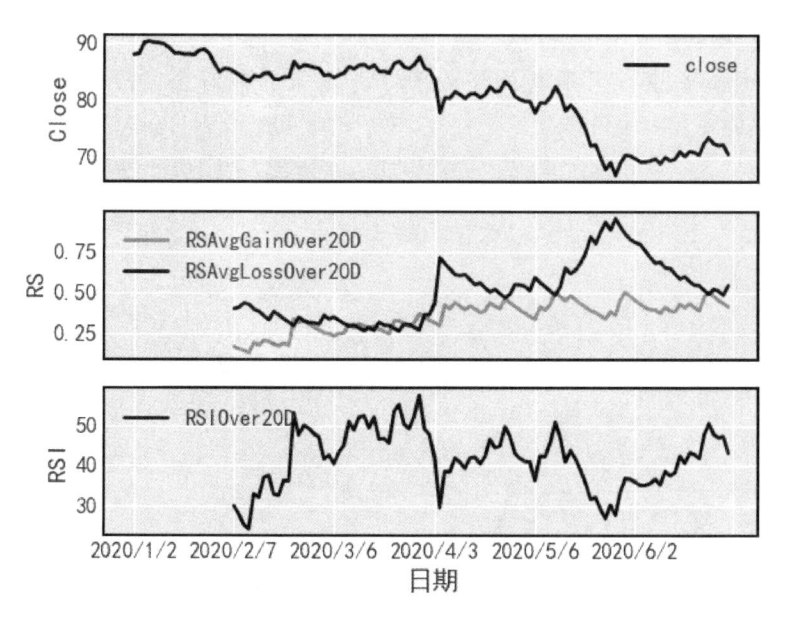

图 11－23　股票价格 RSI 图

## 本章小结

本章主要介绍了 Python 中两个强大的数据可视化库——Matplotlib 和 seaborn，以及它们在金融数据分析中的应用。首先，本章深入探讨了 Matplotlib 库，这是 Python 中最常用且功能最全面的绘图工具。通过实例讲解，本章阐述了如何使用 Matplotlib 创建各种基本图表（如折线图、柱状图和散点图等），并展示了调整图表外观以提高可读性和美观性的技巧。随后，本章介绍了 seaborn 库，这是一个基于 Matplotlib 的高级可视化工具，特别适合完成数据分析任务。seaborn 提供了更简洁的接口和更丰富的统计图表类型，同时内置了优雅的主题和颜色方案，使得数据特征的呈现更加直观易懂。最后，本章聚焦金融数据的可视化技术，详细讲解了多种专业金融图表，包括 K 线图、MACD 图和 RSI 图等。本章不仅阐述了这些图表的概念和应用场景，而且通过实例演示了如何使用 Python 绘制这些图表，为读者在金融数据分析领域提供了实用的可视化工具和方法。

## 课后习题

1. 使用 Matplotlib 绘制 x=(0,10) 的正弦函数图像并设置线形为虚线。

2. 在题 1 绘制的图像的基础上，设置 y 轴显示范围为 (−1.5,1.5)；设置 x 轴和 y 轴的标签分别为 variable x 和 value y，设置图表标题为"三角函数"并绘制背景网格。

3. 使用 seaborn 绘制一个简单的散点图，展示一组随机生成的 X 和 Y 数据点，并设置图表的颜色和样式。

4. 选用一只任意公开的股票的数据，绘制至少 10 个交易日的数据 K 线图，并解释 K 线图中每根"蜡烛"的构成。

5. 使用 Python 计算某只股票的移动平均收敛/发散指标值，并绘制该股票的 MACD 图，分析该图中的买入和卖出信号。

# 第十二章
# Python 与中文文本分析

## 全章提要

- 第一节　中文文本分析概述
- 第二节　中文分词及基本处理：jieba 库
- 第三节　中文文本分析可视化：wordcloud 库
- 第四节　中文文本分析应用：微博评论情绪分析

本章小结

课后习题

文本分析的正式名称是"自然语言处理"（Natural Language Processing，NLP），它是计算机科学和人工智能领域的重要研究方向之一。自然语言处理旨在探索如何实现人与计算机之间通过自然语言进行有效交流的理论与方法。本章将聚焦中文文本的自然语言处理，讨论最基本的处理方法，目标是从中文文本中提取特征，并通过量化这些特征来表示文本信息。

## 第一节 中文文本分析概述

随着中文信息技术的快速发展，中文文本分析已成为自然语言处理领域的重要组成部分。与英文等语言相比，中文文本处理具有其独特的挑战性。汉字的复杂性、缺乏明确的分词符号以及灵活多变的语法结构，使得中文文本处理成为一个复杂且富有挑战性的任务。克服这些困难并掌握相应的技术，对于数据分析非常重要。

### 一、中文文本处理的重要性和挑战

随着中文互联网内容的爆炸式增长，企业和科研机构对中文文本分析的需求也在迅速增加。无论是通过情感分析来获取用户反馈，还是通过自动生成摘要来提升信息检索效率，中文文本技术分析都发挥着越来越重要的作用。它能够帮助我们从海量的中文数据中提取有价值的信息，进行知识发现，并在商业决策、科学研究等领域产生深远的影响。

然而，中文文本处理面临的挑战也不容忽视，主要包括以下几个方面：

(1)无空格分隔：与英文不同，中文文本中没有空格作为词与词之间的分隔符。如何准确地进行分词成为中文文本处理的首要任务。

(2)多义词与同义词：中文语言具有丰富的多义词和同义词，如何根据上下文准确理解词语的意义是文本处理中的一大难题。

(3)字符的多样性：中文字符种类繁多，包含了简体字、繁体字、外来词以及网络用语等，这要求文本处理技术能够有效地处理这些多样化的字符。

(4)语法结构的复杂性：中文的语法结构较为灵活，且没有固定的词序。如何理解并抽取句子的语法结构是进行语义分析和文本理解时的一个挑战。

(5)缺乏标准化数据集：与英语相比，中文文本分析领域的标准化数据集和标注数据相对较少，这导致许多中文NLP任务面临训练数据不足的问题。

解决这些问题需要依赖强大的算法支持和丰富的语言资源。近年来，随着人工智能技术的快速发展，特别是大语言模型的兴起，许多中文文本处理问题逐步得到了有效解决，相关技术也日趋成熟。

### 二、中文文本处理的主要流程

中文文本处理的主要流程可以视为一系列互相关联的步骤，每个步骤都在为后续任务提供必要的支持。通常，这一流程包括以下几个重要步骤：文本预处理、分词、词性标注、特征提取与转换、文本分类和聚类等。

文本预处理是中文文本处理的基础步骤,主要包括文本清洗和标准化处理。文本数据往往包含一些无意义的噪声信息,或者存在不一致的格式,需要对其进行处理。常见的预处理任务包含:

(1)去除停用词:停用词是指在文本分析中意义不大的词汇(如"的""是""在"等),去除这些词汇有助于提高分析效率。

(2)去除特殊符号:中文文本中可能包含一些标点符号、数字、HTML 标签等,这些通常不是分析的重点,可以根据需求选择去除。

(3)大小写标准化:中文文本处理中没有大小写问题,但在处理涉及英文字母的混合文本时,需要进行统一的小写处理。

经过文本预处理步骤后,输入的文本内容会变得更加干净且结构一致,为后续的分析任务打下基础。

分词是中文文本处理中的一个核心步骤。由于中文文本不像英文那样以空格分隔单词,中文的每个字通常都是一个字符,因此将连续的汉字切分成合理的词汇(分词)是一个重大挑战。分词的准确性直接影响后续分析的效果,特别是在处理多义词、有歧义的中文文本时,分词的正确性尤为关键。

词性标注是将文本中的每个词汇标注上其对应的词性(如名词、动词、形容词等)。词性标注可以帮助我们更好地理解句子的语法结构和语义。在中文里,由于没有明确的词形变化,因此词性标注尤其重要。词性标注不仅标识词的类别,而且需要考虑词与词之间的关系。例如,"苹果"在不同语境中可能有不同的含义,如"吃苹果"或"苹果公司"。因此,正确理解上下文至关重要。

文本分类和聚类通常是中文文本处理的最后一步,主要用于将文本分配到不同的类别或将其归类到相似的群体中,常见任务包括情感分析、垃圾邮件分类、新闻分类等。文本分类的目标是将文本划分到不同的类别,情感分析、情绪分类等任务都属于文本分类的范畴。文本聚类是一种无监督学习任务,目的是将相似的文本归到同一类中,常见的方法包括 K-means、层次聚类等。

## 三、中文文本特征提取与转换

在中文文本处理的过程中,特征提取与转换是重要的一环。常见的文本特征提取方法包括词袋模型、TF-IDF 算法和 TextRank 算法。以下分别介绍这三种方法的原理和应用。

### (一)词袋模型

词袋模型(Bag of Words)是一种基础的文本表示方法。它将文本看作词的集合,而不考虑词语之间的顺序和语法结构。简单来说,词袋模型就是通过统计文本中每个词语的出现频率来表示文本的特征。

在词袋模型中,首先需要对语料库中的所有文本进行分词处理,然后将所有出现过的词语构建成一个词典。接着针对每个文本,统计其中每个词语的出现频率,并将其表示为一个向量。向量的维度即词典中词语的数量,向量中的每个元素表示该词语在该文本中的出现次数。

词袋模型的优点在于简单直观,易于实现,且适用于许多文本分类和情感分析任务。然而其缺点也很明显,主要在于其忽略了词语之间的顺序和语法关系,导致模型无法捕捉到更复杂的语义信息。

### (二)TF-IDF 算法

TF-IDF(Term Frequency-Inverse Document Frequency)是一种常用的关键词提取算法,它综合考虑了词语在文本中的频率和在整个语料库中的稀有性。这两个因素共同决定了词语的重要性。

TF(词频)表示某个词语在文档中出现的频率,计算公式如下:

$$TF(w) = \frac{词语 w 在文档中的出现次数}{文档中的总词数}$$

IDF(逆文档频率)则是衡量词语在整个语料库中的稀有性,其中为了避免除以 0,通常在分母中加 1,计算公式如下:

$$IDF(w) = \log \frac{语料库总文档数}{包含词语 w 的文档数 + 1}$$

TF 和 IDF 通过相乘的方式结合,得到每个词语的权重值,从而判断其是否为关键词。其对应公式为 TF-IDF(w) = TF(w) × IDF(w),其中 w 代表某个词语。

TF-IDF 算法的优势在于它能够同时考虑词语在单篇文本中的重要性和词语在整个语料库中的区分度,从而能够有效提取既具有高频率又具备辨识度的关键词。它适用于对某篇文本中的重要词语进行提取,常用于文本分类、信息检索等任务。

### (三)TextRank 算法

TextRank 是一种基于图的排序算法,其核心思想与 PageRank 算法类似。PageRank 最初用于网页的排名,TextRank 则应用于词语的重要性计算。TextRank 算法不依赖词语的频率,而是通过构建词语之间的关联图来度量词语之间的相似度。在 TextRank 中,每个词语都被视为图中的一个节点,节点之间的边表示词语之间的关联关系。边的权重由词语在文本中的共现关系决定。如果两个词语在一个窗口内频繁一起出现,那么它们之间的边的权重就较大。通过多次迭代计算,每个节点(词语)最终都会得到一个重要性评分。

TextRank 的优势在于,它不依赖词频信息,而是通过分析词语之间的相对关系来提取关键词。它适用于需要捕捉语义关系的任务,如摘要生成和语义分析。与 TF-IDF 相比,TextRank 能够捕捉到更多与上下文相关的语义信息,因而在一些复杂的文本分析中表现优异。

TF-IDF 和 TextRank 在实际应用中各有优缺点和侧重。对于简单的关键词提取任务,TF-IDF 是一种非常高效且易于实现的方法,而对于需要考虑语义关系和上下文的任务,TextRank 更具优势。

## 四、中文文本处理的应用场景

随着人工智能和大数据集技术的不断发展,中文文本处理技术在实际场景中的作用愈发重要,已经成为推动社会进步和商业创新的关键引擎。以下是一些典型的中文文本处理应用场景：

**（一）智能客服**

通过文本处理技术，智能客服系统能够准确理解用户的提问和需求，并根据这些信息自动生成回应。这不仅显著提高了响应效率，而且能在用户问题较为简单时避免人工干预，从而有效降低企业的运营成本。

**（二）机器翻译**

机器翻译系统不仅能实现高质量的文本翻译，而且能支持实时语音翻译和多模态翻译（如图文结合）。这些技术在跨境电商、国际会议、在线教育等领域的应用越来越广泛，为打破语言障碍、促进文化交流提供了重要支撑。

**（三）舆情监测**

通过对海量网络文本数据进行实时分析，能够快速捕捉公众对特定事件、品牌或人物的情感倾向和意见。

**（四）推荐系统**

借助中文文本处理技术分析用户的行为数据和文本反馈，能够为用户推荐个性化的商品、新闻、文章等内容。这类系统在电商平台、新闻门户、短视频平台和社交媒体中得到了广泛应用。

**（五）问答系统**

问答系统依托强大的知识库和先进的语义理解算法，能够帮助用户快速找到问题的答案。这些系统在医疗、法律、教育等领域展现出了巨大的潜力。

**（六）文本生成与内容创作**

随着生成式人工智能技术的兴起，中文文本处理在内容创作领域的应用也日益广泛。基于预训练语言模型的文本生成技术可以帮助用户撰写新闻稿、营销文案、小说或学术论文摘要。

## 第二节 中文分词及基本处理：jieba 库

在自然语言处理过程中，为了能更好地处理句子，往往需要把句子拆分成一个个词语，这样能更好地分析句子的特性，这个过程就叫分词。jieba 是一个中文分词库，它将连续的中文文本切分成一个个独立的词语，这对中文文本的处理和分析非常重要。

jieba 库支持简体、繁体中文，还允许用户自定义词典，以便更好地处理特定领域的词汇。用户可以手动添加词语和词频，或者加载自定义的词典文件。支持并行分词，可以利用多核 CPU 进行分词加速，以提高处理效率。

通过 pip install jieba 可以直接完成对 jieba 库的安装。使用时需要先用 import jieba 引入。

## 一、分词

jieba 支持多种分词模式,具体含义如下:(1)精确模式将文本切分成最精确的词语,它适用于文本分析和语义理解;(2)全模式将文本中所有可能的词语都切分出来,它适用于词频统计和搜索引擎构建;(3)搜索引擎模式在精确模式的基础上对长词再次切分,它适用于搜索引擎关键词提取。

针对同一输入文本,使用不同的模式会得到不同的分词输出结果。以下示例代码展示了使用不同模式的分词结果。其中,在全模式下"中文文本分析"6个字被按照不同的划分规则分成了5个不同的词语,并且有的字会在多个词语中重复。搜索引擎模式分词在精确模式的基础上,对长词再次切分。

```
text = "Python在中文文本分析中的应用"

seg_list = jieba.cut(text, cut_all=True)
print("Full Mode: " + "/ ".join(seg_list))  # 全模式
# 输出: Full Mode: Python/ 在/ 中文/ 文文/ 文本/ 本分/ 分析/ 中/ 的/ 应用

seg_list = jieba.cut(text, cut_all=False)
print("Default Mode: " + "/ ".join(seg_list))  # 精确模式
# 输出: Default Mode: Python/ 在/ 中文/ 文本/ 分析/ 中/ 的/ 应用

seg_list = jieba.cut(text)  # 默认是精确模式
print(", ".join(seg_list))
# Python, 在, 中文, 文本, 分析, 中, 的, 应用

seg_list = jieba.cut_for_search(text)  # 搜索引擎模式
print(", ".join(seg_list))
# Python, 在, 中文, 文本, 分析, 中, 的, 应用
```

jieba库的主要函数如表12—1所示。

表12—1　　　　　　　　　　jieba库的主要函数

| 函数 | 描述 |
| --- | --- |
| jieba.cut(s) | 精确模式,返回一个可迭代的数据类型 |
| jieba.cut(s, cut_all = True) | 全模式,输出文本 s 中所有可能的单词 |
| jieba.cut_for_search(s) | 搜索引擎模式,适合搜索引擎建立索引的分词结果 |
| jieba.lcut(s) | 精确模式,返回一个列表类型 |
| jieba.lcut(s, cut_all = True) | 全模式,返回一个列表类型 |
| jieba.lcut_for_search(s) | 搜索引擎模式,返回一个列表类型 |
| jieba.add_word(w) | 向分词词典中增加新词 w |

jieba. cut 和 jieba. cut_for_search 返回的结果都是一个可迭代的变量，可以使用 for 循环来获得分词后得到的每一个词语，或者用 jieba. lcut 和 jieba. lcut_for_search 直接返回列表。

```
print(jieba.lcut(text))
# 输出：['Python', '在', '中文', '文本', '分析', '中', '的', '应用']

print(jieba.lcut_for_search(text))
# 输出：['Python', '在', '中文', '文本', '分析', '中', '的', '应用']
```

## 二、自定义词典

对于一些相对不常用的词语或专业词语，可以使用自定义词典的方式增加分词的准确率。开发者可以使用 jieba. add_word(word，freq=None，tag=None)函数将新词添加到分词词典中，也可以使用 jieba. load_userdict(fileName)函数加载事先准备好的词典文件。在加载词典文件时，词典文件中的每一行表示一个词，同一行分别写明词语、词频和词性，中间用空格隔开。其中，词语为必填项，其他两项可以缺省。例如，通过事先定义词语"中文文本分析"，可以在分词中避免将其拆分开。

```
print(jieba.lcut(text))
# 输出：['Python', '在', '中文', '文本', '分析', '中', '的', '应用']

jieba.load_userdict("dict.txt")
# 词典文件中事先定义词语："中文文本分析"

print(jieba.lcut(text))
# 输出：['Python', '在', '中文文本分析', '中', '的', '应用']
```

除了添加新词，我们也可以通过 del_word(word)在程序中动态修改词典，或使用 suggest_freq(segment，tune=True) 来调节单个词语的词频，其中，参数 tune 设置为 True 或 False 来决定向上或向下调整词频。

## 三、词性标注

词性(Part-of-speech)是词汇基本的语法范畴，通常也被称为词类。词性标注的主要目的是标注一个词在给定上下文中的语法角色或功能。词性标注在自然语言处理中是一项基础且关键的任务。通过准确的词性标注，我们可以更好地理解和处理文本中的语法结构，从而为后续的语义分析、信息提取、机器翻译等任务提供重要支持。

每种语言根据其独特的语法规则定义了不同的词性标注集。常见的英语词性标注集包括 Penn Treebank 标注集。为了便于计算机处理,通常会给每个词性分配一个标识符(如编码或简写),以便进行自动标注。常见的词性编码包括:a 表示形容词,d 表示副词,n 表示名词,p 表示介词,v 表示动词等。

在中文处理中,jieba 的 posseg 模块可以对文本进行分词并标注词性。以下示例展示了使用该模块对输入文本进行词性标注:

```
import jieba.posseg as pseg

text = "Python在中文文本分析中的应用"
words = pseg.cut(text)
for word in words:
    print(word)
```

程序执行的结果如下:

```
# Python/eng
# 在/p
# 中文/nz
# 文本/n
# 分析/vn
# 中/f
# 的/uj
# 应用/v
```

### 四、关键词提取与词频分析

关键词提取是文本分析中常见且重要的技术之一,其目的是自动从给定的文本中识别出最具代表性和重要性的关键词或短语。这项技术能够迅速把握文本的主题、要点和内容,尤其在文本摘要、信息检索、文本分类等任务中具有广泛的应用。

jieba 支持基于 TF-IDF 算法和 TextRank 算法两种关键词的提取方式。jieba 通过 jieba.analyse.extract_tags 方法实现 TF-IDF 算法,通过 jieba.analyse.textrank 方法实现 TextRank 算法。

以下示例展示了使用 jieba.analyse.extract_tags 方法直接对文本进行关键词提取。该方法包含三个关键参数,其中,topk 参数表示提取的关键词数量,withWeight 为是否一并返回关键词权重值,allowPOS 表示仅包括指定词性的词。

```
text = "当前，上市公司上半年业绩成为投资者关注的焦点，已有不少上市公司发布业绩
快报，让投资者"先睹为快"。据同花顺 iFinD 数据统计，截至 7 月 21 日 18 时，两市共有 45
家上市公司率先发布 2023 年半年度业绩快报，上半年归母净利润均为正，其中，有 36 家
公司归母净利润同比增长，占比达八成。上述 45 家公司中，有 7 家公司上半年归母净利润
达 10 亿元以上，其中，房地产上市公司保利发展以 120 亿元居首位，归母净利润同比增
长 10.84%。排在后面的分别是中国中免（商贸零售）38.64 亿元，招商蛇口（房地产）21.53
亿元，川投能源（公共事业）20.84 亿元，大华股份（计算机）19.76 亿元，片仔癀（医药
生物）15.30 亿元，金钼股份（有色金属）14.44 亿元。从归母净利润同比增幅来看，上述
45 家公司中，有 36 家报告期内归母净利润实现同比增长，占比 80%。目前有色金属行业
上市公司金钼股份以 117.15%的增幅居首位，另有中远海特（交通运输）、北鼎股份（家用
电器）增幅超 50%，分别为 91.66%、66.76%。整体来看，上市公司上半年实现归母净利润
同比高增有着不同的原因，包括产品盈利能力提升、产品需求提升、资产减值损失减少等。
其中，金钼股份业绩快报显示，业绩同比上升的主要原因是受市场供求关系影响，主要钼
产品价格同比上涨，公司充分把握市场机遇，挖潜增效，产品盈利能力显著提升。从市场
表现看，今年以来截至 7 月 21 日收盘，上述 45 只个股中有 27 只实现上涨，占比 60%。
其中，天孚通信年内累计涨幅居首位，高达 260.04%；另外，中科曙光、大华股份、中钢
国际、苏美达、柳工、思源电气 6 只个股年内累计涨幅均超 30%，分别为 99.28%、81.79%、
55.95%、42.86%、36.56%、33.05%。"随着半年报业绩预告与业绩快报陆续披露，业绩超
预期和业绩同比、环比大增的标的，受市场关注度会较高。"巨丰投顾高级投资顾问翁梓驰
表示，需注意的是，即使是业绩超预期的公司，若其估值水平处于高位，也不会有较好的
投资价值，同时也要留意业绩超预期下是否能与政策预期产生共振，能否提升公司本身的
投资价值。排排网财富研究员隋东对《证券日报》记者表示，从历史经验来看，率先披露
业绩快报的上市公司往往业绩较好，公司本身基本面质地较好，更容易获得市场资金的青
睐，有助于推动股价走强。在投资时应该从两方面入手：其一，判断业绩的可持续性，寻
找业绩具备可持续增长潜力的公司；其二，判断业绩是否超预期，寻找业绩存在预期差的
公司。从行业来看，上述 45 家发布半年度业绩快报的公司中，有 7 家为公共事业行业上
市公司，数量居第一位，其中 6 家公司归母净利润实现同比增长。对此，翁梓驰表示，公
共事业行业上市公司中报业绩快报数据比较亮眼，一方面是因国内用电量屡创新高，另一
方面是煤价处于比较低的价格，电力行业整体经营改善明显。（记者 赵子强 见习记者 曹
原赫）"

import jieba.analyse
print(jieba.analyse.extract_tags(text, topK=10, withWeight=False, allowPOS=()))
# 输出：['业绩', '归母', '快报', '45', '同比', '净利润', '上市公司', '公司', '亿元', '公共事业']
```

## 第三节　中文文本分析可视化：wordcloud 库

　　wordcloud 是一个用于生成词云图的 Python 库，可以根据给定的文本数据生成词云图。词云图是一种以词语为基本元素，根据词语的频率和重要性，将词语以不同的大小、颜色和布局方式展示在图像上的可视化效果。wordcloud 库提供了丰富的参数和选项，可以自定义词云图的外观，如设置词云图的大小、形状、颜色、字体、背景等，以满足不同的需求。使用 wordcloud 库可以将文本数据可视化，突出显示关键词，以帮助我们更好地理解和分析文本内容。它在文本挖掘、舆情分析、数据可视化等领域具有广泛的应用。

wordcloud 库在生成词云前需先定义 wordcloud 对象,再设定词云的大小、颜色、形状等。表 12—2 具体介绍了词云涉及的各种参数。

表 12—2　　　　　　　　　　Wordcloud 对象构造函数的主要参数

| 参数 | 描述 |
| --- | --- |
| font_path | string,字体路径,如 font_path = '宋体.ttf' |
| width | int,输出的画布宽度,默认值为 400 |
| height | int,输出的画布高度,默认值为 200 |
| mask | ndarray,默认值为 None,如果 mask 非空,设置的宽高值就会被忽略,遮罩形状被 mask 取代 |
| min_font_size | int,显示的最小的字体大小,默认值为 4 |
| max_words | number,要显示的词的最大个数,默认值为 200 |
| stopwords | set of strings,需要屏蔽的词,如果为空则使用默认的停用词 |
| background_color | color value,设置背景颜色 |
| max_font_size | int,显示的最大字体大小 |
| relative_scaling | float,词频与字体大小的关联性,默认值为 0.5 |
| color_func | callable,生成新颜色的函数,默认为 None,即使用 self.color_func |

使用 generate(text)方法直接从输入的文本中提取关键词并生成。以下示例代码以上一节中使用的新闻报道为例,生成的词云如图 12—1 所示。

```
wordcloud=(WordCloud(width=800,height=400,background_color='white',font_path='MSYH.TTF').generate(text))

wordcloud.to_file("wordcloud.png")
```

图 12—1　新闻词云

generate 方法本质是对文本做关键词提取并根据短语的词频生成词云。对于已有的关键词和相关词频，可以直接通过 generate_from_frequencies 方法生成词云。以下示例代码演示基于现有词频生成词云并利用 matplotlib.pyplot 展示，结果如图 12—2 所示。

```
word_frequents = {}
for word in jieba.cut(text):
    if len(word) > 1:
        word_frequents[word] = word_frequents.get(word, 0) + 1
print(word_frequents)
# {'当前': 1, '上市公司': 9, '上半年': 4, '业绩': 19, '成为': 1, '投资者': 2, '关注': 1, '焦点': 1, '已有': 1, '不少': 1...
wordcloud=(WordCloud(width=800,height=400,background_color='white',font_path='MSYH.TTF').generate_from_frequencies(word_frequents))
# 显示词云
plt.figure(figsize=(10, 5))
plt.imshow(wordcloud, interpolation='bilinear')
plt.axis('off')   # 关闭坐标轴
plt.show()
```

图 12—2　基于词频生成的词云

以下示例以二十大报告作为文本分析的对象，通过统计词频与可视化帮助我们更直观地理解报告内容。

借助 jieba 对二十大报告的文本内容进行分词，并统计对应的词频。在统计词频时，需对一些停用词进行排除，如语气词等。

```python
with open("二十大报告.txt", "r", encoding="utf-8") as f:
    content = f.readline()

with open("stopwords.txt", "r", encoding="utf-8") as f:
    stopwords = [one.replace("\n", "") for one in f.readlines()]
print(stopwords[-10:])
# 输出：['哦', '砰', '啊', '你', '我', '他', '她', '它', '的', '和']


# 获得词频
word_frequents = {}
for word in jieba.cut(content):
    if word not in stopwords:
        word_frequents[word] = word_frequents.get(word, 0) + 1
print(word_frequents)
# 输出：{'同志': 6, '现在': 1, '代表': 2, '第十九届': 1, '中央委员会': 1, '大会': 3, '作': 2, '报告': 1, '中国共产党': 27, '第二十次': 1,...
```

可以基于现有的词频统计创建一个 pandas.Series 对象,以方便之后的运算与操作。通过 Series 对象提供的 sort_values 方法完成对词频的排序,并由 head 方法获取出现频率前十的热词。二十大报告在分词并除去停用词后,留下 3 249 条词汇,其中出现频率最高的词频总量占比 11.3%。

```python
# 根据词频获取热词
word_frequents_series = pandas.Series(word_frequents).sort_values(ascending=False)
top_10_words = word_frequents_series.head(10)
print(f"词总量：{len(word_frequents_series)}")
# 词总量： 3249

print(f"热词词频量占比：{top_10_words.sum() / word_frequents_series.sum()}")
# 热词词频量占比： 0.11335076326220798
```

借助 matplotlib.pyplot 将前十的词频做可视化展示。

```python
plt.rcParams['font.family'] = 'SimHei'
plt.pie(top_10_words, labels=top_10_words.index, autopct="%.2f%%")
plt.show()
plt.bar_label(plt.bar(top_10_words.index, top_10_words.values))
plt.show()
```

单从词的出现频率就可以发现,报告中重点强调发展、坚持和建设(如图 12－3 和图 12－4 所示)。

```
top_10_words_with_other = top_10_words.copy(deep=True)
top_10_words_with_other["其他"] = word_frequents_series[11:].sum()
print(top_10_words)

# 以下为输出:
# 发展        218
# 坚持        170
# 建设        150
# 人民        134
# 中国        123
# 社会主义     114
# 体系        109
# 新          109
# 国家        109
# 推进        107
```

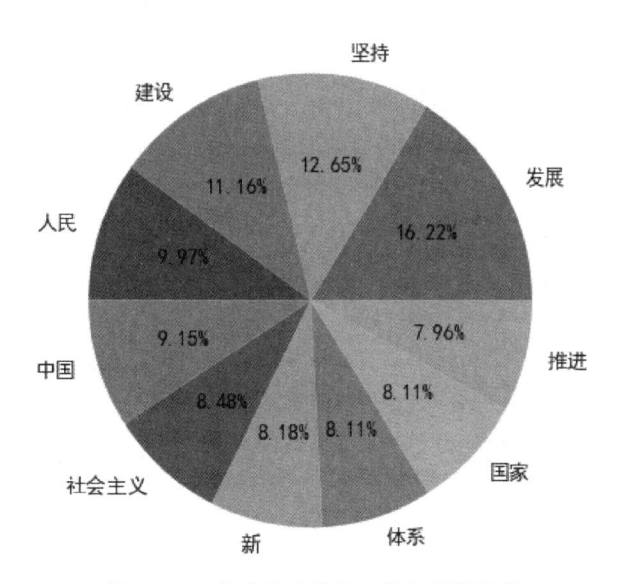

图 12－3 排名前十的热词的占比可视化

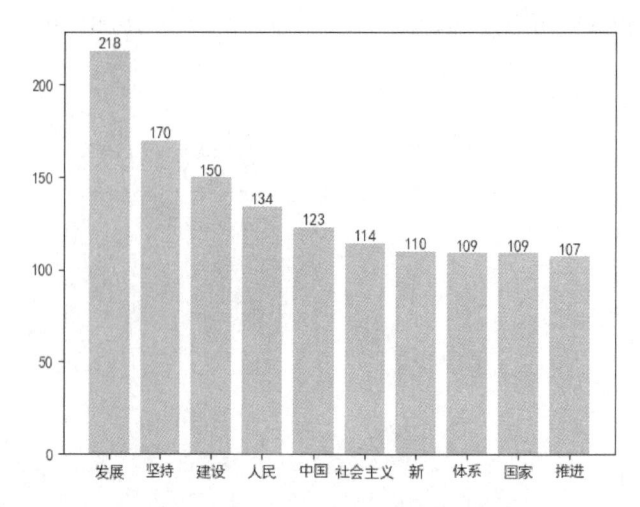

图 12—4　排名前十的热词的数量可视化

将报告中前一百的词频生成词云(如图 12—5 所示)。

```
# 制作词云
wordcloud=(WordCloud(width=800,height=400,background_color='white',font_path='MSYH.TTF',max_words=50,min_font_size=10).generate_from_frequencies(word_frequents_series.head(100)))
plt.imshow(wordcloud)
plt.axis('off')
plt.show()
```

图 12—5　报告中前一百的词对应的词云

再对报告内容做关键词提取,并以柱状体的形式完成可视化。

```
# 关键词提取
from jieba import analyse
top_10_keywords = analyse.extract_tags(content, topK=10, withWeight=True)
plt.bar_label(plt.bar([one[0] for one in top_10_keywords], [round(one[1], 3) for one in top_10_keywords]))
plt.show()
```

从图 12－6 中可以看到,"坚持""发展""建设""社会主义"同样是在报告内容中占据主要地位的关键词。

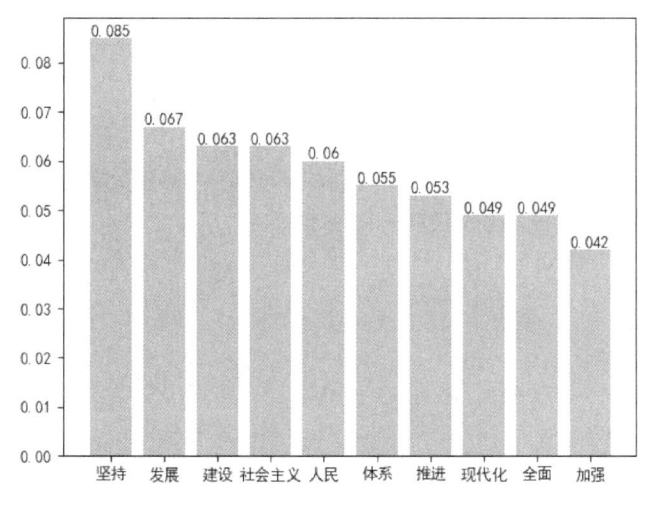

图 12－6　报告内容关键词可视化

## 第四节　中文文本分析应用:微博评论情绪分析

在对微博评论数据集进行分析时,我们要进行评论长度的统计与可视化,这能帮助我们快速了解数据集的基本分布情况,结果如图 12－7 所示。

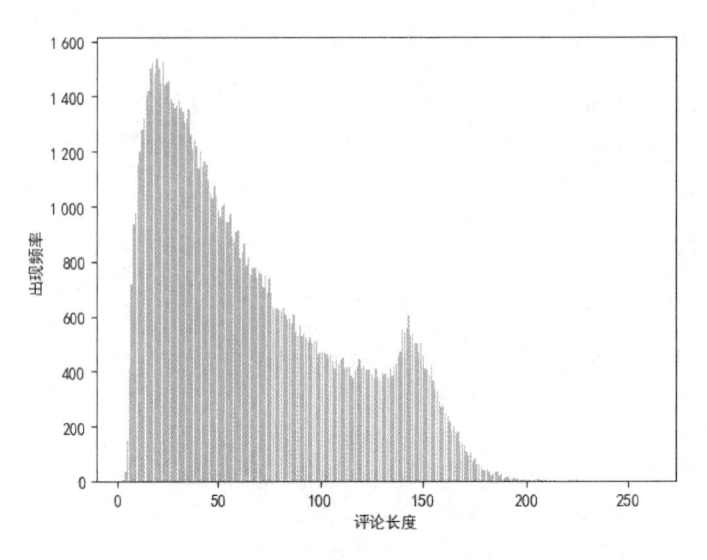

图 12—7　微博评论长度与频率统计

首先需要对微博评论文本进行清理,以剔除不必要的特殊字符、标点符号和数字,以下示例演示了使用正则表达式来移除这些不需要的部分:

```
# 定义清理文本的函数
def clean_text(text):
    text = re.sub(r'[^\w\s]', '', text)    # 去除所有标点符号
    text = re.sub(r'\d+', '', text)        # 去除所有数字
    return text

df['cleaned_text'] = df['text'].apply(clean_text)
print(df[['cleaned_text']].head())
# 输出:
                                         cleaned_text
0  呵呵　厨缘觅友 goodgoodgood 赞赞赞鼓掌鼓掌鼓掌　顾明厨二代 O_O 哈哈客气了兄弟
有时...
1  这锅到你家把作用最大化啦鼓掌鼓掌鼓掌
2  哦爱你哈哈嘻嘻呵呵　贺宁_ 哈哈得瑟啊不过这个职位是不错推荐
3  父亲节送了老爸一块菜地这个主意不错吧兔子现实版开心农场豆角玉米不少样呢以后
每周带着老爸老妈去...
4  哈哈全国土地利用数据的制图综合随着数据库的兴起电子地图的普及涉及地图学美学
地理学测绘等专业...
```

使用 jieba 进行中文评论分词,目的是将连续的中文字符切分为一个个有意义的词语,以方便后续的情感分析。以下示例代码将每条评论转换为一个词语的列表:

```python
# 定义分词函数
def jieba_cut(text):
    return list(jieba.cut(text))


df['tokenized_text'] = df['cleaned_text'].apply(jieba_cut)
print(df[['tokenized_text']].head())
# 输出:
                                      tokenized_text
0  [呵呵,  , 厨缘, 觅友, goodgoodgood, 赞赞赞, 鼓掌, 鼓掌, 鼓掌,...
1  [这锅, 到, 你家, 把, 作用, 最大化, 啦, 鼓掌, 鼓掌, 鼓掌]
2  [哦, 爱, 你, 哈哈, 嘻嘻, 呵呵,  , 贺宁, _,  , 哈哈, 得瑟, 
3  [父亲节, 送, 了, 老爸, 一块, 菜地, 这个, 主意, 不错, 吧, 兔子, 现实,...
4  [哈哈, 全国, 土地利用, 数据, 的, 制图, 综合, 随着, 数据库, 的, 兴起,...
```

引入情感词典来对每条评论进行情感分析。在本示例中，我们使用大连理工大学中文情感词汇本体库，它为中文文本情感分析和倾向性分析提供一个便捷可靠的辅助手段。该词典库对情感进行了详细的分类，共包含七大类情感，每大类下细分为 21 个小类；同时，情感的强度被划分为 5 个级别（1、3、5、7、9），其中，9 表示最强烈的情感，1 则为最弱的情感。其对应情感分类如表 12—3 所示。

表 12—3　　　　　　　　　　　　情感分类

| 编号 | 情感大类 | 情感类 | 示例词 |
| --- | --- | --- | --- |
| 1 | 乐 | 开心（PA） | 喜悦、欢喜、笑眯眯、欢天喜地 |
| 2 |  | 安心（PE） | 踏实、宽心、定心丸、问心无愧 |
| 3 | 好 | 尊敬（PD） | 恭敬、敬爱、毕恭毕敬、肃然起敬 |
| 4 |  | 赞扬（PH） | 英俊、优秀、通情达理、实事求是 |
| 5 |  | 相信（PG） | 信任、信赖、可靠、毋庸置疑 |
| 6 |  | 喜爱（PB） | 倾慕、宝贝、一见钟情、爱不释手 |
| 7 |  | 祝愿（PK） | 渴望、保佑、福寿绵长、万寿无疆 |
| 8 | 怒 | 愤怒（NA） | 气愤、恼火、大发雷霆、七窍生烟 |
| 9 | 哀 | 悲伤（NB） | 忧伤、悲苦、心如刀割、悲痛欲绝 |
| 10 |  | 失望（NJ） | 憾事、绝望、灰心丧气、心灰意冷 |
| 11 |  | 疚（NH） | 内疚、忏悔、过意不去、问心有愧 |
| 12 |  | 思（PF） | 思念、相思、牵肠挂肚、朝思暮想 |

续表

| 编号 | 情感大类 | 情感类 | 示例词 |
|---|---|---|---|
| 13 | 惧 | 慌(NI) | 慌张、心慌、不知所措、手忙脚乱 |
| 14 | | 恐惧(NC) | 胆怯、害怕、担惊受怕、胆战心惊 |
| 15 | | 羞(NG) | 害羞、害臊、面红耳赤、无地自容 |
| 16 | 恶 | 烦闷(NE) | 憋闷、烦躁、心烦意乱、自寻烦恼 |
| 17 | | 憎恶(ND) | 反感、可耻、恨之入骨、深恶痛绝 |
| 18 | | 贬责(NN) | 呆板、虚荣、杂乱无章、心狠手辣 |
| 19 | | 妒忌(NK) | 眼红、吃醋、醋坛子、嫉贤妒能 |
| 20 | | 怀疑(NL) | 多心、生疑、将信将疑、疑神疑鬼 |
| 21 | 惊 | 惊奇(PC) | 奇怪、奇迹、大吃一惊、瞠目结舌 |

引入该情感词典后,选取其中的['词语','情感分类']字段来进行文本分析。在情感分析的过程中,我们依据七大类情绪对情绪词汇进行分类,并统计每条评论中积极情感词汇和消极情感词汇的数量。根据这些计数结果,我们为每条评论分配一个情感标签:如果积极情感词汇的数量超过消极情感词汇的数量,则判定为积极情感;反之,则为消极情感。

```python
# 按照七大情绪划分情绪词语列表
Happy = []
Good = []
Surprise = []
Anger = []
Sad = []
Fear = []
Disgust = []
for idx, row in dict.iterrows():
    if row['情感分类'] in ['PA', 'PE']:
        Happy.append(row['词语'])
    if row['情感分类'] in ['PD', 'PH', 'PG', 'PB', 'PK']:
        Good.append(row['词语'])
    if row['情感分类'] in ['PC']:
        Surprise.append(row['词语'])
    if row['情感分类'] in ['NA']:
        Anger.append(row['词语'])
    if row['情感分类'] in ['NB', 'NJ', 'NH', 'PF']:
        Sad.append(row['词语'])
    if row['情感分类'] in ['NI', 'NC', 'NG']:
        Fear.append(row['词语'])
```

```python
        if row['情感分类'] in ['NE', 'ND', 'NN', 'NK', 'NL']:
            Disgust.append(row['词语'])
Positive = Happy + Good + Surprise
Negative = Anger + Sad + Fear + Disgust

def sentiment_analysis(tokens):
    happy_count = sum(1 for word in tokens if word in Happy)
    good_count = sum(1 for word in tokens if word in Good)
    surprise_count = sum(1 for word in tokens if word in Surprise)
    anger_count = sum(1 for word in tokens if word in Anger)
    sad_count = sum(1 for word in tokens if word in Sad)
    fear_count = sum(1 for word in tokens if word in Fear)
    disgust_count = sum(1 for word in tokens if word in Disgust)
    # 计算积极情感词汇和消极情感词汇的总数
    positive_count = happy_count + good_count + surprise_count
    negative_count = anger_count + sad_count + fear_count + disgust_count

    if positive_count > negative_count:
        return '积极'
    elif negative_count > positive_count:
        return '消极'
    else:
        return '中性'

# 为每条评论进行情感分析
df['predicted_sentiment'] = df['tokenized_text'].apply(sentiment_analysis)
print(df[['tokenized_text', 'predicted_sentiment']].head())
# 输出:
tokenized_text predicted_sentiment
0 [呵呵, , 厨缘, 觅友, goodgoodgood, 赞赞赞, 鼓掌, 鼓掌, 鼓掌,...
积极
1 [这锅, 到, 你家, 把, 作用, 最大化, 啦, 鼓掌, 鼓掌, 鼓掌]
积极
2 [哦, 爱, 你, 哈哈, 嘻嘻, 呵呵, , 贺宁, _, , 哈哈, 得瑟,...
积极
3 [父亲节, 送, 了, 老爸, 一块, 菜地, 这个, 主意, 不错, 吧, 兔子, 现实,...
积极
4 [哈哈, 全国, 土地利用, 数据, 的, 制图, 综合, 随着, 数据库, 的, 兴起, ...
积极
```

通过清理文本、分词、情感词典分析和情感分类的结合，我们能够有效地为微博评论生成情感标签。这一过程不仅可以帮助我们理解评论中的情感倾向，而且能为进一步的情感分析和社交媒体数据挖掘打下坚实的基础。

## 本章小结

本章主要介绍了 Python 在中文文本分析中的应用。具体而言，先重点介绍了 jieba 库，利用 jieba 库进行分词、词性标注以及关键词提取等，然后进一步介绍了 wordcloud 库以实现词云的制作，最后以评论情绪分析为例，展示了一个相对完整的中文文本分析的案例。

## 课后习题

1. 使用 jieba 对下列中文文本进行分词，并统计每个词的词频，输出词频最高的前十个词。

> 上海财经大学源于 1917 年南京高等师范学校创办的商科，著名社会活动家、爱国民主人士杨杏佛任商科主任。1921 年，随着以南京高等师范学校为基础建设国立东南大学计划的实施，商科扩充改组并迁址上海，成立国立东南大学分设上海商科大学，这是中国教育史上最早的商科大学，著名教育家郭秉文任校长，著名经济学家马寅初任教务主任。
>
> 1932 年，学校独立建校，定名为国立上海商学院，时为国内唯一的国立商科类本科高校。1950 年，学校更名为上海财政经济学院，著名经济学家孙冶方和姚耐先后任院长。1985 年，学校更名为上海财经大学。2000 年，学校由财政部划归教育部领导。2012 年，教育部、财政部、上海市政府签署共建上海财经大学协议。2017 年，学校进入国家"双一流"建设序列，翻开了向中国特色、世界一流目标奋进的新篇章。
>
> 经过几代人的努力奋斗，上海财经大学已成为一所以经济管理学科为主，经、管、法、文、理、工协调发展的多科性重点大学。
>
> 砥砺奋进，薪火相传，上财人铭记厚德博学、经济匡时的校训，坚持"扎根中国、放眼世界、立德树人、追求卓越"的人才培养理念，励精图治，奋发进取，为国家经济和社会发展输送了数以万计的财经管理和相关专业人才。学校正在为建设成为鲜明财经特色世界一流大学而努力奋斗！

2. 使用 jieba 库和 textrank 算法生成一段中文文本的摘要，输出最能代表文本内容的几句话。

3. 基于党的十九大报告和二十大报告的内容，分析政策的连续性，并尝试解释两份重要文件关注点的差异。

# 第十三章
# Python 在金融领域的应用

**全章提要**

- 第一节 金融量化分析数据的准备
- 第二节 量化交易的利器
- 第三节 金融资产组合优化的量化分析

本章小结

课后习题

金融量化分析是将数学、统计学和计算机技术相结合,对金融市场的海量数据进行系统性研究和预测的一套方法论。它的核心在于通过模型和算法来提炼市场规律,帮助投资者更理性地做出决策。与传统的基本面分析和技术分析相比,量化分析更注重客观的数据处理与模型构建,尽量剥离投资过程中的主观情绪和判断误差。

量化分析的历史可追溯至 20 世纪中叶,哈里·马科维茨(Harry Markowitz)在其著作中开创了"现代投资组合理论"的先河。随后,威廉·夏普(William Sharpe)等人对资本资产定价模型(Capital Asset Pricing Model,CAPM)的研究进一步将数量化的思想带入金融领域。此后,期权定价模型、时间序列分析、多因子模型等重要成果相继出现,让量化手段在风险管理与套利策略中逐渐普及。进入 21 世纪后,大数据与云计算的崛起使得量化分析的计算效率大幅提升,Python 等语言的流行也让量化工具更加易于学习与使用。

当前,量化分析已被广泛应用于对冲基金、银行、保险、券商等金融机构,领域覆盖了股票、期货、外汇、固定收益等多种资产类别。常见的量化模型包括随机过程模型、动量策略、多因子选股以及机器学习算法等。这些方法帮助分析师在纷繁复杂的市场数据中提炼出有用的信息,提高风险控制能力与策略执行效率。随着人工智能技术的不断发展,量化分析必将继续推动金融领域的创新与变革。

## 第一节　金融量化分析数据的准备

### 一、金融数据分类与来源

在金融量化分析中,数据是进行决策和构建模型的基石。无论是股票市场的价格波动、宏观经济的走势,还是投资者的情绪和市场新闻,这些数据都在影响市场行为。因此,数据的质量和来源直接决定了量化模型的有效性与准确性。在开始构建交易策略或投资模型之前,需要理解金融市场上常见的数据类型及其来源。根据不同的用途,金融数据可以大致分为以下几类:市场数据、宏观经济数据、新闻和舆情数据、公司财报数据等。每种数据来源各有特点,结合多种数据源可以为分析提供更全面的视角。以下是常见的数据来源及其主要应用场景:

#### (一)股票市场数据

股票市场数据是量化分析中最常用的数据类型,主要包括股价、成交量、市场指数、期货等交易数据。这些数据通常用于技术分析、策略回测、市场趋势研究等。常见的股票市场数据来源包括:

(1)国际数据源:Yahoo Finance、Google Finance、Alpha Vantage、Wind、Tushare 等。

(2)中国本土数据源:AKShare、通联数据(DataYes)、新浪财经 API、腾讯财经 API、聚宽(JoinQuant)、米筐(RiceQuant)等。

这些数据源提供了股票、指数及衍生品的历史及实时交易数据。其中,Tushare 和 AKShare 提供免费的 Python 接口,特别适用于教学和个人研究场景;Wind 和通联数据则为机构级用户提供更全面的数据服务,涵盖 A 股、港股及中国商品期货市场。

### (二)宏观经济数据

宏观经济数据是研究金融市场和制定投资策略的基础数据,主要包括 GDP、CPI、利率等经济指标。宏观经济数据对市场周期评估、资产配置和行业轮动策略至关重要。常见的数据来源包括:

(1)国际数据源:联邦储备经济数据库(Federal Reserve Economic Data,FRED)、世界银行、国际货币基金组织(International Monetary Fund,IMF)。

(2)中国本土数据源:国家统计局、中国人民银行、Wind 宏观经济数据库、CEIC 中国经济数据库、前瞻经济学人等。

在中国市场,国家统计局和中国人民银行官网提供权威的经济数据,并支持开放下载;Wind 和 CEIC 则提供经过清洗的结构化时间序列数据,为研究者和投资机构提供高质量的数据支持。

### (三)新闻和市场舆情数据

新闻和市场舆情数据在市场情绪分析、事件驱动交易策略等方面发挥重要作用。这类数据通常来源于财经新闻网站、社交媒体以及舆情监控平台。常见的数据来源包括:

(1)财经新闻网站:彭博社(Bloomberg)、华尔街日报(The Wall Street Journal)、同花顺财经、东方财富网、财联社、新浪财经头条等。

(2)社交媒体数据:Twitter、Reddit、微博、雪球等。

这类数据通常以非结构化的形式存在,因而需要通过 API 来抓取并结合自然语言处理技术进行分析。针对中文市场,财经新闻 API(如财联社电报接口)提供了结构化的财经快讯,社交媒体情感分析可借助 SnowNLP 工具处理微博数据。此外,大智慧(DZH)舆情监控和同花顺 i 问财等平台也提供专业的市场情绪分析工具。

### (四)公司财报数据

公司财报数据通常包括资产负债表、利润表、现金流量表等,被广泛用于基本面分析、估值建模、因子分析等。常见的公司财报数据来源包括:

(1)国际数据源:EDGAR(美国证券交易委员会 SEC 数据库)、CNSX(加拿大证券交易所)。

(2)中国本土数据源:巨潮资讯网(cninfo.com.cn)、上海证券交易所/深圳证券交易所官网、企查查、天眼查、CSMAR 国泰安数据库等。

对于 A 股上市公司,巨潮资讯网是法定的信息披露平台,提供 XBRL 格式的结构化财务数据。CSMAR 和 Wind 等机构提供历史财务数据的标准化处理版本,包含三百余个财务指标的重构数据,便于量化研究者进行回测和因子分析。

## 二、利用 Alpha Vantage API 获取苹果公司股票每日数据及绘制收盘价图表

在本示例中,我们将使用 Alpha Vantage 提供的免费 API 来获取苹果公司(AAPL)的每日股票数据,并利用 Python 的数据可视化库 Matplotlib 绘制其收盘价走势图。Alpha

Vantage 提供了丰富的金融数据接口,使用起来无门槛且调用限制较少。

### (一)环境准备

确保安装了 alpha_vantage 库和 Matplotlib 库。如果尚未安装,则可以使用以下命令进行安装:

```python
from alpha_vantage.timeseries import TimeSeries
import matplotlib.pyplot as plt
import pandas as pd
```

### (二)获取 API Key

在 Alpha Vantage 官网(https://www.alphavantage.co/)注册后,可以获得一个免费的 API Key。将代码中的"YOUR_API_KEY"替换为自己的 API Key,以确保成功获取数据。

```python
api_key = 'YOUR_API_KEY'
```

### (三)初始化 TimeSeries 对象

Alpha Vantage 提供的 API 可以返回多种格式的数据,output_format='pandas'参数会将返回的数据格式设置为 Pandas DataFrame,这样可以方便后续的数据处理和分析。

```python
ts = TimeSeries(key=api_key, output_format='pandas')
```

### (四)获取 AAPL 的每日股票数据

symbol='AAPL'表示查询的股票代码为 AAPL,outputsize='compact'参数表示获取最近的 100 个数据点,如需获取更长历史数据,则可将 outputsize 参数设置为"full"。

```python
data, meta_data = ts.get_daily(symbol='AAPL', outputsize='compact')
print(data.head())
```

### (五)绘制 AAPL 收盘价的图表

在上述获取的数据中,'4. close'列包含了每日收盘价。另外值得注意的是,由此方法获取的数据默认将"date"作为索引列,而不是常用的序号表示方式。

```python
data['4. close'].plot(figsize=(10, 5))
plt.title('AAPL Daily Closing Prices')
plt.xlabel('Date')
plt.ylabel('Close Price (USD)')
plt.grid()
plt.show()
```

图 13-1 展示了 AAPL 在执行代码时近 100 天的收盘价波动曲线。通过该图,我们可以观察到 AAPL 股价的日常波动并进一步分析其趋势。

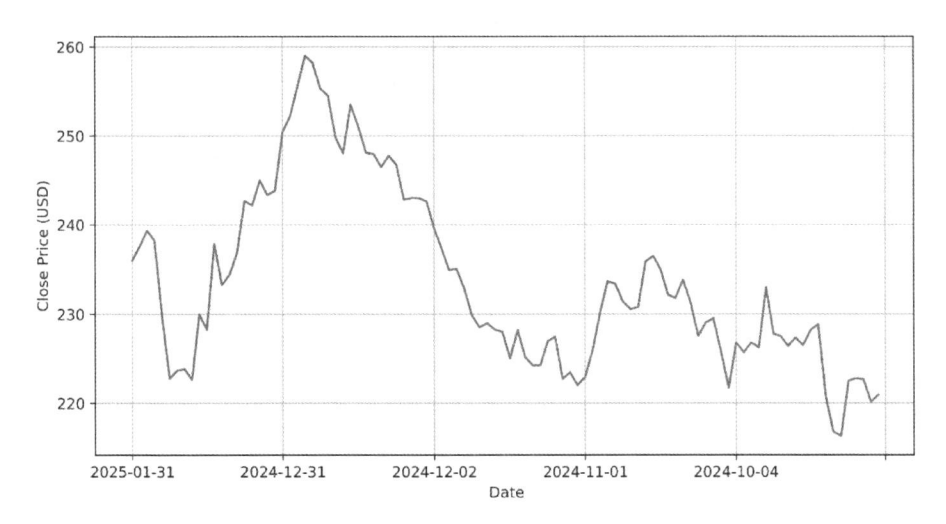

图 13-1　AAPL100 天的收盘价波动曲线

## 第二节　量化交易的利器

### 一、量化交易的经典策略

量化交易是一种依赖数据分析、数学模型和计算机程序来做出交易决策的方式。与传统的人工交易相比,量化交易具有系统化、去情绪化和高效执行的特点,可以在短时间内处理大量市场数据,并基于算法执行买卖决策。量化交易策略通常是通过回测验证其有效性,然后根据市场环境调整策略参数。表 13-1 展示了几种常见的经典量化交易策略。

表 13-1　　　　　　　　　　常见的经典量化交易策略

| 策略类别 | 核心逻辑 | 代表策略 | 策略解释 | 适用市场 |
| --- | --- | --- | --- | --- |
| 趋势跟随策略 | 市场价格沿趋势运动,交易者顺应趋势进场 | 均线交叉策略 | 对比短期均线(如 50 日均线)和长期均线(如 200 日均线),当短期均线向上突破长期均线时买入,反之则卖出 | 趋势市场 |
| | | 动量交易策略 | 选择近期涨幅最大的股票买入、近期跌幅最大的股票卖出,基于"强者恒强,弱者恒弱"的市场假设 | 趋势市场 |

续表

| 策略类别 | 核心逻辑 | 代表策略 | 策略解释 | 适用市场 |
|---|---|---|---|---|
| 均值回归策略 | 价格围绕长期均值上下波动,偏离均值后回归 | 布林带交易 | 价格通常围绕均值波动,若价格突破布林带上轨,就说明市场可能超买,建议卖出;若价格跌破布林带下轨,就说明市场可能超卖,建议买入 | 震荡市场 |
| | | 对冲套利 | 买入低估股票,同时卖出高估股票,以获取价差收益 | 震荡市场 |
| 统计套利策略 | 基于统计方法发现市场定价偏差,建立多空对冲头寸 | 多因子模型 | 通过多个因子(如市盈率、动量、波动率等)选择优质股票进行投资 | 长期投资 |
| | | 协整交易 | 选择历史价格存在协整关系的资产,当价差扩大时建仓,当价差收敛时平仓 | 震荡市场 |

这些策略在理论和实践中均得到了广泛应用,但也面临挑战,如模型过拟合、市场环境变化以及交易成本等问题。由此可见,量化交易不仅依赖数学模型,而且需要严格的风险控制和合理的执行策略,以减少市场冲击和交易成本。此外,随着市场环境的不断变化,量化交易策略也在持续发展。现代量化交易策略不仅结合了更多的市场数据,而且可能借助人工智能、机器学习等技术来优化模型,从而进一步增强交易信号的稳定性。

### 二、均线交叉策略:基于 Python 的量化交易实现

在量化交易领域,移动平均线(Moving Average,MA)是一种常见的技术分析工具。移动平均线通过平滑价格波动来识别市场趋势,尤其是当短期均线与长期均线交叉时,通常被用作买入或卖出的信号。本节将介绍如何使用 Python 计算 50 日均线(MA50)和 200 日均线(MA200),并基于均线交叉策略生成交易信号,最后通过可视化来展示股票的价格走势和买卖点。

在策略实现之前,需要获取股票的历史数据。本案例使用 AAPL 的日线数据,并确保数据按照正确的时间顺序排列,以便后续计算均线。为了方便使用,本案例提供处理过的数据,日期已经处理为列特征。

```python
import pandas as pd
import matplotlib.pyplot as plt
# 读取 CSV 文件
data = pd.read_csv('AAPL.csv')
# 查看数据前几行
data.head()
```

数据通常包含多个字段,包括日期(date)、开盘价(open)、最高价(high)、最低价(low)、收盘价(close)、成交量(volume)等。在本案例中,主要关注收盘价("4. close"),用于计算均线。

由于计算均线需要历史数据,因此本案例以 2025 年 1 月 31 日为界,取近 600 天的数

据,以保证滚动窗口计算 MA50 和 MA200 时不会出现数据不足的问题;同时,确保数据的时间顺序是从最早日期到最新日期,这样在计算滚动均线时,每一行的数据都是基于前面的历史数据计算,而不会出现未来数据的"泄漏"问题。

```
# 取最近 600 条数据,并确保按时间升序排列
recent_data = data.sort_index(ascending=True).iloc[:600]
# 转换 "date" 列为日期格式
recent_data["date"] = pd.to_datetime(recent_data["date"])
# 按日期升序排序,确保数据顺序正确
recent_data.sort_values(by="date", ascending=True, inplace=True)
```

### (一)计算移动平均线

移动平均线是对过去一段时间的收盘价进行计算得到的平滑曲线。在 Python 中,可以使用 rolling().mean()方法进行计算。

```
# 计算 50 日和 200 日移动均线
recent_data["MA50"] = recent_data["4. close"].rolling(window=50).mean()
recent_data["MA200"] = recent_data["4. close"].rolling(window=200).mean()
```

在使用 rolling(window=50).mean()计算 50 日均线时,每个交易日的 MA50 值是过去 50 天收盘价的平均值;同理,MA200 是过去 200 天的平均收盘价。值得注意的是,由于均线计算需要历史数据,因此在数据获取的前五十天和两百天时,MA50 和 MA200 会显示为 NaN,这是正常现象。可以通过 recent_data.head(60)查看前六十行数据,检查 MA50 和 MA200 是否被正确计算。

### (二)生成交易信号

均线交叉策略的基本逻辑如下:当短期均线(MA50)上穿长期均线(MA200)时,生成买入信号,表明趋势可能开始上升;当短期均线(MA50)下穿长期均线(MA200)时,生成卖出信号,表明趋势可能开始下降。

在实现过程中,可以通过定义一个 Signal 列来标记这些买卖信号:Signal = 1 表示持有多头(买入信号);Signal = −1 表示持有空头(卖出信号)。

```
# 生成交易信号
recent_data["Signal"] = 0
recent_data.loc[recent_data["MA50"] > recent_data["MA200"], "Signal"] = 1
recent_data.loc[recent_data["MA50"] < recent_data["MA200"], "Signal"] = -1
```

这里的 Signal 只是标记市场状态,而不是交易信号。如果需要找到均线交叉的时间点,就需要比较前后两天 Signal 的变化情况。

### (三)识别买卖点

买卖信号只发生在均线交叉的时刻,而不是所有 Signal = 1 或 Signal = -1 的时候。可以使用.diff()方法来识别买卖点:Signal.diff() == 2 表示从-1 变为 1,即买入点;Signal.diff() == -2 表示从 1 变为-1,即卖出点。

```
# 识别买入点(短期均线上穿长期均线)
cross_up = recent_data[recent_data["Signal"].diff() == 2]
# 识别卖出点(短期均线下穿长期均线)
cross_down = recent_data[recent_data["Signal"].diff() == -2]
```

这一步筛选出了买入和卖出的关键时刻,即均线交叉发生的位置。

### (四)可视化交易策略

通过 Matplotlib 绘制图表,展示股票收盘价、50 日均线、200 日均线,并在买卖点位置上标注向上和向下箭头:向上箭头表示买入点(短期均线上穿长期均线),向下箭头表示卖出点(短期均线下穿长期均线)。

```
# 绘制收盘价及均线
plt.figure(figsize=(12,6))
plt.plot(recent_data["date"], recent_data["4. close"], label="Close Price")
plt.plot(recent_data["date"], recent_data["MA50"], label="50-Day MA", linestyle="--", color="orange")
plt.plot(recent_data["date"], recent_data["MA200"], label="200-Day MA", linestyle="--", color="red")

# 标注买卖点
plt.scatter(cross_up["date"], cross_up["MA50"], marker="^", color="g", s=100, label="Buy Signal")  # 绿色向上箭头
plt.scatter(cross_down["date"], cross_down["MA50"], marker="v", color="r", s=100, label="Sell Signal")  # 红色向下箭头

# 设置标题和标签
plt.title("AAPL Moving Average Crossover Strategy")
plt.xlabel("Date")
plt.ylabel("Price (USD)")
plt.legend()
plt.grid(True)

# 显示图表
plt.show()
```

代码结果如图 13-2 所示。

图 13－2　AAPL 股价图（包含 50 日均线、200 日均线与买入卖出点）

如果发现图表未能正确显示买卖点，则建议检查 cross_up 和 cross_down 数据框，查看 date 是否正确匹配交易信号。

**（五）策略分析**

该策略的核心思想是追随趋势，即在趋势形成时买入而不是在价格最低点买入，在趋势反转时卖出而不是在价格最高点卖出。

由于均线策略具有滞后性，在震荡行情中可能会产生"假信号"，导致频繁买卖，因此，在实际应用时可以结合成交量、波动率或其他技术指标来优化交易决策。

本案例主要展示了一个基于历史数据的均线交叉现象回顾，即通过"回测"的方式识别过去发生的买卖信号。在实际交易中，投资者通常会基于截至当天的 MA50 和 MA200 计算结果，判断市场当前的趋势是否符合买入或卖出的条件。例如，在当天收盘后计算最新的 50 日均线和 200 日均线，如果发现短期均线已经上穿长期均线，就可能考虑在下一个交易日执行买入操作；反之，如果短期均线跌破长期均线，就可能采取卖出或空仓策略。因此，在实际应用时，交易者需要结合当日最新数据，在市场开盘前或盘中实时计算均线，以便做出及时的交易决策。

## 三、强大的工具：Python 量化交易库

Python 拥有丰富的量化交易工具链，这些工具涵盖技术指标计算、策略回测、风险评估等方面。表 13－2 展示了常见的量化交易库及其功能扩展。

表 13－2　　　　　　　　　　　常见的 Python 量化交易库

| 功能类别 | 常用库 | 主要用途 |
| --- | --- | --- |
| 技术指标计算 | TA-Lib | 提供多种技术指标的计算功能，如 MA、MACD、RSI 等，适用于技术分析策略 |
|  | pyti | 一个轻量级技术指标库，支持 MACD、RSI、布林带等基本功能，适合快速入门 |

续表

| 功能类别 | 常用库 | 主要用途 |
|---|---|---|
| 回测框架 | backtrader | 提供完整的策略回测框架,支持多资产类型,适用于中小型策略研究 |
| | Zipline | Quantopian平台的回测引擎,支持因子分析与多资产组合管理,适用于因子模型研究 |
| | bt | 专注于回测框架的简单性和灵活性,允许轻松实现多资产、多策略的分析与比较 |
| 交易执行 | ccxt | 提供与全球多家交易所的API接口,支持实时行情获取和交易操作 |
| | ib_insync | Interactive Brokers的Python接口,适用于自动化交易执行 |
| 风险管理与评估 | pyfolio | 提供详细的风险分析和绩效评估工具,适用于策略表现跟踪 |
| | quantstats | 专注于回测结果的可视化,支持生成完整的绩效报告,包括收益曲线、指标统计、分布图等 |

Python 的量化交易工具链涵盖了从策略开发到风险评估的各个核心环节,这些库提供了强大的支持。它们的模块化设计和丰富的开源工具使得量化交易的实现更加高效和灵活。以下是 Python 工具链的几个特点:

(1)全流程覆盖:从技术指标计算到策略回测,再到交易执行与绩效评估,Python 工具链可以覆盖量化交易的所有核心流程。

(2)灵活适配:无论是快速开发简单策略,还是实现复杂的多资产回测与自动化交易,Python 库都能满足不同层次的需求。

(3)协同高效:这些库可以彼此组合使用。例如,使用 TA-Lib 计算技术指标,在 backtrader 中回测策略,结合 ccxt 实现实时交易执行,并用 pyfolio 评估风险和收益。

(4)社区支持:大多数工具为开源项目,拥有活跃的社区支持和完善的文档,从而进一步降低了量化交易系统开发的门槛。

Python 工具链为交易者提供了从理论到实践的高效实现路径,使得复杂的量化交易逻辑能够以较低的开发成本转化为实际成果。在接下来的内容中,我们将通过实际代码示例展示这些工具的具体应用,以帮助读者更直观地理解其价值与功能。

首先,我们使用 pyti 计算 RSI 和 MACD,并结合数据可视化分析交易信号。相比 TA-Lib 这样的 C 语言库,pyti 完全由 Python 编写,计算速度更快,适用范围更广,也更轻量化。它提供了一系列常见的技术分析工具,包括:动量指标(Momentum Indicators)——RSI、MACD、均线(EMA、SMA);趋势指标(Trend Indicators)——布林带、移动平均线;波动率指标(Volatility Indicators)——ATR(平均真实范围)。与第三方库一样,我们依旧可以用 pip install pyti 的方式安装。

我们依旧使用本章获取的 AAPL 股票的历史数据,数据来源于 AAPL.csv。同样地,为了方便展示,我们依旧仅保留其最近的 600 个样本点。

```python
import pandas as pd
import numpy as np
data = pd.read_csv('AAPL.csv')
#确保按最新时间取最近600个样本
recent_data = data.sort_index(ascending=True).iloc[:600]
```

接下来，我们计算 RSI 和 MACD 指标。RSI 是一种衡量价格变动速度和趋势强弱的动量指标。其计算公式如下：

$$RSI = 100 - \frac{100}{1+RS}$$

其中，RS（相对强度）＝过去 N 天的平均涨幅÷平均跌幅，一般情况下 N 默认为 14。

MACD 用于衡量价格趋势的强弱和方向。它由三部分组成：(1)MACD 线 ＝ 12 天 EMA － 26 天 EMA；(2)信号线 ＝ MACD 线的 9 天 EMA；(3)MACD 直方图 ＝ MACD 线 － 信号线。

其中，EMA(Exponential Moving Average)是一种加权移动平均线，用于平滑价格数据，突出近期价格变化。其计算相对复杂，篇幅原因，我们不再展示其具体的计算过程。

我们直接利用 pyti 提供的接口计算这两个技术指标：

```
from pyti.relative_strength_index import relative_strength_index as rsi
from pyti.exponential_moving_average import exponential_moving_average as ema

# 计算 RSI（14 天）
recent_data["RSI"] = rsi(recent_data["4. close"].tolist(), 14)

# 计算 MACD 指标
recent_data["MACD"] = ema(recent_data["4. close"].tolist(), 12) - ema(recent_data["4. close"].tolist(), 26)
recent_data["MACD_signal"] = ema(recent_data["MACD"].tolist(), 9)
recent_data["MACD_hist"] = recent_data["MACD"] - recent_data["MACD_signal"]
```

现在，我们已经获取了 RSI 和 MACD 的技术指标，其基本的交易策略如下：

买入时机：MACD 线向上穿越信号线（金叉），直方图由负变正，价格处于长期支撑位，RSI 低于 30（更强的买入信号）。

卖出时机：MACD 线向下穿越信号线（死叉），直方图由正变负，价格处于长期阻力位，RSI 高于 70（更强的卖出信号）。

```
import matplotlib.pyplot as plt

# 选取最近 60 天数据
recent_data_vis = recent_data.tail(60)

# 创建子图
fig, (ax1, ax2, ax3) = plt.subplots(3, 1, figsize=(12, 10), sharex=True)

# 1 价格走势图
ax1.plot(recent_data_vis["date"], recent_data_vis["4. close"], color="black")
ax1.set_title("Apple Stock Price")
```

```python
# 2 RSI 指标
ax2.plot(recent_data_vis["date"], recent_data_vis["RSI"], color="blue")
ax2.axhline(70, linestyle="--", color="red", alpha=0.5)
ax2.axhline(30, linestyle="--", color="green", alpha=0.5)
ax2.set_title("RSI Indicator")

# 3 MACD 指标
ax3.plot(recent_data_vis["date"], recent_data_vis["MACD"], color="blue")
ax3.plot(recent_data_vis["date"], recent_data_vis["MACD_signal"], color="red")
ax3.bar(recent_data_vis["date"], recent_data_vis["MACD_hist"], color="gray")

# 标记 MACD 金叉 & 死叉
buy_signals = recent_data_vis[
    (recent_data_vis["MACD"] > recent_data_vis["MACD_signal"]) &
    (recent_data_vis["MACD"].shift(1) <= recent_data_vis["MACD_signal"].shift(1))
]
sell_signals = recent_data_vis[
    (recent_data_vis["MACD"] < recent_data_vis["MACD_signal"]) &
    (recent_data_vis["MACD"].shift(1) >= recent_data_vis["MACD_signal"].shift(1))
]

ax3.scatter(buy_signals["date"], buy_signals["MACD"], color="green", marker="^", s=100)
ax3.scatter(sell_signals["date"], sell_signals["MACD"], color="red", marker="v", s=100)
ax3.set_title("MACD Indicator with Buy/Sell Signals")

plt.xticks(rotation=45)
plt.tight_layout()
plt.show()
```

随后，我们结合可视化的方式展示在 60 天内的技术指标图和简单的交易策略。

示例代码生成的可视化结果如图 13-3 所示，该图上绘制了 AAPL60 天内的价格走势图、RSI 指标图和 MACD 图。如图所示，2024 年 11 月 15 日前出现了向上箭头——买入信号，此时 MACD 线向上穿过信号线，直方图开始由负转正。2024 年 12 月 15 日后出现了向下箭头——卖出信号，此时 MACD 线向下穿过信号线，直方图由正转负。同时，RSI 指标在 70 附近，标志着此次的卖出信号较强。

在前面的内容中，我们使用 pyti 计算了 RSI 和 MACD，并结合可视化手段分析了它们在市场中的应用。这些技术指标是交易者常用的工具，能够帮助我们识别市场趋势、超买超卖区域以及潜在的买卖信号。然而，单纯的指标分析并不足以构建完整的交易策略。技术指标只是提供市场状态的参考，而真正的交易策略需要结合这些信号制定买入和卖出的规则，并进行回测，以评估策略的历史表现。

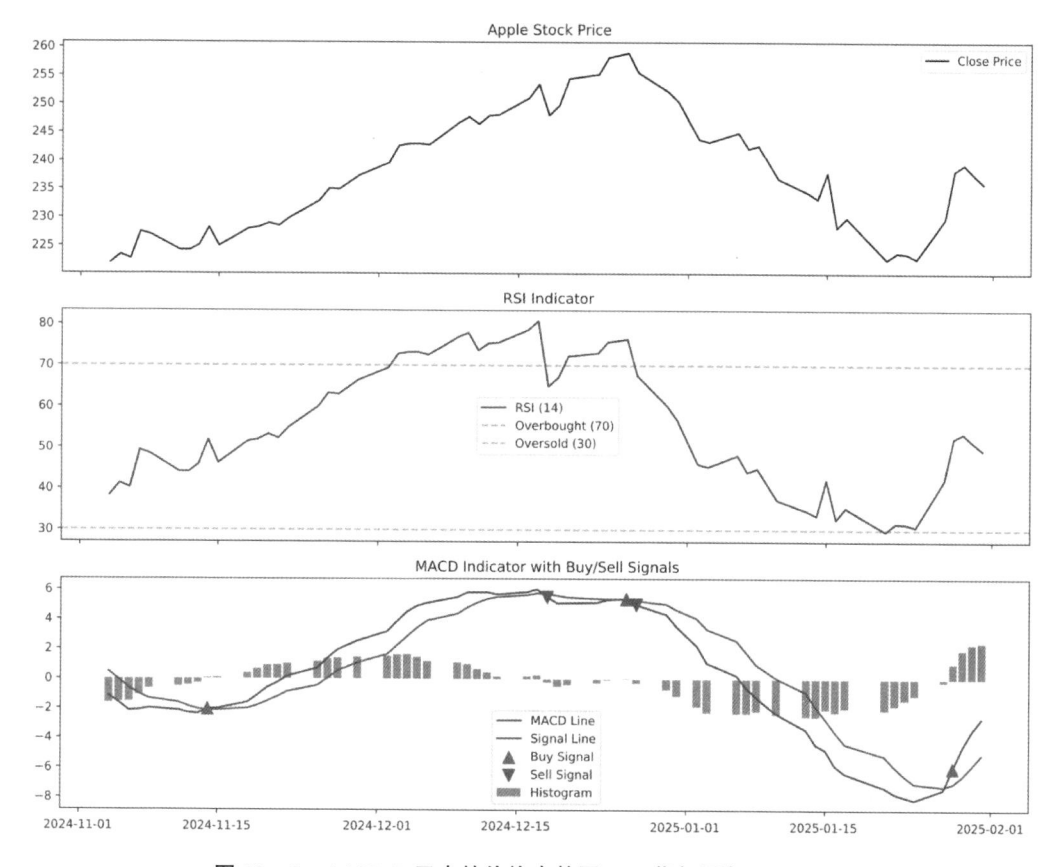

图 13-3　AAPL60 天内的价格走势图、RSI 指标图与 MACD 图

为了更深入地理解交易策略的构建过程，我们将使用 bt 这个强大的回测工具，对一个最简单的均线突破策略进行回测。bt 是一个专门用于投资组合策略回测的 Python 库，它能够处理交易信号、执行策略逻辑，并提供详细的回测统计数据。不同于 pyti 这样的技术指标库，bt 关注的是完整的交易策略，即从信号生成到资金管理再到最终的回测分析，bt 让这一切变得简单高效。

由于策略回测需要更长的时间周期，计算耗时更长，因此，为了保持案例的简洁性，我们选择一个最简单的趋势跟随策略——20 日均线突破策略。这个策略的规则如下：(1)当收盘价高于 20 日均线时，买入并全仓持有；(2)当收盘价低于 20 日均线时，清仓；(3)每日检查交易信号，根据信号决定是否持仓。

这个策略属于典型的趋势跟随策略，它的核心思想：价格上涨突破均线，意味着市场可能进入上升趋势，因而买入持仓；价格跌破均线，可能意味着趋势反转，因而卖出清仓。它没有复杂的参数调整，适合用作 bt 的入门案例以帮助我们理解回测的基本流程。

首先，我们需要安装 bt 库。如果尚未安装，则可以运行以下命令：pip install bt。

```
import bt
import pandas as pd
import matplotlib.pyplot as plt

df = pd.read_csv('AAPL.csv', parse_dates=['date'])
df.set_index('date', inplace=True)
df.sort_index(inplace=True)
```

接下来,我们编写代码,以实现 20 日均线突破策略的回测:
第一,读取数据。本次我们使用全样本期的 AAPL 数据。
第二,指标计算与信号生成。
第三,策略构建。

```
#选取收盘价数据用于回测
price_data = df[['4. close']].copy()  # 只保留收盘价

#计算 20 日均线
df['ma20'] = df['4. close'].rolling(window=20).mean()

# 生成交易信号（True=持仓，False=空仓）
df['signal_raw'] = df['4. close'] > df['ma20']

# 让信号与 price_data 保持一致
signal_df = df[['signal_raw']].copy()
signal_df.columns = ['4. close']  # 需要与 price_data 结构相同
signal_df = signal_df.reindex(price_data.index, method='ffill')  # 处理数据对齐问题
```

这个代码的核心部分是 bt.Strategy(),它定义了一套交易逻辑:(1) bt.algos.SelectWhere(signal_df)——根据信号决定是否持仓;(2) bt.algos.WeighEqually()——所有资产(本案例只有一个)等权分配资金即全仓或空仓;(3) bt.algos.Rebalance()——每日检查并执行交易指令。

```
strategy = bt.Strategy(
 'AboveMA20',
 [
bt.algos.SelectWhere(signal_df), # 选取持仓信号
bt.algos.WeighEqually(), # 资金等权分配（单资产即全仓）
bt.algos.Rebalance() # 每日执行买卖
 ]
)
```

第四,创建回测与结果分析。

```
# 创建回测并运行
bt_test = bt.Backtest(strategy, price_data)
res = bt.run(bt_test)

# 查看回测结果
res.display()    # 主要统计指标
res.plot(title='AboveMA20 Strategy Performance')
plt.show()
```

执行回测后,我们可以调用 res.display()来查看策略的表现,输出的结果如下:

```
Stat                  AboveMA20
------------------    -----------
Start                 1999-10-31
End                   2025-01-31
Risk-free rate        0.00%

Total Return          27.62%
Daily Sharpe          0.33
Daily Sortino         0.40
CAGR                  0.97%
Max Drawdown          -88.40%
Calmar Ratio          0.01
……
```

从结果可以看出,策略的总收益率为 27.62%,但年化复合增长率仅为 0.97%,这意味着从长期来看,这个策略的收益并不理想。此外,最大回撤(Max Drawdown)高达 —88.40%,这意味着在某些时期,账户价值几乎损失殆尽。回测结果还给出了 Sharpe 比率(0.33)和 Sortino 比率(0.40),这两个指标用来衡量策略的风险调整收益。一般来说,Sharpe 比率大于 1 才算是一个较为稳健的策略,而本策略的 Sharpe 比率只有 0.33,表明策略的收益不稳定,伴随较大波动。

图 13—4 展示了策略的净值曲线,我们可以观察到策略在不同阶段的盈亏变化。结合技术指标来看,20 日均线突破策略在某些市场阶段表现良好,但也容易出现较大的回撤。这表明,单纯依赖均线突破可能不足以构建一个稳定的交易策略,因为它可能在震荡市场中产生较多的误导性信号。

这一部分内容展示了 bt 在回测中的应用,并通过一个简单的均线突破策略来帮助我们理解策略回测的基本流程以及如何解读回测结果。bt 库的强大之处在于,它不仅支持单一资产策略回测,而且能够进行多资产投资组合的回测,为更复杂的策略提供支持。

近年来,量化交易技术正在从传统的指标分析和规则策略向更智能、更自动化的方向发展。金融机器学习和深度学习已经成为市场研究的前沿方向,交易者不仅依赖传统的因子

图 13－4　净值曲线

模型,而且开始使用像 mlfinlab 这样的库来进行自动因子生成、模式识别和风险预测。同时,强化学习(Reinforcement Learning,RL)逐渐在量化交易领域得到应用,stable-baselines3 提供了一些易用的强化学习算法,使得智能交易系统能够在市场环境中自适应地学习和优化策略。此外,另类数据(Alternative Data)也正被广泛应用。传统的量化交易通常依赖价格和成交量数据,但现代交易者正在利用社交媒体情绪、新闻热点和经济指标等非传统数据源来构建更具前瞻性的交易策略。通过工具如 yfinance、alpaca-trade-api 等,交易者能够接入这些数据,并与其他市场数据结合,以增强模型的预测能力。

在策略执行和基础设施方面,云计算和分布式计算为大规模回测和实时交易提供了可能。像 Dask 和 Ray 这样的框架,允许交易者在云端并行处理海量市场数据,QuantConnect 和 Numerai 等云平台则提供了全托管的策略研究和交易环境,大大降低了本地部署的复杂性和成本。随着高频交易的不断发展,低延迟交易框架也变得越来越重要。例如,LOBSTER 提供了高频数据解析,vectorbt 让交易信号计算更加高效,qstrader 则为机构级交易提供了模块化架构。这些新技术的融合使得 Python 在量化交易中的应用更加广泛和深入。未来,量化交易将更加依赖智能算法、实时数据和云端计算,以实现更加精准、稳定的交易策略。这些创新技术的结合使得量化交易在预测市场走向和制定交易决策时,能够提供更高的效率和灵活性。随着技术的不断进步,我们可以预见量化交易将在金融市场中扮演越来越重要的角色。

## 第三节　金融资产组合优化的量化分析

在前面的章节中,我们探讨了量化交易策略的实现,强调了如何通过技术指标和回测工具来优化单一资产的交易决策。然而,在实际的投资管理中,仅仅依靠个体资产的择时交易往往难以获得长期稳健的收益。因此,投资者更关注如何通过合理的资产配置,在整体层面上实现收益与风险的平衡,这正是资产组合优化的核心目标。

资产组合优化旨在通过科学的资产配置来实现收益与风险的最佳权衡。现代投资组合理论(Modern Portfolio Theory,MPT)由哈里•马科维茨在 20 世纪 50 年代提出,首次用数学模型描述了如何在给定风险水平下实现收益最大化。该理论指出,不同资产之间的相关性对于组合风险有着重要影响,合理分散投资能够有效降低非系统性风险。

在哈里·马科维茨模型的基础上,威廉·夏普等人又发展出资本资产定价模型,利用市场组合与 β 系数刻画系统性风险,并提出了市场风险溢价、无风险利率等核心概念。对于投资组合的绩效评估,夏普比率、特雷诺比率等指标可用来衡量风险调整后的收益表现,使投资者能够在不同的策略或组合之间进行对比。此外,Fama-French 多因子模型将市值因子、价值因子等引入分析框架,进一步解释了不同风格资产的长期收益差异。

在实际应用中,资产组合优化也会结合更多高级的风险管理指标,如在极端市场情况下衡量潜在损失的风险价值(Value at Risk,VaR)和条件风险价值(Conditional Value at Risk,CVaR)。同时,一些机构投资者会将策略扩展到国际资产配置、衍生品对冲、宏观对冲等更复杂的场景。无论采用哪种方法,核心目标始终是将分散化原则与风险控制紧密结合,从而在不确定的市场环境中追求稳健且具有竞争力的回报。

在投资管理实践中,投资者需要在不同资产之间合理分配资金,以在控制风险的同时优化收益。本案例采用最小方差组合(Minimum Variance Portfolio,MVP)策略,即在给定资产池中,确定能够使投资组合波动率(风险)最小的资产配置方案。该策略的核心思想是利用不同资产之间的相关性,通过分散化投资来降低整体风险,而不是单纯关注某一资产的收益波动情况。基于历史收益数据,我们计算各资产的协方差矩阵,并通过优化方法来求解最小方差的投资比例,从而构建稳健的投资组合。

以苹果(AAPL)、谷歌(GOOGL)和微软(MSFT)三只股票为例,本节的目标是模拟一位投资者在今日调整其投资组合时,如何基于过去 750 个交易日的市场数据,计算出当前最优的资产配置方案,使得组合风险最小化。

## 一、读取股票数据

我们加载包含三只股票收盘价的历史数据,这里以附带的 Gourp.csv 为例,该数据包含了以 2025 年 1 月 31 日为界的前七百五十天数据,并对数据做预处理。这里主要是保证"date"列以索引的形式出现,以方便后续收益率的计算。

```python
import numpy as np
import pandas as pd
import matplotlib.pyplot as plt
import matplotlib as mpl
from scipy.optimize import minimize
num_assets = 3
# 读取数据
file_path = "group.csv"
data = pd.read_csv(file_path)

# 设定日期列为索引
if 'date' in data.columns:
    data['date'] = pd.to_datetime(data['date'])  # 确保日期格式正确
    data.set_index('date', inplace=True)
```

## 二、计算资产收益与风险

我们利用三只股票的收盘价数据计算每日收益率。在这里,我们通过 DataFrame 自带的 pct_change()函数来实现相邻两个交易日收益率的计算。由于第一行数据的收益率为空,因此我们使用 dropna()函数将其去除。

```
# 计算每日收益率
returns = data.pct_change().dropna()
```

在每日收益率的基础上,我们计算各股票的年化收益率。具体来说,年化收益率等于每日收益率均值乘以年化因子。年化因子的计算是基于实际的交易日数除以总的年交易日数(通常为 252 个交易日)。类似地,我们也基于此计算年化协方差矩阵。

## 三、最优投资组合比例计算

在该部分,我们通过有约束的优化问题来求解最优资产配置。

```
# 计算年化收益率和协方差矩阵
trading_days = len(returns)    # 数据集中的交易天数
annual_factor = trading_days / (data.shape[0] / 252)  # 动态年化因子
mean_returns = returns.mean() * annual_factor   # 年化收益率
cov_matrix = returns.cov() * 252   # 年化协方差矩阵
```

首先,我们定义优化目标(在一定收益下的最小风险):

$$\sigma_p = \sqrt{w^T \Sigma w}$$

其中:w 是要求解的权重向量;$\Sigma$ 是协方差矩阵;$\sigma_p$ 是组合的年化标准差,代表组合的总风险。

```
# 计算投资组合的波动率(标准差)
def portfolio_volatility(weights):
    return np.sqrt(np.dot(weights.T, np.dot(cov_matrix, weights)))
```

随后,我们设置一定的约束条件以保证权重比例的和为 1,且各值都在[0,1]内;同时,我们设置初始的权重比例为 1/3、1/3、1/3。

```
# 约束条件:权重之和为 1
constraints = ({'type': 'eq', 'fun': lambda weights: np.sum(weights) - 1})

# 权重范围:[0,1],即不允许做空
bounds = tuple((0, 1) for _ in range(num_assets))
```

```python
# 初始权重：均匀分配
init_weights = np.array([1.0 / num_assets] * num_assets)

# 最优化求解最小波动率组合
result = minimize(portfolio_volatility, init_weights, method="SLSQP",
bounds=bounds, constraints=constraints)
optimal_weights = result.x

# 计算最优组合的年化收益率和风险
optimal_return = np.sum(optimal_weights * mean_returns)
optimal_risk = portfolio_volatility(optimal_weights)
```

最后，我们使用 scipy.optimize.minimize() 来求解该约束条件下的最小化问题，并展示今日调整持仓比例所能得到的最小风险组合及收益率。通过打印三个结果变量可以看到，调整后的投资组合及其年化收益率和风险如表 13—3 所示。

表 13—3　　　　　　　　调整后的投资组合、年化收益率和风险

| AAPL 持股比例 | MSFT 持股比例 | GOOGL 持股比例 | 年化收益率 | 年化风险 |
| --- | --- | --- | --- | --- |
| 0.527 4 | 0.469 6 | 0.002 9 | 14.39% | 0.249 7 |

至此，我们已经完成了基于苹果、微软、谷歌三只股票的"最小风险"投资组合的持仓更新。假设投资者今日打算调整投资比例并有 100 万元本金，建议其购买 AAPL 股票 52.74 万元、MSFT 股票 46.96 万元、GOOGL 股票 0.29 万元，此时年化风险最小。

与该策略类似，假设我们不是一味地寻求长期投资中的最小风险，而是有一定的收益率目标（需保证合理），在这样的条件下，我们可以求解最优的持仓比例。如此的组合持仓策略在实践中更为常见，而这也是"投资组合有效前沿"这一概念的基础，其代表了在各种收益率目标下最小风险的持仓比重。

相比上述仅考虑最小风险的持仓策略，我们增加目标收益率（以年化收益率 10% 为例）这一约束条件，重新对最优权重进行求解：

```python
# 目标收益率（设定一个目标，例如年化收益率10%）
target_return = 0.1

# 约束条件：1. 权重之和等于1  2. 组合的期望收益率等于目标值
constraints = (
    {'type': 'eq', 'fun': lambda weights: np.sum(weights) - 1}, # 权重总和为1
    {'type': 'eq', 'fun': lambda weights: np.dot(weights, mean_returns) - target_return} # 组合
收益率 = 目标收益
)
```

```
# 优化求解
result = minimize(portfolio_volatility, init_weights, method="SLSQP", bounds=bounds,
constraints=constraints)

# 获取最优权重
optimal_weights_mvo = result.x
```

此时可知,如果投资者本身有一定的回报预期(如年化收益率10%),则更适合的持仓比例是[0.465 8,0.372 0,0.162 2],在这一收益率下如此持仓是风险最小的(0.2670)。

## 本章小结

本章系统介绍了 Python 在金融量化交易中的应用,其中涵盖数据获取、交易策略实现和投资组合优化。首先,我们讲解了如何获取和处理股票市场数据,以为后续的量化分析奠定坚实的数据基础。随后,我们编写了均线交叉策略,并介绍了 pyti 和 bt 等量化库,展示了如何高效计算技术指标与回测交易策略。最后,我们探索了长期投资策略,包括如何计算最小方差组合和使用均值-方差优化方法来确定最优投资权重,为投资者提供稳健的资产配置方案。通过本章的学习,读者将掌握从短期交易到长期投资的量化分析方法,并能灵活运用 Python 构建交易与投资策略。

## 课后习题

1. 了解 Alpha Vantage、Tushare 等 API 获取股票数据的流程,尝试使用其中一种 API 获取至少三只不同股票的历史收盘价,并整理成适用于后续分析的数据格式(如 pandas.DataFrame)。

2. 基于第二节中的案例,手动编写 MACD 量化交易策略,包括信号计算、交易规则设计(如金叉买入、死叉卖出)。

3. 基于编写的 MACD 量化交易策略,对某只股票尝试利用 bt 库回测,查看该交易策略下的效果。

4. 理解"有效前沿"的概念,并使用 Python 计算不同目标收益率下的最小风险组合,绘制收益-风险曲线以直观展示最优投资组合的分布情况。

# 第三篇
## Python 拓展

第十四章　Python 与机器学习
第十五章　Python 与深度学习

# 第十四章
# Python 与机器学习

💡 **全章提要**

- 第一节 机器学习概述
- 第二节 基于 scikit-learn 的机器学习流程
- 第三节 分类算法
- 第四节 回归算法
- 第五节 聚类算法

本章小结
课后习题

机器学习(Machine Learning,ML)是人工智能的一个重要分支,旨在通过算法和统计模型使计算机系统自动从数据中学习和改进,从而在特定任务上提高性能,使计算机能够自动从数据中学习并进行预测或决策。本章将介绍机器学习的概念、流程,以及最典型的三类机器学习算法:分类算法、回归算法和聚类算法。

## 第一节 机器学习概述

计算机科学家汤姆·米切尔(Tom M. Mitchell)认为,机器学习是一个计算机程序在完成某类任务 T 时,如果它的性能 P 在经验 E 的基础上有所提高,那就可以认为它从这些经验中学习。这个关于机器学习的定义强调了三个关键因素:任务 T、性能 P 和经验 E。简言之,机器学习就是计算机程序通过学习经验 E 改进任务 T 的性能 P。机器学习的核心是利用数据来训练模型,使模型在面对未知数据时能够进行准确的推断或分类。

一般来说,机器学习算法可以分为以下三类:

### 一、监督学习算法

监督学习是指在有标签的数据上进行学习。模型通过学习输入值和期望输出值之间的关系进行训练,最终能够对新的数据进行标签预测。常见的监督学习任务包括回归和分类。

### 二、无监督学习算法

无监督学习的数据集不包括标签。模型需要自己发现数据的结构。例如,聚类算法用于将数据点自动分组,关联规则学习则用于发现数据中的关联模式。

### 三、强化学习

强化学习关注如何基于环境反馈做出最佳决策。系统通过接受反馈信号(如奖励或惩罚)来调整决策行为,以达到最大化长期收益的目标。强化学习的例子有马尔可夫决策过程。

机器学习的典型过程如图 14-1 所示,主要包括以下步骤:

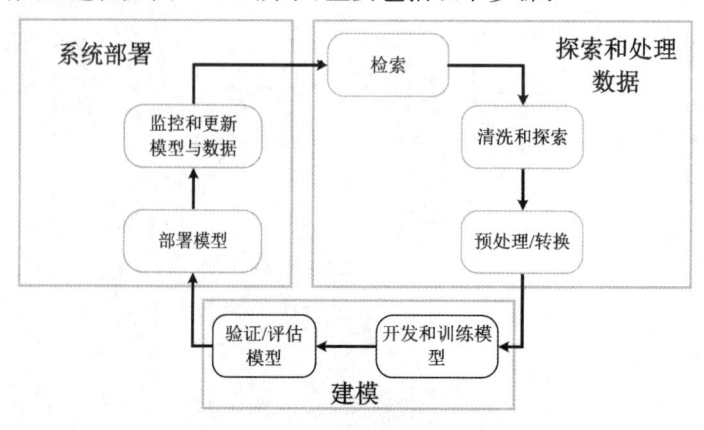

图 14-1 机器学习典型工作流程

第一,数据收集与处理。首先需要获取数据,然后对数据进行清洗、处理(如处理缺失值、标准化等),以确保数据可以用于模型训练。

第二,特征工程。选择合适的特征对于模型的性能至关重要。特征工程的目的是从原始数据中提取有意义的信息,可能包括对数据进行转换、归一化等。

第三,模型选择与训练。根据任务选择合适的机器学习算法(如线性回归、决策树、支持向量机等),并用训练数据对模型进行训练。

第四,模型评估。通过交叉验证等方法评估模型的性能,常用的评估指标包括准确率、精确率、召回率、均方误差等。

第五,模型优化。根据评估结果,调整模型的超参数或特征,以进一步提高模型的性能。

第六,模型部署与应用。训练好的模型可以用于实时预测或嵌入系统中进行决策。

## 第二节 基于 scikit-learn 的机器学习流程

scikit-learn 是 Python 中最强大的机器学习库之一,它提供了一系列高效的工具用于从数据与处理到模型训练和评估的各个阶段。可以使用以下命令在环境中安装 scikit-learn:

```
pip install scikit-learn
```

下面我们通过一个简单的例子展示如何使用 scikit-learn 库来实现机器学习流程。

### 一、数据加载与预处理

使用 scikit-learn 自带的 datasets 模块来加载数据集,以加利福尼亚州房价数据集为例加载数据集并进行必要的数据预处理。

```
from sklearn.datasets import fetch_california_housing
from sklearn.model_selection import train_test_split
from sklearn.preprocessing import StandardScaler

# 加载数据集
data = fetch_california_housing()
X, y = data.data, data.target

# 将数据分为训练集和测试集
X_train, X_test, y_train, y_test = train_test_split(X, y, test_size=0.2, random_state=42)
```

### 二、特征工程

对数据进行标准化,因为不同特征的取值范围可能差异较大。

## 三、模型训练

使用线性回归模型作为示例进行训练和房价预测。

```
from sklearn.linear_model import LinearRegression

model = LinearRegression()
model.fit(X_train, y_train)
```

## 四、模型评估

使用测试集来评估模型的性能，常用的评价指标有均方误差和 $R^2$ 统计量。

```
scaler = StandardScaler()
X_train = scaler.fit_transform(X_train)
X_test = scaler.transform(X_test)
```

```
from sklearn.metrics import mean_squared_error, r2_score

y_pred = model.predict(X_test) # 使用模型进行预测
mse = mean_squared_error(y_test, y_pred) # 计算均方误差和 R² 统计量
r2 = r2_score(y_test, y_pred)
print(f"Mean Squared Error: {mse}")
print(f"R² Score: {r2}")
```

上述程序执行的结果如下：

```
Mean Squared Error: 0.5558915986952442
R² Score: 0.575787706032451
```

## 第三节 分类算法

分类算法是通过训练已知分类的数据集，从中发现分类规则，并以此预测新数据的所属类别。按照类别标签的多少，分类算法可分为二分类算法和多分类算法。分类算法属于监督学习。scikit-learn 中最常用的分类算法包括支持向量机、最近邻、朴素贝叶斯、随机森林、决策树等。尽管 scikit-learn 也支持多层感知器（Multilayer Perceptron，MLP），但是 scikit-learn 本身既不支持深度学习，也不支持 GPU 加速，因此 MLP 不适用于大规模数据应用。

## 一、k-近邻分类

k-近邻分类是最简单、最容易的分类方法,其模型无须训练,只要有训练集即可。训练集是一组有标签的样本,对于待分类的样本,从训练集中找出 k 个和它距离最近的样本,考察这些样本中哪一个标签最多,就给待分类样本贴上该标签。k 值的最佳选择高度依赖数据,通常较大的 k 值会抑制噪声的影响,但同时会使分类界限不明显。通常,k 值是不大于 20 的整数。

scikit-learn 的近邻算法模块 neighbors 提供了两种最近邻分类器:一种是基于待分类样本点的 k 个最近邻实现,其中,k 是用户指定的整数值;另一种是基于待分类样本点的固定半径 r 内的邻居数量实现,其中,r 是用户指定的浮点数值。

下面以 scikit-learn 内置的鸢尾花数据集为例,演示 k-近邻分类模型的使用。

首先展示鸢尾花数据集中的样本集和分类标签集。

```
from sklearn.datasets import load_iris

iris = load_iris() # 获取鸢尾花数据集
print(iris.data.shape) # 输出:(150,4) 表示共有 150 个样本,每个样本 4 项特征
print(iris.target_names) # 输出鸢尾花 3 个品种的名字
print(iris.target) # 输出样本的分类标签编号,0、1、2 分别对应 3 种鸢尾花品种
```

在研究机器学习算法时,通常从样本集中随机抽取部分样本作为测试集,其余样本作为训练集。scikit-learn 提供了 train_test_split(),使用它可以将样本集按照指定的比例随机分割成训练集和测试集。下面使用 10% 的样本作为测试集对鸢尾花进行分类,并输出模型精度。

```
from sklearn.datasets import load_iris
from sklearn.neighbors import KNeighborsClassifier # 导入 k-近邻分类模型
from sklearn.model_selection import train_test_split as tsplit

X,y = load_iris(return_X_y=True) # 获取鸢尾花数据集,返回样本集和标签集
X_train, X_test, y_train, y_test = tsplit(X, y, test_size=0.1) # 拆分数据集
m = KNeighborsClassifier() # 实例化模型,n_neighbors 参数指定 k 值,默认 k=5
m.fit(X_train, y_train) # 模型训练
KNeighborsClassifier(algorithm='auto', leaf_size=30,
metric='minkowski',
                    metric_params=None, n_jobs=None, n_neighbors=5,
                    p=2, weights='uniform')
print(m.score(X_test, y_test)) # 测试模型精度(介于 0-1)
```

k-近邻分类模型理论成熟,计算精度高,对异常值不敏感,但相对于其他分类模型而言,其计算量大,占用内存多。由于 k-近邻分类模型主要靠周围有限的邻近样本,而不是靠判别

类域的方法来确定所属类别，因此，对于类域交叉或重叠较多的待分类样本集来说，k-近邻分类模型相较于其他模型更为合适。k-近邻分类模型比较适用于样本数量较大的自动分类，当样本数量较小时则容易产生错误分类。

## 二、贝叶斯分类

贝叶斯分类是基于朴素贝叶斯算法的模型。之所以称其为朴素贝叶斯，是因为它假设每个输入变量都是独立的。尽管这个硬性假设在实际应用中很难满足，但是对于解决绝大部分复杂问题非常有效。朴素贝叶斯分类模型的原理是在给出的待分类样本中找出当前条件下出现概率最大的类别，此类别就是待分类样本的所属类别。

在 scikit-learn 朴素贝叶斯子模块 naive_bayes 中，一共有三个朴素贝叶斯分类模型类，其中 GaussianNB 是先验分布为高斯分布的朴素贝叶斯，MultinomialNB 是先验分布为多项式分布的朴素贝叶斯，BernoulliNB 是先验分布为伯努利分布的朴素贝叶斯。这三个类适用的分类场景各不相同。一般情况下，如果样本特征的分布大部分是连续值，则使用 GaussianNB 分类比较合适（如上一节的鸢尾花分类），GaussianNB 分类的精度不比 k-近邻分类低。如果样本特征的分布大部分是多元离散值，则使用 MultinomialNB 分类比较合适（如垃圾文本过滤、情感预测、推荐系统等）。如果样本特征是二元离散值或很稀疏的多元离散值，则应该使用 BernoulliNB 分类。

以下程序通过 scikit-learn 内置的 20 个新闻组数据集演示贝叶斯分类模型的使用。首先展示这个数据集的结构和内容。

```
from sklearn.datasets import fetch_20newsgroups
news = fetch_20newsgroups()
print(news.keys())
# 输出: dict_keys(['data', 'filenames', 'target_names', 'target', 'DESCR'])
print(news.target_names)
# 输出: ['alt.atheism', 'comp.graphics', 'comp.os.ms-windows.misc',
'comp.sys.ibm.pc.hardware', 'comp.sys.mac.hardware', 'comp.windows.x', 'misc.forsale',
'rec.autos', 'rec.motorcycles', 'rec.sport.baseball', 'rec.sport.hockey', 'sci.crypt', 'sci.electronics',
'sci.med', 'sci.space', 'soc.religion.christian', 'talk.politics.guns', 'talk.politics.mideast',
'talk.politics.misc', 'talk.religion.misc']
print(len(news.data))
# 输出: 11314
print(news.target.shape)
# 输出: (11314, )
print(news.data[0])
# 输出:
From: lerxst@wam.umd.edu (where's my thing)
Subject: WHAT car is this!?
Nntp-Posting-Host: rac3.wam.umd.edu
Organization: University of Maryland, College Park
Lines: 15
```

```
  I was wondering if anyone out there could enlighten me on this car I saw
  the other day. It was a 2-door sports car, looked to be from the late 60s/
  early 70s. It was called a Bricklin. The doors were really small. In addition,
  the front bumper was separate from the rest of the body. This is
  all I know. If anyone can tellme a model name, engine specs, years
  of production, where this car is made, history, or whatever info you
  have on this funky looking car, please e-mail.

  Thanks,
  - IL
     ---- brought to you by your neighborhood Lerxst ----
```

数据集下载后以 news 命名。news.data 是新闻样本集，共有 11 314 个样本，每个样本是一段新闻文本。news.target_names 是新闻分组标签，共有 20 个分组。news.target 是对应新闻样本集的标签编号集。

因为机器学习模型只能处理数值数据，所以新闻样本集里的每一个文本样本都要转为 TF-IDF 向量。实际上，scikit-learn 内置的数据集已经包含了转为 TF-IDF 向量的数据集，与下面的转换结果一致：

```
from sklearn.feature_extraction.text import TfidfVectorizer

vectorizer = TfidfVectorizer()
vdata = vectorizer.fit_transform(news.data)
print(vdata.shape) # 11314 个样本转化为 TF_IDF 向量，输出：(11314, 130107)
print(vdata.nnz) # 输出非零元素数量，1787565
```

新闻样本集里的一个文本样本大多是几百个字符，转为 TF-IDF 向量后，特征维超过 13 万个，而每个样本的非零特征维平均只有 158 个。可见，这个数据集是非常稀疏的，适用于先验分布为多项式分布的朴素贝叶斯分类模型 MultinomialNB。

以下示例使用 10% 的样本作为测试集的新闻分类的完整代码，模型精度在 85% 左右。代码中使用了分类结果报告函数 classification_report()，返回的平均值包括宏平均值（每个标签的非加权平均值的平均值）、加权平均值（每个标签的支持加权平均值的平均值）和样本平均值（仅用于多标签分类）。

```
from sklearn.datasets import fetch_20newsgroups
from sklearn.feature_extraction.text import TfidfVectorizer # TF-IDF 向量
from sklearn.naive_bayes import MultinomialNB # 导入多项式分布的朴素贝叶斯模型
from sklearn.model_selection import train_test_split as tsplit
from sklearn.metrics import classification_report # 导入分类结果报告函数
```

```
X, y = fetch_20newsgroups(return_X_y=True)  # 获取新闻数据集和分类标签集
vectorizer = TfidfVectorizer()
vdata = vectorizer.fit_transform(X)  #文本转为TF-IDF向量
x_train,x_test, y_train,y_test = tsplit(vdata, y, test_size=0.1)
m = MultinomialNB()    #实例化多项式分布的朴素贝叶斯分类模型
m.fit(x_train, y_train) # 模型训练
MultinomialNB(alpha=1.0,class_prior=None, fit_prior=True)
precision = m.score(x_test, y_test)
print('测试集分类准确率:%0.2f'%precision) # 输出 测试集分类准确率
y_pred = m.predict(x_test)
report = classification_report(y_test, y_pred)
```

打印测试集分类结果如下：

```
print('测试集分类结果报告:\n', report)
```

最终的分类结果如下：

```
测试集分类结果报告:
              precision    recall  f1-score   support

           0       0.80      0.75      0.78        44
           1       0.90      0.78      0.83        55
           2       0.88      0.87      0.87        60
           3       0.74      0.78      0.76        64
           4       0.92      0.76      0.83        58
           5       0.96      0.86      0.91        50
           6       0.90      0.67      0.77        57
           7       0.86      0.92      0.89        64
           8       0.91      0.96      0.94        54
           9       0.94      0.97      0.96        68
          10       0.93      0.97      0.95        67
          11       0.63      1.00      0.77        52
          12       0.93      0.70      0.80        53
          13       0.96      0.84      0.90        63
          14       0.94      1.00      0.97        65
          15       0.54      0.98      0.69        61
          16       0.88      0.93      0.91        57
          17       0.92      0.98      0.95        59
          18       0.96      0.61      0.75        44
          19       0.80      0.11      0.19        37

    accuracy                           0.84      1132
   macro avg       0.86      0.82      0.82      1132
weighted avg       0.87      0.84      0.84      1132
```

### 三、决策树分类

决策树分类模仿了人类做决策的过程,通过一系列规则对数据进行分类,同时适用于分类变量和连续因变量。决策树分类特别适合解释性强的场景,因为它的决策过程清晰,容易理解。它通过构造一个树形结构来模拟决策过程。

图14—2为决策树示意图,圆点表示内部节点,方框代表叶节点。每个内部节点代表一个属性上的测试,每个分支代表测试的一个结果,每个叶节点代表一个类别。

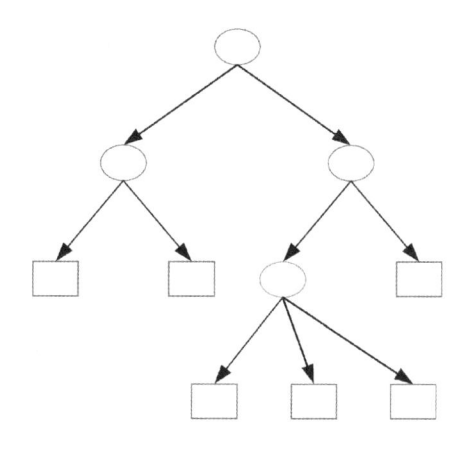

**图 14—2 决策树示意图**

决策树学习的算法通常是一个递归地选择最优特征,并根据该特征对训练数据进行分割,从而使各个子数据集有最好分类的过程。这一过程对应着对特征空间的划分,也对应着决策树的构建。

(1)构建根节点,将所有训练数据都放在根节点,选择一个最优特征,按这一特征将训练数据集分割成子集,使得各个子集都有在当前条件下最好的分类。

(2)如果这些子集已经能够被基本正确分类,那么构建叶节点,并将这些子集分到所对应的叶节点。

(3)如果还有子集不能被正确分类,就对这些子集选择新的最优特征,继续对其进行分割,构建相应的节点。如果递归进行,则直到所有训练数据子集都被基本正确地分类,或者没有合适的特征为止。

(4)每个子集都被分到叶节点上,即都有了明确的类,这样就生成了一棵决策树。

决策树的优点是计算复杂度不高,输出结果易于理解,对中间值的缺失不敏感,可以处理不相关特征数据,模型训练也不需要太多数据。缺点是决策树分类模型的稳定性比较弱,可能会产生过度匹配的问题。此外,决策树分类模型容易产生一个过于复杂的模型,因此模型的泛化性不是很理想。

以下示例使用 scikit-learn 来实现决策树分类,并在训练完成后对决策树进行可视化展示。使用的数据为经典的鸢尾花数据集。

```python
from sklearn.datasets import load_iris
from sklearn.model_selection import train_test_split
from sklearn.tree import DecisionTreeClassifier
from sklearn.metrics import accuracy_score
import matplotlib.pyplot as plt
from sklearn import tree

data = load_iris()# 加载鸢尾花数据集
X, y = data.data, data.target
X_train, X_test, y_train, y_test = train_test_split(X, y, test_size=0.2, random_state=42)
#创建并训练决策树分类器，设置max_depth防止过拟合
model = DecisionTreeClassifier(max_depth=3, random_state=42)
model.fit(X_train, y_train)
y_pred = model.predict(X_test)# 使用测试集进行预测
accuracy = accuracy_score(y_test, y_pred)
print(f"Accuracy: {accuracy:.2f}")
plt.figure(figsize=(12, 8)) # 绘制决策树
tree.plot_tree(model,feature_names=data.feature_names,
               class_names=data.target_names,filled=True)
plt.show()
```

决策树通过一系列问题（决策节点）来对数据进行分类，如图14－3所示。从顶部的根节点开始，根据答案移动到下一个节点，直至叶节点。叶节点提供了模型的最终预测。

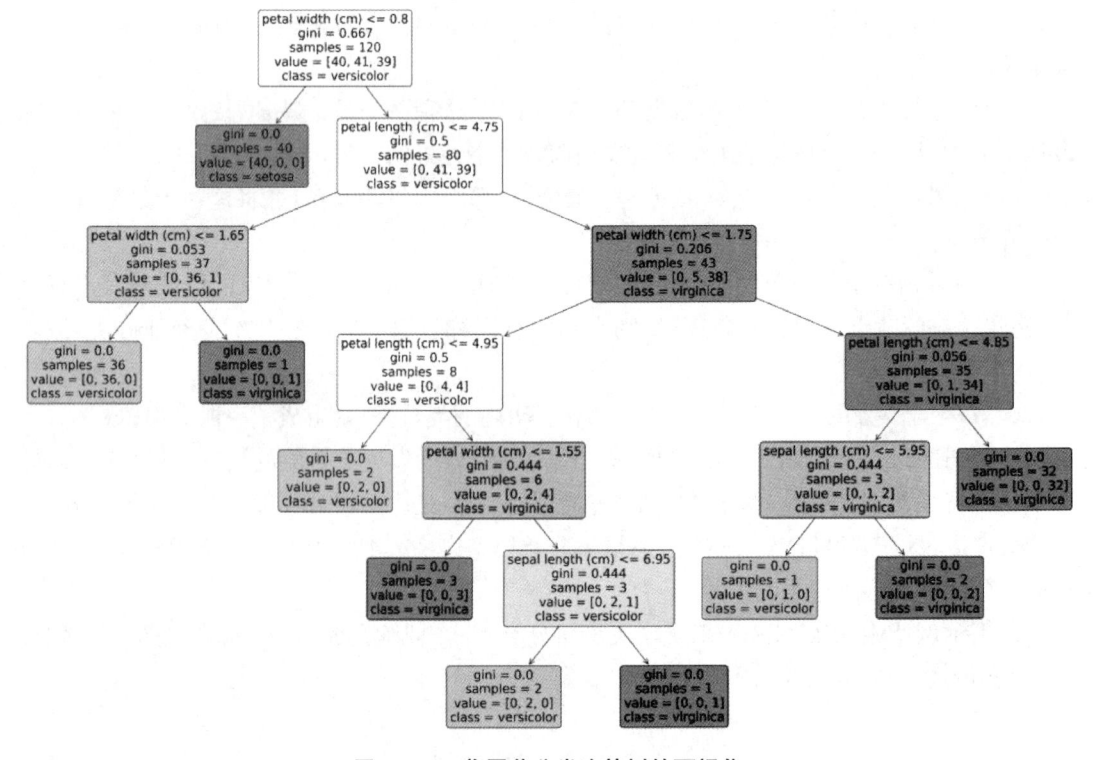

图14－3　鸢尾花分类决策树的可视化

### (一)根节点

1. 判断条件:petal length（cm）≤2.45

这是树的第一个判断条件,意味着基于对花瓣长度的度量,将数据分为两部分。如果一朵鸢尾花的花瓣长度小于或等于2.45厘米,它就会沿着左边的路径移动;如果一朵鸢尾花的花瓣长度大于2.45厘米,它就会沿着右边的路径移动。

2. Gini 不纯度:gini = 0.666

Gini 不纯度是一个衡量一个节点不纯度的指标。完全纯净(节点内所有实例都属于同一个类别)的节点的 Gini 指数为 0。此值为 0.666 意味着节点中存在多个类别的实例。

3. 样本数量:samples = 100

到达这个节点的总样本数为 100。

4. 类别分布:value = [31, 35, 34]

这显示了每个类别在这 100 个样本中的分布情况,对应 Setosa、Versicolor 和 Virginica。

5. 主导类别:class = versicolor

在这个节点中,Versicolor 的数量(35)是三个类别中最多的,因而这个节点被标记为 Versicolor。

### (二)左分支(True 分支)

当满足根节点的条件(花瓣长度小于或等于2.45厘米)时,来到左边的节点。

在这个例子中,左边是一个叶节点(没有进一步的分支),表示分类的最终决策点。

Gini 不纯度:gini = 0.0,意味着这个节点是完全纯净的,所有样本都属于同一个类别。

样本数量:samples = 31,这些都是 Setosa 类的样本。

类别分布:value = [31, 0, 0],只有 Setosa 类。

因此,所有到达这个节点的鸢尾花都被分类为 Setosa。

整个树通过这种方式分割数据集,直至叶节点。每个叶节点根据经过路径上的条件集合给出最终预测。每个节点的决策条件都是为了尽可能地纯化到达该节点的样本,即尝试使通过该节点的所有样本尽可能属于同一个类别。

## 四、随机森林分类

随机森林就是将多棵决策树集成起来的算法。在随机森林算法中有一系列决策树,为了根据一个新对象的属性将其分类,每一个决策树都会产生一个分类结果,被称为这个决策树"投票"给该分类。这个森林将获得票数最多的类别指定为最终的输出类别。随机森林每棵决策树的训练样本都是随机的,决策树中训练集的特征列也是随机选择确定的。这两个随机性的存在使得随机森林不容易陷入过拟合,并且具有很好的抗噪能力。随机森林本质上属于机器学习中的一大分支——集成学习方法。

考虑到随机森林的每一棵决策树中训练集的特征列是随机选择确定的,因此它更适合处理具有多特征列的数据。

以下示例选择 scikit-learn 内置的威斯康星州乳腺癌数据集来演示随机森林分类模型的使用。该数据集有 569 个乳腺癌样本,每个样本包含半径、纹理、周长、面积、是否平滑、是否紧凑、是否凹凸等 30 个特征。

```
from sklearn.datasets import load_breast_cancer

ds = load_breast_cancer()  # 加载威斯康星州乳腺癌数据集
print(ds.data.shape)  # 输出：(569, 30)，569 个乳腺癌样本，每个样本包含 30 个特征
```

可以使用交叉验证函数 cross_val_score() 来评估决策树分类模型和随机森林分类模型的精度。交叉验证的原理是先将样本分成 n 份，每次用其中的 n−1 份作训练集，剩余 1 份作测试集，然后训练 n 次，返回每次的训练结果。随机森林分类模型从 scikit-learn 的集成子模块（ensemble）导入。使用决策树和随机森林算法的程序示例如下：

```
from sklearn.tree import DecisionTreeClassifier
from sklearn.ensemble import RandomForestClassifier
from sklearn.model_selection import cross_val_score

dtc = DecisionTreeClassifier()  # 实例化决策树分类模型
rfc = RandomForestClassifier()  # 实例化随机森林分类模型
dtc_score = cross_val_score(dtc, ds.data,ds.target, cv=10)  # 交叉验证 10 次
print("决策树算法 10 次交叉验证的精度：",dtc_score)
print("决策树算法 10 次交叉验证平均精度：",dtc_score.mean())
rfc_score = cross_val_score(rfc, ds.data, ds.target, cv=10)
print("随机森林算法 10 次交叉验证的精度：", rfc_score)
print("随机森林算法 10 次交叉验证平均精度：", rfc_score.mean())
```

决策树分类模型和随机森林分类模型交叉验证的执行结果如下所示：

```
决策树算法 10 次交叉验证的精度： [0.96491228 0.84210526 0.92982456 0.87719298
 0.94736842 0.87719298  0.89473684 0.94736842 0.92982456 0.94642857]
决策树算法 10 次交叉验证平均精度： 0.9156954887218044
随机森林算法 10 次交叉验证的精度： [0.98245614 0.9122807  0.94736842 0.94736842
 1.         0.98245614 0.94736842 0.98245614 0.96491228 1.        ]
随机森林算法 10 次交叉验证平均精度： 0.9666666666666666
```

程序执行的结果表明，随机森林分类模型的分类精度明显优于决策树分类模型。合理选择参数（参数调优），随机森林分类模型的分类精度还有提升空间。在当前所有算法中，随机森林分类模型具有很高的准确率，能够处理很高维度（特征很多）的数据，并且不用做特征选择（因为特征子集是随机选择的）。随机森林分类模型包含的各个决策树之间是相互独立的，可以通过并行训练来提升训练速度。不过，随机森林分类模型也不是完美无缺的，它的参数调优相对复杂，在某些噪声较大的分类或回归问题上会出现过拟合。

### 五、支持向量机分类

支持向量机（Support Vector Machine，SVM）的基本原理是找到一个将所有数据样本分割成两部分的超平面，使得所有样本到这个超平面的累积距离最短。超平面是指 n 维线性空间中维度为 n－1 的子空间。例如，在二维平面中，一维的直线可以将二维平面分割成两部分；在三维空间中，二维平面可以将空间分成两部分。假设有身高（Size）和体重（Weight）的数据，将它们绘制成散点图，如图 14－4 所示。

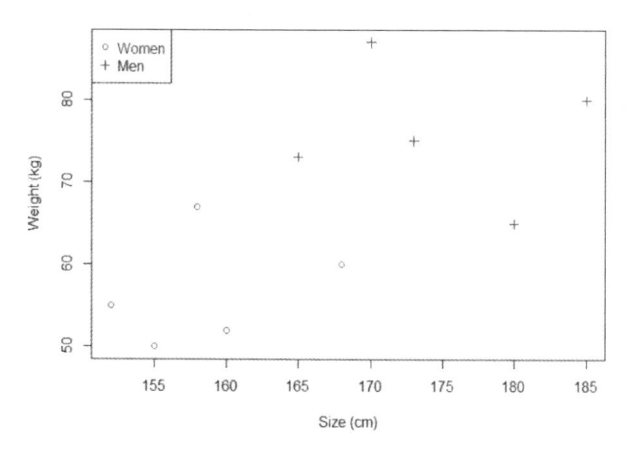

**图 14－4　身高与体重数据的散点图**

我们可以找到将两组不同数据分开的一条直线，如图 14－5 所示。给定一个位置-性别的身高和体重数据，该点落在哪一部分就对应相应的性别，直线的右上侧为男性，直线的左下侧是女性。可以注意到，这个超平面存在若干个，并不唯一。

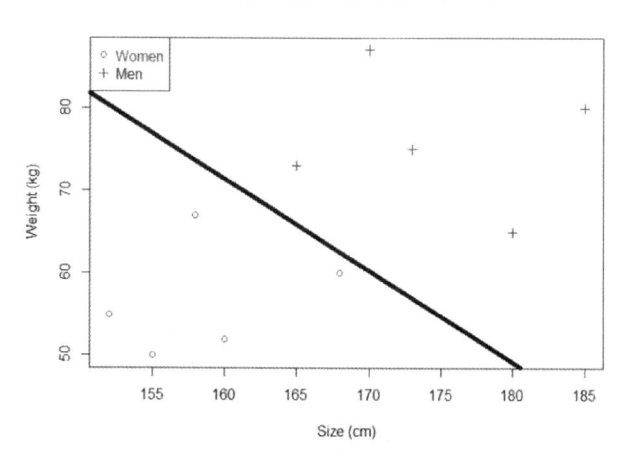

**图 14－5　绘制分离超平面**

针对存在的若干个超平面，其中最好的那个超平面被称为最优分离超平面。最优分离超平面可以被简单理解为在所有能把两类数据完全分开的超平面中，那个离两类数据边界最远的平面。也就是说，最优分离超平面的目标不仅是正确地对训练数据进行分类，而且要使这个分界线(超平面)与两类数据之间的距离尽可能大。这样的设计是为了提高模型的泛化能力,也就是它对未来的未知数据也能有不错的分类效果。在支持向量机中,支持向量就是那些离超平面最近的样本点,而最优分离超平面就是通过这些支持向量确定的。这条线(在二维空间中)或者这个平面(在高维空间中)是唯一的,因为它是根据最大化两类之间的"间隔"来决定的,这个间隔就是指两类数据点到超平面的最小距离。

显然,SVM 是一种二分类模型。SVM 在解决小样本、非线性及高维模式识别中表现出许多特有的优势,并且能够推广应用到函数拟合等其他机器学习问题中。不过,SVM 解决多元分类问题时效率较低,也难以对大规模训练样本实施训练。

scikit-learn 的支持向量机子模块提供了三个分类模型:LimearSVC、NuSVC 和 SVC。SVC 分类模型与 NuSVC 分类模型的方法类似,都是基于 libsvm 实现,它们的区别是损失函数的度量方式不同(NuSVC 分类模型中的 nu 参数和 SVC 分类模型中的 C 参数);LinearSVC 分类模型实现了线性分类支持向量机,基于 liblinear 实现,既可以用于二类分类,也可以用于多类分类。

以下程序选用威斯康星州乳腺癌数据集来测试支持向量机分类模型。程序使用交叉验证函数测试三个分类模型 SVC、NuSVC 和 LinearSVC 的分类精度。

```python
from sklearn.datasets import load_breast_cancer
from sklearn.model_selection import cross_val_score
from sklearn import svm

ds = load_breast_cancer()  # 加载威斯康星州乳腺癌数据集
msvc = svm.SVC()  # 实例化 SVC 分类模型
mnusvc = svm.NuSVC()  # 实例化 NuSVC 分类模型
mlsvc = svm.LinearSVC(dual=False)  # 实例化 LinearSVC 分类模型
score_msvc = cross_val_score(msvc, ds.data, ds.target, cv=10)
score_mnusvc = cross_val_score(mnusvc, ds.data, ds.target, cv=10)
score_mlsvc = cross_val_score(mlsvc, ds.data, ds.target, cv=10)
print("SVC 分类模型交叉验证 10 次的平均精度: ", score_msvc.mean())
print("NuSVC 分类模型交叉验证 10 次的平均精度: ", score_mnusvc.mean())
print("LinearSVc 分类模型交叉验证 10 次的平均精度: ", score_mlsvc.mean())
```

程序执行的结果如下:

```
SVC 分类模型交叉验证 10 次的平均精度: 0.9138784461152882
NuSVC 分类模型交叉验证 10 次的平均精度: 0.8734962406015038
LinearSVc 分类模型交叉验证 10 次的平均精度: 0.9490601503759398
```

从结果可以看出,LinearSVC 分类模型的表现最好,在 95% 左右。

## 第四节 回归算法

回归是指研究一组随机变量(输入变量)和另一组变量(输出变量)之间关系的统计分析方法。当输入变量的值发生变化时,输出变量随之改变,就可以使用回归算法预测输入变量与输出变量之间的关系。回归用于预测与给定对象相关联的连续值属性,而分类用于预测与给定对象相关联的离散属性,这是区分分类和回归问题的重要标志。与分类问题一样,回归问题也属于监督学习的一类。回归问题按照输入变量的个数,可以分为一元回归和多元回归;按照输入变量与输出变量之间的关系,可以分为线性回归和非线性回归。

评价一个分类模型的性能相对容易,因为一个样本属于某个类别是一个是非判断问题,分类模型对某个样本的分类只有正确和错误两种结果。但是评价一个回归模型的性能就要复杂得多。例如,用回归预测某地区房价,其结果并无正确与错误之分,只能用偏离实际价格的程度来评价这个结果。

### 一、线性回归

若输出变量与一个或多个输入变量之间存在线性关系,对此关系的研究就被称为线性回归。一个常见的线性回归模型如下:

$$y = w_0 + w_1 x_1 + w_2 x_2 + \cdots + w_p x_p$$

在 scikit-learn 的线性模型子模块(linear_model)中,向量 $w=(w_1,w_2,\cdots,w_p)$ 被定义为系数,$w_0$ 被定义为截距。LinearRegression 回归模型利用最小二乘法拟合一个带有系数 $(w_1,w_2,\cdots,w_p)$ 的线性模型,使得数据集实际观测数据和预测数据(估计值)之间的残差平方和最小。

以下示例代码使用样本生成器 make_sparse_uncorrelated() 生成了有 4 个固定系数的线性组合,然后使用 LinearRegression 回归模型实现回归。

```
from sklearn.datasets import make_sparse_uncorrelated
from sklearn.linear_model import LinearRegression
from sklearn.model_selection import train_test_split as tsplit
from sklearn.pipeline import make_pipeline

X,y=make_sparse_uncorrelated(n_samples=100,n_features=4)# 成有4个特征100个样本
print(X.shape)  # 输出: (100, 4)
print(y.shape)  # 输出: (100, )
X_train, X_test, y_train, y_test = tsplit(X,y, test_size=0.1)
pipeline = make_pipeline(StandardScaler(), LinearRegression())
pipeline.fit(X_train, y_train)
y_pred = reg.predict(X_test)# 预测
print(y_pred)   # 输出预测结果
print(y_test)   # 输出实际结果
r2 = r2_score(y_test, y_pred) # 计算R方
mse = mean_squared_error(y_test, y_pred) # 计算mse
print(f"\nR² Score: {r2:.3f}, MSE: {mse:.3f}")
```

回归模型经过训练,对 10 个测试样本做出的预测结果为 y_pred 数组,实际结果为 y_test 数组。那么,如何评估这个回归模型的性能呢?模型评估指标子模块 metrics 提供了几种评估方法,其中,mean_squared_error()函数即均方误差(MSE)最为常用,r2_score()函数即复相关系数($R^2$)也经常被用到。

```
from sklearn import metrics

print(metrics.mean_squared_error(y_test,y_pred))  #均方误差
# 输出:1.947899672607565
print(metrics.r2_score(y_test,y_pred))    # 复相关系数
# 输出:0.8050261339760203
print(metrics.median_absolute_error(y_test,y_pred))  # 中位数绝对误差
# 输出:1.0983227512132827
```

残差图可以帮助我们直观地展示回归模型的预测结果与实际结果的吻合程度。残差就是预测值与实际值的差。残差图的纵坐标表示残差,横坐标通常是测试样本序号;也可以使用横坐标表示实际值,纵坐标表示预测值,即 Q-Q 图样式的残差图。生成残差图的程序如下:

```
import matplotlib.pyplot as plt
import numpy as np

plt.rcParams['font.sans-serif'] = ['FangSong']
plt.rcParams['axes.unicode_minus'] = False
plt.subplot(121)
plt.title('残差图')
plt.plot(y_pred-y_test,'o')
plt.plot(np.array([0,9]), np.array([0,0]))
plt.xlabel('测试样本序号')
plt.ylabel('残差:预测值-实际值')
plt.subplot(122)
plt.title('实际值-预测值!')
plt.plot(y_test, y_pred, 'o')
y_range = np.linspace(y_test.min(), y_test.max(), 100)
plt.plot(y_range, y_range)
plt.xlabel('实际值')
plt.ylabel('预测值')
plt.show()
```

该示例代码生成的残差图如图 14-6 所示,残差围绕直线 y=0 上下波动。在实际值-预测值图中,预测值分布在直线 y=x 周围,如果恰好落在这条直线上,就说明预测值与实际值相同。

图 14-6　残差图

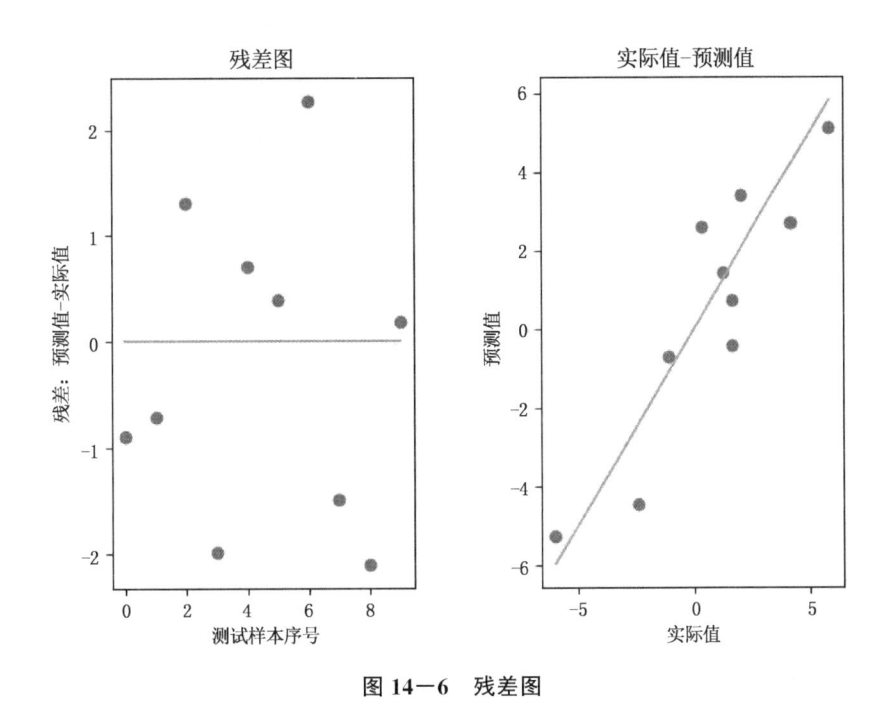

最小二乘法线性回归模型对特征项的相关性非常敏感，导致最小二乘估计对随机误差非常敏感，可能会产生很大的方差。Ridge 岭回归模型通过对系数的大小施加惩罚来避免最小二乘法线性回归模型对特征项相关性异常敏感的问题。

线性模型子模块(linear_model)提供了 Ridge 岭回归模型，用参数 alpha 来控制系数收缩量的复杂性，值越大，收缩量越大，模型对共线性的稳健性也越强。以下示例代码对与特征项强相关的一组样本分别应用最小二乘法线性回归模型和岭回归模型。可以看出，Ridge 岭回归模型的结果几乎不受特征项的相关性影响，而最小二乘法线性回归模型结果的偏差却比较大。

```
from sklearn import linear_model
X= np.array([[0, 0], [0, 0], [1, 1]])#样本特征相关性强
y=np.array([0, .1, 1])
reg_linear = linear_model.LinearRegression() # 实例化最小二乘法线性回归模型
reg_ridge = linear_model.Ridge(alpha=0.5) # 实例化岭回归模型
reg_linear.fit(X, y)      #训练线性回归模型
reg_ridge.fit(X, y)       # 训练岭回归模型
print(reg_linear.coef_)  #受样本的特征项强相关性影响，回归结果明显异常
# 输出: [0.475 0.475]
print(reg_linear.intercept_)
# 输出: 0.050000000000000044
print(reg_ridge.coef_)    # alpha 参数很好地控制了系数的收缩量
# 输出: [0.34545455 0.34545455]
print(reg_ridge.intercept_)
# 输出: 0.1363636363636364
```

## 二、支持向量机回归

支持向量机属于监督学习算法,不仅可以用于分类任务,而且适用于回归问题。支持向量机回归(SVM Regression,SVR)的目标是找到一个回归超平面,使得大部分数据点的预测值与实际值的偏差在一个可容忍的范围内,被称为"epsilon 不敏感损失"。换句话说,SVM 回归试图在误差区间内找到一个最优的回归平面,同时最大限度地保持模型的简单性。与支持向量机分类类似,支持向量机回归也有三种不同的回归模型,即 SVR、NuSVR 和 LinearSVR。其中:SVR 和 NuSVR 基于 libsvm 实现,主要适用于非线性回归,区别在于 NuSVR 使用 nu 参数来控制支持向量的数量;LinearSVR 基于 liblinear 实现,适合大规模线性回归任务。回归模型的 fit()方法要求 y 参数为浮点型向量,以适应连续数值的回归任务需求。

以下示例生成了随机的 3D 数据,共 100 个样本点:

```
import numpy as np
from mpl_toolkits.mplot3d import Axes3D
import matplotlib.pyplot as plt
from sklearn.svm import SVR
from sklearn.metrics import mean_squared_error
from sklearn.model_selection import train_test_split

# 生成随机的 3D 数据
np.random.seed(42)
X = np.random.rand(100, 2) * 10  # 100 个样本点, 2 个特征
y = X[:, 0] ** 2 + X[:, 1] ** 2 + np.random.randn(100) * 10
fig = plt.figure(figsize=(10, 7))
ax = fig.add_subplot(111, projection='3d')
ax.scatter(X[:, 0], X[:, 1], y, color='blue', label='Samples', s=30)
plt.show()
```

程序生成的数据样本如图 14—7 所示。

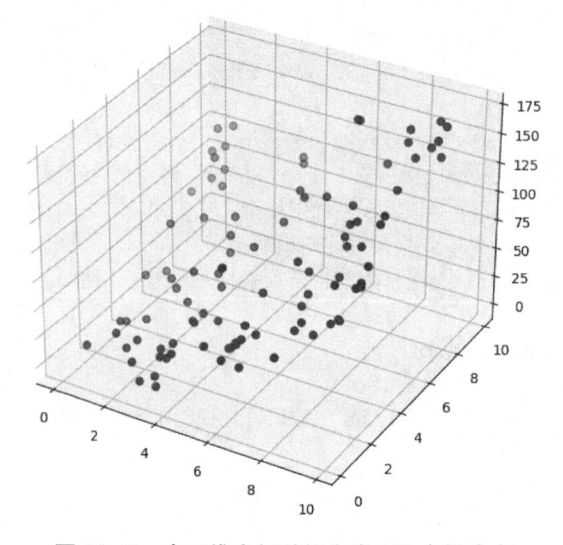

**图 14—7 在三维空间随机生成 100 个样本点**

使用支持向量机回归模型对这生成的 100 个样本做回归分析。对支持向量机回归模型比较重要的参数有 kernel 参数和 C 参数。kernel 参数用来选择内核算法。C 是误差项的惩罚参数，取值一般是 10 的整数次幂，如 0.001、0.1、100 等。通常，C 值越大，对误差项的惩罚越大，因而训练集测试时准确率越高，但泛化能力越弱；C 值越小，对误差项的惩罚越小，因而容错能力越强，泛化能力也相对越强。通过调整 kernel 参数和 C 参数，我们可以观察到不同配置下模型的表现。具体程序如下所示：

```
X_train, X_test, y_train, y_test = train_test_split(X, y, test_size=0.2, random_state=42)
kernels = ['linear', 'poly', 'rbf']  # 定义 kernel 参数
C_values = [0.1, 1, 10]  # 定义 c 参数
fig = plt.figure(figsize=(15, 10))

for i, kernel in enumerate(kernels):
for j, C in enumerate(C_values):
ax = fig.add_subplot(3, 3, i * 3 + j + 1, projection='3d')
    svr = SVR(kernel=kernel, C=C, epsilon=0.1)      # 定义并训练模型
    svr.fit(X_train, y_train)
    y_pred = svr.predict(X_test) # 生成预测
    mse = mean_squared_error(y_test, y_pred)
    ax.scatter(X[:, 0], X[:, 1], y, color='blue', label='Samples', s=20) # 绘制预测点
    x_grid = np.linspace(0, 10, 50)
    y_grid = np.linspace(0, 10, 50)
    X_grid, Y_grid = np.meshgrid(x_grid, y_grid)
    Z_grid = svr.predict(np.c_[X_grid.ravel(), Y_grid.ravel()]).reshape(X_grid.shape)
    ax.plot_surface(X_grid, Y_grid, Z_grid, color='orange', alpha=0.6)

    ax.set_title(f'Kernel: {kernel}, C: {C}, MSE: {mse:.2f}')
    plt.tight_layout()
plt.show()
```

根据不同内核函数和 C 值的组合生成了 9 种回归结果，每个子图中展示了原始数据点的分布、SVR 拟合的回归曲面，以及各配置的均方误差值，如图 14-8 所示。

从图 14-8 中可以看出，kernel 参数的选择直接影响了模型拟合的非线性程度：linear 核仅能生成线性平面，poly 核和 rbf 核则可适应更加复杂的非线性关系。此外，C 参数的变化也显著影响模型的表现。较大的 C 值对训练集的误差更敏感，倾向于更严密地拟合训练数据，从而降低训练误差，但可能导致过拟合；相反，较小的 C 值则允许模型在误差范围内容忍更大的偏差，有助于提高泛化能力。通过对参数的合理选择，能够在模型的拟合程度和泛化能力之间取得平衡，使支持向量机回归模型在不同情境下表现出色。

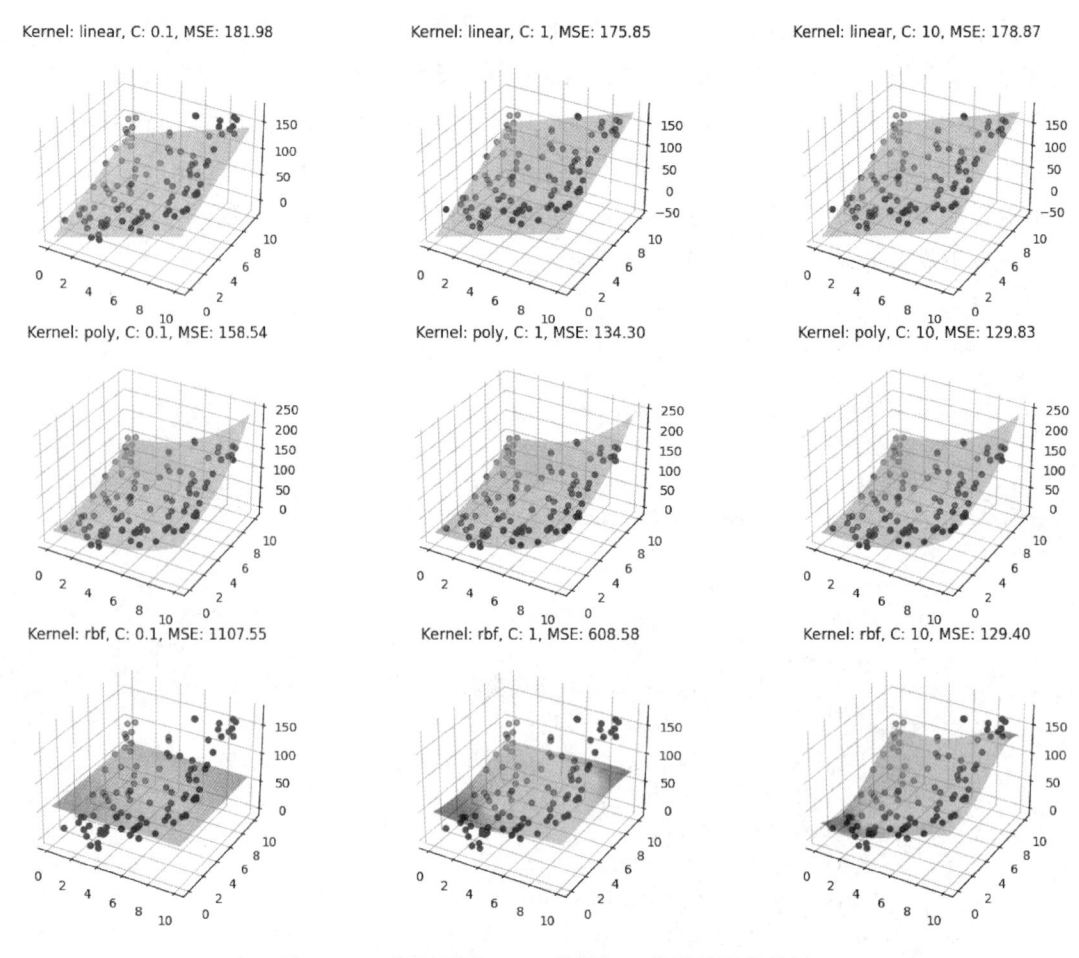

图 14-8　指定不同 kernel 参数与 C 参数的回归结果

### 三、k-近邻回归

k-近邻回归和 k-近邻分类都是基于最近邻算法实现的,不同的是,k-近邻分类适用于数据标签为离散变量的情况,而 k-近邻回归适用于数据标签为连续变量的情况。k-近邻回归预测样本的标签由它最近邻标签的均值计算而来。

scikit-learn 提供了两个不同的最近邻回归类:KNeighborsRegressor 类基于每个查询点的 k 个最近邻实现,其中 k 是用户指定的整数值;RadiusNeighborsRegressor 类基于每个查询点的固定半径 r 内的邻点数量实现,其中 r 是用户指定的浮点数值。这两种回归模型的关键在于参数选择,对于 KNeighborsRegressor,k 值越大,回归结果越平滑,因为它综合了更多邻居的标签值。但若 k 值过大,则可能导致模型对局部细节不敏感,从而降低预测的准确性。相反,较小的 k 值会使模型更加敏感于局部变化,但也可能引入噪声,导致过拟合。

对于 RadiusNeighborsRegressor,r 值的大小直接决定了回归的局部性范围。较小的 r 值聚焦于目标点附近的少数邻居,适合捕捉局部趋势,但可能导致样本不足的情况;较大的 r 值则扩展了查询范围,更适合整体趋势分析,但可能包含过多不相关的点,影响预测精度。

同样针对在三维空间中随机生成的 100 个样本点,以下程序示例使用 KNeighborsRegressor 类对样本点做回归分析。

```python
import matplotlib.pyplot as plt
from sklearn.neighbors import KNeighborsRegressor

fig = plt.figure(figsize=(18, 6))
k_values = [1, 5, 15]  # 设置不同的 k 值
for i, k in enumerate(k_values, 1):
    model = KNeighborsRegressor(n_neighbors=k)
    model.fit(X, y)
    x_range = np.linspace(0, 10, 50)
    y_range = np.linspace(0, 10, 50)
    X_grid, Y_grid = np.meshgrid(x_range, y_range)
    Z_grid = model.predict(np.c_[X_grid.ravel(), Y_grid.ravel()]).reshape(X_grid.shape)

    ax = fig.add_subplot(1, 3, i, projection='3d')
    ax.scatter(X[:, 0], X[:, 1], y, color='r', marker='o', label="Samples")
    ax.plot_surface(X_grid, Y_grid, Z_grid, alpha=0.5, rstride=100, cstride=100)
    ax.set_title(f'KNeighborsRegressor (k={k})')
plt.show()
```

图 14-9 展示了不同参数 k 配置下的回归效果。可以观察到，当 k=1 时，模型对样本点非常敏感，回归曲面紧跟样本分布，反映了局部细节，但也可能带来噪声的影响。当 k=15 时，回归曲面非常平滑，反映了数据的整体趋势，但细节被忽略，导致模型在局部区域的拟合精度降低。通过调节 k 值，我们可以观察到模型在拟合程度和泛化能力之间的平衡效果。

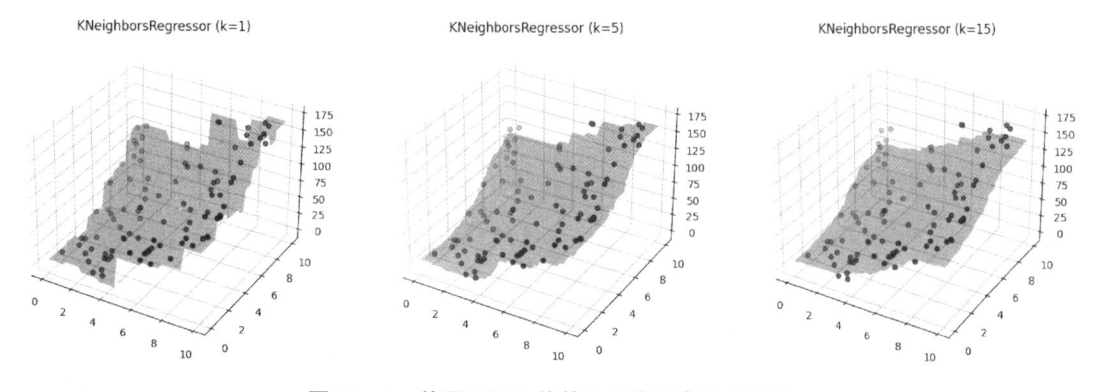

图 14-9　使用不同 k 值的 k-近邻回归分析结果

## 四、决策树回归

决策树同样可以用来做回归分析，不过需要注意，基于决策树的回归模型不能外推，即不能对训练数据范围外的样本进行预测。在使用决策树进行回归分析时，决策树模型通过将数据划分成多个区间，针对每个区间分别计算目标值的平均数或中位数来做出预测。相比线性模型，决策树回归在捕捉数据非线性关系上具有优势。scikit-learn 的决策树子模块

tree 提供了 DecisionTreeRegressor 类来解决回归问题。决策树的主要参数 max_depth 决定了树的最大深度。适当增加树的深度可以增强模型的拟合能力，但过深的树容易导致过拟合，从而降低泛化性能。

在以下示例中，使用 DecisionTreeRegressor 类对随机生成的样本点进行回归分析，并观察不同树深度配置下的效果：

```python
import numpy as np
import matplotlib.pyplot as plt
from sklearn.tree import DecisionTreeRegressor
from mpl_toolkits.mplot3d import Axes3D

fig = plt.figure(figsize=(12, 6))
depth_values = [3, 10]  # 设置不同的树深度

for i, depth in enumerate(depth_values, 1):
    model = DecisionTreeRegressor(max_depth=depth)
    model.fit(X, y)

    x_range = np.linspace(0, 10, 50)
    y_range = np.linspace(0, 10, 50)
    X_grid, Y_grid = np.meshgrid(x_range, y_range)
    Z_grid = model.predict(np.c_[X_grid.ravel(), Y_grid.ravel()]).reshape(X_grid.shape)
    ax = fig.add_subplot(1, 2, i, projection='3d')
    ax.scatter(X[:, 0], X[:, 1], y, color='r', marker='o', label="Samples")
    ax.plot_surface(X_grid, Y_grid, Z_grid, alpha=0.5, rstride=100, cstride=100)
    ax.set_title(f'DecisionTreeRegressor (max_depth={depth})')
plt.show()
```

程序执行的结果如图 14—10 所示。

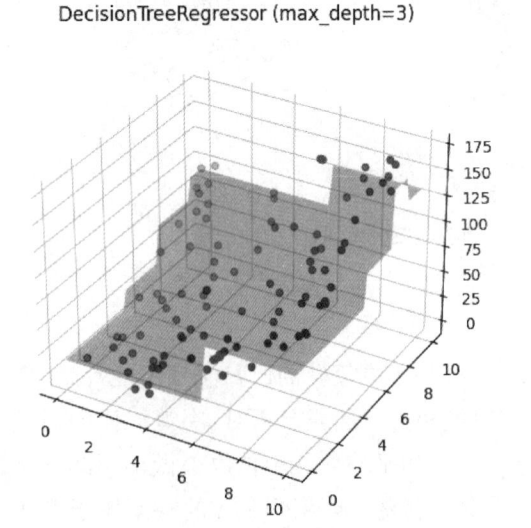

图 14—10　不同决策树深度对回归效果的影响

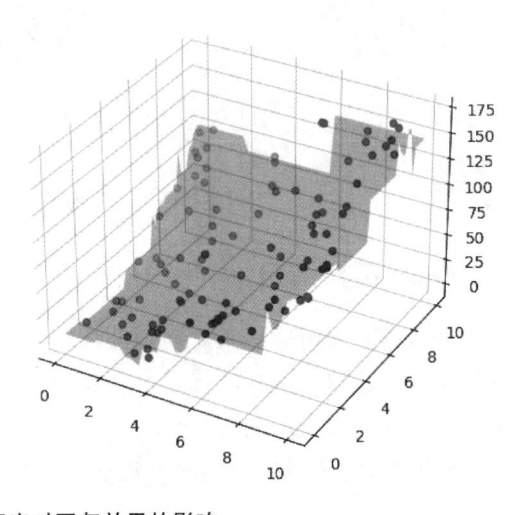

图 14-10 中的子图展示了 max_depth 分别取 3 和 10 时的回归效果。可以看出,k-近邻回归得到的曲面平滑性更差,因为 k-近邻回归结果是根据 k 个最近邻标签的均值计算而来。当 max_depth 值增大时,模型的深度增加,回归曲面细节更加丰富,更好地拟合了样本点,但也容易在训练数据上产生过拟合的现象。

### 五、随机森林回归

单棵决策树通常具有高方差,因而容易过拟合。随机森林回归模型作为一种集成学习方法,能够通过组合不同的决策树来降低方差,但有时会略微增加偏差。与单棵决策树相比,随机森林具有较好的泛化能力,尤其在处理高维数据和存在一定噪声的数据时表现出色。参数调整是随机森林模型效果优化的关键,其中 n_estimators 和 max_features 是最重要的两个参数。n_estimators 参数用于设置随机森林回归模型里决策树的数量,通常数量越大越可以进一步降低模型的方差,效果也越好,但是计算成本会随之增加。当决策树的数量超过一个临界值后,模型性能会趋于平稳。max_features 参数决定了每次分裂时可供选择的特征数量。该参数值越低,模型的方差减小得越明显,但偏差增大得也越多。默认回归问题中设置 max_features 参数为 None,意为选择所有特征。

在以下示例中,使用 RandomForestRegressor 对随机生成的数据进行回归分析,通过比较不同 n_estimators 参数下的模型表现,观察决策树数量对模型效果的影响:

```python
import numpy as np
import matplotlib.pyplot as plt
from sklearn.ensemble import RandomForestRegressor
from mpl_toolkits.mplot3d import Axes3D

fig = plt.figure(figsize=(12, 6))
estimators_values = [10, 100]   # 设置不同的n_estimators数量
for i, n_estimators in enumerate(estimators_values, 1):
 model=RandomForestRegressor(n_estimators=n_estimators, andom_state=42)
    model.fit(X, y)
    x_range = np.linspace(0, 10, 50)
    y_range = np.linspace(0, 10, 50)
    X_grid, Y_grid = np.meshgrid(x_range, y_range)
    Z_grid = model.predict(np.c_[X_grid.ravel(), Y_grid.ravel()]).reshape(X_grid.shape)
    ax = fig.add_subplot(1, 2, i, projection='3d')
    ax.scatter(X[:, 0], X[:, 1], y, color='r', marker='o', label="Samples")
    ax.plot_surface(X_grid, Y_grid, Z_grid, alpha=0.5, rstride=100, cstride=100)
    ax.set_title(f'RandomForestRegressor (n_estimators={n_estimators})')
plt.show()
```

程序执行的结果如图 14-11 所示。

RandomForestRegressor (n_estimators=10)　　　　RandomForestRegressor (n_estimators=100)

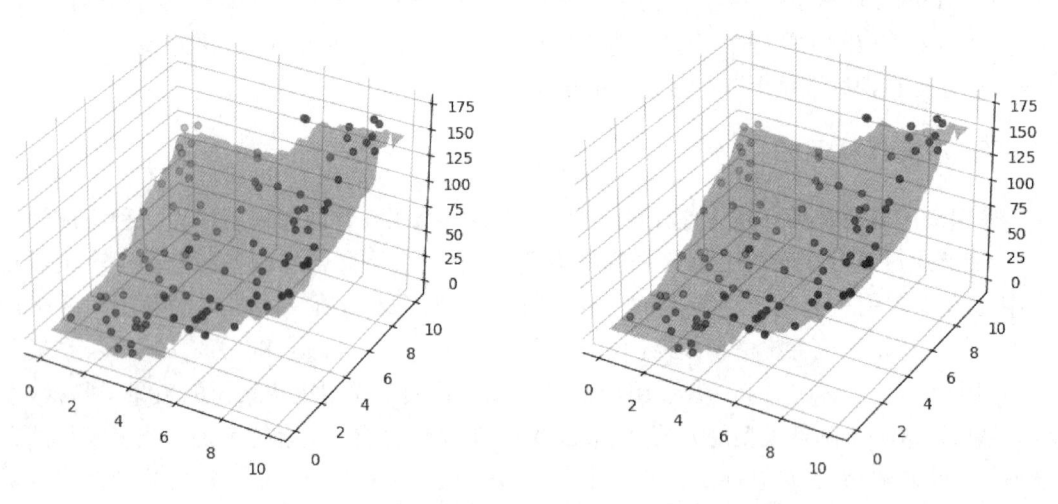

图 14－11　不同决策树数量对随机森林回归分析结果的影响

图 14－11 中的子图分别展示了 n_estimators 取 10 和 100 时的回归效果。随机森林的评估效果明显优于单独的决策树。n_estimators 的增加可以改善模型拟合效果，但在实际应用中应平衡模型性能与计算成本。

## 第五节　聚类算法

聚类算法是一种无监督学习方法，用于将数据集中的样本划分为若干个互不重叠的组或簇。每个簇中的样本具有较高的相似度，而不同簇之间的样本差异较大。聚类的典型应用场景包括用户细分、图像分割、市场营销中的个性化推荐等。根据聚类思想的不同，常见的聚类算法大致分为基于质心的聚类、基于密度的聚类、基于分层的聚类三种。scikit-learn 库中提供了多种主流的聚类算法，包括 KMeans、DBSCAN 和 AgglomerativeClustering 等。每种算法适用于不同的数据特征和应用场景，后续将详细探讨这三种算法的实现方法和参数调整。

### 一、K 均值聚类

K 均值（KMeans）聚类是一种基于质心的聚类算法，其核心思想是将数据集划分成 k 个簇，每个簇中的样本距离某一质心（中心点）最近。

K 均值算法的具体步骤如下：(1)初始化——随机选取 k 个点作为初始质心；(2)分配簇——将每个样本分配到与其最近的质心对应的簇中；(3)更新质心——计算每个簇中所有样本的均值，并将均值作为新的质心；(4)迭代——重复步骤(2)和(3)，直到质心不再发生变化，或达到指定的迭代次数。

K 均值算法的优点是计算速度快且易于理解，但是它对初始质心的选择敏感，且往往只能找到凸形簇,在非凸数据分布或者有噪声的情况下效果有限。例如,对细长、环形或交叉等具有不规则形状的簇,其聚类效果不佳。

KMeans 类和 MiniBatchKMeans 类是 scikit-learn 聚类子模块 cluster 提供的基于质心的聚类算法。MiniBatchKMeans 类是 KMeans 类的变种,它使用小批量来减少计算时间,而多个批次仍然尝试优化相同的目标函数。小批量指的是输入数据的子集,它是每次训练迭代中的随机抽样。小批量大大减少了收敛到局部解所需的计算量。

以下代码示例首先生成团状簇、环形簇和新月簇,然后使用 K 均值聚类分别对三种数据实施聚类操作。

```python
from sklearn import datasets as dss
from sklearn.cluster import KMeans
import matplotlib.pyplot as plt

X_blob, y_blob = dss.make_blobs(n_samples=[380, 400, 300], n_features=2)
X_circle, y_circle = dss.make_circles(n_samples=1000, noise=0.05,
factor=0.5)
X_moon, y_moon = dss.make_moons(n_samples=1000, noise=0.05)
y_blob_pred = KMeans(init='k-means++',
n_clusters=3).fit_predict(X_blob)
y_circle_pred = KMeans(init='k-means++',
n_clusters=2).fit_predict(X_circle)
y_moon_pred = KMeans(init='k-means++',
n_clusters=2).fit_predict(X_moon)

plt.figure(figsize=(18, 5))
plt.subplot(131)
plt.scatter(X_blob[:, 0], X_blob[:, 1], c=y_blob_pred)
plt.subplot(132)
plt.scatter(X_circle[:, 0], X_circle[:, 1], c=y_circle_pred)
plt.subplot(133)
plt.scatter(X_moon[:, 0], X_moon[:, 1], c=y_moon_pred)
plt.tight_layout()
plt.show()
```

从聚类的效果(如图 14—12 所示)可以看出,K 均值聚类在不规则形状的簇上具有局限性。

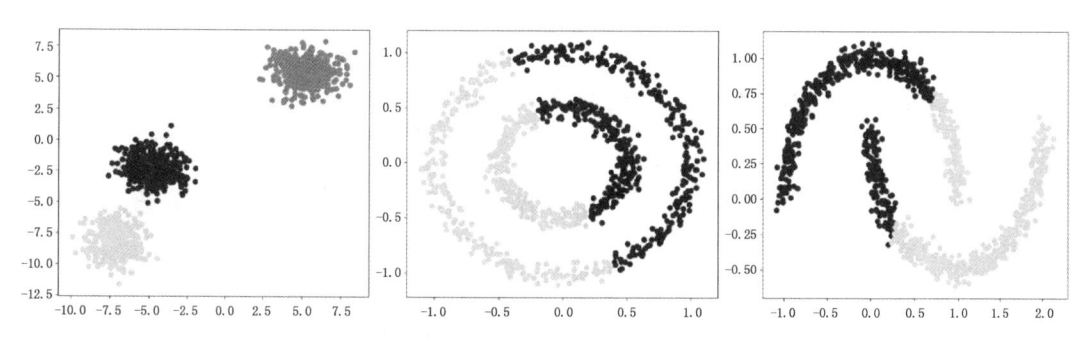

图 14—12 针对团状簇、环形簇和新月簇的 K 均值聚类效果

## 二、基于密度的聚类

基于密度的聚类(Density-Based Spatial Clustering of Applications with Noise, DBSCAN)是一种将簇视为被低密度区域分隔的高密度区域的方法。这与 K 均值聚类假设簇是凸的条件完全不同,因而 DBSCAN 可以检测出任意形状的簇。DBSCAN 的基本原理是通过寻找紧密相连的点的最大集合来定义簇。

scikit-learn 的聚类子模块中提供了 DBSCAN 类来实现基于密度的空间聚类算法。该类具有两个重要参数:eps 和 min_samples。理解这两个参数的关键在于理解核心样本的概念。如果一个样本在其 eps 距离范围内包含不少于 min_samples 个样本(包括该样本本身),该样本就被称为核心样本。参数 cps 和 min_samples 定义了簇的密度标准。

以下程序使用 DBSCAN 展示了如何选择不同的参数最终将环形簇的内环和外环分开:

```python
import numpy as np
from sklearn import datasets
from sklearn.cluster import DBSCAN
import matplotlib.pyplot as plt

X_circle, y_circle = datasets.make_circles(n_samples=1000, noise=0.05, factor=0.5)
eps_values = [0.05, 0.1, 0.2]
plt.figure(figsize=(15, 4))
plt.subplot(1, len(eps_values) + 1, 1)
plt.title("raw data")
plt.scatter(X_circle[:, 0], X_circle[:, 1], color='gray', s=5)
for i, eps in enumerate(eps_values):
    db = DBSCAN(eps=eps, min_samples=5).fit(X_circle)
    y_db = db.labels_
    plt.subplot(1, len(eps_values) + 1, i + 2)
    plt.title(f"eps={eps}")
    plt.scatter(X_circle[:, 0], X_circle[:, 1], c=y_db, cmap='tab10', s=5)
plt.tight_layout()
plt.show()
```

以上程序执行的效果如图 14—13 所示。

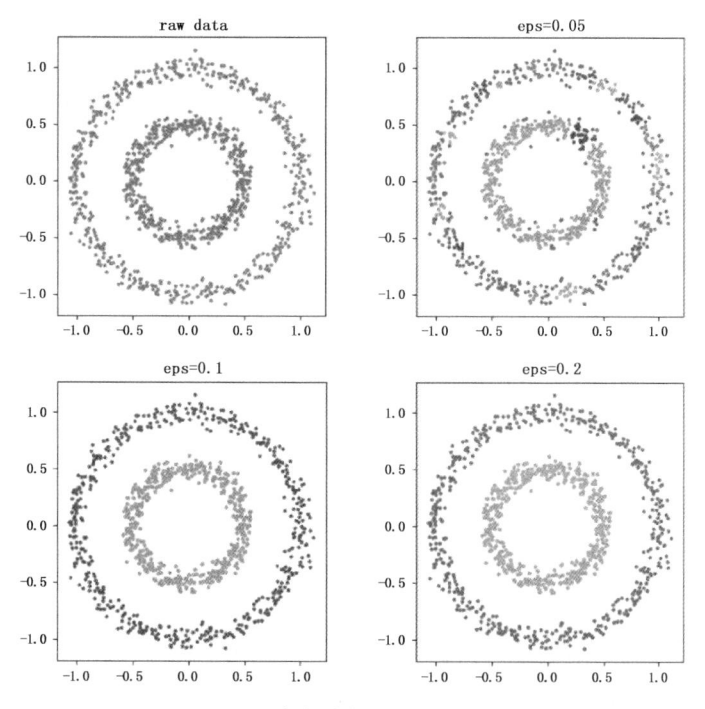

图 14—13　不同参数选择下 DBSCAN 的分簇效果

### 三、谱聚类

谱聚类（Spectral Clustering）是一种源自图论的聚类算法，其核心思想是把所有样本看作空间中的点，点与点之间通过边相连，边的长度用于计算权重，边长越长则权重越低。谱聚类通过将数据集表示为图结构，并寻找划分该图的方法，使得不同子图之间的连接（权重和）尽可能低，而同一子图内的连接（权重和）尽可能高。与 K 均值聚类类似，谱聚类也需要预先指定簇的数量（默认值为 8）。然而，不同于 K 均值聚类对簇形状的假设，谱聚类对簇的形状没有特殊要求，因此对样本分布的适应性更强。此外，谱聚类在某些情况下计算复杂度更低，因而是一种非常优秀且易于实现的聚类算法。scikit-learn 的聚类子模块中，提供了 SpectralClustering 类用于实现谱聚类。以下程序展示了谱聚类在识别非凸形状簇时的优势：

```
import numpy as np
from sklearn import datasets
from sklearn.cluster import SpectralClustering
import matplotlib.pyplot as plt

X_circle, y_circle = datasets.make_circles(n_samples=1000, noise=0.05, factor=0.5)
n_clusters = 2  # 指定簇的数量
spectral = SpectralClustering(n_clusters=n_clusters,
affinity='nearest_neighbors')
y_spectral = spectral.fit_predict(X_circle)
```

```
plt.figure(figsize=(8, 4))
plt.subplot(121)
plt.scatter(X_circle[:, 0], X_circle[:, 1], color='gray', s=5)
plt.subplot(122)
plt.scatter(X_circle[:, 0], X_circle[:, 1], c=y_spectral, cmap='tab10', s=5)

plt.tight_layout()
plt.show()
```

程序执行的结果如图 14—14 所示。

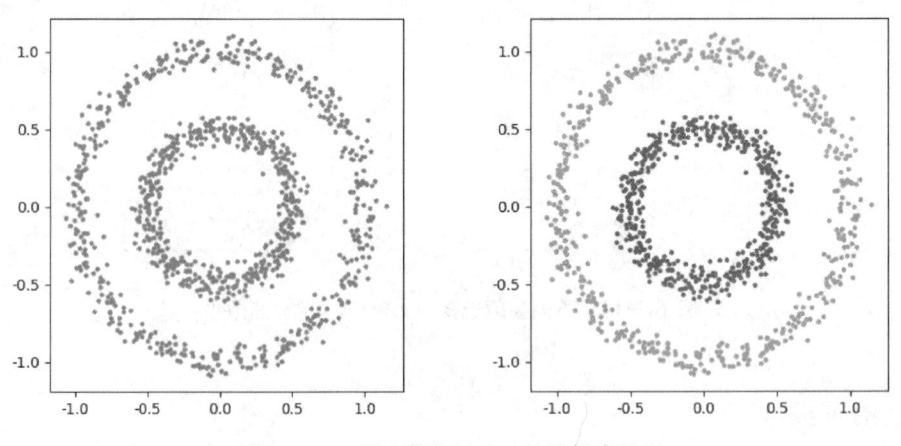

图 14—14  指定簇数量为 2 的谱聚类结果

## 四、层次聚类

层次聚类(Hierarchical Clustering)是一种聚类分析方法,其主要思想是通过创建层次结构的聚类树状图(也称树状图或树形图),逐步将样本进行聚合或分解。层次聚类分为两种类型:凝聚层次聚类(自底向上)和分裂层次聚类(自顶向下)。

凝聚层次聚类(Agglomerative Hierarchical Clustering):从每个数据点开始,将最近的两个簇逐步合并,直到所有样本聚合为一个簇,或者达到预设的簇数量。

分裂层次聚类(Divisive Hierarchical Clustering):从所有样本开始,将簇逐步分裂,直到每个样本成为一个独立的簇。

层次聚类的优点在于可以通过树状图观察数据的聚类过程和样本之间的关系,适用于不需要事先指定簇数的情况。scikit-learn 提供了 AgglomerativeClustering 类来实现凝聚层次聚类。

以下代码示例使用 sklearn 提供的星月型数据(make_moons)来演示层次聚类算法:

```python
import numpy as np
from sklearn import datasets
from sklearn.cluster import AgglomerativeClustering
import matplotlib.pyplot as plt
from scipy.cluster.hierarchy import dendrogram, linkage

X_moons, y_moons = datasets.make_moons(n_samples=200, noise=0.05)
n_clusters = 2
agg_clustering = AgglomerativeClustering(n_clusters=n_clusters, linkage='ward')
y_agg = agg_clustering.fit_predict(X_moons)
plt.figure(figsize=(12, 6))
plt.subplot(121)
plt.scatter(X_moons[:, 0], X_moons[:, 1], color='gray', s=5)
plt.subplot(122)
plt.scatter(X_moons[:, 0], X_moons[:, 1], c=y_agg, cmap='tab10', s=5)
plt.tight_layout()
plt.show()
linked = linkage(X_moons, method='ward')
plt.figure(figsize=(8, 4))
dendrogram(linked, truncate_mode='level', p=3)
plt.xlabel("Sample Index")
plt.ylabel("Distance")
plt.show()
```

程序执行的结果如图 14-15 所示。

图 14-15 层次聚类结果

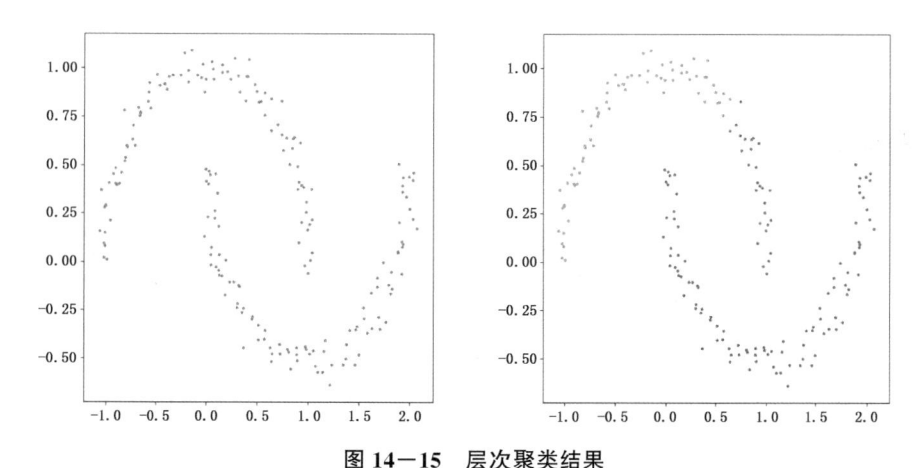

图 14-15 的两个子图分别展示了原始星月形数据与层次聚类结果。

程序执行结果的树形图（如图 14-16）可以帮助我们有效地理解和应用层次聚类算法，非常适合分析样本之间的层次关系和聚类过程。

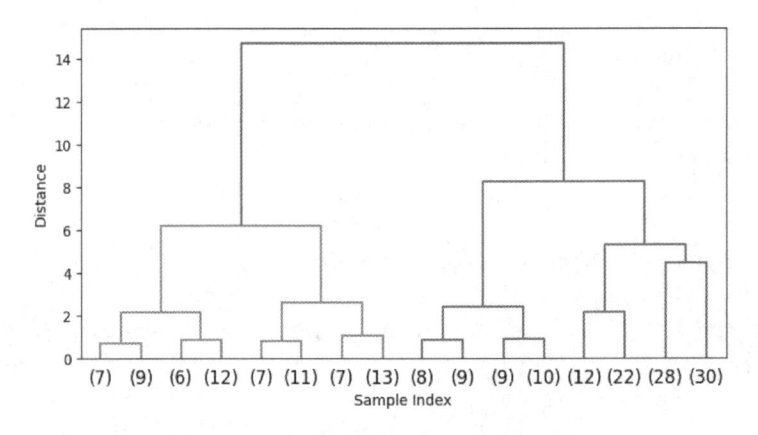

图 14—16　展示聚类层次结构的树形图

## 本章小结

本章介绍了机器学习的主要内容，包括机器学习的基本概念、基于 Python 的机器学习库 scikit-learn 的数据处理流程，以及 scikit-learn 库中的分类算法、回归算法和聚类算法。

本章对 scikit-learn 库中的分类算法、回归算法和聚类算法进行了重点介绍，每个大类方法中介绍的具体方法如下：

分类算法：k-近邻分类、贝叶斯分类、决策树分类、随机森林分类和支持向量机分类。

回归算法：线性回归、支持向量机回归、k-近邻回归、决策树回归、随机森林回归。

聚类算法：K 均值聚类、基于密度的聚类、谱聚类、层次聚类。

对于上述的每种算法，本章都进行了相应的程序演示，希望使读者对机器学习有基本的理解。

## 课后习题

1. 使用 sklearn 包中提供的波士顿房价数据集（从 sklearn.datasets.load_boston 获取）完成线性回归模型的训练，并将预测结果与实际结果的对比可视化。

2. kaggle 平台上有涉及众多领域的大量数据集，请选取任意合适数据集构建模型以完成相关问题的研究与实验。

# 第十五章 Python 与深度学习

## 全章提要

- 第一节　感知机模型
- 第二节　人工神经网络
- 第三节　反向传播算法
- 第四节　神经网络的优势及局限性
- 第五节　常见神经网络类型
- 第六节　主流深度学习框架及应用实例
- 第七节　大语言模型发展简史：从 Transformer 到 DeepSeek-R1 的进化之路

本章小结
课后习题

近年来，深度学习在各个领域的表现卓越，"人工智能"(AI)这一概念越来越家喻户晓。深度学习通常与神经网络紧密相连，它指的是一种通过多层次的神经网络结构进行学习的过程。简单来说，深度学习是一种方法论，神经网络则是实现这一方法的具体工具。

虽然深度学习进入大众视野的时间不长，但支撑它的神经网络概念早在很多年前就已被提出，甚至可以追溯到1943年麦卡洛克(W. McCulloch)和匹兹(W. Pitts)提出的M-P神经元模型，以及弗朗克·罗森布拉特(Frank Rossenblatt)于1957年提出的感知机模型(Perceptron)，该模型实际上就是一个单一神经元。尽管这些模型在当时并未引起广泛关注，且感知机模型有一些局限性，导致神经网络的研究一度陷入困境，但它们为后来的发展奠定了基础。

随着计算能力的增强、公开数据集的增加以及训练样本的增多，基于深度学习的人工智能得到了飞速发展，甚至在过去只有人类才能完成的任务中，人工智能展现出了巨大的潜力。2016年，谷歌公司旗下的DeepMind研发的围棋人工智能AlphaGo击败了世界顶级围棋选手，让大众真正认识到"人工智能"带来的强大力量。深度学习在很多判断性任务中表现出色，甚至在围棋等复杂博弈中，AI也能够进行判断和优化。那么，深度学习能否用来创造内容呢？2014年，蒙特利尔大学博士生伊恩·古德费洛(Ian Goodfellow)受博弈论启发，提出了生成对抗网络(Generative Adversarial Networks，GAN)。GAN由两个神经网络组成，一个是生成器(Generator)，另一个是判别器(Discriminator)。这两个神经网络通过对抗和自我迭代的方式，不断提升模型的能力，最终能够生成逼真的图像、音乐等内容。

2017年12月，谷歌的机器翻译团队在顶级学术会议NIPS上发表了一篇里程碑式的论文——《注意力就是你需要的一切》(Attention Is All You Need)。论文提出"Transformer"架构，该架构只依赖"自我注意力(Self Attention)"机制来训练自然语言模型。"自我注意力"机制使得模型能够专注于输入数据之间的关系，而不再依赖输入与输出之间的直接关系，这大大简化了模型训练的复杂度。这一架构的提出彻底改变了深度学习的发展方向，特别是在自然语言处理领域，对机器翻译等任务产生了深远的影响，也为后来的生成式人工智能(AIGC)奠定了基础。

随着深度学习的进步，AIGC时代的到来让我们看到了更加智能化的内容创作能力。2018年，OpenAI发布了第一版GPT系列模型——GPT-1，并发表了论文——《通过生成性预训练提高语言理解能力》(Improving Language Understanding by Generative Pre-training)。GPT是"Generative Pretrained Transformer(生成式预训练变换器)"的缩写，它能够生成连贯且有逻辑的文本内容，如对话、故事创作、编写代码甚至写诗。GPT模型首先在一个庞大的未标注文本数据集上进行预训练，以学习语言的基本规律和结构，然后在特定任务中进行微调。这种预训练-微调的方式使得GPT能够在多种任务中表现优异。此外，生成式AI还扩展到了多模态领域，能够处理图像、音频、视频等多种模态和形式的数据。

今天，深度学习和人工智能已经渗透到社会生活的方方面面。无论是视频合成、语音处理、指纹识别，还是智能聊天，都离不开强大的深度学习模型。人工智能领域比较重要的几个概念之间的关系如图15—1所示。然而，这些功能强大、结构复杂的人工智能，其实都源于一个简单的神经元——弗朗克·罗森布拉特提出的感知机模型。

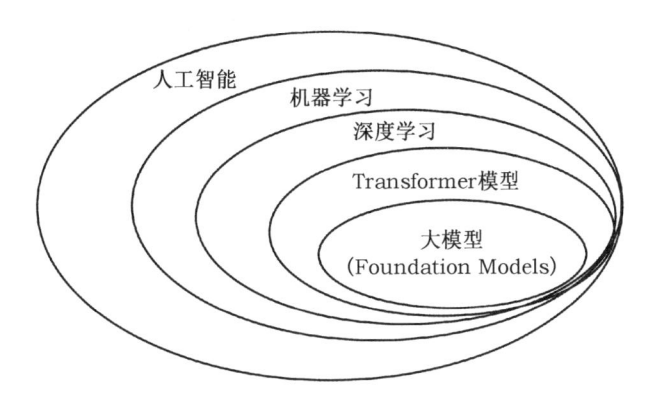

图 15-1　人工智能领域比较重要的几个概念

## 第一节　感知机模型

感知机(Perception)是由弗朗克·罗森布拉特于1957年在康奈尔航空实验室设计的一种人工神经网络模型。它被认为是单层神经网络的基础，是一种二元分类器，旨在模仿生物神经元的工作方式。感知机是一个简单的模型，可以根据输入数据来进行分类，其灵感来源于生物神经系统。生物神经元的结构大致可以分为树突、突触、细胞体和轴突。神经细胞能够接收来自其他神经元的信号，通过突触传递，这些信号的强度决定了神经元的激活状态。具体而言，神经元的激活是基于信号总和的，当信号的强度超过某个阈值时，神经元会发放电脉冲，通过轴突传递给其他神经元。受这一过程的启发，研究人员设计了人工神经元模型(Neuron Model)，用于模拟神经元的基本行为。图15-2展示了最简单的人工神经元结构，即 M-P 模型。

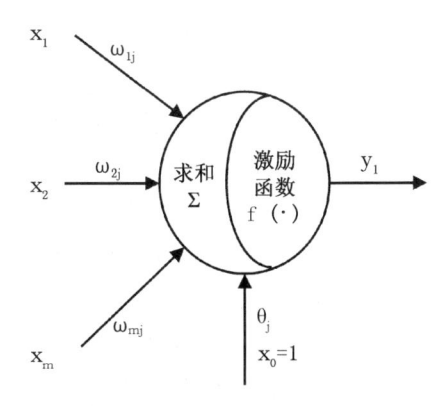

图 15-2　人工神经元

在感知机模型中，每个单一的神经元接收输入数据$\{x_1, x_2, \ldots, x_i, \ldots, x_n\}$，每个输入数据对应一个权重$\{\omega_1, \omega_2, \ldots, \omega_i, \ldots, \omega_n\}$，这些权重控制了各输入对神经元输出的影响。模

型还包含一个阈值 θ 表,通常用于控制神经元是否激活。神经元激活并输出一个结果 y,计算公式如下:

$$y = f(\sum_{i=1}^{n} \omega_i x_i - \theta)$$

其中,f(·)为激活函数(Activation Function),通常用来将输入值映射到区间[0,1]或[-1,1]。常见的激活函数包括 Sigmoid$(x) = \dfrac{1}{1+e^{-x}}$,或者双曲正切函数 Tanh$(x) = \dfrac{e^x - e^{-x}}{e^x + e^{-x}}$等。通常,多个神经元模型按次序排列就是一个简单的神经网络模型。

感知机的目标是通过学习来调整权重$\{\omega_1, \omega_2, \ldots, \omega_i, \ldots, \omega_n\}$及阈值 θ,使得模型的输出结果尽可能接近真实值。假设输入数据为 X$=\{x_1, x_2, \ldots, x_n\}$,我们通过增加一个额外的输入-1 来将阈值转化为一个权重,这样可以统一处理权重和阈值。实际的输入数据为 X$'=\{x_1, x_2, \ldots, x_n, -1\}$。通过这种方式,感知机的计算变为 $y = f(\sum_{i=1}^{n+1} \omega_i x_i - \theta)$。

感知机的参数学习过程是通过调整权重和阈值来优化模型的预测结果。具体学习过程如下:

$$\omega_i = \omega_i + \Delta\omega_i$$
$$\Delta\omega_i = \eta(y - \hat{y})x_i$$

在上面的公式中,$i \in [1, n+1]$,$\eta \in [0,1]$。其中,η 被称为学习率,用于控制模型学习的步伐;在每次迭代中,计算模型的输出值$\hat{y}$,并与实际的目标值 y 相比较。如果预测结果与真实值一致,则权重保持不变;如果预测结果与真实值不一致,则根据误差调整权重,误差越大,权重调整的幅度越大。

单层感知机可以通过简单的学习来实现"与""或"和"非"等逻辑操作,但它只能处理线性可分的数据,即只有当数据可以通过一个超平面分割时,感知机才能有效地进行分类。当数据是线性不可分时,单层感知机就无法处理,比如"异或"操作,单层感知机无法正确分类。

## 第二节 人工神经网络

为了扩展感知机的应用范围,使之能够处理非线性可分问题(如"异或"操作),可以将多个感知机进行组合,构成多层感知机。多层感知机模型通常被称为人工神经网络(Artificial Neuron Network,ANN),而单层感知机被称作人工神经元(Artificial Neuron)。

多层感知机是通过对单层感知机的级联而形成的,如图 15-3 所示。图中的每个圆形代表一个神经元,箭头表示数据的传递方向。神经元接收到输入后,首先进行线性变换,然后通过一个非线性激活函数输出。由神经元级联而成的神经网络中,最开始的层级为输入层(Input Layer),最后的层级为输出层(Output Layer),中间的层级为隐层(Hidden Layer)。隐层的数量和每层神经元的数目可以根据任务需求自行设定。多层感知机也被称为全连接网络(Fully Connected Network)。最简单的 MLP 结构包含一个输入层、一个隐层和一个输出层,即三层结构,层与层之间是全连接的。

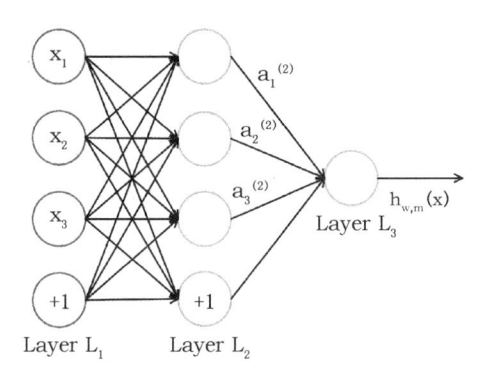

图 15－3　MLP 结构示意图

感知机原本是一个二分类器,但无法有效处理非线性的数据分类问题。如果每个感知机仅使用线性激活函数,那么最终输出仍是输入的一个线性组合,因此本质上仍为线性变换。为了使神经网络能够处理复杂的非线性问题,通常采用非线性激活函数。常见的非线性激活函数包括双曲正切函数(Hyperbolic Tangent Function)和逻辑函数(Logistic Function),其公式分别如下:

$$f(x) = \tanh(x)$$

$$f(x) = \frac{1}{1+e^{-x}}$$

在深度学习的常见算法中,反向传播被用于多层感知机的监督训练。其基本流程包括:将训练样本通过网络前向传播,得到实际输出后计算输出误差。通常使用均方误差作为误差度量工具:

$$E = \frac{1}{2}(t-y)^2$$

其中,t 为目标值,y 为网络的实际输出。虽然可以使用其他误差度量,但均方误差通常是一个较为合适的选择。利用该误差信息,反向传播算法将误差从输出层逐层向前传播,指导网络权重的调整,通常采用随机梯度下降(Stochastic Gradient Descent,SGD)的方法来最小化网络的误差。

梯度下降法可以通过一个直观的类比来理解。假设一个人被困在山上,希望以最快的速度找到下山的路(找到全局最小值)。然而,大雾使能见度极低,他无法看到整个山势,只能通过脚下局部范围内的信息来判断下山的路径。此时,他可以应用梯度下降算法:通过测量当前位置的陡峭程度,沿着负梯度(最陡的下坡方向)前进。如果他希望找到山顶(全局最大值),则需要沿着正梯度(上坡方向)前进。通过这种方法,他最终可以找到下山的路。然而,山的陡峭度无法通过简单的观察得到,而需要使用复杂的工具进行测量。由于他希望在日落前下山,因此需要在有限的时间内合理使用测量工具,找到最佳的测量频率,以避免偏离正确的路径。

在这个类比中,人代表反向传播算法,下山路径代表能使误差最小化的权重集合,山的陡峭度代表误差曲面在该点的梯度。人前进的方向对应误差曲面在该点的梯度方向,人在两次测量之间前进的距离(与测量频率成正比)则对应于算法的学习速率。

在训练阶段,网络的权重会在每个训练样本或一批小样本之后以较高的频率更新,持续尝试向全局最小值逼近。然而,寻找全局最小值并非易事,尤其是在误差曲面较为复杂的情况下。幸运的是,反向传播提供了一种有效的方法:通过逐层计算目标函数对每个神经元权重的偏导数,构建目标函数对权重向量的梯度,以此作为调整权重的依据。这种方法使得多层感知机能够在复杂的非线性任务中表现出强大的性能。

## 第三节 反向传播算法

在神经网络的发展历程中,反向传播算法(Backpropagating,BP)扮演了至关重要的角色,它为多层网络的训练提供了一种通用方法,并为网络加深提供了技术基础。BP 的核心思想是通过误差的反向传播,将目标函数计算的结果传递到网络中的每一个参数,从而指导参数的调整,进而逐步减小目标函数的值。

BP 神经网络是指利用误差反向传播算法训练的多层感知机。其结构通常包括一个输入层、多个隐藏层和一个输出层。为了使网络具备逼近任意函数的能力,并提高其复杂模型的建模能力,需要在网络层中引入非线性激活函数。这是因为如果仅使用线性激活函数,多层网络的效果就等价于单层线性网络。BP 以网络误差平方作为目标函数,采用梯度下降法来求解目标函数的最小值。它是一种有监督学习算法,其主要思想是通过输入学习样本,利用反向传播算法反复调整网络的权重和偏置,使网络的实际输出尽可能接近期望输出。当网络输出层的误差平方和小于指定的误差阈值时,训练完成,并保存网络的权重和偏置。权重更新的公式如下:

$$\Delta w_i = -\alpha \frac{\partial E}{\partial w_i}$$

其中,E 为输出误差,$w_i$ 是神经元第 i 个输入的权重,α 为神经网络学习率(Learning Rate)。反向传播的目标是直观的:随着网络中权重调整次数的增加,其对总体误差的校正贡献也逐渐增大。通过迭代地校正每个权重的误差,最终可以得到一组优化的权重,从而构建一个性能良好的预测模型。

反向传播算法主要由两个阶段组成。

第一阶段:前向传播与反向传播。每次迭代中的传播环节包含两步:首先是信号前向传播阶段,即将输入数据送入网络,逐层计算得到对应的输出;然后进行反向传播,计算网络的实际输出与期望目标输出之间的误差,并将该误差从输出层逐层向前传播,计算每一层的误差贡献。

第二阶段:权重与偏置更新。对于各个网络层的网络权重与偏置,按照以下步骤进行更新:(1)将输入激励和响应误差相乘,得到权重的梯度。(2)将梯度乘以学习率,并与原权重相加,以实现权重的更新。学习率是一个比例因子,它决定了每次权重更新的步长,对训练过程的速度和效果具有重要影响。(3)由于梯度的方向指向误差增大的方向,因此在更新权重时需要取其反方向。通过不断调整权重和偏置,网络在朝着误差减小的方向优化。

第一阶段和第二阶段反复循环迭代,直至网络对输入的响应达到预定的误差范围或满足其他终止条件。在训练过程中,BP算法将误差值反向传播,并根据梯度信息调整网络的权重和偏置。

BP支持两种误差反向传播的模式:一是在线模式(Online Mode),在每次输入一个数据样本后,立即计算网络误差并更新权重和偏置。这种方式适用于需要实时处理的场景,其优点是可以快速适应数据的变化。二是批处理模式(Batch Mode),在所有数据样本输入网络后,统一计算网络误差并更新权重和偏置。这种方式通常能够更稳定地收敛,但需要更多计算资源。两种模式各有优缺点,可根据具体应用场景选择合适的模式。在线模式适用于数据流式输入或需要实时更新的场景,批处理模式则适合大规模数据集的训练,能够更高效地利用计算资源。

## 第四节 神经网络的优势及局限性

经过多年的发展和应用,神经网络模型凸显出一些明显的优势,也暴露了一些局限性。这些优势和局限性在实际应用中需要被充分理解和权衡。

### 一、神经网络的优势

**(一)强大的拟合能力**

神经网络模型可以通过增加层数和每层的神经元数量来扩展规模,从而显著增加可训练参数的数量。结合神经元的非线性特性,神经网络能够拟合高度复杂的函数关系,从而在处理许多人工难以解决的复杂任务中表现出色。例如,在图像识别、自然语言处理和语音识别等领域,神经网络已经成为主流方法。

**(二)工程化的设计模式**

神经网络模型的设计符合工程化的原则。不同网络之间的差异主要体现在结构和损失函数上,而底层的基础组件(如神经元结构、反向传播算法、优化器和其他有效技巧)已经被预先编程和封装在现有的深度学习框架中(如TensorFlow和PyTorch)。这使得针对实际问题设计和实现神经网络模型变得更加简单和高效。设计神经网络模型类似于"搭积木",开发者只需理解其基本原理,选择适合任务的结构,并调整相关参数即可。这种模块化的设计模式使得神经网络能够被广泛应用于各种实际问题。

**(三)高效的处理能力**

尽管神经网络的训练过程可能耗时较长,尤其是在处理复杂任务时,但一旦神经网络训练完成,在测试阶段的处理效率就非常高。测试阶段只需要进行前向传播,即多次矩阵运算,无须迭代优化。这种特性使得神经网络在实际应用中能够快速处理输入的数据并得出结果,从而满足实时性需求。

**(四)深度学习的优势**

神经网络中的深度学习概念(增加网络的层数)显著提升了网络的性能。更深层的网络能够捕捉数据中更复杂和抽象的特征,从而适应更复杂的任务。深度网络的参数量增加,使得其解空间更大,能够为更复杂的函数关系建模。此外,深度网络的非线性层级结构比宽网络的非线性并列结构更强大,因为它能够实现非线性的级联效应,从而产生更丰富的特征表示。

### (五)生物启发的特征提取

深度神经网络的多层结构更符合生物神经元的感知机制。不同层级的网络可以提取和表示数据的多层次特征——从低级特征(如边缘和纹理)到高级特征(如语义和上下文信息)。这种特性在卷积神经网络中尤为显著,它能够有效地处理图像和其他具有空间结构的数据。这一点在后面的卷积神经网络部分将会详细讨论。

## 二、神经网络的局限性

### (一)"黑箱"特性

神经网络模型的输入到输出之间的映射关系通常难以解释。尽管训练好的网络能够对输入数据得出合理的输出结果,但其内部的决策过程缺乏透明性。相比之下,传统模型(如线性回归或决策树)能够提供更直观的解释。神经网络的"黑箱"特性使得我们无法直接理解网络抓取了哪些特征、如何学习到特定的映射关系以及为什么会得出某个结果。这种局限性在需要可解释性的应用场景(如医疗诊断和金融风险评估)中尤为突出。

### (二)对大规模数据的依赖

神经网络的训练通常需要大量的标注数据。对于已经有大规模标注数据集的任务(如ImageNet图像分类),这不是问题。然而,对于某些实际任务,由于数据采集和标注的成本高、难度大,因此难以获得足够的数据量。在这种情况下,神经网络的性能可能会受到限制。这一局限性在大参数量的深度学习模型中表现得尤为明显。

### (三)稳健性较差

神经网络模型容易被对抗样本(Adversarial Example)欺骗。对抗样本是通过特定算法生成的输入数据,它们在人类看来与正常样本几乎没有区别,但会导致神经网络做出错误的预测。图15—4展示了这样一个实验,研究者先得到一个已经训练好的用于图片分类的神经网络模型,然后将左边的熊猫图像输入网络,网络将其判别为熊猫;然后研究者利用相关算法,计算出中间的类似噪声的数据,并以一定比例加入左边的熊猫图像,得到右边的结果。用肉眼去看,不能看出右图与左图的区别,仍然会将其视为一只熊猫。但是,此时将人工合成的右边的图像输入网络中,网络就会将其误分类为长臂猿。这种稳健性较差的特点使得神经网络在安全性要求较高的应用中面临挑战。

### (四)超参数调优的复杂性

神经网络模型的性能高度依赖超参数的选择,包括学习率、训练轮数、网络层数、每层的神经元数量等。超参数的调优对模型的性能有重要影响,但这一过程通常需要耗费大量时间和精力。尽管有一些调参技巧(如网格搜索和随机搜索)和自动化工具(如贝叶斯优化)可以提供帮助,但在许多情况下,仍需要依赖人工经验进行手动调优。

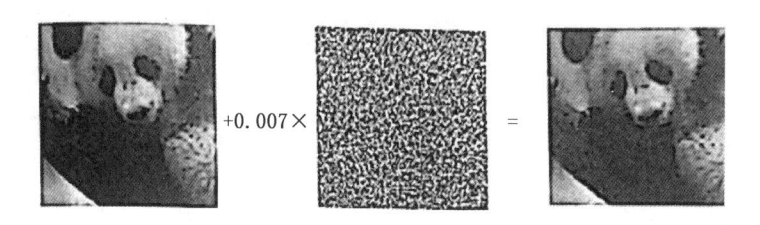

**图 15-4　对抗样本实验**

图片来源：I. J. Goodfellow, J. Shlens, C. Szegedy. Explaining and hanessing adversarial examples (2014). arXiv preprint arXiv:1412.6572.

## 第五节　常见神经网络类型

### 一、卷积神经网络

传统神经网络采用全连接方式，当处理高维数据（如图像）时，参数数量会急剧增加。例如，处理一张 1 000×1 000 像素的灰度图像时，若隐层有 100 个节点，仅输入层与隐层之间的权重矩阵就包含 108 108 个参数。这不仅导致计算复杂度过高，而且容易引起过拟合。为了更好地处理图像、视频、音频等高维数据，研究者提出了卷积神经网络（Convolutional Neural Network，CNN）。CNN 通过局部连接和参数共享大幅减少了参数量，成为计算机视觉领域的核心技术。

计算机视觉的目标是赋予计算机"看"的能力，即通过处理图像、提取特征、识别目标并理解内容。图像在计算机中以矩阵形式存储。灰度图像，如图 15-5 所示，存储为单通道矩阵，其中矩阵的两个维度就是图像的长和宽，其在某个位置的值表示在某个像素点的亮度；彩色图像，如图 15-6 所示，存储为多通道矩阵，如 RGB 图像由红、绿、蓝三个通道组成。

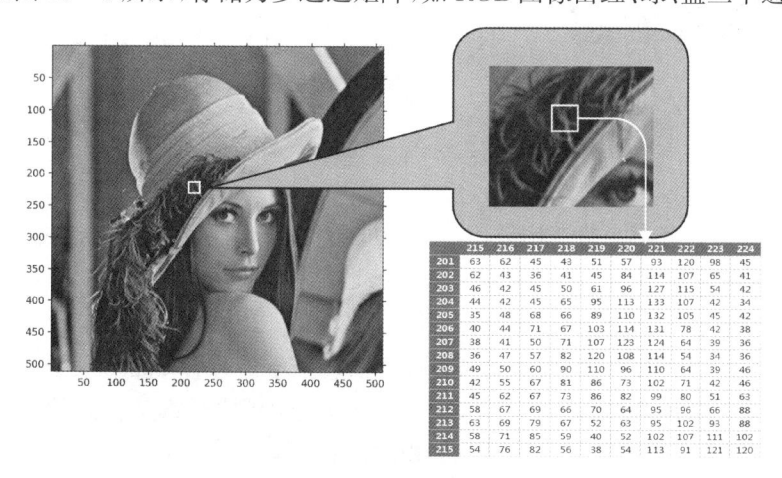

**图 15-5　灰度图像示例**

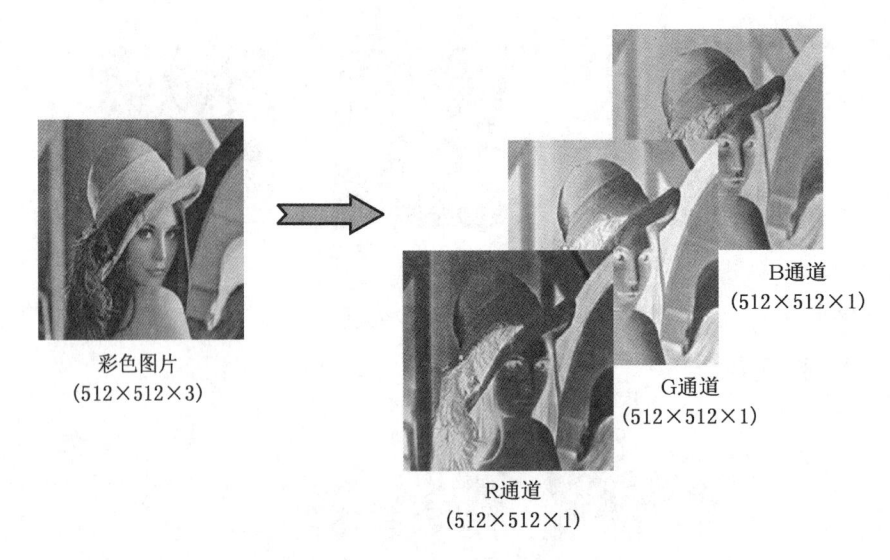

图 15－6　RGB 图像是表示三个通道的矩阵组合的结果

自然图像的信息是多方面、多层次、多尺度的。仍以 lena 图像为例,如图 15－7 所示。其中:底层信息展示了图像中的边缘、纹理等细节,如 lena 图像中的帽子纹理;中层信息包含局部结构,如人像的眼睛、鼻子等;高层信息为语义实体,如人脸、帽子等。这些信息从局部到全局逐层抽象,对理解和识别图像至关重要。

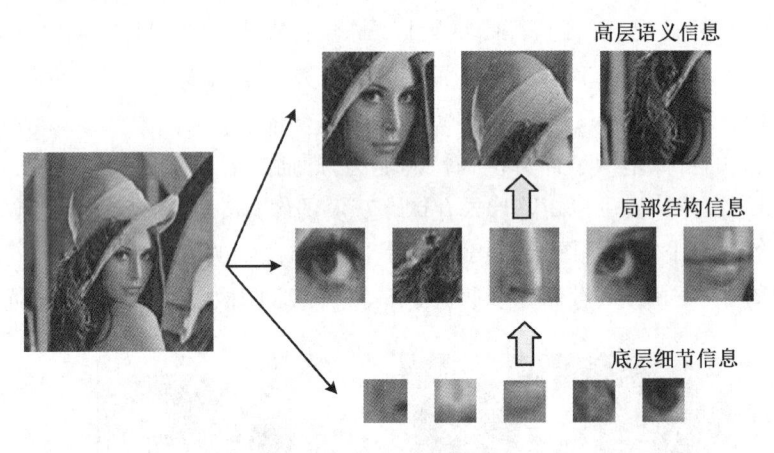

图 15－7　lena 图像示例

不同层次的信息有不同的作用和价值。当我们看到一幅图片时,自然地需要从整体来看这幅图表示的内容是什么,如图中是一张人脸还是一辆汽车。这里的"内容"就是偏语义层面的高层信息,往往对于图像的识别和理解有重要意义。另外,一张图有时并不需要太清晰,我们也能依照高层语义信息辨认出图像要表达的基本内容。尽管如此,我们仍然希望有更加高清的图像。这种对高清图像的需求实际上也说明了底层细节信息的意义,在很多情况下,偏底层的信息一般对于图像的观感和视觉体验意义重大。

对于计算机视觉任务而言,最好的模型就是人眼及人类视觉系统。对于人类而言,视觉信号的感知(冲击响应)具有图 15-8(a)所示的结构。图 15-8(b)展示了一个二维高斯差分(Difference of Gaussian，DoG)形式的空域滤波器。人眼视觉系统通过多尺度和方向的空域滤波器(如高斯差分 DoG 滤波器)提取图像特征。CNN 受此启发，利用卷积核模拟滤波操作，通过多层网络提取图像的局部特征并逐层融合，以实现对复杂图像模式的学习。

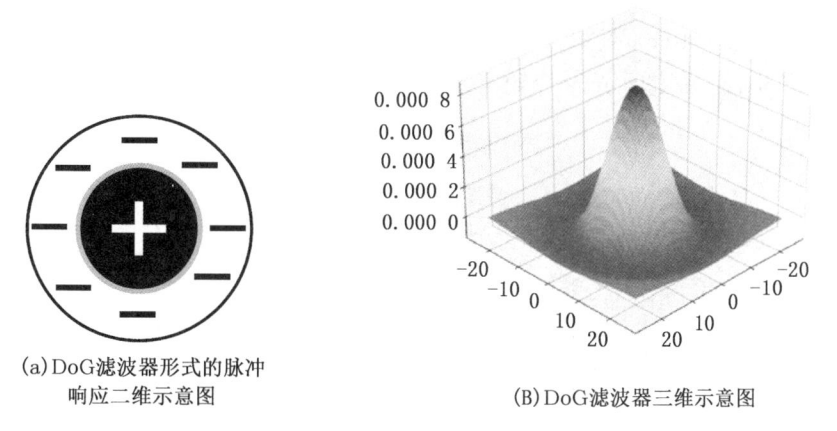

(a) DoG 滤波器形式的脉冲响应二维示意图

(B) DoG 滤波器三维示意图

图 15-8　人眼视觉系统中的 DoG 形式的冲击响应

CNN 的核心思想是通过卷积操作提取局部特征，并通过多层网络的级联实现特征的多尺度抽象。一个典型的 CNN 神经网络主要是由卷积层、池化层和全连接层构成。图 15-9 展示了一个卷积神经网络，该网络由两个卷积层(Conv1，Conv2)，两个池化层(POOL1，POOL2)，一个全局平均层(APP)和一个全连接层(FC1)构成。这个 CNN 网络输入的是一张图片，输出的是该图片的类别。与传统机器学习算法训练的过程类似，CNN 在具体场景中的应用也需要经历训练和测试两个阶段：在训练阶段，将有标签的训练集数据作为约束，优化网络中的参数变量；在测试阶段，将未知类别的图像输入网络，得到代表其类别的输出结果。

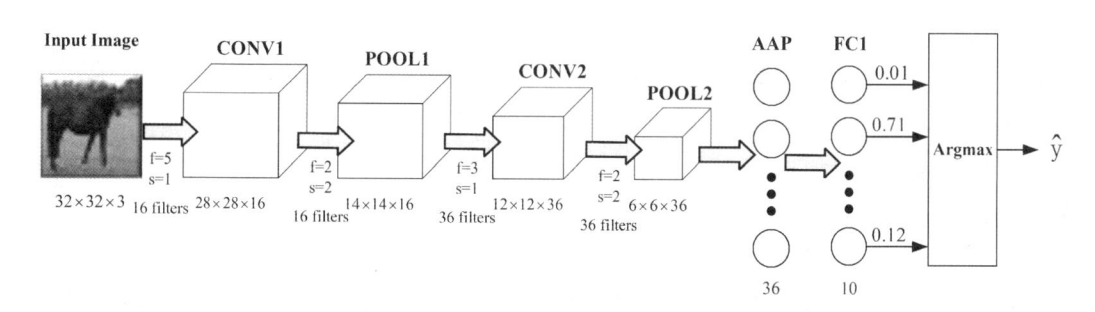

图 15-9　典型的 CNN 网络结构

## (一)卷积层

卷积(Convolution)是信号处理中的一种重要运算，用于描述一个系统对输入信号的响应。在图像处理中，卷积操作通过卷积核(Kernel)提取图像的局部特征，以替代传统神经网络中的全连接方式，从而大幅减少了参数量并提高了计算效率。

1. 互相关操作

卷积层的核心是互相关运算,它与卷积运算类似,但更加直观。互相关运算通过卷积核在输入图像上滑动,计算卷积核与图像局部区域的点积,生成特征图。下面用一个具体例子来解释二维互相关运算的含义。如图15-10(b)所示,输入的是一个高和宽均为5的二维图像数组,将该数组的尺寸记为5×5;二维核数组的高和宽分别为3,该数组在卷积计算中又称卷积核或过滤器(Filter),卷积核窗口(又称卷积窗口)的形状取决于卷积核的高和宽。图15-10显示了输出特征图中第一个输出元素4的计算过程及其计算所使用的输入图像块和核数组。

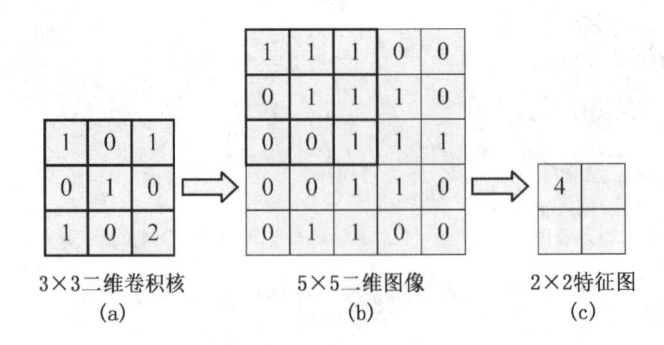

3×3二维卷积核　　　　5×5二维图像　　　　2×2特征图
(a)　　　　　　　　　　(b)　　　　　　　　　(c)

图15-10　卷积运算

为了清楚地描述卷积计算过程,图像的第i行第j列元素用$x_{i,j}$表示;二维卷积核第m行第n列权重用$w_{m,n}$表示,用$w_b$表示卷积核的偏置项,用$a_{i,j}$表示特征图的第i行第j列元素,用f(x)表示激活函数。然后使用下列公式计算卷积:

$$a_{i,j} = f(\sum_{m=0}^{2}\sum_{n=0}^{2} w_{m,n} x_{i+m,j+n} + w_b)$$

在训练模型时,通常先对卷积核随机初始化,然后不断迭代卷积核和偏置参数。

2. 填充与步幅

使用高和宽为3的输入与高和宽为2的卷积核计算将会得到高和宽为2的输出。一般来说,假设输入尺寸是nh×nw,卷积核窗口尺寸为kh×kw,那么输出尺寸为(nh-kh+1)×(nw-kw+1)。

所以,卷积层的输出形状由输入形状和卷积核窗口形状决定,卷积层的两个超参数为填充和步幅。

(1)填充

填充(Padding)是指在输入高和宽的两侧填充元素(通常是0元素),以控制输出特征图的尺寸。填充的作用包括保持输入和输出的空间尺寸一致,防止边缘信息丢失。如图5-11所示,虚线部分是在原输入高和宽的两侧分别添加了值为0的元素,使得输入的高和宽从3变成了5,并导致输出的高和宽由2增加到4。图15-11中的框选区域为第一个输出元素及其计算所使用的输入和核数组元素:0×0+0×1+0×2+1×3=3。

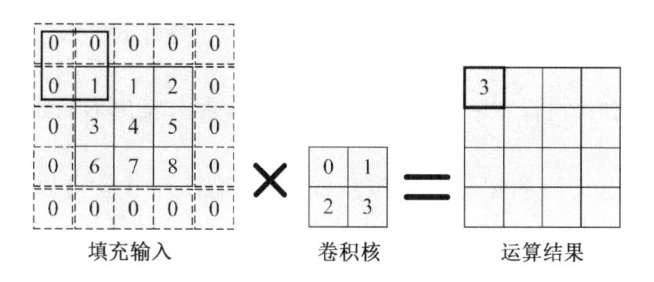

图 15－11 带填充的卷积运算

一般来说,如果在高的两侧一共填充 ph 行,在宽的两侧一共填充 pw 列,那么输出尺寸为(nh－kh+ph+1)×(nw－kw+pw+1)。也就是说,输出的高和宽会分别增加 ph 和 pw。

在很多情况下,设置 ph=kh－1 和 p=k－1 来使输入和输出具有相同的高和宽。这样在构造网络时有利于推测每个层的输出形状。假设这里 kh 是奇数,在高的两侧分别填充 $\frac{Ph}{2}$ 行。如果 kh 是偶数,一种可能是在顶端一侧填充 $\frac{Ph}{2}$ 行,而在底端一侧填充 $\frac{Ph}{2}$ 行。在宽的两侧的填充同理。卷积神经网络经常使用奇数高和宽的卷积核,如1、3、5、7,两端的填充个数相等。对任意的二维数组 X,设它的第 i 行第 j 列的元素为 X[i, j]。当两端填充个数相等并使输入和输出具有相同的高和宽时,可知输出 Y[i, j]是由输入以 X[i, j]为中心的窗口通过卷积核进行互相关计算得到的。

(2)步幅

在互相关运算中,卷积窗口从输入数组的左上角开始,按从左到右、从上到下的顺序滑动。每次滑动的行数和列数被称为步幅(Stide)。步幅决定了卷积窗口的移动间隔,直接影响输出特征图的尺寸。步幅为1时,卷积窗口每次滑动一个像素,输出尺寸最大;步幅大于1时,卷积窗口跳过部分像素,输出尺寸减小。

图 15－12 展示了高上步幅为3、宽上步幅为2的二维互相关运算。

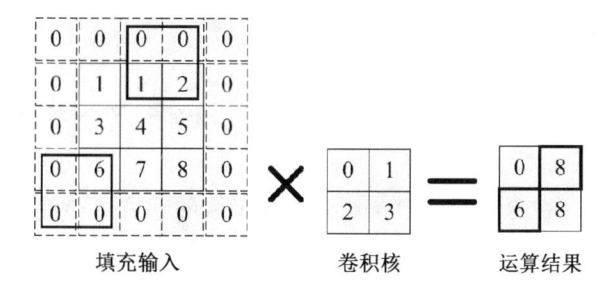

图 15－12 高上步幅和宽上步幅分别是 3 和 2 时的二维相互卷积运算

从图 15－12 中可以看到,输出第一列第二个元素时,卷积窗口向下滑动了3行,在输出第一行第二个元素时卷积窗口向右滑动了2列。当卷积窗口在输入上再向右滑动2列时,输入元素无法填满窗口,无结果输出。图 15－12 中的运算结果为输出元素及其计算所使用的输入和核数组元素,分别为 0×0+0×1+1×2+2×3=8 和 0×0+6×1+0×2+0×3=6。

一般来说，当高上步幅为 sh，宽上步幅为 sw 时，输出形状为 $\frac{nk-kh+ph+sh}{sh} \times \frac{nw-kw+pw+sw}{sw}$。如果设置 ph=kh−1、pw=kw−1，那么输出形状将简化为 $\frac{nk+sh-1}{sh} \times \frac{nw+sw-1}{sw}$。如果输入的高和宽能分别被步幅整除，输出尺寸就可以进一步简化为 $\frac{nh}{sh} \times \frac{nw}{sw}$。

3. ReLU 函数

在卷积操作后，通常使用 ReLU(Rectifed Linear Unit)激活函数引入非线性。ReLU 的定义为 ReLU(x)=max(0,x)，其输出如图 15—13(c)所示。

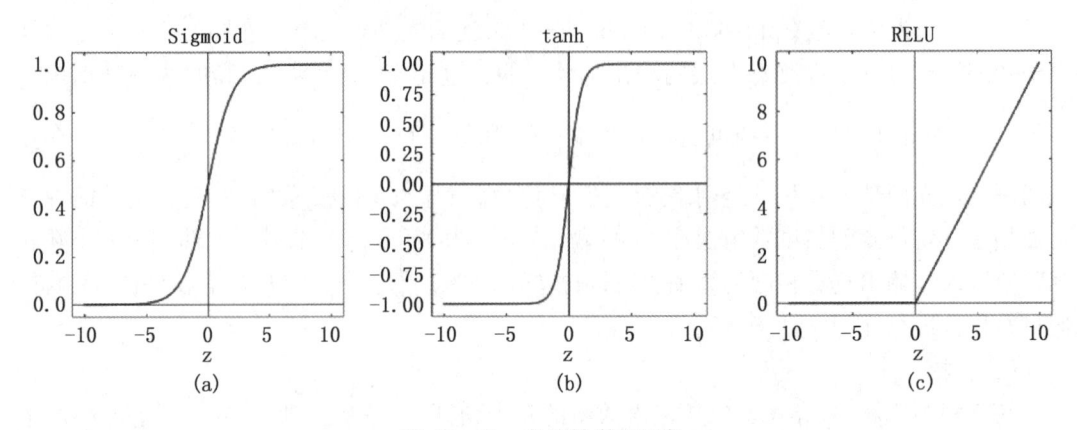

图 15—13　非线性激活函数

ReLU 的作用主要是引入非线性和稀疏激活。卷积操作是线性的，而实际数据往往具有非线性特征。ReLU 通过将负值置 0，保留正值，为网络引入非线性特性。ReLU 的"激活"特性使得部分神经元输出为 0，从而模拟人脑的稀疏激活机制(人脑中仅约 5%的神经元激活)，提高网络的表达能力。

ReLU 函数具有以下优点：

(1)计算高效。ReLU 仅需比较和取最大值操作，无须计算指数或倒数，计算速度远快于 sigmoid 函数或 tanh 函数。

(2)缓解梯度消失。在深层网络中，sigmoid 等函数的梯度可能趋近于 0，导致网络难以训练。ReLU 的梯度恒为 1(正值时)有助于缓解这一问题，从而支持更深层网络的训练。

(3)稀疏性。通过对大脑的研究发现，大脑在工作的时候只有大约 5%的神经元是激活的，而采用 sigmoid 激活函数的人工神经网络，其激活率大约是 50%。有研究表明，人工神经网络神经元保持 15%～30%的激活率时是比较理想的。ReLU 的稀疏激活特性使网络更接近人脑的工作方式，这有利于提高模型的泛化能力。

**(二)池化层**

池化层(Pooling Layer)的主要作用是降低特征图的空间尺寸，同时增强网络对输入图像位置变化的稳健性。池化层通过缩小特征图的尺寸,降低了计算复杂度,并有助于防止过拟合。池化层使用固定形状的窗口(称为池化窗口)在输入特征图上滑动,对窗口内的元素进行计算。常见的池化操作包括最大池化(输出池化窗口内的最大值)和平均池化(输出池化窗口内元素的平均值)。

图 15-14 展示了池化窗口形状为 $2 \times 2$ 的最大池化,框选区域为第一个输出元素及其计算所使用的输入元素。输出数组的高和宽分别为 2,其中的 4 个元素由取最大值运算得出,即 $\max(0,1,3,4)=4$、$\max(1,2,4,5)=5$、$\max(3,4,6,7)=7$、$\max(4,5,7,8)=8$。最大池化的作用是保留窗口内最显著的特征,增强网络对微小位置变化的稳健性。

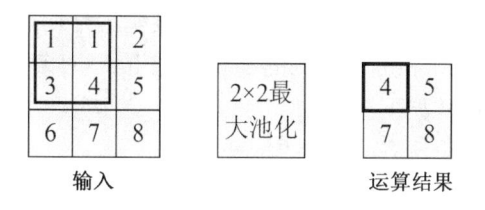

图 15-14　池化窗口形状为 2×2 的最大池化

### (三)全连接层

全连接(Fully Connected,FC)层在卷积神经网络中起到分类器的作用,将前面卷积层和池化层提取的特征整合为一个向量,映射到标记空间(如类别标签)。全连接层的工作原理:

(1)特征整合:将卷积层和池化层输出的多维特征图展平为一个向量。

(2)非线性组合:通过全连接层的权重矩阵,学习特征之间的非线性组合。

(3)分类输出:全连接层的输出层通常使用 Softmax 激活函数,将特征向量映射为概率分布。

图 15-15 展示了一个全连接层的例子,经过最后一层卷积层及池化操作之后,得到 8 个 $12 \times 12$ 的特征图,然后 $8 \times 100$ 个与特征图一样大小的卷积核卷积得到 $1 \times 100$ 向量,实现把卷积输出的特征图融合转化成一个向量的目的。

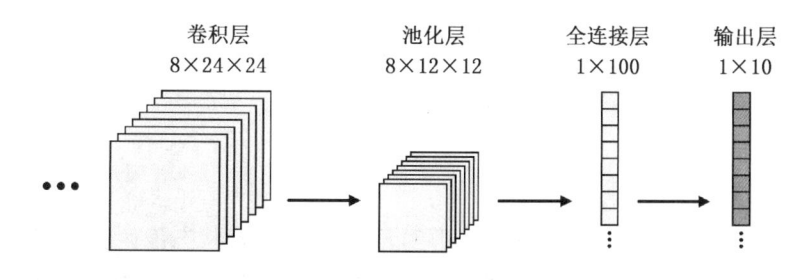

图 15-15　卷积网络全连接示意图

由于全连接层的参数数量较大,容易导致过拟合和计算复杂度增加,因此近年来,一些网络架构(如 ResNet)采用全局平均池化(Global Average Pooling,GAP)替代全连接层。

GAP 将每个特征图的所有元素取平均值,直接输出一个向量,大幅减少参数量并提高模型性能。

## 二、循环神经网络:时序利器

循环神经网络(Recurrent Neural Network,RNN)是一种专门用于处理时序数据的神经网络结构。时序数据是指按时间顺序排列的数据,如文本、语音、股票价格等。RNN 通过循环结构捕捉数据在时间维度上的依赖关系,使其在处理序列任务时表现出色。

### (一)RNN 的结构

RNN 的核心思想是共享参数并引入循环机制,其基本结构如下所示。在每个时间步 t,RNN 接收当前时刻的输入 $x_t$ 和上一时刻的隐藏状态 $h_{t-1}$,计算当前时刻的隐藏状态 $h_t$ 和输出 $y_t$。RNN 的数学表达式如下:

$$s_t = W_x x_t + W_h h_{t-1}$$
$$h_t = f(s_t)$$
$$z_t = W_y h_t$$
$$y_t = g(z_t)$$

其中,$W_x$、$W_h$ 和 $W_y$ 为网络的参数;f 和 g 分别为输入层到隐层、隐层到输出层的激活函数。不同于之前的 MLP 和 CNN,RNN 的循环结构使得它可以处理任意长度的序列数据,并通过隐藏状态 $h_t$ 传递时序信息。通过将时间维度展开,即可单独画出每个时刻,并标注各个时刻的共享参数,从而将 RNN 画成类似多层网络结构的直观形式,如图 15-16 所示。

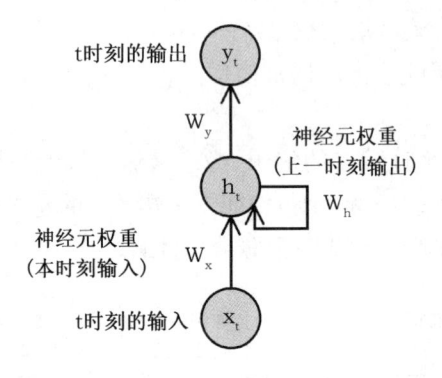

图 15-16 RNN 结构

### (二)RNN 的特点

第一,时序处理。RNN 逐个处理序列中的元素,利用隐藏状态记住历史信息。

第二,参数贡献。RNN 在不同时间共享相同的权重矩阵,这与参数共享的 CNN 类似,但 RNN 在时间维度上共享参数。

在下面的讨论中,为直观起见,用图 15-17 所示的展开后的 RNN 模型来讲解具体的模型结构。只需要时刻记住该网络中的权重 $W_x$、$W_h$ 和 $W_y$ 在各个时刻都是相同的即可。

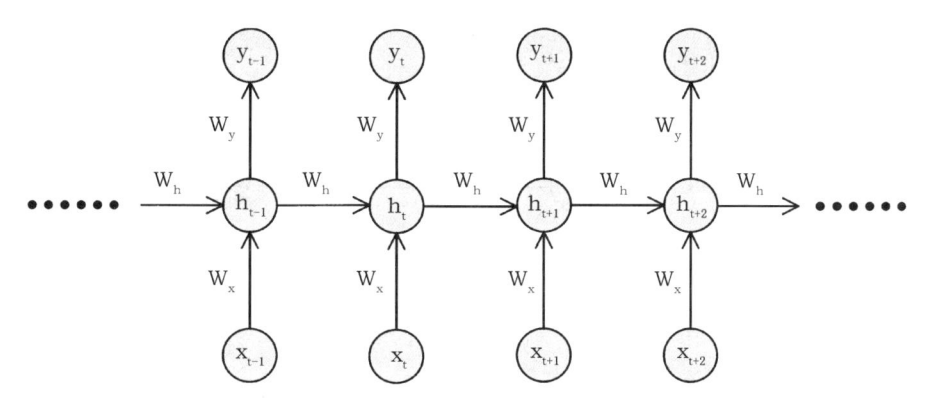

图 15—17　沿时间方向展开的 RNN 的基本结构

### （三）RNN 应用的常见模式

RNN 广泛应用于各种时序任务，以下是几种常见的模式：

1. 从序列到向量（Sequence to Vector）

输入为一个序列，输出为一个向量。如图 15—18 所示，这样的情况一般是等整个序列都进入网络计算后，将得到的输出序列的最后一项作为最终的对应于输入序列的输出结果。该模式的一个主要应用是文本的情感分析（Sentiment Analysis）。例如，给定一段影评，让模型判断影评是正面的（积极的情感）还是负面的（消极的情感）。

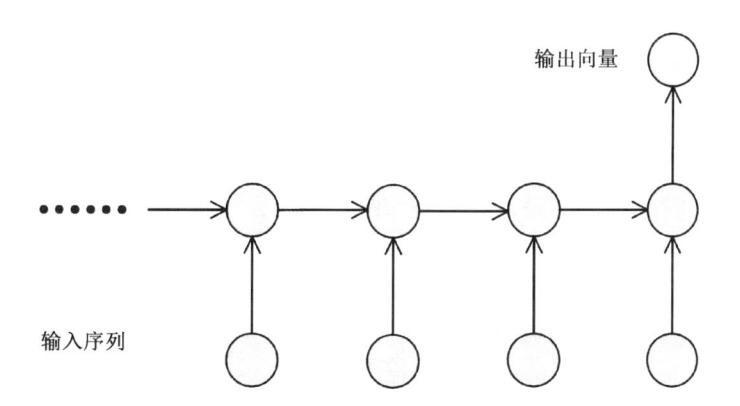

图 15—18　从向量序列到向量的 RNN 模型

2. 从序列到序列（Sequence to Sequence）

输入为一个序列，输出为一个同步的序列。如图 15—19 所示，循环过程中每个时刻的输出都被作为输出序列的一个元素，最终组成了整个输出序列。该模式可用于视频内容分类，对输入视频的每一帧进行标注，最终得到一个类别序列。

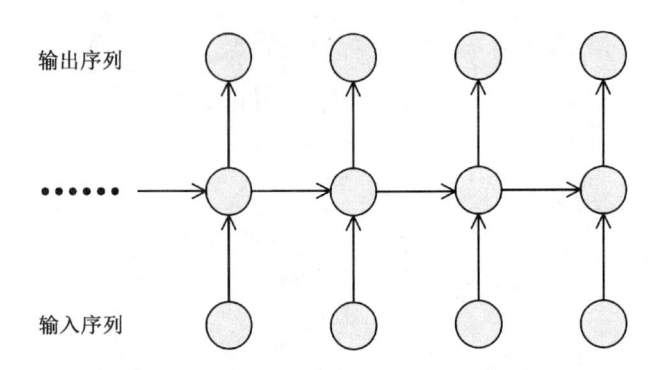

图 15—19　从向量序列到向量序列(两者同步)的 RNN 模型

3. 从序列到序列(先编码、后解码)

图 15—20 展示了该模式的结构。编解码模型由两个 RNN 组成,编码器将输入序列编码为一个向量,解码器将该向量解码为目标序列。该模式的一个常见应用是机器翻译,给定一句以 A 语种表达的句子,通过 Seg2seq 的方法得到同一内容用 B 语种的表达。以中译英为例,如果输入为中文"真相只有一个",输出则为英文"One Truth Prevails"。

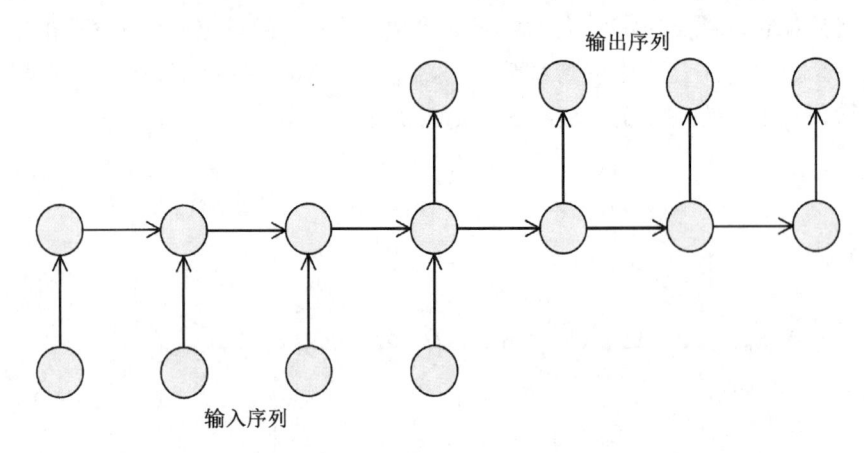

图 15—20　从向量序列到向量序列(先编码、后解码)的 RNN 模型

利用编解码模型,其过程如图 15—21 所示。图 15—21 中,在输入和输出的末尾都有一个句末标识(End of Sentence,EOS),表示这句话到此结束。之所以需要 EOS,是因为在机器翻译中,输入语句的长度和输出语句的长度不一定相同,因此需要 EOS 来判断是否已经将输入读取完毕,以及判断翻译结果是否已经完全输出。中文句子进入编码器后,编码器将其编码为一个用来表征这句话所含语义的向量,然后通过解码器将该向量解译成另一种语言的语句。

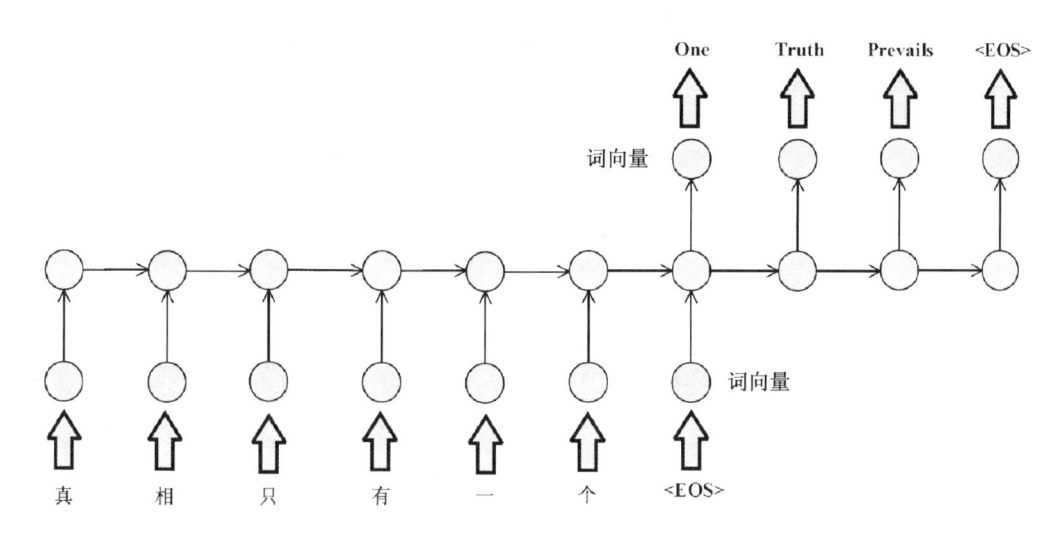

图 15-21　编解码模型处理机器翻译任务的过程

**4. 从向量到向量序列**

如图 15-22 所示，RNN 中只有一个向量作为输入，然后通过循环操作，生成一个输出序列。该结构的一个应用方向是图像标注（Image Caption），通俗来说就是看图说话。

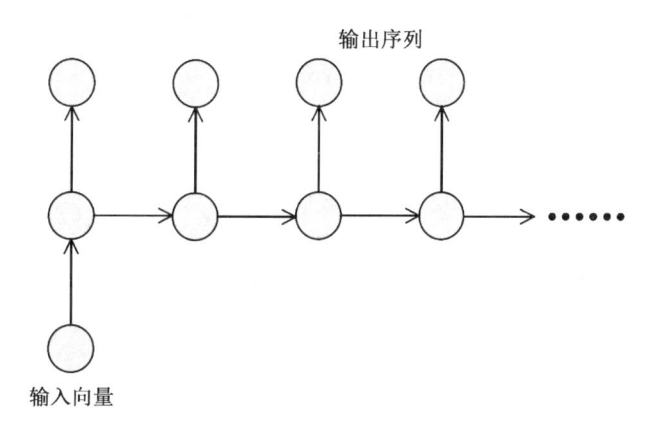

图 15-22　从向量到向量序列的 RNN 模型

图 15-23 展示了一个示例，输入图像的内容是一只猫在草地上，那么，可以利用 CNN 对该图像提取特征，得到含有图像信息的特征向量，然后将该特征向量作为 RNN 的输入，循环输出语句序列："一""只""猫""在""草""地""上""EOS"。

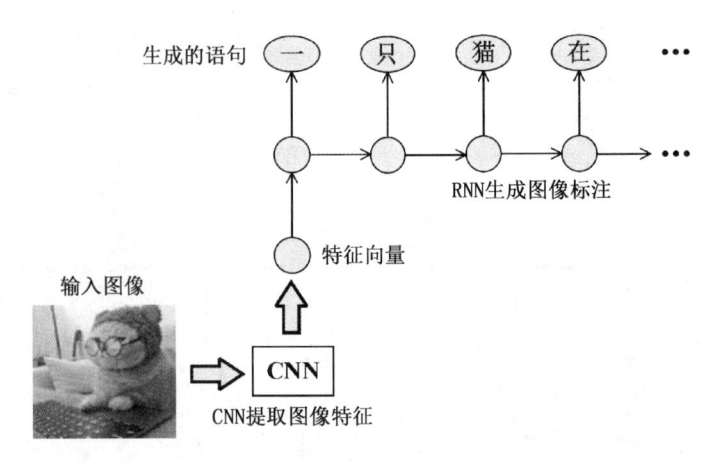

图 15—23　图像标注过程

### (四) RNN 的训练方法

RNN 的训练与普通神经网络类似,都是通过反向传播算法更新参数。但由于 RNN 的循环结构,反向传播需要在时间维度上进行,这种方法被称为 BPTT(Back Propagation Through Time)。

回顾 RNN 的数学形式,为了简便计算,用标量来进行计算:

$$s_t = W_x \times x_t + W_h \times h_{t-1}$$
$$h_t = f(s_t)$$
$$z_t = W_y h_t$$
$$y_t = g(z_t)$$

记 t 时刻的标签为 $d_t$,t 时刻的误差定义为输出与标签的差异(如交叉熵或均方误差)。

$$e_t = \text{loss}(y_t - d_t)$$

通过链式法则,反向传播计算误差对各参数的梯度。

首先计算 t 时刻的误差 $e_t$ 对 $w_y$ 的梯度:

$$\frac{\partial e_t}{\partial w_y} = \frac{d e_t}{d y_t} \times \frac{d y_t}{d z_t} \times \frac{\partial z_t}{\partial w_y}$$

由于 $h_t$ 与 $w_y$ 无关,因此最后一项可以直接用 $h_t$ 表示。

随后计算 $e_t$ 对 $w_x$ 的梯度:

$$\frac{\partial e_t}{\partial w_x} = \frac{d e_t}{d y_t} \times \frac{d y_t}{d z_t} \times \frac{\partial z_t}{\partial h_t} \times \frac{d h_t}{d s_t} \times \frac{\partial s_t}{\partial w_x}$$

前面两项仍然是损失函数及激活函数 g 的导数,$z_t$ 对 $h_t$ 的导数为 $w_y$,由于前面已经更新过了,因此可以作为已知数。最后两项是激活函数 f 的导数和输入 $x_t$。

最后计算对 $w_h$ 的梯度:

$$\frac{\partial e_t}{\partial w_h} = \frac{d e_t}{d y_t} \times \frac{d y_t}{d z_t} \times \frac{\partial z_t}{\partial h_t} \times \frac{\partial h_t}{\partial w_h}$$

由于 $h_t$ 依赖前一时刻的隐藏状态 $h_{t-1}$ 并且 $h_{t-1}$ 与 $w_h$ 相关,因此需要递归计算之前所有时刻的梯度。如果我们将变量之间的依赖关系画出来,则如图 15—24 所示(图中省略了 $w_x$ 和 $x_t$)。

$$h_{t-1} = f(w_x x_{t-1} + w_h h_{t-2})$$

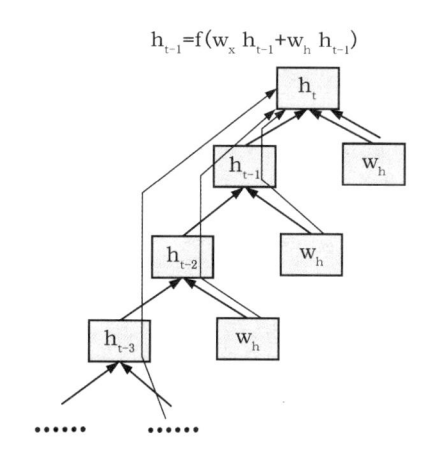

图 15-24 RNN 的参数变量间的依赖关系

BPTT 的特别之处在于,对于 $w_h$ 的梯度计算需要考虑时间维度上的依赖关系。具体来说,$h_t$ 的梯度依赖 $h_{t-1}$,而 $h_{t-1}$ 又依赖 $h_{t-2}$,以此类推。因此时刻 t 的梯度需要累加之前所有时刻的梯度贡献。BPTT 在长序列中可能面临梯度消失或爆炸问题,常通过截断 BPTT 或改进结构(如 LSTM、GRU)来解决。

## 第六节 主流深度学习框架及应用实例

在深度学习领域,有几大主流框架,包括 TensorFlow、PyTorch、Keras,以及百度 PaddlePaddle。这些框架降低了开发难度,扩大了深度学习的应用范围。本节简要介绍这些框架的特点和应用场景。

### 一、主流深度学习框架

**(一)TensorFlow**

TensorFlow 是一个由 Google Brain 团队开发的开源深度学习框架,支持构建和训练多种机器学习模型,如 CNN、RNN 和深度神经网络(DNN)。其核心是数据流图,节点表示数学操作,边表示数据流动。TensorFlow 支持 GPU 加速和分布式计算,适用于图像识别、自然语言处理、语音识别和推荐系统等任务。

TensorFlow 的主要特点如下:
(1)广泛的应用场景:适合计算机视觉、自然语言处理和推荐系统等领域。
(2)支持静态计算图和动态计算图:静态图适合优化和部署,动态图灵活,便于调试。
(3)强大的分布式计算能力:支持分布式训练和部署。
(4)多语言接口:支持 Python、C++、Java 等多种语言。
(5)丰富的工具和库:包括自动微分、数据并行性等高级功能。
(6)跨平台部署:易于在 CPU、GPU 和 TPU 上运行。

(7)社区和文档:拥有强大的社区支持和详细的文档资源。

### (二)PyTorch

PyTorch 是由 Facebook 开源的深度学习框架,基于 Python 语言,提供强大的 GPU 加速功能和动态计算图支持。PyTorch 在研究和原型开发中表现出色,被广泛应用于图像识别、语音处理、自然语言处理和计算机视觉等领域。

PyTorch 的主要特点如下:

(1)GPU 加速:支持高效的 GPU 加速训练。

(2)动态计算图:灵活构建和调试模型,适合研究和实验。

(3)丰富的预训练模型:提供 TorchVision、TorchText 等工具包。

(4)易用性:API 设计简洁直观,代码可读性强。

(5)活跃的社区:拥有庞大的开发者社区和详细文档支持。

### (三)Keras

Keras 是一个用 Python 编写的高级神经网络 API,最初由弗朗索瓦·肖莱(François Chollet)开发,现为 TensorFlow 的官方 API。Keras 支持以 TensorFlow、Theano 或 CNTK 作为后端运行,强调快速实验和原型设计,适合初学者和快速开发。

Keras 的主要特点如下:

(1)后端支持:可在 TensorFlow、Theano、CNTK 等框架上运行。

(2)简洁易用:提供高级 API 以降低模型构建难度。

(3)模块化设计:支持卷积神经网络、循环神经网络及其组合。

(4)预训练模型:提供丰富的模型库和工具包。

(5)跨平台运行:支持 CPU 和 GPU 上的无缝切换。

(6)快速原型设计:模块化、可扩展性强,适合快速实验。

### (四)中国深度学习开源框架概况

国际权威数据调研机构 IDC 在 2022 年发布的《中国深度学习框架和平台市场份额》调查报告显示,百度飞桨(PaddlePaddle)稳居中国深度学习平台市场综合份额第一,与 TensorFlow、PyTorch 形成了中国深度学习开源框架市场的前三强。

PaddlePaddle 是百度公司主导开发并开源的全功能深度学习框架,其名称来源于 Parallel Distributed Deep Learning(并行分布式深度学习),寓意通过并行计算来加速深度学习模型的训练。PaddlePaddle 最初于 2013 年由百度深度学习实验室创建,并于 2016 年正式开源,成为中国首个开源的机器学习平台。

PaddlePaddle 的主要特点如下:

(1)易用性强。PaddlePaddle 的设计理念是降低开发门槛,使开发者能够专注于模型构建,而非底层实现细节,使用更加简单直观。

(2)动态图和静态图双模式。支持动态图和静态图两种编程范式:动态图灵活,适合调试和实验;静态图性能优越,适合部署和生产环境。

(3)丰富的预训练模型。PaddlePaddle 提供了大量官方支持的预训练模型,涵盖计算机视觉、自然语言处理、推荐系统等领域,特别是针对中文场景的预训练模型,显著降低了开发者的使用门槛。

(4)移动端部署优化。PaddlePaddle 针对移动端部署进行了大量优化,提供了 PaddleLite 等工具,使模型能够在移动设备上高效运行。

(5)分布式训练支持。PaddlePaddle 从早期就支持分布式并行训练,充分利用多 GPU 和多机器的算力,加速大规模数据的训练过程。

## 二、神经网络的应用:基于 RNN 的股价预测

股价数据作为一种典型的时间序列数据,非常适合使用循环神经网络进行建模和预测。本示例使用 Yahoo Finance 提供的股价数据,该数据可以通过 Python 的 yfinance 库轻松获取。

数据预处理步骤包括:

第一步,获取数据:获取股票的历史数据,包括开盘价、收盘价、最高价、最低价等。

第二步,特征选择:选择有用的特征,如收盘价、成交量和移动平均线。

第三步,归一化:将数据缩放到[0,1]的范围内,以加速模型收敛。

第四步,序列化:将数据划分为输入序列(如过去 60 天的数据)和输出标签(如未来 1 天的收盘价)。

```
import numpy as np
import pandas as pd
import yfinance as yf
from sklearn.preprocessing import MinMaxScaler
from tensorflow.keras.models import Sequential
from tensorflow.keras.layers import LSTM, Dense
import matplotlib.pyplot as plt

ticker = 'AAPL'  # Apple 股票代码
data = yf.download(ticker, start='2014-01-01', end='2024-12-31')
prices = data['Close'].values.reshape(-1, 1)

scaler = MinMaxScaler(feature_range=(0, 1))
scaled_prices = scaler.fit_transform(prices)

def create_dataset(data, time_step=60):
    X, y = [], []
    for i in range(len(data) - time_step - 1):
        X.append(data[i:(i + time_step), 0])
        y.append(data[i + time_step, 0])
    return np.array(X), np.array(y)

time_step = 60
X, y = create_dataset(scaled_prices, time_step)
X = X.reshape(X.shape[0], X.shape[1], 1)
train_size = int(len(X) * 0.8)
X_train, X_test = X[:train_size], X[train_size:]
y_train, y_test = y[:train_size], y[train_size:]
```

使用 Tensorflow 构建 RNN 模型，模型结构包含用于接收时间序列数据的输入层。使用 LSTM 单元捕捉时间序列中长期依赖关系的 RNN 层。将 RNN 输出映射到预测值的全连接层以及生成预测股价的输出层。构建好模型后进行模型的训练和预测，并通过反归一化来得到预测结果并进行可视化展示。

```
model = Sequential()
model.add(LSTM(50, return_sequences=True, input_shape=(time_step, 1)))
model.add(LSTM(50, return_sequences=False))
model.add(Dense(1))

model.compile(optimizer='adam', loss='mean_squared_error')
model.summary()
model.fit(X_train, y_train, batch_size=32, epochs=10, verbose=1)
train_predict = model.predict(X_train)
test_predict = model.predict(X_test)

train_predict = scaler.inverse_transform(train_predict)
test_predict = scaler.inverse_transform(test_predict)
y_train = scaler.inverse_transform(y_train.reshape(-1, 1))
y_test = scaler.inverse_transform(y_test.reshape(-1, 1))

plt.figure(figsize=(14, 5))
plt.plot(data.index[-len(y_test):], y_test, label='Actual Price')
plt.plot(data.index[-len(y_test):], test_predict, label='Predicted Price')
plt.title(f'{ticker} Stock Price Prediction')
plt.xlabel('Date')
plt.ylabel('Price')
plt.legend()
plt.show()
```

在示例代码的基础上，可以通过使用评估指标，如计算均方误差（MSE）或平均绝对误差（MAE）来评估模型的预测精度；同时，可以尝试调整 RNN 层数、增加特征或使用更复杂的模型（如 Transformer）来实现更精确的股价预测。

## 第七节　大语言模型发展简史：从 Transformer 到 DeepSeek-R1 的进化之路

近年来，大语言模型（Large Language Model，LLM）的快速发展推动了人工智能领域的重大变革。2017 年，革命性的 Transformer 架构被提出，其通过自注意力机制彻底改变了 NLP。2018 年，BERT（Bidirectional Encoder Representations from Transformers）和 GPT 等模型崭露头角，显著提升了上下文理解和文本生成能力。2020 年，GPT-3（1 750 亿参数）

展示了卓越的"少样本"和"零样本"学习能力,但"幻觉"(生成内容与事实不符)问题成为关键挑战。2022 年,ChatGPT 通过监督微调(SFT)和基于人类反馈的强化学习(Reinforcement Learning from Human Feedback,RLHF)解决了部分"幻觉"问题。2023 年,GPT-4 等多模态模型整合了文本、图像和音频处理能力,使大语言模型更接近人类的感知能力。2024 年,OpenAI-o1 和 DeepSeek-R1"推理模型"(Reasoning Model)在复杂问题解决方面取得突破,标志着大语言模型在模拟人类思维模式上迈出了重要一步。DeepSeek-R1 以其"超成本效益"和"开源"设计推动了大语言模型的普及与行业创新。

## 一、大语言模型简介

"语言模型"是一种"人工智能系统",旨在处理、理解和生成类似人类的语言。通过对语言模式的学习,它能够生成连贯且上下文相关的文本,广泛应用于翻译、摘要、聊天机器人和内容生成等领域。

大语言模型是语言模型的扩展,通常包含数十亿甚至上千亿参数(如 GPT-3 的 1 750 亿参数)。更大的规模使大语言模型在广泛任务中表现出色。大多数大语言模型具有"自回归特性"(Autoregressive),即基于前文预测下一个词的概率分布,用公式表示如下:

$$P(w_n | w_1, w_2, \ldots, w_{n-1})$$

在文本生成时,大语言模型通过解码算法(Decoding Algorithm)来确定下一个输出的词。这一过程可以采用不同的策略:既可以选择概率最高的下一个字(贪婪搜索),也可以从预测的概率分布中随机采样一个字。后一种方法使得每次生成的文本都可能有所不同,这种特性与人类语言的多样性和随机性颇为相似。

大语言模型的自回归特性使其能够基于前文提供的上下文逐词生成文本。从"提示"(Prompt)开始(如图 15-25 所示),大语言模型逐词生成文本,类似"文字接龙",直到生成完整序列或达到停止条件。大语言模型的生成能力推动了创意写作、对话式 AI 和自动化客服等应用的发展。

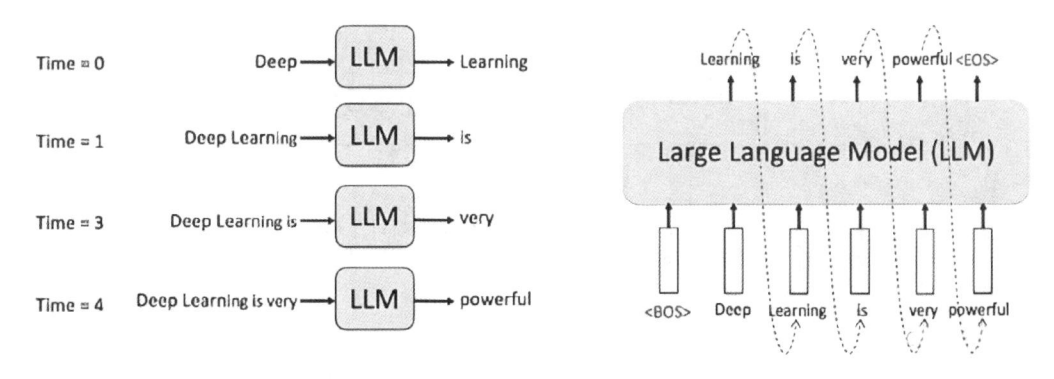

图 15-25 大语言模型生成文本示例图

## 二、Transformer 革命(2017 年)

2017 年,阿什什·瓦斯瓦尼(Ashish Vaswani)等人在论文《注意力就是你需要的一切》

中提出了 Transformer 架构,标志着 NLP 的分水岭。Transformer 解决了循环神经网络(RNNs)和长短期记忆网络(LSTMs)在长程依赖性和顺序处理上的局限性,为现代大语言模型奠定了基础。

Transformers 架构的关键创新是自注意力机制(Self-attention)、多头注意力、前馈网络、层归一化和位置编码。自注意力机制能够动态权衡每个词对其他词的重要性,捕捉局部和全局依赖关系;多个注意力头并行操作,专注于输入的不同方面,生成更丰富的上下文表示;每层的独立前馈网络、残差连接和层归一化稳定了训练并支持更深的架构;通过位置和频率表的正弦函数座位位置编码表示词序,能够保留顺序信息而不牺牲并行化。

Transformers 对语言模型产生了很大的影响。在扩展性方面,Transformers 实现了完全并行化的计算,使得在大型数据集上训练大规模模型成为可能。在上下文理解方面,自注意力捕捉局部和全局依赖关系,提高了连贯性和上下文意识。

### 三、预训练 Transformer 模型时代(2018—2020 年)

2017 年 Transformer 架构的引入为 NLP 的新时代铺平了道路,其标志是大规模预训练模型的兴起和对模型扩展的深入研究。这一时期诞生了两个重要模型家族——BERT 和 GPT,它们展现了预训练和微调范式的强大能力。

#### (一)BERT:双向上下文理解(2018 年)

2018 年,谷歌推出了 BERT,基于 Transformer 编码器的双向训练方法使其能够同时从左右两侧捕获上下文,在执行文本分类、命名实体识别(NER)、情感分析等任务中表现出色(如图 15-26 所示)。

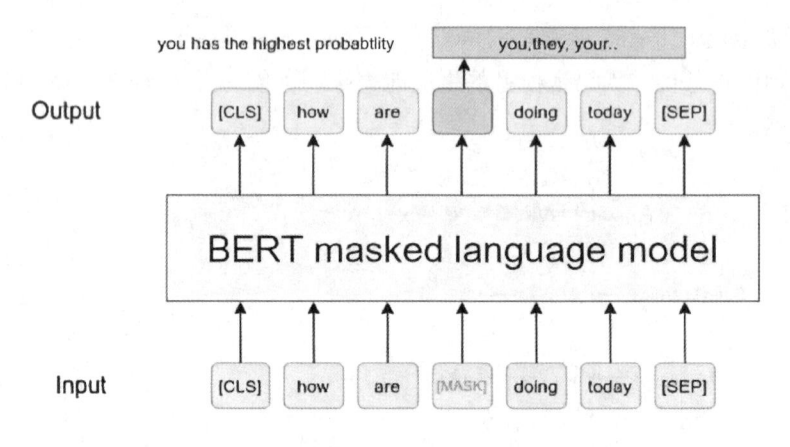

图 15-26 BERT 示例图

BERT 的关键创新包括掩码语言建模和下一句预测。掩码语言建模(Masker Language Modeling,MLM)会随机掩码句子中的词,训练模型根据上下文预测掩码词。例如,给定句子"The cat sat on the [MASK] mat",BERT 会学习根据上下文预测"soft"。下一句预测(Next Sentence Prediction,NSP)用于训练模型判断两个句子是否连续,以提升问答和推理任务的表现。

BERT 在 GLUE 和 SQuAD 等基准测试中取得突破性成绩,证明了上下文嵌入的重要性,并为后续预训练模型的研究奠定了基础。

(二)GPT:生成式预训练和自回归文本生成(2018—2020 年)

与 BERT 不同,GPT 系列基于 Transformer 解码器,专注于自回归文本生成。Transformer 编码器与解码器的结构如图 15—27 所示。

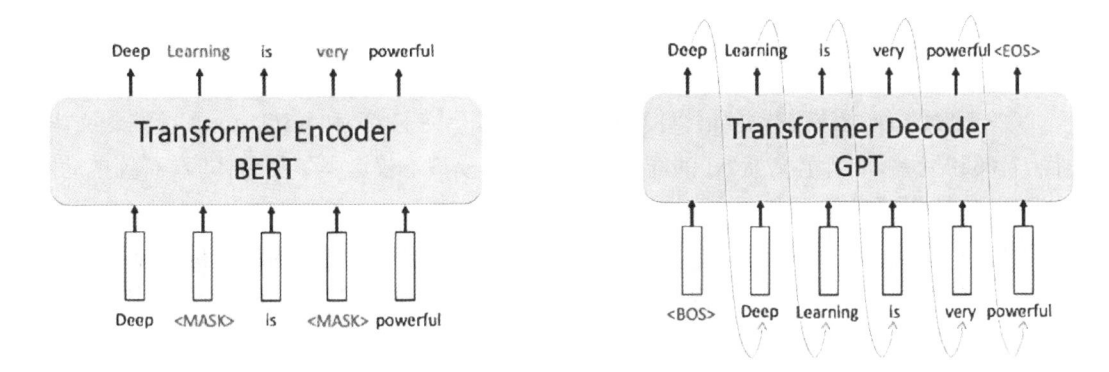

图 15—27  Transformer 编码器解码器示例图

GPT 的第一个版本于 2018 年发布,是首个大规模的 Transformer 模型,通过预测下一个词进行训练。2019 年,在原版 GPT 的成功基础上,OpenAI 发布了 GPT-2,这是一个参数量达 15 亿的更大模型,展示了令人印象深刻的零样本(Zero-shot)能力,意味着它可以在没有任何特定任务微调的情况下执行任务。2020 年,GPT-3 发布,参数量达 1 750 亿,具备强大的少样本和零样本学习能力,被广泛应用于创意写作、编程和复杂推理任务。

GPT 模型特别是 GPT-3 的引入,标志着 AI 的一个变革时代,证明了随着模型参数规模的增长,它们在捕捉复杂模式和泛化到新任务方面变得更好。这个规模扩展的时代不仅提升了语言模型的性能,而且为未来的 AI 突破奠定了基础,强调了规模、数据和计算在实现最先进结果中的重要性。

## 四、后训练对齐:弥合 AI 与人类价值观之间的差距(2021—2022 年)

GPT-3 的强大生成能力引发了关于 AI 生成内容真实性和可信度的担忧,特别是"幻觉"问题。为解决这些问题,研究人员提出了监督微调(SFT)和基于 RLHF 等技术。

增强 GPT-3 对齐能力的第一步是 SFT,这是 RLHF 框架的基础组成部分。SFT 通过在高质量的输入-输出对上训练模型,使其能够遵循指令并生成准确响应。然而,SFT 本身有局限性:在可扩展性方面,收集人类演示是劳动密集型且耗时的,尤其是对于复杂或小众任务;在性能方面,简单模仿人类行为并不能保证模型会超越人类表现或在未见过的任务上很好地泛化。

2022 年,OpenAI 基于 RLHF 解决了 SFT 的可扩展性和性能限制。RLHF 过程包括两个关键阶段——训练奖励模型和使用强化学习微调大语言模型。训练奖励模型是指人类对多个模型生成的响应进行质量排序,随后使用奖励模型优化大语言模型,使其生成更符合人类期望的输出。通过将人类反馈整合到训练循环中，RLHF 显著增强了模型生成可靠、符合人类需求的输出的能力，为 AI 对齐和性能设定了新标准。

2022 年 3 月，OpenAI 推出了 GPT-3.5，这是 GPT-3 的升级版，减少了"幻觉"并增强了其指令遵循能力。同年 11 月推出的 ChatGPT 通过对话聚焦的微调和 RLHF，擅长多轮对话，并生成诚实且无害的响应。ChatGPT 的推出被称为"ChatGPT 时刻"，展示了对话式 AI 改变人机交互的潜力，标志着 AI 发展的又一里程碑。

### 五、多模态模型：连接文本、图像及其他（2023—2024 年）

2023—2024 年，多模态大型语言模型（MLLMs）如 GPT-4V 和 GPT-4o 通过整合文本、图像、音频和视频，重新定义了 AI 的能力边界。这些模型不仅增强了交互体验，而且推动了对更复杂的问题的解决。

2023 年，OpenAI 推出了 GPT-4V，将 GPT-4 的语言能力与先进的计算机视觉相结合。它可以解释图像、生成标题、回答视觉问题，并推断视觉中的上下文关系。其跨模态注意力机制允许文本和图像数据的无缝集成，使其在医疗保健（如分析医学图像）和教育（如互动学习工具）等领域具有价值。

到 2024 年年初，GPT-4o 通过整合音频和视频输入进一步推进了多模态。它在一个统一的表示空间中运行，可以转录音频、描述视频或将文本合成音频。实时交互和增强的创造力，如生成多媒体内容，使其成为娱乐和设计等行业的多功能工具。

MLLMs 革新了医疗保健（诊断）、教育（互动学习）和创意产业（多媒体制作）等领域，解锁了跨模态创新的新可能性。

### 六、开源和开放权重模型（2023—2024 年）

2023—2024 年，开源和开放权重 AI 模型的兴起使先进技术更加普及（如图 15－28 所示）。

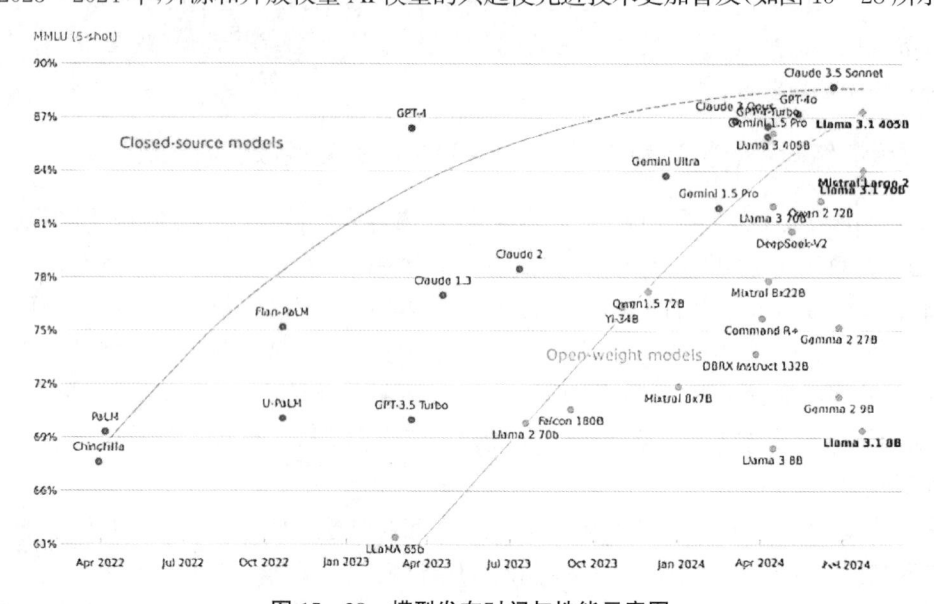

图 15－28　模型发布时间与性能示意图

开放权重模型提供公开访问的模型权重,适合快速部署和微调,如 Meta AI 的 LLaMA 系列和 Mistral AI 的 Mistral 7B/Mixtral 8x7B。

开源模型公开底层代码和架构,支持全面定制和创新,如 OPT 和 BERT。

社区驱动的创新,平台如 Hugging Face 推动了协作,工具如 LoRA 和 PEFT 实现了高效微调。社区开发了医疗、法律等领域的专用模型,同时强调了道德 AI 实践。开源社区弥合了与闭源模型的差距,越来越多的卓越开放权重模型发布,闭源模型与开放权重模型之间的差距正在稳步缩小,LLaMA3.1-405B 模型首次历史性地弥合了与闭源模型对应物的差距。

### 七、推理模型:从"系统 1"到"系统 2"思维的转变(2024 年)

2024 年,AI 开发开始增强推理能力(如图 15-29 所示),模型从快速直觉(System1)转向分析性思维(System2)。早期模型如 GPT-3 和 GPT-4 擅长生成任务,但在深度推理方面表现有限。

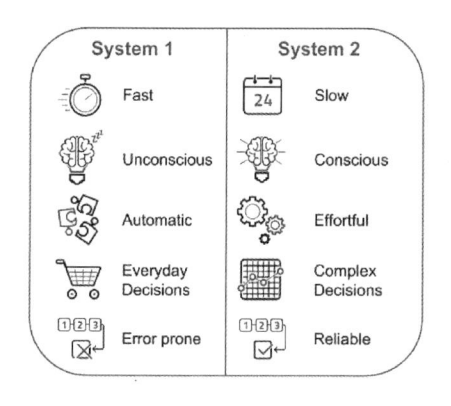

**图 15-29 增强推理前后的模型区别**

OpenAI 于 2024 年 12 月发布的 o1 模型通过"思维链(Chain of Thought,CoT)"过程增强了推理能力,能够将复杂问题分解为可管理的步骤。o1 模型在提供答案之前花费额外时间"思考"(Thinking),通过生成思维链来增强复杂推理。o1-preview 在物理、化学和生物学的基准测试中达到了大约博士水平的表现,同时在 Codeforces 编程竞赛中排名前 89%。o1 模型标志着 AI 在推理能力上的重大进步,展示了生成与推理结合的潜力(如图 15-30 所示)。

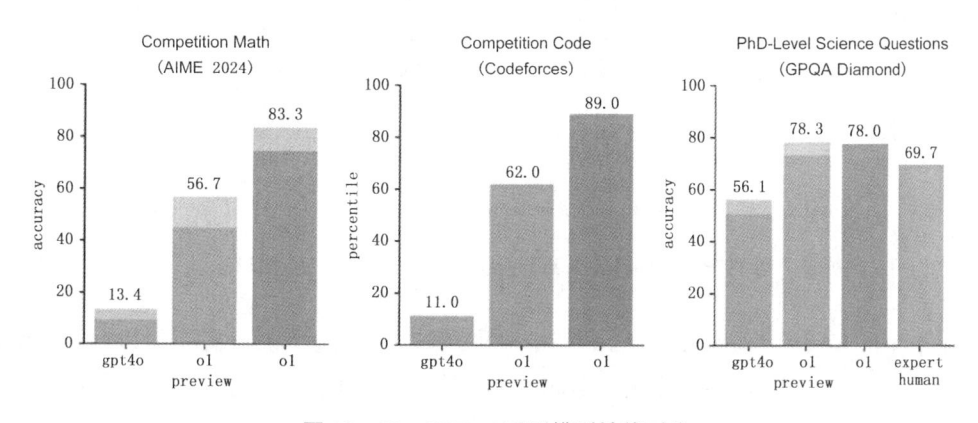

**图 15-30 GPT o1 系列模型性能对比**

### 八、成本高效的推理模型：DeepSeek-R1（2024—2025 年）

2024—2025 年，DeepSeek 系列模型通过成本高效的设计推动了 AI 的普及。2024 年 12 月下旬，DeepSeek-V3 作为一种高效的开放权重大语言模型出现，该模型采用专家混合（MoE）架构，包含 6 710 亿参数（370 亿活跃参数），创新性地使用了多头潜在注意力（Multi-head Latent Attention，MLA）、DeepSeek 专家混合（DeepSeek MoE）和多标记预测（Multi-Token Prediction，MTP）技术。该模型能力可以与 OpenAI 的 ChatGPT 等顶级解决方案相媲美，但开发成本显著降低，估计约为 560 万美元。其每百万输出标记 2.19 美元，约为 OpenAI 模型的 1/30。DeepSeek-V3 的发布引发了全球科技股抛售，危及 1 万亿美元的市值，并导致英伟达股票盘前下跌 13%。

2025 年 1 月下旬，DeepSeek 通过发布 DeepSeek-R1-Zero 和 DeepSeek-R1 再次引起轰动，这些模型展示了卓越的推理能力，训练成本极低。DeepSeek-R1-Zero 基于 DeepSeek-V3，采用组相对策略优化（Group Relative Policy Optimization，GRPO），完全消除了 SFT 阶段，使得训练过程更简单且更具可扩展性。DeepSeek-R1 通过纳入一组有限的高质量冷启动数据和额外的强化学习训练，成功提高了通用能力及其与人类偏好的一致性。DeepSeek 同时开发了较小的、蒸馏版的 DeepSeek-R1，参数范围从 15 亿到 700 亿，将先进的推理能力带到较弱的硬件上，确保在推理任务中表现出色的同时足够轻量化以便本地部署。

DeepSeek 系列模型在不同任务上的性能对比如图 15—31 所示。

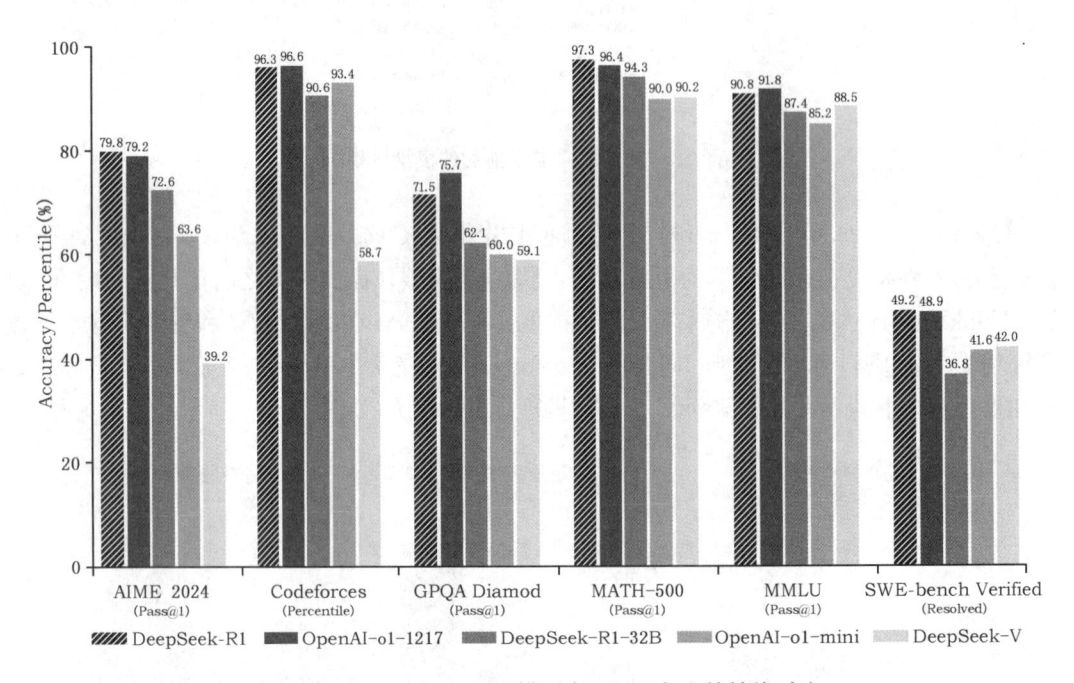

图 15—31　Deepseek 系列模型在不同任务上的性能对比

DeepSeek-R1 的引入挑战了 AI 领域的既定规范，使先进大语言模型得以"普及化"，并促进了一个更具竞争力的生态系统。其可负担性和可访问性预计将推动各行各业的采用和创新增加。最近,领先的云服务提供商如 AWS、微软和谷歌云等已在其平台上提供 Deep-Seek-R1,从而进一步扩大了其可访问性。

## 本章小结

本章系统介绍了深度学习的基础知识及其最新发展。首先,本章从深度学习的起源——感知机模型开始,详细讲解了这一基本概念,并由此逐步探讨人工神经网络的结构和工作原理,以及训练人工神经网络的方法——反向传播算法。在介绍了神经网络的基本知识后,本章分析了神经网络的优势和局限性,以帮助读者全面理解这一技术的应用范围。本章还重点介绍了两种最常见且影响深远的神经网络类型——卷积神经网络和循环神经网络,详细讲解了它们的特点和应用场景。最后,本章将视角拓展到深度学习的前沿领域——大语言模型,通过简要回顾从 Transformer 到 DeepSeek-R1 的发展历程,为读者呈现了大语言模型的最新进展和未来潜力,展示了深度学习在自然语言处理领域的革命性应用。

## 课后习题

1. 如果两个类别的数据是线性可分的,感知机模型能否找到一个正确的分类超平面?请给出解释。
2. 请解释人工神经网络中隐藏层的作用。为何在很多网络中使用多层隐藏层而不是只有一个层?
3. 反向传播的核心思想是什么?它是如何通过梯度下降来更新权重的?
4. 简述卷积神经网络和循环神经网络的结构及其适用的场景。
5. 多模态模型如何将文本、图像和其他模态的信息结合起来?请举一个实际应用的例子。

# 主要参考文献

1. 赵璐. Python 语言程序设计教程[M]. 上海:上海交通大学出版社,2019.
2. 嵩天,礼欣,黄天羽. Python 语言程序设计基础[M]. 北京:高等教育出版社,2017.
3. 靳从,赖长缨,陈芝菲,宋斌. Python 语言程序设计[M]. 北京:清华大学出版社,2023.
4. 朱顺泉. 计量经济分析及其 Python 应用[M]. 北京:清华大学出版社,2022.
5. 常象宇,曾智亿,李春艳,程茜. Python 数据科学实践[M]. 北京:北京大学出版社,2020.
6. 林子雨,赵江声,陶继平. Python 程序设计基础教程[M]. 北京:人民邮电出版社,2022.
7. 贾壮. 机器学习与深度学习算法基础[M]. 北京:北京大学出版社,2020.
8. 杨柳,郭坦,鲁银芝. Python 人工智能开发从入门到精通[M]. 北京:北京大学出版社,2020.
9. 肖建军,高栓平. Python 金融量化分析[M]. 北京:清华大学出版社,2024.
10. 丁奉乾. Python 量化金融分析编程从入门到精通[M]. 北京:北京大学出版社,2020.
11. 王国平. Python 数据可视化(微课版)[M]. 北京:人民邮电出版社,2022.